MOBY
PORCELAIN

MOBY
PORCELAIN

MEMÓRIAS

TRADUÇÃO DE ALEXANDRE RAPOSO

intrínseca

TÍTULO ORIGINAL
Porcelain

REVISÃO
Isabela Fraga
Rayana Faria

DIAGRAMAÇÃO
ô de casa

ADAPTAÇÃO DE CAPA
Márcia Quintella

FOTO DE CAPA
Frente: Matthias Clamer/Corbis Outline/Latinstock
Quarta capa: Julie Hermelin

DESIGN DE CAPA
Darren Haggar

CIP-BRASIL. CATALOGAÇÃO NA PUBLICAÇÃO
SINDICATO NACIONAL DOS EDITORES DE LIVROS, RJ

M684p

Moby (Richard Melville Hall), 1965-
Porcelain / Moby ; tradução Alexandre Raposo. - 1. ed. - Rio de Janeiro : Intrínseca, 2016.
416 p. ; il. ; 23 cm.

Tradução de: Porcelain
ISBN 978-85-8057-925-3

1. Moby, 1965-. 2. Músicos de rock - Estados Unidos - Biografia. I. Título.

16-30667 CDD: 927.824166
CDU: 929:78.067.26

[2016]

Editora Intrínseca Ltda.
Rua Marquês de São Vicente, 99/3º andar
22451-041 – Gávea
Rio de Janeiro – RJ
Tel./Fax: (21) 3206-7400
www.intrinseca.com.br

SUMÁRIO

PRÓLOGO

ESTACIONAMENTO,
1976

O FUTURO 11

PARTE UM

MECA SUJA,
1989-1990

1. NOVE METROS QUADRADOS 17
2. BISCOITOS VEGANOS 28
3. MOVIMENTOS NOTURNOS 36
4. MÃOS PARA CIMA 43
5. BECO CHEIO DE LIXO 49
6. BALDE DE PELE DE CABRA 53
7. JOGO DA VELHA COM UM FRANGO 63
8. CONDUTOR DO TREM L 68
9. LUZ DE SÓDIO LARANJA 72
10. MOEDAS NAS AGULHAS 80
11. RODAS DE SKATE ENSANGUENTADAS 85

12. MEIAS MOLHADAS NO AQUECEDOR 94

13. MARCADOR PRETO BORRADO 101

PARTE DOIS

MOBY GO!,
1990-1992

14. INHAMES 115

15. BRAÇOS CRUZADOS 121

16. RÁDIO PRATEADO 129

17. LACA PRETA 137

18. PAPINHA DE BEBÊ 145

19. CHAVEIRO GIGANTE 152

20. FINAS CORTINAS CINZA 158

21. COLCHA FLORAL MARROM 170

22. LUZES ATRAVÉS DAS ÁRVORES 177

23. CAPACETE AMARELO 183

24. TRILHÕES DE QUILÔMETROS 191

PARTE TRÊS

DISTORÇÃO,
1992-1995

25. PUFES 201

26. PISTA DE DANÇA DE COMPENSADO 210

27. QUEIMADURA DE SOL 215

28. ESTROBOSCÓPIOS MONOCROMÁTICOS 221

29. MOITA DE ZIMBRO 227
30. LIVRO DE BIOLOGIA 232
31. FIO DENTAL 241
32. LEMON ZINGER 245
33. FENDAS DAS TÁBUAS CORRIDAS 252
34. PARTÍCULAS DE POEIRA 260
35. COBRAS EM GAIOLAS 264

PARTE QUATRO

ENTUSIASTA DO ÁLCOOL, 1995-1997

36. MILHARES DE JAQUETAS DE COURO 271
37. UM MULLET DO TAMANHO DE UM POODLE 277
38. CASACO VERDE-NÉON DE MUPPET MONSTRO 284
39. FORMIGAS E UNHA DE POLEGARES 295
40. COLLANT DE PVC 301
41. LUZES COR-DE-ROSA 305
42. SUÉTER MOLHADO 310
43. CANAVIAIS 318
44. ESPUMA ACÚSTICA 326
45. CHEETOS NO CHÃO DO CASSINO 331
46. CASACO LARANJA 336
47. CONDENSAÇÃO EM VIDRO GELADO 343
48. ÁGUA ESCURA 352
49. MEIO METRO DE LAMA 358
50. ÁGUA VERDE ESTAGNADA 363

PARTE CINCO

O PROGRESSO DAS RAVES, 1997-1999

51. CARVALHOS 373

52. FESTA DE CASAMENTO 379

53. CHUVA NAS CLARABOIAS 385

54. QUARTO SEM JANELAS 390

55. CADEIRA COM MARCAS DE CIGARRO 396

56. POÇAS DE NEVE DERRETIDA 399

57. CAMRY BEGE 403

POSFÁCIO 413

CRÉDITOS DAS IMAGENS 415

PRÓLOGO

ESTACIONAMENTO, 1976

O FUTURO

Todas as lojas do Dock Shopping, em Stratford, Connecticut, já haviam fechado, com exceção da lavanderia Fresh-n-Kleen. Minha mãe estava lá dentro, vestida com calças jeans e um pesado casaco marrom que comprara por 5 dólares no Exército da Salvação. Ela estava junto a um balcão de linóleo rachado sob luzes fluorescentes cintilantes, fumando um cigarro Winston e dobrando roupas. Algumas eram nossas, outras pertenciam aos vizinhos, que às vezes nos pagavam para lavar e dobrar suas roupas. Naquela noite de março, as lojas estavam às escuras; o estacionamento se encontrava vazio, com exceção de nosso Chevy Vega prata e um outro carro. O frio era úmido e intenso, e os amontoados de neve nos cantos do estacionamento estavam acinzentadas e derretiam com a chuva.

A cada duas semanas, lá estava eu no Dock, lavando roupa com minha mãe. Eu a ajudava ou apenas ficava sentado nas cadeiras de fibra de vidro da lavanderia, observando as secadoras gigantes girarem à sua maneira rápida e irregular. Minha mãe estava desempregada havia mais de um ano, e seu último relacionamento terminara quando o namorado tentou matá-la a facadas. Às vezes eu a via chorando enquanto dobrava as roupas dos vizinhos. Ela as dobrava furiosamente, um cigarro alojado no canto da boca, lágrimas caindo nas camisetas dos vizinhos. Eu tinha dez anos.

Após ajudá-la a separar a roupa, eu geralmente saía e dava uma volta no estacionamento vazio. Ia até os fundos do shopping, depois da área de carga e das grandes lixeiras enferrujadas, e caminhava até o cais em ruínas que dava nome ao lugar. O cais era preto e degradado — em algum momento tivera sua utilidade, mas agora só repousava, estoico e resignado, no escuro rio Housatonic. Às vezes, quando eu dava sorte, via gigantescos ratões-d'água entrando e saindo de buracos na lama.

Aquela noite de março de 1976 estava fria e chuvosa demais para explorações, e a lavanderia estava impregnada de fumaça de cigarro. Ficar sentado junto às máquinas de lavar na cadeira gelada de fibra de vidro, vendo minha mãe fumando, dobrando roupas e chorando fazia a nossa pobreza parecer ainda pior. Então passei a noite no carro, encolhido em meu casaco molhado de brechó, mexendo no rádio. A chuva provocava um rufo constante no teto do Vega enquanto eu rodava o sintonizador do rádio AM para lá e para cá.

Eu não era exigente quando o assunto era música: se tocava no rádio, eu adorava. Supunha que pessoas que tocavam no rádio sabiam exatamente o que estavam fazendo e em hipótese alguma escolheriam uma música que não fosse perfeita. Toda semana eu ouvia a contagem regressiva do *American Top 40*, de Casey Kasem, e decorava as canções que ele tocava. Eu não tinha favoritos: adorava todos, igual e religiosamente, dos Eagles ao ABBA, de Bob Seger a Barry White, de Paul McCartney ao Wings. Eu simplesmente aceitava que toda música tocada no rádio era digna de minha completa e exclusiva adoração.

Meu jeans molhado da Wrangler estava grudando no assento de vinil do carro gelado, mas ouvi tudo o que tocou no rádio, feliz da vida. Era a época da disco music, do rock, do country rock, do rock progressivo, do yacht rock e das baladas. O Led Zeppelin coexistia tranquilamente com Donna Summer, e o Aerosmith convivia em paz com Elton John. Então ouvi algo novo: "Love Hangover", de Diana Ross. Eu conhecia a disco music, embora não pensasse naquilo como algo distinto dos outros tipos de música que tocavam nas rádios AM. Mas "Love Hangover" era diferente. A abertura era lânguida — sobrenatural e sedutora —, e aquilo me assustou.

Qualquer coisa relacionada a sexo ou a sensualidade me apavorava e me fazia querer assistir a desenhos animados da Looney Tunes. Sempre que via TV com minha mãe e os personagens das séries *Maude* ou *O Barco do Amor* insinuavam sexo ou intimidade, eu congelava e esperava em silêncio que a cena terminasse.

Mas "Love Hangover" era diferente. Para começo de conversa, estava tocando no rádio, então ela tinha que ser boa. Além disso, soava futurista. Na época, eu era obcecado por *Jornada nas Estrelas* e *Space: 1999* e amava tudo o que era futurista. O futuro era limpo, interessante e não envolvia mães tristes fumando cigarros Winston em lavanderias. Desse modo, mesmo sabendo que a música falava sobre sexo, ouvi "Love Hangover" do começo ao fim. Era uma canção futurista no rádio, e o rádio e o futuro nunca haviam me traído.

Fiquei sentado observando as luzes borradas da lavanderia através do para-brisa com filetes de chuva, aceitando aos poucos o fato de que aquela música me deixava desconfortável embora eu a adorasse. Ela representava um mundo que eu não conhecia, o oposto de onde eu estava — e eu odiava o lugar onde estava. Eu odiava a pobreza, a fumaça de cigarro, as drogas, o constrangimento, a solidão. E Diana Ross estava me jurando que existia um mundo que não era maculado pela tristeza e pela resignação. Em algum lugar havia um mundo que era sensual, robótico e hipnótico. E limpo.

Sentado no Chevy Vega da minha mãe, imaginei uma cidade reluzente, a uma vida inteira de distância daquele estacionamento. Eu podia ver as pessoas se deslocando confiantes por aquela cidade reluzente, caminhando entre altos edifícios com janelas de vidro gigantescas voltadas para boates e bases espaciais. Enquanto ouvia o frenético encerramento de "Love Hangover", eu imaginava as pessoas dançando, todas vestidas de branco e parecendo anjos robóticos.

A música terminou. Desliguei o rádio. Saí do carro na chuva e olhei para o estacionamento — vazio, exceto pelas poças de neve derretida — que se estendia até o rio. Por uma janela, vi minha mãe fumando e dobrando roupas, e, de algum modo, me senti capaz de suportar aquilo. Havia vida além daquele shopping frio e acabado. A semente fora plantada e estava delicadamente codificada em algum lugar de meu DNA. Uma música disco em uma rádio AM me dera um vislumbre de esperança: algum dia eu deixaria aqueles subúrbios mortos e encontraria uma cidade onde pudesse entrar em um útero. Um útero disco no qual as pessoas me deixariam ingressar e ouvir sua música futurista. Imaginei-me abrindo as portas de uma boate no topo do edifício mais alto do mundo e vendo milhares de pessoas sorrindo para mim e me dando boas-vindas.

PARTE UM

MECA SUJA 1989-1990

1

NOVE METROS QUADRADOS

Os galos finalmente se calaram às sete da manhã.

Havia quatro sons recorrentes ao redor da fábrica abandonada onde eu morava, a uns dois quilômetros ao sul da estação de trem de Stamford.

1. Tiros. Os traficantes de crack viviam atirando uns nos outros e em geral começavam após o pôr do sol.
2. Música gospel amplificada. Todo fim de semana havia grandes tendas de renovação montadas nas proximidades da entrada das igrejas dominicana e jamaicana, numa tentativa de fazer com que os traficantes de crack deixassem o bairro.
3. Public Enemy. Ou EPMD. Ou Rob Base e DJ E-Z Rock. A cada quinze minutos, um carro passava tocando "Fight the Power" ou "It Takes Two" em um volume que fazia o forno elétrico chacoalhar.
4. Galos. Todo mundo que morava na rua em frente à fábrica abandonada criava galos em seus quintais. Os galos começavam a cantar por volta das 4h30, exatamente quando eu tentava ir para a cama. Eu tinha um rádio velho ao lado da cama e o sintonizava fora de qualquer estação quando queria dormir. A estática mal mascarava os *staccatos* matutinos daqueles galos movidos a testosterona do outro lado da rua.

Eu me mudara para aquela fábrica abandonada havia dois anos e adorava morar ali. No século XIX, o lugar tinha sido uma imensa fábrica de fechaduras, que compreendia vinte ou trinta gigantescos edifícios de tijolos. Em 1989, era uma enorme massa escura e grandalhona em um bairro famoso por ter a maior taxa de homicídios da Nova Inglaterra. Dez anos antes, um empreendedor imobiliário comprara todo o complexo, instalara uma cerca e contratara seguranças para cuidar da propriedade.

Alguns guardas ganhavam um dinheiro extra cobrando 50 dólares por mês para que posseiros e outras pessoas aleatórias pudessem morar ou trabalhar ilegalmente na fábrica abandonada. Eu ganhava cerca de 5 mil dólares por ano, então pagar 50 dólares por mês por um "aluguel de posse" cabia no meu orçamento. Meu espaço era pequeno e imprensado entre um estúdio de filmes pornôs gays e o ateliê de um artista, mas era todo meu: nove metros quadrados de fábrica abandonada onde eu podia viver e trabalhar, desde que os seguranças levassem seus 50 dólares para fazerem vista grossa.

As paredes eram feitas de madeira compensada que eu e meu amigo Paul encontramos em uma lixeira. Paul e eu tínhamos frequentado a Darien High School, onde nos tornamos amigos por amarmos ficção científica e sermos as únicas crianças pobres em Darien, Connecticut. As paredes do estúdio de nove metros quadrados pareciam uma colcha de retalhos de madeira marrom — e no calor do verão cheiravam como a lixeira onde foram encontradas. Meu espaço tinha uma porta maciça e muito bonita, retirada de uma casa abandonada perto da rota 7, em Norwalk, e o chão era todo coberto por um belo e espesso tapete cor de marfim que eu pegara na garagem dos pais de um amigo. Ninguém havia me autorizado a pegar o tapete, mas eu disse para mim mesmo que estava tudo bem, já que o devolveria caso eles dessem falta. Apesar de eu nunca ter limpado aquele tapete, ele se mantinha inacreditavelmente imaculado.

Eu tinha uma pequena escrivaninha escolar marrom para apoiar meu teclado Casio, minha bateria eletrônica e meu sequenciador Alesis, meu mixer TASCAM de quatro faixas e um terrível sampler Yamaha. Eu não tinha dinheiro para comprar caixas de som, então ouvia tudo em fones de ouvido da RadioShack. Preparava minhas refeições num forno elétrico e num minifogão elétrico de uma boca. E era feliz. Adorava os tijolos despedaçados, o peso olfativo de um século de diferentes aromas de fábrica, e adorava minha enorme janela voltada para o sul, que deixava entrar uma luz pálida no inverno e uma luz abrasadora no verão.

Havia mais de noventa mil metros quadrados de espaço no complexo — o lugar era tão grande que eu não fazia ideia de quantas pessoas moravam ali —, e, embora só ocupasse nove daqueles metros quadrados, eu tinha livre acesso ao lugar todo. Eu percorria os andares vazios da fábrica com a motocicleta do meu amigo Jamie e às vezes jogava "boliche de moto": posicionava garrafas no chão em algum canto da fábrica e tentava derrubá-las com as rodas do veículo. Quando ficava entediado, eu saía para explorar: encontrava antigos botijões de propano, barris de produtos químicos industriais, enormes chaves de porca enferrujadas, carretéis de cabos de aço e, vez por outra, pombos mortos.

Sempre que me visitavam, amigos e familiares ficavam consternados. Meu primo Ben, de cinco anos, que foi me visitar com minha tia Anne, parou em frente à porta daquele cubículo e declarou: "Este lugar é horrível." Eu fedia como um sem-teto, porque, embora tivesse uma quase residência, na prática eu era um sem-teto. Não tinha água corrente, banheiro nem aquecimento, mas havia eletricidade grátis, que era a única coisa de que precisava para fazer música.

Quando queria fazer xixi, eu usava uma garrafa de água vazia. Como não havia banheiro, tomava banho apenas uma vez por semana. Se visitasse minha mãe ou o dormitório de minha namorada, eu usava o chuveiro lá. Em geral eu fedia, mas tinha parado de me indignar comigo mesmo. Eu adorava a minha vida na fábrica abandonada.

Bem, nem tudo. Eu não gostava do fato de estar trabalhando com música havia anos e ainda morar em uma cidadezinha a 65 quilômetros de Nova York. Não gostava do fato de nenhuma gravadora ter demonstrado interesse pela minha música eletrônica, ou do fato de eu nunca ter tocado para alguém além da minha namorada. Entretanto, afora meu desejo de viver e fazer música em Lower Manhattan, a fábrica abandonada era perfeita.

Na maioria das vezes, eu acordava ao meio-dia, preparava aveia no fogão elétrico, lia a Bíblia e trabalhava com música. Quando fazia uma pausa, andava de skate para cima e para baixo nos longos e vazios corredores da fábrica ou caminhava até o mercadinho dominicano local para comprar aveia e passas.

Naquele dia, porém, eu estava a caminho de Nova York, minha meca suja. Havia várias maneiras de se chegar à cidade. Às vezes eu montava em meu velho ciclomotor e ia até Darien, onde minha mãe morava, e pegava seu velho Chevette emprestado. Eu dirigia até a cidade, seguindo o trajeto que aprendera com meu avô quando tinha oito anos: ele me ensinou a entrar na cidade sem pagar pedágio, embora aquilo significasse dirigir pelas áreas de Nova York mais assoladas pelas drogas e pela criminalidade.

Às vezes, eu encontrava alguém que já estava indo de carro para a cidade e pegava uma carona. Mas geralmente eu pegava o Metro-North, um trem que ligava Nova York aos subúrbios. Passei a infância fugindo de Connecticut para Manhattan pelo Metro-North. Meus amigos punks e eu vestíamos nossas melhores camisetas de punk rock e íamos até a cidade, esperando que punks de verdade reparassem em nós e aprovassem nossas camisetas do Black Flag e do Bad Brains. Pela manhã, íamos até a Grand Central Terminal, nos sentávamos ao lado de executivos brancos sonolentos e voltávamos para casa à noite, sentados ao lado daqueles mesmos executivos brancos, que agora estavam bêbados e exaustos.

Se a polícia estivesse por perto quando eu saía da fábrica, eu escapava por uma das enormes janelas de vidro e aço para evitar ser visto pelos policiais. Naquele dia, porém, havia apenas um caminhão em ponto morto no fim da rua, então saí pela porta dos fundos abraçando meu corpo devido ao frio. Não era um frio seco. Era um frio úmido que pesava em minhas meias e fazia meus ossos doerem. Nevara três dias antes, cobrindo o chão com uma manta pura e angelical que foi logo arruinada pela chuva gelada. Caminhei sob o céu acinzentado pelo asfalto rachado e esburacado do estacionamento, abrindo caminho em um labirinto de poças d'água. Ao chegar à cerca de arame, saí por uma abertura no canto e segui até a estação ferroviária de Stamford.

A caminho da estação, passei por algumas igrejas com cartazes pintados à mão, por uma mercearia com vitrine à prova de balas que anunciava uma promoção de Schlitz Malt Liquor, pelo Cavalier Pool Hall, além de alguns prédios fechados e abandonados. Em alguns minutos, minhas mãos e pés já estavam gelados. As poucas pessoas na rua pareciam desabrigadas ou amedrontadas e ficavam perplexas ao ver o garoto branco malvestido que caminhava pelo bairro delas.

Como o próximo trem para a Grand Central só partiria em meia hora, parei no salão de bilhar para jogar sozinho. O lugar era escuro, com algumas luzes fracas sobre as cinco mesas de bilhar. Nem mesmo a luminosidade precária conseguia esconder que o feltro das mesas estava rasgado e surrado por décadas de cigarros queimados e bebidas derramadas. Além de mim havia apenas outra pessoa jogando seu bilhar do meio-dia e o sujeito nos fundos que cobrava 1,50 dólar pelo aluguel do taco e das bolas. Eu costumava parar naquele salão de bilhar a caminho da estação de trem, mesmo sendo um jogador medíocre. O meu consolo era pensar que, caso fosse bom naquilo, acabaria o jogo bem rápido e não poderia jogar por muito tempo. Tal como acontece com tantas outras coisas, havia ali certa utilidade em evitar a excelência.

O salão de bilhar estava sempre repleto de fumaça de cigarro. Aquilo não me surpreendia — eu trabalhava em bares onde todos fumavam e frequentava restaurantes onde todos fumavam. Mesmo sendo não fumante e havendo apenas outros dois seres humanos naquele salão, parecia-me natural o ambiente estar repleto de fumaça. Eu nunca conversava com os outros jogadores nem com o sujeito que alugava tacos e bolas. Eu esperava que, algum dia, um deles me dissesse "Como vai?" ou ao menos acenasse sutilmente para mim, mas eles apenas me toleravam. Afora eu, as únicas pessoas brancas por ali eram jovens suburbanos compradores de crack e heroína. A ironia era que, embora fosse careta, eu era visto como parte do problema: outro garoto branco viciado em drogas arruinando o bairro. Após algum tempo, os moradores perceberam que eu também morava ali, e, ainda que aquilo não tenha me rendido qualquer gesto amigável, ao menos acabou com os olhares hostis.

Terminei meu jogo na esperança de que, se olhasse para mim, um dos outros caras no salão de bilhar acharia que eu era um jogador melhor do que de fato era. Nas raras ocasiões em que conseguia acertar uma caçapa complicada ou matava uma bola alta, erguia a cabeça para ver se alguém tinha notado; nunca notaram. Sendo um garoto branco e magricela, eu era uma anomalia, mas não tão interessante a ponto de realmente justificar a atenção de alguém.

Dei de ombros dentro de meu casaco comprado no brechó, que agora cheirava a fumaça de cigarro e a ovelha molhada, e atravessei os últimos cem metros até a estação de trem. Passei diante de uma igreja onde ocorria uma cerimônia. Ouvi pandeiros, um órgão elétrico e vozes de um coro. Às vezes, aos domingos, quando as igrejas estavam em pleno funcionamento, eu entrava e me sentava nos fundos. Ou, quando o tempo estava bom e todas as igrejas deixavam as portas abertas, eu andava pela rua e aquilo soava como uma bela Torre de Babel, com todas as igrejas preenchendo a rua com versões rivais do evangelho. Igrejas porto-riquenhas próximas a igrejas abissínias, bem ao lado de congregações evangélicas e pentecostais, e qualquer outro tipo de igreja que justificasse alugar um estabelecimento e comprar algumas cadeiras dobráveis de plástico. Se eu ficasse ouvindo na porta por muito tempo, a congregação se sentia desconfortável, então eu normalmente ficava ao lado da entrada, ouvindo os órgãos Casio e as vozes alteadas.

Quando entrei no trem, fui logo para o banheiro; no ensino médio eu aprendera que era possível se esconder ali e evitar pagar a tarifa de 5 dólares. Eu estava a caminho de Nova York para deixar em uma boate recém-inaugurada uma fita cassete com um mix feito por mim. Quem me falara sobre aquilo fora minha namorada, Janet, com quem eu estava saindo havia alguns meses. Janet crescera praticando equitação em Greenwich, Connecticut, mas agora morava nos dormitórios de Columbia. Estava no segundo ano de faculdade e fazia estágio na revista *Interview*. Ela parecia Katharine Hepburn na época de *Núpcias de escândalo*, porém seus heróis eram os jornalistas do *Paper* e do *Village Voice*, e ela era obcecada por boates e galerias de arte.

Um jornalista da *Interview* dissera para Janet que uma nova boate chamada Mars estava contratando e que, se eu me apressasse, poderia deixar uma fita por lá. Por isso, no bolso do meu casaco rasgado e molhado havia uma fita cassete de sessenta minutos com as minhas melhores mixagens: hip-hop em um lado, house music no outro. Eu trabalhara naquela fita por dias a fio, mixando grooves em meu gravador de quatro faixas e, em seguida, sobrepondo-os com faixas *a cappella* de obscuros discos de doze polegadas de hip-hop e disco music. Eu queria parecer menos sem-teto do que de costume, então, sob o casaco de segunda mão, trajava minha melhor roupa de boate: camisa de gola alta preta, calças jeans pretas, sapatos pretos, tudo comprado na Goodwill e no Exército da Salvação.

Fiquei sentado no banheiro do Metro-North por 45 minutos, inalando o cheiro de urina e desinfetante e observando a arte que meu amigo Jamie desenhara na capa da fita. Seria legal o bastante? Seria ao menos um pouco legal? Jamie fizera um logotipo para mim, em grafite, com traços elaborados e bordas serrilhadas. Ele era aspirante a grafiteiro, mas também era um garoto branco de Norwalk, Connecticut, que estudava contabilidade na UConn. Será que alguém perceberia? Talvez o logotipo fosse legal. Eu não fazia ideia.

Eu vinha mandando fitas como aquela para um produtor de rádio na Califórnia. Tinha visto um anúncio em uma revista de DJs: "Procura-se: a sua fita mix para distribuição em rádio NACIONAL." Liguei para o número anunciado e falei com um sujeito rabugento em Oakland, ouvindo o som de um bebê chorando ao fundo. Ele me disse que poderia fazer minhas mixagens tocarem no rádio, então lhe enviei trinta minutos de mixagens de hip-hop. Não recebi nenhum dinheiro pelo material, e ele nunca me disse se estava sendo tocado, mas continuei enviando, na esperança de que alguém, em algum lugar, estivesse ouvindo.

O trem parou na Grand Central. Saí do banheiro, passei correndo pelos passageiros, atravessei o vasto espaço da estação e entrei no metrô. Quinze minutos mais tarde, depois de pular duas roletas, eu estava correndo pela 14th Street ao longo das calçadas ensanguentadas do Meatpacking District. Corri até a Mars, ofegante de esperança e entusiasmo. A Mars era uma boate instalada em um armazém enorme, sujo e abandonado. Um empresário da vida noturna chamado Rudolf o alugara com a intenção de transformá-lo na maior e melhor boate do planeta. A fachada dava para a West Side Highway, para algumas casas de swing e sadomasoquismo e para o acinzentado rio Hudson. Não havia restaurantes nem bares no Meatpacking District, mas havia uma fila em frente à boate, com centenas de nova-iorquinos descolados na esperança de conseguir um emprego. Fiquei na fila com minha roupa preta de boate, esperando que as outras pessoas não notassem que, na verdade, eu era um garoto branco baixinho e malvestido que morava em uma fábrica abandonada em Connecticut.

Após uma hora de espera chegou a minha vez. No saguão da boate havia três pessoas sentadas atrás de uma grande mesa dobrável, entregando a papelada. Uma delas perguntou:

— Para qual vaga pretende se candidatar? Copeiro, barman, segurança?

— Hum, vocês têm vaga para DJ? — perguntei.

Houve uma pausa, e então todos riram.

— Não, nós não temos vaga para DJ — disse uma mulher com uma tranquilidade desconcertante atrás da mesa.

Era uma afro-americana linda, vestindo um longo casaco preto sobre uma camiseta surrada da banda New York Dolls.

— Yuki já contratou os DJs — explicou.

— Ah. Bem, posso deixar esta fita, então? — perguntei. — É house music em um lado e hip-hop no outro. Talvez você possa entregar para a pessoa que contrata os DJs...

Ela olhou para mim com pena, mas aceitou a fita. Em seguida, voltou-se para a próxima pessoa da fila. Fiquei ali, paralisado.

— Está bem, obrigado — falei, sem receber resposta. — Tudo bem, tchau.

Saí dali correndo e fui até o telefone público da esquina ligar para Janet. Estava quebrado. Fui até o próximo, a um quarteirão de distância. Também estava quebrado. Garoava, eu sentia frio, o céu estava baixo e escuro, e eu acabara de me humilhar diante de uma mulher bonita e descolada no que viria a ser a melhor boate do planeta. Eu tivera a ousadia de sonhar que poderia ser DJ na Mars. Fui um idiota. E, então, lá estava eu, com os pés metidos em uma mistura de sangue de animais e chuva, encarando um telefone público quebrado.

Eu tinha algum dinheiro e caminhei até uma loja de alimentos naturais na 13th Street com a 8th Avenue. Quando saí da fábrica e corri para a cidade, estava muito esperançoso de que enfim conseguiria ser DJ em Nova York. Agora, eu caminhava na chuva, curvado para a frente contra o vento frio, para comprar mantimentos de uns hippies. Comprei leite de soja e pão integral, pulei a roleta do trem F — pensando que F parecia uma nota adequada para aquela viagem a Nova York —, peguei o ônibus para a Grand Central na 42nd Street e me dei ao luxo de comprar uma passagem de volta para Stamford para não ter de viajar sentado no banheiro. No trem, comi pão e bebi leite de soja, olhando de vez em quando para o South Bronx pelas janelas riscadas e outras vezes lendo um exemplar da *New York Rocker* que alguém deixara em um assento.

As bandas na *New York Rocker* tinham contratos com gravadoras e faziam shows. Davam entrevistas. Lançavam discos. As pessoas tiravam fotos delas. Ouviam suas músicas. Era tudo com que eu sonhava. Eu queria tocar para um público de verdade. Queria ser DJ nas pistas escuras e lotadas de Nova York. Mas, na verdade, eu era um músico eletrônico praticamente sem-teto de 23 anos cujo único trabalho era atuar como DJ às segundas-feiras em um pequeno bar em Port Chester, Nova York, e em uma boate para todas as idades em uma igreja em Greenwich nas noites de sábado.

Quando desci do trem em Stamford a chuva tinha aumentado, então fui correndo de volta para a fábrica. Atravessei um longo corredor até meu minúsculo estúdio e liguei para Janet. Ainda acho espantoso o fato de eu ter um telefone naquela época. Quando me mudei para a fábrica, liguei para a empresa de telefonia para ver se poderia conseguir um telefone. No dia seguinte eles mandaram alguém para fazer a instalação, e cinco minutos após sua chegada eu tinha um telefone funcionando. Ele não me perguntou se eu estava morando ilegalmente na fábrica; apenas mexeu em um fio e instalou uma tomada de telefone. Quando o técnico estava de saída, quase perguntei seu nome para que eu pudesse batizar meu primogênito em sua homenagem.

— Como foi? — perguntou Janet, animada. — Eles contrataram você?

— Bem, havia um monte de pessoas na fila à procura de trabalho, mas deixei uma fita com uma das mulheres responsáveis.

— Ótimo! Como está se sentindo?

— Estou bem — menti.

Conversamos por alguns minutos, fizemos planos para irmos juntos à igreja no domingo e desligamos.

Eu tinha feito tudo o que podia para ser contratado pela Mars. Fora até Nova York na chuva. Deixara para trás uma fita decorada com o que um estudante de contabilidade pensava ser um grafite maneiro. Estava nas mãos de Deus. Bem, não a fita. Eu supunha que a fita estava no lixo, ou na secretária eletrônica de alguém. Mas a situação estava nas mãos de Deus. Então fiz o de sempre: liguei a aparelhagem do meu estúdio e trabalhei na minha música. Produzi house music ambiente e tranquila até a meia-noite, depois tirei os fones de ouvido e desliguei o equipamento. Preparei um pouco de aveia e li um exemplar surrado de *Jornada nas Estrelas* enquanto ouvia uma fita de Debussy.

Sentado junto à minha enorme janela de fábrica, com a chuva batendo contra o vidro e os aquecedores a pleno vapor, eu me senti feliz. Estava sujo e fedia, morava em uma fábrica abandonada em uma cracolândia e aquele dia tinha sido muito decepcionante, mas eu estava calmo e feliz. Às quatro da manhã, fui dormir em minha minúscula cama, ouvindo o barulho da chuva.

Na manhã seguinte, a chuva cessara, mas continuava frio e nublado. Preparei mais aveia em meu fogão elétrico e, em seguida, fui até a despensa pegar algumas amêndoas e uma laranja. Amêndoas e laranjas eram um luxo, mas o dia anterior fora duro, e eu queria me fazer um agrado. Como estava quase sem água, fui até o mercadinho após o desjejum para comprar duas garrafas grandes de água. Enquanto caminhava de volta à fábrica, notei enormes montes de terra no estacionamento vazio: o que era o início de um projeto de construção se transformara em grandes amontoados de lama.

Quando voltei para o meu estúdio, vi que a secretária eletrônica tinha uma mensagem. Apertei "play", a fita rebobinou e ouvi a melhor mensagem que alguém já tinha ouvido em toda a história das mensagens telefônicas: "Oi, aqui é Yuki Watanabe, da boate Mars. Estou ligando para falar com o DJ Moby. Ouvi sua fita. Ligue para mim para tratarmos de seu trabalho como DJ na Mars."

Fiquei paralisado. Toquei a fita outra vez. E mais outra.

Alguém com um forte sotaque japonês chamado Yuki ouvira a minha mix tape, e essa mesma pessoa estava interessada em me chamar para ser DJ na Mars. Ouvi a mensagem mais uma vez para ter certeza de que aquilo era real. E, então, ouvi novamente. E, por via das dúvidas, mais uma vez.

Peguei o telefone, apavorado. Eu tinha de ligar para aquele tal de Yuki e de algum modo convencê-lo a me dar um trabalho de DJ na Mars. Por favor. Era tudo o que podia pedir, para ele ou para Deus. Por favor.

Peguei o telefone com a mão suada. Disquei o número.

— Alô, Yuki Watanabe falando — disse lentamente uma voz retumbante.

— Oi, aqui é o DJ Moby — falei, depressa demais. — Você me ligou a respeito de um trabalho como DJ na Mars?

— Sim, ouvi sua fita. É muito interessante. Você poderia tocar na sexta-feira à noite?

— Sim, posso tocar na sexta à noite.

— Certo, você vai tocar no porão. Das dez da noite às quatro da manhã. Pago 100 dólares.

— Obrigado! Vejo você em breve.

— Certo, DJ Moby.

Desliguei e pensei em Walker Percy. Há uma cena em seu romance *The Moviegoer* na qual o protagonista está em um museu após um acidente. Ele tem um momento de clareza e de repente vê minúsculas partículas de poeira flutuando na luz do sol. Minha vida mudara em uma escala muito maior do que eu poderia imaginar, e eu via partículas de poeira flutuando na luz invernal que entrava pelas enormes janelas.

Sentei-me no tapete, ainda segurando o telefone, meus neurônios disparando como átomos rodopiantes em um programa de TV sobre ciência. Aquilo realmente tinha acontecido? Será que eu estava alucinando? Será que as antigas emanações de fumaça da fábrica haviam corrompido meu cérebro? Ouvi a mensagem na secretária eletrônica outra vez. Era verdade. Eu tinha sido contratado como DJ no porão da boate mais descolada do planeta.

O mundo à minha volta evaporou. Eu já não via a fábrica abandonada, o telefone nem o céu emoldurado pela janela. Em minha mente eu via o porão da Mars. Imaginei uma sala pintada de preto, com teto rebaixado e um sistema de som perfeito. Um espaço escuro repleto de pessoas diabolicamente descoladas: eu ficaria em uma cabine elevada de DJ, tocando hip-hop e house music.

Liguei para Janet. Ela não estava, mas a secretária eletrônica atendeu. "Janet, você não vai acreditar no que aconteceu", falei, num impulso. "O Yuki da Mars me ligou. Vou tocar na Mars na sexta-feira à noite. Eu não acredito, eu não acredito. Me liga! Eu não acredito." E desliguei.

Eu precisava agradecer a Deus, então me ajoelhei no tapete roubado. "Obrigado, Deus", murmurei. "Obrigado. Isso é tudo. Obrigado."

2

BISCOITOS VEGANOS

— Jamie foi baleado? — perguntei.

Eu estava diante da fábrica abandonada em Stamford em uma tarde ensolarada de sexta-feira, conversando com um dos outros ocupantes ilegais.

— Não, ele foi esfaqueado — respondeu Pedro, o ocupante ilegal. — Alguém ouviu gritos ontem à noite e, em seguida, viu dois caras correndo pelo corredor. Quando foram ver, Jamie estava deitado no chão do quarto dele sobre uma poça de sangue.

Pedro era fotógrafo e grafiteiro. Seus grafites estavam por todo o complexo da fábrica: nos elevadores, nas lixeiras, em cada centímetro da área de carga e descarga. Ele sempre usava uma velha jaqueta de motociclista, feita de couro marrom, e morava na fábrica havia dez anos.

— Você está brincando — falei. — Eu vi Jamie ontem. Veja, a motocicleta dele ainda está ali.

Pedro olhou para a Triumph de Jamie estacionada entre duas lixeiras.

— Você acha que alguém vai levá-la? — perguntou.

— Estou surpreso que ainda esteja aqui — constatei.

— Ele já está morto. Seria roubo pegar a moto?

Houve uma longa pausa enquanto ambos olhávamos para a Triumph. Finalmente, eu disse:

— Acho que isso é meio indefinido.

Uma das vantagens de viver naquela fábrica era que ninguém prestava atenção ao que nós, ocupantes ilegais, fazíamos. Além de criar música eletrônica e trabalhar como DJ, eu tocava bateria em uma banda de punk rock chamada Pork Guys e batia latões em uma banda industrial chamada Shopwell. Quando precisávamos ensaiar, levávamos nosso equipamento até uma parte vazia da fábrica e fazíamos o barulho que quiséssemos. Ninguém reclamava. Era uma fábrica abandonada no meio de uma cracolândia. Desde que não matássemos ninguém, eles nos deixavam em paz.

Contudo, no mês anterior alguém tinha assassinado um sem-teto no estacionamento, e agora Jamie fora morto a facadas. Os outros moradores e eu não estávamos com medo de sermos feridos; o que temíamos era que a polícia descobrisse o que estava acontecendo e nos expulsasse dali. Gente morrendo na fábrica abandonada não era bom para o nosso anonimato.

— Se tiver que ir embora, para onde você acha que iria? — perguntei a Pedro.

— Não sei — respondeu. — Talvez para o Brooklyn? Ou para o Lower East Side? Tenho alguns amigos em uma ocupação na Avenue C. Mas lá tem ratos.

A maioria dos moradores ilegais vivia em prédios abandonados — e, como esses edifícios haviam abrigado pessoas no passado, geralmente eram repletos de ratos e baratas. A beleza de viver em uma fábrica abandonada, além dos mais de noventa mil metros quadrados de espaço industrial sem uso, era o fato de ali não haver ratos nem baratas.

— E você? — perguntou Pedro. — Para onde iria?

— Não posso voltar para casa — respondi. — Então provavelmente daria um jeito e me mudaria para Nova York.

— Você pode pagar? Ou moraria em uma ocupação?

— Se tivesse mais trabalho como DJ, talvez eu pudesse pagar uns 150 dólares por mês de aluguel.

— Isso é muito dinheiro — observou Pedro.

— Eu sei, mas preciso estar em Nova York.

— É isso aí. Certo, vejo você mais tarde. Não seja esfaqueado.

— Pobre Jamie — exclamei, dando uma última olhada para sua Triumph, como se eu pudesse dizer adeus a ele por meio de sua motocicleta.

Eu precisava estar em Greenwich às quatro da tarde para uma sessão de estudos bíblicos e, depois, ir à igreja Episcopal onde costumava tocar nas noites de sábado, para segurar um microfone para meu amigo Chris, enquanto ele rodava um filme para a faculdade. Se eu usasse meu ciclomotor, conseguiria chegar a Greenwich em cerca de meia hora. Coloquei o capacete e fui embora, passando pelo salão de bilhar, pelas igrejas e pelos traficantes. Fui até a Rota 1, cruzando o velho Anthrax Club, onde eu vira Circle Jerks e Agnostic Front, além de várias outras bandas de hardcore, no início dos anos 1980. Então passei pelo Villa Bar, onde costumava me embriagar quando tinha dezesseis anos.

Certa vez, quando ainda cursava o ensino médio, apaguei no banheiro do Villa. Dois policiais à paisana me tiraram do chão do banheiro, jogaram água na minha cara e me largaram na calçada. Acordei com minha amiga Kitty gritando meu nome.

— O que foi? — exclamei, despertando e olhando ao redor, ainda alcoolizado.

— Achei que você estava morrendo, seu babaca! — gritou ela.

Pensei um pouco e disse:

— Quero mais uma bebida.

— Você não pode voltar lá. Os policiais vão espancá-lo.

— Mas eu adoro policiais. Podemos beber em Port Chester?

Port Chester ficava em Nova York, e os bares ali ficavam abertos até as quatro da manhã. Entramos no carro de Kitty e fomos para o bar, onde me serviram mais bebida. Então vomitei de novo e apaguei. Quando acordei, ao amanhecer, estava largado em uma cadeira de praia junto à piscina dos pais de Kitty em New Canaan: dezesseis anos, de ressaca e orgulhoso.

Seguindo em direção ao oeste de Stamford no meu ciclomotor, entrei em uma das cidades mais ricas dos Estados Unidos: Greenwich, Connecticut. Ali, as casas de empréstimos e conjuntos habitacionais de Stamford se transformam em enormes lojas de material de jardinagem e em mansões escondidas atrás de sebes imensas e bem podadas. Cheguei à casa onde estudávamos a Bíblia e estacionei meu ciclomotor — um Peugeot verde de doze anos — entre um Porsche Carrera e uma perua Mercedes. Depois de tirar o capacete, esfreguei a cabeça para espanar a espuma de borracha seca do cabelo. Eu comprara aquele capacete no Exército da Salvação de Darien: fora fabricado em 1975, não cabia direito na minha cabeça e toda vez que eu o usava acabava ficando com caspa de espuma de borracha.

Estudávamos a Bíblia na casa de Catherine, uma menina doce e tímida que cursava o terceiro ano da Greenwich High School, andava a cavalo e gostava do The Cure. Sua família se mudara da Bélgica para os Estados Unidos havia alguns anos; a financeira onde o pai trabalhava alugara para eles uma mansão de oito quartos com piscina, quadra de tênis e estábulo, em um terreno de 24 mil metros quadrados na parte rural de Greenwich. Naquele dia eu ministraria os estudos bíblicos no porão.

Eu pretendia falar sobre o Sermão da Planície, de Lucas. Era quase como uma coletânea dos maiores sucessos de Jesus: "Amai os vossos inimigos", "não julgueis e não sereis julgados", mas também "Ai de vós, ricos" e "ai de vós, que estais fartos".

Veja bem, eu era cristão, mas também era um babaca. Eu era pobre, morava em uma fábrica abandonada e gastava 10 dólares por semana com comida. Então, quando lia "Bem-aventurados vós que sois pobres, porque vosso é o Reino de Deus. Bem-aventurados vós que agora tendes fome, porque sereis fartos", eu me sentia presunçoso, justificado e favorecido aos olhos de Deus.

Geralmente eu me sentia como um cristão incomum e vivia sob a suposição de que Deus estava perpetuamente decepcionado comigo. Eu não pregava o suficiente para os sem-teto. Ainda por cima queria seguir carreira de músico. Ainda tinha pensamentos lascivos. Mas, no que dizia respeito à pobreza, eu sentia estar dando uma dentro. Nunca conheci alguém tão pobre quanto eu era naquela época. Até mesmo os pobres que conheci na infância tinham água encanada e paredes feitas de materiais mais fortes do que placas de compensado tiradas do lixo.

Desse modo, de maneira presunçosa, eu ia a casas milionárias em Greenwich para julgar os filhos dos ricos e fazê-los se sentirem mal por terem nascido em meio à riqueza. Eu não estava preocupado com sua saúde espiritual. Eu não queria apontar com gentileza os erros que cometiam. Eu só queria que se sentissem mal por terem dinheiro. Eu também queria que aplaudissem a legitimidade de meus ensinamentos, já que eu passara horas em meu quarto minúsculo na fábrica abandonada decorando passagens da Bíblia e descobrindo novas e interessantes maneiras de usar o cristianismo para fazer as pessoas se sentirem mal a respeito de si mesmas.

Eu também era especialista em usar o cristianismo para punir a mim mesmo. Havia três semanas, eu concluíra que meu cristianismo era inadequado: eu me sentia uma fraude porque era cristão, mas tinha uma casa. Sim, minha casa era um pequeno espaço em uma fábrica abandonada, porém ainda assim era uma casa. Eu tinha lido os ensinamentos de Cristo e dali depreendera que eu deveria ser um sem-teto. Cristo queria que eu me livrasse de meus bens e saísse a vagar pelo mundo, pregando para as pessoas. Sentia que recebera o chamado. Certo dia, decidi tirar minha fé do reino da clausura e do academicismo e caminhar pelo mundo com nada além de minhas roupas e minha Bíblia.

Peguei a Bíblia, saí do quarto e fechei a porta da frente. Levei a chave à fechadura e olhei para a chave. Então pensei: *Se enfiar a chave na fechadura e girá-la, irei embora para nunca mais voltar. Eu me comprometerei com uma vida errante, fazendo o melhor que puder para ajudar a quem precisa: os pobres, os famintos, os desprovidos. Irei embora e darei as costas para casa, carreira, ambição, tudo.*

A chave pairou a alguns centímetros da fechadura. Em minha mente, podia ouvir a chave deslizando na fechadura e girando. Eu me imaginei caminhando pelo corredor, deixando a fábrica pela porta dos fundos, indo até o telefone público na esquina e ligando para minha mãe. Eu diria: "Mãe, preciso de um favor. Estou indo embora para vagar e pregar. Você poderia vender as minhas coisas e dar todo o dinheiro que arrecadar para os pobres?"

Mas eu não conseguiria fazer aquilo. Fiquei parado junto à porta, a chave ainda fora da fechadura, e rezei: "Deus, se esta for a sua vontade, então, por favor, me dê forças para fazer isso." Aquilo me parecia um chamado muito claro, mas os minutos se passaram e eu continuava de pé junto à porta. Eu não conseguia abrir mão do que me era familiar, por mais humilde que fosse, em troca do desconhecido. Eu não tinha diretriz nem precedente pessoal para me tornar um mendigo. Guardei a chave no bolso, voltei para meu quarto e me sentei na cadeira escolar de fibra de vidro que Paul e eu tínhamos conseguido em uma lixeira.

Rezei outra vez: "Deus, me perdoe. Não posso fazer isso. Não posso largar tudo para pregar. Me perdoe, Deus." Eu me sentia um farsante. Conhecia a minha vocação — ir embora, não ter posses, pregar —, porém não era capaz de segui-la. Contudo, ainda queria julgar os ricos e seus filhos delicados.

A irmã caçula de Catherine abriu a porta e desci as escadas até o porão da mansão. Havia uma mesa de bilhar de feltro vermelho ao pé da escada e alguns sofás e cadeiras confortáveis dispostos em círculo. Sete dos oito frequentadores dos estudos bíblicos já estavam lá, limpos e sorridentes. Todos moravam com os pais e dormiam nos mesmos quartos tranquilos que conheciam desde a infância. Os meninos usavam camisas sociais Brooks Brothers; as meninas usavam jeans Calvin Klein e suéteres Fair Isle. Nós nos sentamos e uma das meninas rezou:

— Deus, obrigada por nos trazer até aqui e por nos dar este lugar para aprender e estudar. Por favor, oriente Moby enquanto ele nos transmite os seus ensinamentos. Amém.

— Amém — repetiram todos.

— Certo, vamos abrir nossas Bíblias em Lucas 6:12 — falei. — Tory, você quer começar a ler?

Nós nos revezamos, cada um lendo alguns versículos, terminando em Lucas 7. E eu estava pronto. Eu ainda trazia o cheiro da fábrica em minhas roupas sujas. Meu cabelo tinha pedaços de espuma de borracha do capacete velho. Eu estava pronto para levar o juízo de Deus para aqueles frágeis cristãos abastados. Eu dormia ao som de tiros; eles, eu supunha, ao som do ronco de seus golden retrievers. Não tínhamos acabado de ler "Ai de vós, ricos"? Eu me sentia justificado, a vingança divina se acumulando dentro de mim.

Então olhei para a mesa onde a mãe de Catherine deixara biscoitos e limonada. Catherine percebeu que eu estava olhando.

— Ah, você quer um biscoito? — perguntou. — Minha mãe foi até a loja de alimentos naturais e comprou biscoitos veganos para você.

— Obrigado — respondi e fiz uma pausa, o vento do julgamento abandonando minhas velas. Será que eu havia feito alguma coisa altruísta naquele dia? Tinha feito um esforço para ser gentil com alguém? Tinha alimentado alguém?

Não. E lá estava eu, o cristão implacável, a voz autoproclamada de um Deus severo, encarando meus fracassos sob a forma de um prato de biscoitos veganos. A mãe de Catherine fora a alguma estranha loja de produtos naturais para comprar estranhos biscoitos veganos para um amigo de sua filha que ela sequer conhecia. E eu era o bom cristão?

Lembrei-me de Oseias: "Desejo misericórdia, não sacrifício." Então deixei minha raiva de lado e, em vez de julgar aqueles gentis cristãos ao meu redor, eu lhes falei sobre a minha experiência de três semanas antes, quando me senti chamado a abandonar tudo para poder pregar aos pobres, e como senti que decepcionara Deus e pedira o seu perdão. Depois, falei sobre como poderíamos encontrar o divino nos grandes gestos — grandes declarações e renúncias —, mas que também havia uma tranquila divindade nas pequenas coisas, como comprar estranhos biscoitos veganos para um desconhecido. Ou convidar as pessoas à sua casa e servir-lhes comida. Naquele momento, esses pequenos gestos me pareciam mais importantes, e mais divinos.

— Então obrigado a todos por estarem aqui por minha causa — terminei. — E, Catherine, por favor, agradeça a sua mãe pelos biscoitos veganos.

Não mencionei que os biscoitos estavam secos e horríveis.

Após estudarmos a Bíblia, fomos todos à Igreja de Cristo em Greenwich para ajudar o filho do pastor episcopal, Chris, a rodar cenas de um filme para a faculdade. Chris estudava na NYU, onde alegava ter Martin Scorsese como orientador.

— Martin Scorsese estará na igreja? — perguntei para Chris.

— Provavelmente — respondeu ele, fazendo o melhor que podia para conseguir que todos trabalhássemos de graça.

Cheguei à Igreja de Cristo ao anoitecer e estacionei o ciclomotor sob um grande olmo, ao lado de um cemitério do século XVIII. Chris estava com um grupo de atores e figurantes junto ao pórtico que cobria a entrada de uma das antigas capelas de pedra, explicando a todos os voluntários o que deveriam fazer. Como eu era músico, fui escalado para segurar o microfone.

— Chris, quem é aquele ali? — perguntei, apontando para um sujeito de cabelo comprido andando em círculos pelo gramado exuberante e falando sozinho.

Ele vestia um casaco escuro e gesticulava, como se estivesse discutindo enfaticamente com um fantasma.

— Ah, é Viggo Mortensen. Ele estuda comigo e é o protagonista do filme — respondeu Chris.

— Por que ele está andando em círculos? Será que está com a doença da vaca louca?

— Ah, não, ele só é intenso. Ele sempre faz isso quando está se preparando para filmar.

Todos subimos a antiga escada de madeira da capela e passamos as cinco horas seguintes filmando Viggo no telhado. Ele e a atriz principal ficavam repassando as mesmas cenas, com Chris pedindo que fizessem pequenas variações nos diálogos. Ficou tarde, esfriou e o vento se intensificou.

— Eu achava que o cinema era glamoroso — falou um estudante cansado e trêmulo de cima do telhado.

Eu segurava o microfone na ponta de uma longa vara telescópica. Um dos colegas de turma de Chris me perguntou:

— Você trabalha como operador de boom em tempo integral?

— O que é um operador de boom?

— Ah, acho que não — disse ele, e se afastou.

À uma da manhã, após termos filmado as mesmas cenas algumas dezenas de vezes, Chris anunciou:

— Certo, pessoal, chega por hoje.

Todos aplaudimos a nós mesmos, algo que eu nunca tinha feito.

Fui até Viggo, que não falara com ninguém a noite inteira.

— Bom trabalho, Viggo — elogiei, estendendo-lhe a mão.

Ele pegou a minha mão, olhou intensamente para os meus olhos e perguntou:

— Foi mesmo?

3

MOVIMENTOS NOTURNOS

— Você não pode ser DJ em Nova York e morar em Stamford — disse Damian, com razão.

— Mas eu não tenho condições de morar em Manhattan — protestei.

— Bem, mude-se para Nova York e consiga mais trabalhos como DJ — sugeriu Damian.

Ele estava certo. Eu tinha medo e era pobre, mas ele estava certo. Assim, nós tiramos tudo do meu minúsculo espaço na fábrica abandonada. Deixando para trás minhas paredes de compensado e minha porta garimpada, coloquei no carro da minha mãe tudo o que tinha e me mudei para Nova York com Damian, sua garota, Alyssa, e Roberto, nosso amigo DJ.

Eu conhecera Damian dois anos antes, na boate para todas as idades em Greenwich onde eu tocava. Ele era alto, loiro e aspirante a artista. Fumava cigarros ingleses caros e sempre usava roupas pretas new wave. Toda garota new wave em Connecticut era apaixonada por Damian. Como não podia pagar a escola de arte, ele passava o tempo em vários museus, para descobrir como as pessoas pintavam no século XVIII. Sua garota, Alyssa, era uma modelo asiática, alta e magra como um louva-a-deus que acabara de se formar em Columbia. Nosso amigo Roberto era DJ de hip-hop e seus pais eram *marchands* de arte moderna. Roberto saía com belas mulheres, discotecava em clubes de hip-hop em Downtown e passava as férias no sul da França, na casa de campo da família.

Algumas semanas antes, Alyssa procurou apartamentos nos classificados do *Village Voice*. Ela encontrou um duplex na esquina da 14th Street com a 3rd Avenue, com três quartos e uma sala de estar grande, a 1.200 dólares por mês. O sul de Manhattan estava repleto de apartamentos baratos porque era um lugar imundo e perigoso, e a maioria das pessoas não queria morar lá.

Damian e Alyssa meio que estavam namorando, por isso reivindicaram o quarto maior, no porão. O quarto não tinha luz e cheirava a mofo e a material de construção barato. Por ser um cômodo perpetuamente escuro, ou talvez porque Damian e Alyssa se odiassem e estivessem deprimidos, os dois costumavam dormir até as três ou quatro da tarde. Como era o que tinha mais dinheiro — pois trabalhava como DJ e seus pais eram donos de casas de campo e galerias de arte —, Roberto ocupou o quarto grande nos fundos do apartamento, que chegava a receber meia hora de luz solar durante a tarde.

Eu era o mais pobre, então fiquei com o quarto menor, que mesmo assim era maior do que meu cubo de nove metros quadrados na fábrica abandonada. O chão do meu novo quarto era pintado de cinza, as paredes eram de um verde desbotado, e eu tinha duas janelas encardidas com vista para o beco repleto de lixo entre o nosso edifício e o prédio vizinho. Minhas caixas de livros (*Jornada nas Estrelas*, Arthur C. Clarke, Kierkegaard) estavam no chão, e meus discos (Joy Division, Derrick May, Public Enemy), empilhados em um canto. Removi as portas do armário e instalei meu pequeno estúdio MIDI ali dentro. Meu fino colchão de solteiro repousava no chão, porque eu não tinha dinheiro para comprar um estrado. O apartamento fedia a lixo, não tinha luz e ficava ao lado de uma boca de fumo e um restaurante mexicano especializado em *cuchifritos*, mas, para mim, aquilo era o paraíso.

Para mim, Nova York sempre fora a cidade obscura sobre o monte: sombria, ameaçadora e perfeita. Nasci na 148th Street, no Harlem, em 1965, e passara anos em Connecticut sonhando em voltar para Nova York, como um ansioso pombo-correio, saudoso da degenerada ilha natal. Para nós, violência de gangues, overdoses e aids não eram apenas manchetes de tabloides — todos conhecíamos pessoas que tinham morrido muito jovens naquela cidade. No entanto, eu, Damian e nossos colegas de quarto estávamos no imundo epicentro da cidade mais notável do planeta.

Minha parte do aluguel era de 285 dólares, uma despesa enorme para mim, já que antes eu pagava 50 dólares por mês para os seguranças da fábrica abandonada. No entanto, eu ganhava quase 800 dólares por mês trabalhando como DJ na Mars e aceitando qualquer serviço que me oferecessem.

Uma semana antes de me mudar para a cidade, peguei o carro da minha mãe emprestado para atravessar a ponte de Tappan Zee até Nyack, em Nova York, para tocar em um casamento. Os noivos estavam se casando sem a bênção de suas famílias, então alugaram o porão do salão comunitário de Nyack e arcaram com os custos. O porão era frio e úmido e os vinte convidados tremiam sentados em cadeiras de plástico dobráveis. O casal não podia se dar ao luxo de alugar um toca-discos, o que me fez trabalhar com dois aparelhos cassete que eles pegaram emprestados dos amigos, e cheguei a tocar a Marcha Nupcial de uma fita single enquanto a noiva caminhava pela nave entre as cadeiras dobráveis. Eles me pagaram 70 dólares e eu me senti culpado por receber todo aquele dinheiro. Contudo, um dos meus objetivos em Nova York era evitar me tornar um prostituto sem-teto, e para isso eu precisava fazer algo que me pagasse, até mesmo tocar em casamentos usando fitas cassete e tirar dinheiro de pobres recém-casados.

Um mês após nos mudarmos, decidimos dar uma festa. Toquei discos e fitas cassete de new wave e house music no canto da sala de estar, as pessoas dançaram, e todo mundo, menos eu, se embebedou.

Eu tinha parado de beber havia dois anos, em 1987. Tomei minha primeira bebida alcoólica quando tinha dez anos, no último dia de 1975. A família de meu amigo Arthur morava em Darien, numa propriedade de Long Island Sound, e a mãe dele tinha me convidado para sua festa de Réveillon. Em algum momento da noite, ela, que já estava bêbada, me entregou uma taça de champanhe. Fui até a enorme cozinha de mármore e roubei mais duas taças de champanhe debaixo dos narizes dos dois empregados temporários europeus que trabalhavam na casa. Após beber três taças, toda a minha ansiedade passou e, pela primeira vez na vida, me senti realmente feliz. Após a meia-noite, quando subi ao quarto de Arthur no andar de cima, ele já estava dormindo na cama de baixo do beliche. Bêbado, subi na cama de cima e me deitei sob um cobertor de *Battlestar Galactica*. "Sempre desejei me sentir bem assim", declarei para o quarto. Arthur não disse nada; ele já estava dormindo.

Durante todo o ensino médio, fui a festas e bebi qualquer coisa que chegasse às minhas mãos. Eu roubava vinho e cerveja da minha mãe e dos namorados dela. Roubava vodca e rum das despensas dos pais de meus amigos. E, para completar, aos doze anos, meu amigo Jim e eu consumíamos *coolers* de vinho e tomávamos as pílulas antipsicóticas prescritas para seu irmão internado em uma instituição psiquiátrica.

"Sou um entusiasta do álcool", dizia para os meus amigos, às vezes no exato momento em que arremessava latas de lixo contra carros estacionados, chorando embriagado ou vomitando na calçada. Bêbado, bati alguns carros e perdi a virgindade num completo apagão mental quando tinha dezesseis anos.

Também gostava de ficar bêbado e ir a shows *straight edge*. O *straight edge* foi um movimento iniciado pela banda de hardcore Minor Threat, de Washington. A maioria dos jovens *straight edge* tinha grandes Xs pintados no dorso das mãos e não bebia, não fumava nem usava drogas. Eu adorava a música e adorava me sentir parte de uma sociedade secreta, mas, quando adolescente, eu não tinha real interesse por aquela filosofia.

Aos dezessete anos, fui assistir ao Minor Threat no Great Gildersleeves, um clube de rock no sul de Manhattan a uma quadra do CBGB. Desenhei o X de praxe no dorso da mão e, a caminho para o local, me embebedei de rum com meu amigo Bill. Após o show, completamente bêbado, apresentei-me para Ian MacKaye, vocalista do Minor Threat, enquanto ele carregava o equipamento até a van da banda.

"Sr. MacKaye", falei com a voz pastosa, "eu só queria dizer que também sou *straight edge* e que adoro a sua banda."

Ele apertou a minha mão e agradeceu, cauteloso.

Em 1983, entrei para a faculdade e continuei bebendo, muitas vezes acordando no chão sobre uma poça do meu próprio vômito no dormitório. Também comecei a ter ataques de pânico debilitantes. Eram tão ruins que eu não podia sair do quarto ou frequentar as aulas, por isso abandonei o curso e voltei para casa. Meus colegas de escola estavam em universidades da Ivy League, sentados sob carvalhos centenários, discutindo Kant e Foucault, enquanto eu, um ano depois de me formar no ensino médio, era um rapaz de dezenove anos que abandonara a faculdade e dormia no sofá de segunda mão na casa da mãe.

Mesmo aos dezenove anos, ainda abaixo da idade legal para beber, eu tocava em um bar suburbano chamado Beat. Em outros bares, trabalhar completamente bêbado podia ser inconveniente, mas no Beat meus chefes pareciam fingir não me ver bebendo tudo o que eu via pela frente. Eu bebia meio litro de vodca, vomitava álcool e bile no banheiro masculino, então pegava uma cerveja e subia até a cabine de DJ para voltar ao trabalho.

Como eu era jovem, as ressacas eram breves e quase charmosas. Elas me faziam sentir afinidade com Dylan Thomas e Charles Bukowski. Mas as consequências das bebedeiras começaram a se acumular, e, em 1986, com 21 anos, aceitei o fato de que poderia ser um alcoólatra ou, ao menos, um bebedor problemático.

Em 1987, tornei-me vegano, comecei a ministrar estudos bíblicos e concluí que bater carros e acordar coberto de vômito não estava em sintonia com os meus valores. Meu pai morrera vítima do alcoolismo. A mãe de meu amigo Paul também. A maior parte da violência que eu testemunhara na vida tinha sido alimentada pelo álcool. Assim, em 1987, sentei-me no sofá na casa da minha mãe e liguei para Paul, que sempre fora *straight edge*. Eu disse: "Acho que já chega. Acho que não vou mais beber." Desde então, nunca mais bebi, e nossa sobriedade compartilhada e nosso amor mútuo por *Jornada nas Estrelas* e David Lynch se tornaram a base de nossa amizade.

Às duas da manhã, a festa de inauguração de nosso novo apartamento começou a esvaziar. Acendi as luzes e terminei a noite com uma fita cassete com a música "Night Moves", de Bob Seger. Meus amigos bêbados cantaram juntos, terminaram suas cervejas e foram para casa. Fui para a cama e programei o despertador para as sete da manhã, para que eu pudesse acordar e recolher todas as latas e garrafas vazias antes que alguém as jogasse fora.

Após dormir algumas horas, acordei ao nascer do sol, enchi três sacos de lixo com garrafas e latas vazias e arrastei-os até o Food Emporium, na 14th Street. Mesmo no início da manhã, havia mais de dez sem-teto na fila do lado de fora do supermercado, todos esperando para usar as máquinas de reciclagem. Era uma manhã fria de março. Eu estava vestindo um casaco do Exército da época do Vietnã, calças jeans de brechó, botas de trabalho velhas e um gorro preto na cabeça.

Estava começando a chuviscar, meus sacos de lixo cheiravam a cerveja, e as pessoas entrando e saindo do Food Emporium lançavam olhares piedosos para mim e para os outros na fila. Quando chegou a minha vez, inseri pacientemente minhas garrafas e latas nas máquinas de reciclagem; e a cada vez era recompensado com um esmigalhar ruidoso de moedas de 5 centavos que caíam na bandeja de metal. Após alguns minutos, meus sacos de lixo estavam vazios e meus bolsos, repletos de moedas. Eu conseguira 5 dólares em dinheiro trocado e me sentia rico. Tudo o que eu fizera foi acordar cedo e recolher o lixo que teria sido jogado fora. Eu tinha colocado o lixo em uma máquina, e a máquina me dera dinheiro. Eu me sentia como um alquimista, mas, em vez de transformar chumbo em ouro, havia convertido garrafas de cerveja em moedas.

Eram nove horas e eu estava cheio de moedas, então fui até a Prana Health Foods, na 1st Avenue. A Prana era a única loja de produtos naturais em meu novo bairro e permanecera a mesma desde 1970. Cheirava a aveia, levedo de cerveja e espinafre rançoso, e todos que trabalhavam ali eram grosseiros, magros e pareciam ter saído do estacionamento de um show do Grateful Dead. Eles tinham até o típico gato hippie dormindo sobre um volumoso recipiente de sementes de gergelim. Gastei meu dinheiro em meu luxo favorito: leite de soja sabor baunilha, que custava 1,49 dólar a caixa. Enquanto o hippie rabugento atrás do balcão me observava, peguei 4,90 dólares em moedas e comprei três caixas de leite de soja sabor baunilha e uma laranja orgânica. Agora eu era duplamente alquimista: havia transformado latas e garrafas de cerveja em laranja e leite de soja.

Subi a 1st Avenue e cheguei em casa no momento em que meus colegas estavam acordando. Roberto cambaleava pela cozinha de cueca Calvin Klein e sandálias Adidas. Estava de ressaca.

— Você limpou tudo? — perguntou, confuso.

— Levei todas as garrafas e latas para reciclagem no Food Emporium — falei com orgulho.

— Rá, você é como um sem-teto! — exclamou Roberto.

Eu queria me gabar por naquele momento ter três caixas de leite de soja e uma laranja, mas a família dele tinha uma casa de campo em Provence, então supus que ele não ficaria impressionado.

— Que música horrível foi aquela que você tocou no fim da festa? — perguntou.

— "Night Moves", de Bob Seger?

— Aquela merda é horrível.

Eu queria defender Bob Seger, mas não disse nada, apenas arrumei minhas compras. Roberto crescera em Nova York e entendia de coisas descoladas de uma forma que eu jamais entenderia. Ambos éramos DJs, mas ele adorava jazz obscuro e Cozy Burger, enquanto eu adorava Bob Seger e leite de soja.

— Posso filar um pedaço da sua laranja? — perguntou Roberto.

A minha laranja. Aquilo me custara 40 centavos, ou oito latas.

— Tudo bem — falei. — É orgânica.

— O contrário de sintético?

Descasquei a laranja e nos sentamos em nosso colchão manchado para jogar *Mario Bros.* no Nintendo.

— Você vai trabalhar na Mars hoje à noite? — perguntou.

— Sim, no porão. Klark Kent no piso principal e Red Alert no segundo andar.

— Ah, legal. Você pode me colocar na lista?

— Claro, você mais dois?

— Sim, obrigado — disse ele.

Nós ficamos no colchão, comendo minha laranja orgânica e assistindo ao Mario saltar ao redor de cogumelos gigantes. Olhei para a parede cinza do cortiço do outro lado do beco e sorri. Pela primeira vez desde 1967, eu era um nova-iorquino.

4

MÃOS PARA CIMA

Janet e eu estávamos ajoelhados no chão de seu quarto no dormitório de Columbia, rezando. Havíamos acabado de fazer sexo. Eu tinha 24 anos; ela, vinte, e namorávamos, mas estávamos tentando ser bons cristãos e não ceder à luxúria.

— Deus, lamentamos nosso pecado. Por favor, perdoe-nos e ajude-nos a fazer a sua vontade — rezamos, em uníssono. — Em nome de Jesus, amém.

Janet decorara o seu quarto em Columbia com um cartaz do disco *War*, do U2, e uma foto de uma cena de rua parisiense tirada por André Kertész. O quarto era minúsculo e tinha apenas uma pequena cama de solteiro, que compartilhávamos. Quando me sentia monástico ou claustrofóbico, eu dormia no chão. Na noite anterior, estávamos na cama e começamos a nos beijar, mas conseguimos nos conter antes de fazer sexo. Eu tinha saído da cama e me deitado no chão, ficando de mãos dadas com Janet, que continuou na cama.

— Estou feliz por não termos transado, Moby — disse ela no escuro.

— Eu também, Janet. Boa noite.

Então, naquela manhã, eu me deitei com ela na cama após acordar. Acabamos transgredindo e fazendo sexo. Após nossa oração de perdão pós-coito, ficamos deitados de conchinha.

— Você acha que conseguimos ser celibatários? — perguntei, com o rosto enterrado em seu cabelo.

— Espero que sim, Mobe — respondeu ela. — Eu realmente quero fazer a coisa certa.

Janet não tinha autorização para receber homens no quarto — nós não estávamos violando apenas a lei de Deus, mas também o regulamento do dormitório de Columbia —, então, após me vestir, escapei pela janela e fui para o metrô. O quarto de Janet no dormitório era protegido por seguranças da Universidade de Columbia, mas, ainda assim, ficava na 120th Street, e logo que deixei o edifício estava de volta ao Harlem, a terra onde nasci. Os sem-teto se alinhavam nas calçadas, trajando roupas de inverno sujas e cercados por sacos de lixo velhos contendo tudo o que possuíam.

Pulei a roleta na estação da 125th Street e passei por viciados em crack macilentos apoiados contra a parede: homens e mulheres quase mortos, finos como agulhas de tricô, meneando a cabeça e dispostos a vender qualquer coisa que tivessem em mãos. À venda na plataforma do metrô, vi um isqueiro usado, um exemplar de cinco anos da revista *People*, uma fita cassete de Pat Benatar e um sapato sem par.

Pesquei exemplares do *New York Post* e do *Daily News* do lixo enquanto esperava o metrô e li a manchete CIDADE DOS ASSASSINATOS na página policial. Aparentemente, a taxa de homicídios em 1989 era a maior da história de Nova York. O *Post* publicou uma matéria sobre adolescentes que corriam pela Times Square furando turistas com seringas infectadas. Tudo parecia normal: os viciados macilentos, os assassinatos diários, os adolescentes selvagens e violentos. Nova York nunca tinha sido limpa nem segura, mas, em 1989, era mais suja e mais perigosa do que fora dois anos antes.

Também era a minha casa. E eu nunca me senti tão feliz.

O trem se aproximou da estação, anunciando sua chegada com uma sutil mudança na pressão do ar. Foi quando senti o cheiro: uma combinação singular de desinfetante, poeira de concreto velho, veneno de rato e ar sujo. Logo vi a pequena luz branca do trem ao longe, aumentando com rapidez. Então a estação foi tomada por um ruído de correria e pelo som estridente dos freios. Afastei-me da beira da plataforma enquanto o trem que se aproximava — quase toda semana eu lia sobre alguém que fora empurrado na frente de uma composição do metrô. Enquanto recuava, tentei imaginar se o indivíduo morreria na hora ao ser empurrado na frente de um trem, ou se ficaria preso sob as rodas, sofrendo enquanto os ratos observassem sua agonia, tentando decidir se eram corajosos o bastante para se aproximarem e darem uma mordida.

As portas do trem se abriram e eu entrei. O vagão era velho e coberto de pichações, tanto nas paredes quanto nas janelas. Havia alguns passageiros nos assentos de fibra de vidro, mas, às onze horas de uma fria manhã de terça-feira, não estava lotado. Recebi alguns olhares das pessoas que tinham embarcado mais ao norte: dominicanos, haitianos e jamaicanos usando grandes jaquetas, olhando de maneira furtiva para mim. Provavelmente achavam que eu era viciado em drogas; por que outro motivo um garoto branco e magro com cabelo longo e oleoso estaria embarcando no trem 1/9 na estação da 125th Street? Mas ninguém olhava por muito tempo. Poderiam morrer por isso. Pessoas eram mortas por causa de seus tênis ou de seus fones de ouvido, de maneira que, em 1989, ninguém no metrô olhava para nada nem para ninguém por mais de um cauteloso segundo.

O trem seguiu para o sul, suas rodas de metal arranhando os trilhos toda vez que chegávamos a uma estação. Eu sempre ficava de pé quando andava de metrô, segurando uma cinta ou uma barra de ferro, com os olhos inquietos para me certificar de que estava em segurança. Não havia polícia no metrô, e os jovens costumavam andar pelos vagões para esfaquear pessoas, roubar relógios, carteiras, correntes e tênis. Então eu sempre ficava de pé, verificando as portas, sem fazer contato visual, permanecendo anônimo e sem facadas.

Saltei na Houston e caminhei na direção da Vinylmania. A neve derretia nas calçadas e os táxis passavam velozmente, espirrando água imunda de poças negras nas pessoas paradas nas esquinas.

O interior da Vinylmania era como o de qualquer outra loja de discos de DJ em Nova York: tudo era pintado de preto, as paredes eram cobertas de prateleiras de metal contendo todos os novos discos de hip-hop e house music, e o chão era forrado com longas caixas de madeira repletas de singles de doze polegadas. Nos fundos, ficavam os DJs da loja com seus toca-discos e enormes caixas de som, tudo isso em um espaço do tamanho de uma pequena garagem suburbana. Lojas de discos de DJ nunca foram tranquilas. Às vezes, havia um funcionário tocando discos de hip-hop recém-lançados em um volume ensurdecedor enquanto outro funcionário, a dois metros dali, tocava discos de dancehall recém-lançados em um volume ensurdecedor e, dois metros mais adiante, outro funcionário tocava discos de house music em um volume ensurdecedor.

A melhor hora, ou talvez a pior, para ir a qualquer loja de discos de DJ em Nova York era na sexta-feira à tarde. Era quando as lojas recebiam a maioria dos discos novos e quando todos os DJs da área metropolitana de Nova York iam comprar discos de vinil em Manhattan. Às sextas-feiras eu ia até a Vinylmania, Dance Trax ou Disc-O-Rama e encontrava uma centena de outros DJs aglomerados ao redor do DJ da loja, que tocava bem alto os lançamentos. Se um disco fosse bom, todos perceberiam nos primeiros trinta segundos. Dava para sentir o arrepio coletivo de desejo e emoção quando todos os DJs na loja eram absorvidos pela nova música. Então todos erguiam as mãos, lutando para conseguir uma cópia do novo disco que faria as pessoas gritarem em suas pistas de dança.

Eu estava em desvantagem, sendo branco e baixinho; a maioria dos outros DJs era composta de latinos ou afro-americanos, e altos. Eu ficava nos fundos da loja e esperava que o homem que tocava os lançamentos visse a minha mãozinha branca e talvez se dignasse a me vender uma cópia de "Break 4 Love", do Raze, ou "Definition of a Track", do Precious.

Às vezes, nas sextas-feiras, Red Alert, Frankie Knuckles, Junior Vasquez ou alguma outra lenda da discotecagem de Nova York ia até a loja comprar discos. Era concedido à lenda um local à direita da cabine do DJ da loja, que tocava um novo disco, olhava cautelosamente para a lenda, e, se a lenda fizesse o mais sutil dos acenos, todos na loja clamavam para obter o vinil que ela acabara de abençoar.

Eu dominara a arte de ouvir três ou quatro discos num volume incrivelmente alto ao mesmo tempo e verificar as caixas de discos enquanto calculava de quanto seria meu investimento semanal. Discos de vinil de doze polegadas custavam caro. Eu ganhava 800 dólares por mês e gastava cerca de 350 em comida e aluguel. Isso me deixava 450 dólares para discos, equipamento de estúdio e meias. Um disco inédito nacional de doze polegadas custava 5,99 dólares, e um disco novo de doze polegadas importado saía por 9,99 dólares. Bastava comprar dez discos, e, em cinco minutos, eu teria gastado mais em música do que em alimentos durante um mês inteiro. Eu precisava ser seletivo e estratégico na hora de comprar discos. Não bastava ouvir a música e decidir se gostava, também precisava imaginar como ela soaria na Mars e se aquilo me ajudaria a manter meu emprego.

Às 11h30 de uma manhã de terça-feira, havia alguns poucos DJs na Vinylmania debruçados sobre as caixas. Eu estava procurando discos da gravadora DJ International quando ouvi o DJ de hip-hop tocando um novo disco. Todos os rappers começaram a fazer faixas de house music para que pudessem tocar tanto em boates de hip-hop quanto em boates de house music. Esse novo gênero híbrido tinha até um nome: hip-house, como era de se presumir. Os Jungle Brothers fizeram um enorme sucesso com "I'll House You" e até mesmo Big Daddy Kane se dignou a fazer uma faixa hip-house.

Ouvi a nova faixa. Alguns discos de hip-house eram clichês e previsíveis, mas aquele era sutil e discreto — estranhamente, era construído a partir de um sample de sinos latinos. Fui até a cabine e chamei a atenção do DJ.

— Ei, o que é isso? — gritei.

Ele me olhou por um instante e então respondeu:

— Doug Lazy.

— Posso ficar com uma cópia?

Ele não disse nada, mas me entregou um disco de doze polegadas embrulhado em plástico. Peguei-o e li o que estava escrito no selo: Doug Lazy, "Let it Roll".

— Quando saiu? — perguntei.

— Hoje.

— Obrigado! — agradeci, muito pálido e entusiasmado.

Comprei outros dois discos de doze polegadas, das gravadoras Strictly Rhythm e DJ International, respectivamente, mas meus instintos me diziam que "Let It Roll" faria um enorme sucesso.

Após pagar pelos discos, desci a Carmine Street até a 5th Avenue. O parque na esquina da Bleecker com a Carmine estava repleto de neve suja e viciados em crack. Alguém arrancara as ripas de um banco do parque e as queimava em um barril. Continuei andando.

Animado com meu novo disco, parei no Vesúvio para tomar uma xícara de café e comer um pedaço de pão para comemorar. O Vesúvio era uma pequena padaria que existia no SoHo desde o século XIX. Sempre que ia até lá, eu encontrava o mesmo italiano idoso atrás do balcão vestindo um avental branco, sorridente e salpicado de farinha.

— Você quer pão integral? — perguntou ele, feliz.

— Pequeno, por favor. E um café preto.

Seu sorriso ficou ainda mais largo e ele envolveu meu pão em um pedaço de papel fino e serviu o café.

— Dois dólares — disse ele.

— Aqui estão. — Entreguei-lhe 3 dólares e me senti um Rockefeller. — Fique com o troco.

— Obrigado, senhor! — disse ele, colocando o dinheiro na barulhenta caixa registradora de metal.

Sentei-me a uma das duas mesinhas em frente à loja, comendo meu pão e bebendo meu café. O SoHo estava tranquilo — a maioria das galerias de arte ainda não estava aberta —, então olhei para os meus discos sob a luz do sol refletida pela vitrine da galeria do outro lado da rua.

Eu era um cristão careta que trabalhava em casas noturnas movidas a drogas. Eu morava em uma cidade imunda que estava sendo dilacerada pelas drogas, pela aids e pela violência das gangues. Estava sentado em um SoHo tranquilo sob o sol, bebendo café em uma padaria antiga, enquanto o homem atrás do balcão sorria para mim. Eu me sentia muito feliz e muito sortudo. Tinha um disco inédito perfeito para tocar e um pedaço de pão perfeito para comer. E morava em uma cidade perfeita.

5

BECO CHEIO DE LIXO

A multidão de sexta-feira chegava logo que a Mars abria as portas, às dez da noite. Eu tocava no primeiro andar no início do expediente, mas a coisa ficava interessante por volta da meia-noite, quando chegavam algumas casas de voguing de Uptown.

O voguing vivia um momento de bizarra notoriedade, desde o lançamento de "Vogue", single de Madonna, mas aquilo começara anos antes. Os voguers eram homens gays, negros e latinos, que desfilavam orgulhosamente de um lado para o outro na pista de dança, transformando-a em sua própria passarela de moda improvisada. O voguing não era realmente uma dança, e sim algo bem próximo de um desfile de moda idealizado. Ao descrever o fenômeno para um amigo baterista de uma banda de speed metal, eu disse a ele que as casas de voguing não eram construções de verdade.

— São mais como a "casa de Chanel" ou a "casa de Dior" — expliquei. — São inspiradas em casas de moda francesas.

— Então eles fazem roupas?

— Hum, não — respondi, e tentei explicar outra vez.

Naquela sexta-feira, logo após a meia-noite eu estava tocando discos de house music para as belas rainhas do voguing quando meu amigo Manuel foi correndo até a cabine. Manuel era copeiro naquela noite e drag queen em outras. Na Mars, ele usava calças e camiseta pretas e carregava bandejas de plástico repletas de garrafas de cerveja vazias e guimbas de cigarro encharcadas.

Em suas noites de folga, porém, transformava-se em Carla, uma delicada drag queen latina com uma longa piteira e olhos castanhos realçados com delineador.

No mês anterior eu tinha ido a uma boate de drag queens perto da Times Square para ver Carla desfilar. Ela estava no pequeno palco e fizera uma interpretação requintada e lânguida de "Bali Hai". Depois do show, falei: "Foi ótimo! Você é muito bonita!"

Carla piscou os olhos, me beijou no rosto e se afastou deixando um rastro de perfume.

Agora, como Manuel, o copeiro, ele estava em minha cabine gritando:

— Ei, Moby! Willi Ninja está na pista!

Willi Ninja era o deus dele. Ou deusa. Willi Ninja era líder de uma das casas de voguing mais famosas de Nova York, e tê-lo — com seu grupo — enquanto eu atuava como DJ me parecia uma bênção formal. A Mars era um lugar demográfica e musicalmente complicado: na noite anterior, quando eu tocava no segundo andar, Kool Keith e os Ultramagnetic MCs tomaram o microfone e, bêbados, improvisaram perfeitamente ao som de faixas de hip-hop. Naquela noite, Willi Ninja e seu grupo desfilavam no meio da pista de dança ao som de house music, cabeças erguidas e maçãs do rosto proeminentes.

Enquanto eles vogavam, toquei "Love is the Message", do MFSB. A multidão aplaudiu e Willi Ninja sorriu para mim do outro lado da sala. Eu era heterossexual, mas ele era tão bonito e seu sorriso, tão largo que, naquele momento, eu teria me casado com ele. A noite continuou, a pista de dança ficou lotada e, às quatro da manhã, encerrei com "Set It Off", de Strafe. À minha frente havia uma multidão suada e feliz: negros, latinos, brancos, asiáticos, gays e heterossexuais. A música acabou, as luzes do estabelecimento foram acesas e todos saíram da Mars para a cidade atordoante.

Quando cheguei em casa, por volta das cinco da manhã, li um pouco de Arthur C. Clarke aninhado em minha cama e tentei dormir. Então alguém no prédio ao lado, um antro de drogas, começou a gritar no terceiro andar.

— Foda-se! — gritou o cara, com a voz arrastada. — Foda-se, eu vou fazer isso!

Fechei a janela para abafar a gritaria, o que também tinha a vantagem de reduzir o fedor de lixo do lado de fora. O beco entre nosso edifício e o antro de drogas ao lado tinha cerca de um metro e meio de largura e uma camada de lixo de pelo menos um metro de altura: caixas podres, restos de comida, latas de alumínio, um manequim, uma mala de viagem. Perguntei ao senhorio se ele não poderia limpá-lo e ele respondeu que, tecnicamente, o beco pertencia ao prédio vizinho e, uma vez que aquilo era um antro de drogas, ninguém nunca limpava o lugar. E, como nunca tinham limpado o lugar, todo mundo em nosso edifício e no antro de drogas continuava a jogar lixo pela janela, enchendo o beco cada vez mais.

— Foda-se, eu vou fazer isso — gritava a pessoa ao lado, cada vez mais alto.

— Cale a boca! — gritou alguém em nosso edifício.

Outra voz sonolenta ecoou:

— Cale a boca, porra!

— Foda-se, foda-se, eu vou fazer isso! — gritou o cara pela ducentésima vez.

Então ele fez. Ouvi um grito de mulher quando o homem que gritava caiu três andares até o beco. Durante a queda, ele teve tempo de emitir um estranho grunhido e, em seguida, aterrissou com um terrível baque. Saltei da cama e abri a janela. A meio metro de distância, deitado de barriga para cima na pilha de lixo, havia um sujeito ensanguentado e gemendo. Uma mulher gritava de uma das janelas do antro de drogas:

— Anton! Anton!

— Você está bem? — perguntei para Anton.

Ele gemeu, seus lábios ensanguentados se moveram, mas ele não conseguiu articular as palavras.

— Aguente firme, vou ligar para a emergência.

Ao ser atendido, falando rápido e muito alto, disse à atendente que um sujeito pulara de um edifício e caíra no beco ao lado do meu apartamento. Pude ouvir a atendente fumando um cigarro e expirando a fumaça.

— Qual é o endereço? — perguntou, entediada.

Passei o meu endereço e disse que receberia o pessoal da emergência. No prédio ao lado, a mulher ainda gritava:

— Anton! Anton!

Enfiei a cabeça para fora da janela e gritei de volta:

— Ele está vivo! Os paramédicos estão a caminho!

Outra pessoa no meu prédio retrucou:

— Cale a boca!

E outra pessoa gritou:

— Estou tentando dormir! Cale a boca!

— Tem um cara morrendo aqui! — exclamei.

Uma das vozes retrucou:

— Cale a porra da sua boca!

A misericórdia é uma virtude especialmente rara quando as pessoas estão tentando dormir, mesmo que um ser humano esteja morrendo em meio ao lixo a alguns metros de distância.

— Anton — chamei —, você pode me ouvir? Você está bem? — Ele só gemia. — A ambulância está chegando. Aguente firme.

Anton gemeu outra vez. Ele estava molhado por causa do sangue, do suor ou da garoa. Ou das três coisas ao mesmo tempo. Parecia que o sujeito estava suando petróleo.

Após alguns minutos ouvi a campainha de nosso apartamento.

— Emergência — gritou uma voz repleta de estática pelo interfone.

Eu os deixei entrar e três deles atravessaram o corredor carregando uma maca de alumínio. Levei-os para baixo, abri uma porta de emergência de aço preto e lhes dei passagem para entrar no beco. Enquanto eu voltava para dentro, eles avançaram com agilidade, carregando a maca em meio ao lixo.

Quando voltei para o quarto e olhei pela janela, os paramédicos estavam verificando os sinais vitais de Anton e iluminando seus olhos desfocados com uma lanterna. Eu me inclinei para fora da janela e perguntei:

— Ele vai ficar bem?

Um dos paramédicos riu.

— Sim, a merda do lixo salvou a vida dele.

— Como assim?

— Se o beco estivesse limpo, ele teria caído no concreto e teria morrido.

Os paramédicos ataram Anton à maca e levaram-no até a ambulância que esperava na rua. E tudo ficou em silêncio. Ninguém mais gritava. Olhei para o beco entre os edifícios e reparei que o dia nascia nublado.

6

BALDE DE PELE DE CABRA

Trabalhar na Mars duas vezes por semana significava conhecer muitas pessoas aleatórias, algumas das quais me faziam ofertas aleatórias para que eu tocasse em lugares aleatórios. Uma semana antes, eu tinha tocado no porão de um restaurante chamado Cave Canem, enquanto algumas mulheres bêbadas dançavam nuas em uma Jacuzzi imunda. Na semana anterior, eu trabalhara em um baile de formatura em uma escola técnica afro-americana em Mamaroneck, Nova York. E, naquela noite, uma fria quarta-feira de novembro, eu tinha dois compromissos de trabalho. O primeiro evento era uma festa balear em um centro cultural ucraniano; quando aceitei fazer o show, não fazia ideia do que significava "balear". O segundo evento era uma orgia em um loft em Chelsea.

O centro cultural ucraniano ficava a uma breve caminhada de meu apartamento. Mas eu carregava três caixas de discos, e vinil é pesado. Alguns anos antes, eu inventara um bom sistema para transportar discos: eu empilhava as caixas em meu skate e empurrava tudo pela rua, lenta e cuidadosamente. Alguns meses antes, em uma noite chuvosa, enquanto empurrava minha torre de vinil na calçada em frente à Mars, as caixas tombaram, torci o tornozelo ao tentar segurá-las, e centenas de discos caíram na lama e no sangue do Meatpacking District. Quando o sol nasceu, passei vinte minutos mancando em meio à chuva com meu tornozelo torcido, tentando pegar discos de doze polegadas na lama ensanguentada da 13th Street.

Desde então, passei a ser muito mais cuidadoso para empurrar o skate carregado de discos de vinil.

Um benefício adicional desse meu sistema era que eu tinha um skate para as horas de ansiedade que antecediam a chegada das pessoas nos lugares onde eu trabalhava. Em geral, eu chegava à boate ou ao bar às nove da noite, arrumava meus discos, me certificava de que tudo estava funcionando e esperava. Às vezes, eu me sentava em um banco de bar e lia um livro de ficção científica. E, em outras ocasiões, andava de skate pela pista de dança vazia. Aquilo era divertido tanto para mim quanto para os copeiros — principalmente quando eu caía esparramado na pista de dança, como aconteceu diversas vezes.

Deixei meu apartamento com minha instável torre de vinis e me dirigi para leste na 14th Street. Era uma perfeita noite de outono nova-iorquina, o tipo de noite em que as pessoas dão as mãos e se apaixonam enquanto caminham pelo parque pisando nos sem-teto. Empurrei meu skate sob árvores desfolhadas, passando pela loja de perucas e pelo banco comunitário, a delicatéssen libanesa e o teatro abandonado, e dobrei à direita na 2nd Avenue. Uma brisa surgiu, arrastando folhas caídas e lixo em um *pas-de-deux* do East Village.

O local se chamava Sly Fox e fazia parte da Ukrainian National Home. Quando abri a porta da frente do Sly Fox, ouvi o som que todo DJ teme ouvir: dance music alta em um salão vazio. Empurrei meus vinis para dentro e vi que o primeiro DJ estava no palco, tocando um disco do Inner City para uma plateia de cinco pessoas: sua namorada, uma amiga de sua namorada, o produtor, o sócio do produtor e um barman carrancudo.

O produtor era um hippie vindo de Goa que originalmente poderia ter sido turco, francês ou suíço, mas cuja nacionalidade agora era, principalmente, do East Village. Tinha longos dreadlocks alourados e ia à Mars nas noites de sexta-feira. Certa vez ele veio até mim enquanto eu estava trabalhando, ergueu os braços e gritou:

— Moby! Nós traremos amor e êxtase para Nova York!

— Tudo bem — falei, com um sorriso nervoso.

Ele alugara o espaço do Sly Fox e divulgara a noite como a primeira rave balear de Nova York. (De lá para cá, descobri que "balear" se referia a um grupo de ilhas no Mediterrâneo que incluía Ibiza, o centro espanhol da cultura rave.) O problema era que muitas vezes esse tipo de música era lento e movido a violões e teclados suaves, o que não fazia sentido na distópica Nova York de 1989. Os nova-iorquinos estavam mais inclinados para os sons sujos do hip-hop, do dancehall e do house music de baixa fidelidade.

Naquele momento, o produtor, doidão de cogumelos, estava sentado no palco do Sly Fox tocando um instrumento de percussão étnico que soava como um balde coberto por uma pele de cabra velha. Enquanto batucava em seu balde de pele de cabra, seus olhos estavam fechados — fosse em estado de êxtase ou por conta do esforço, à semelhança de um avestruz com a cabeça num buraco, para evitar encarar o fato de que o local estava vazio e que sua noite de rave balear era um fracasso.

Aquilo me comoveu: ele era uma pessoa doce e bem-intencionada, e eu realmente queria que estivesse certo. Eu queria entrar no Sly Fox e encontrar centenas de ravers suados do Reino Unido e da Austrália dançando house music, balançando bastões luminosos e abraçando todos à vista. Eu tinha lido sobre raves, ouvido falar de bastões luminosos sendo usados fora das aulas de ciências e dos acidentes de trânsito, e pensei que aquela era a minha chance de experimentar uma verdadeira rave a apenas algumas quadras do meu apartamento. Talvez eu me sentisse à vontade com a cultura rave.

Eu sabia que, como DJ em Nova York, eu era um estranho: um branco de 24 anos tocando hip-hop e house music em boates de negros, latinos e gays. De modo geral, eu perdera interesse na música branca e adorava estar em um mundo que não era o meu. Em algumas noites, quando não estava trabalhando, frequentava boates: eu ficava em um canto, adorando ser uma minoria de um, a única pessoa branca e heterossexual do lugar, sentindo-me grato por estar bem longe da Connecticut suburbana. Alguns anos antes, eu tinha lido uma citação de Rimbaud, "Eu é um outro", e a colara no espelho de meu pequeno quarto. Eu adorava aqueles mundos repletos de gays, negros e latinos, e fizera amigos ocasionais por lá, mas sempre soube que eu era um outro.

Talvez, nessa cena rave sobre a qual ouvi falar, eu me sentisse menos alienígena.

Enquanto o produtor batucava em seu tambor, seu sócio se aproximou e disse:

"Ei, Moby. Tenho certeza de que isso aqui vai ficar movimentado daqui a pouco."

Mas eu não tinha um daqui a pouco: teria de começar em quinze minutos. Talvez o "daqui a pouco" acontecesse enquanto eu estivesse tocando: de repente, a sala se encheria de gente bonita bronzeada pelo sol de Goa (eu não fazia ideia de onde ficava Goa. Seria uma das ilhas Baleares?) que tinha ido até lá para desfrutar das extáticas vibrações do amor. A esperança é a última que morre, ainda mais quando se é um DJ se preparando para tocar para uma sala vazia.

O Sly Fox fora construído por imigrantes ucranianos no século XIX. Por mais de cem anos, eles usaram aquele espaço para casamentos e organizações sindicais. O piso de madeira estava desgastado pelos milhares de ucranianos que ali se casaram, fundaram sindicatos, dançaram em círculos e se congratularam por viverem naquela dura cidade de esperança e abundância ocasionais. O Sly Fox era um salão que costumava ficar lotado, mas eu tinha certeza de que, em poucos minutos, o DJ e sua namorada iriam embora, o que baixaria a lotação total para apenas quatro indivíduos.

O DJ estava tocando a última música, então fiz a coisa educada a ser feita por um DJ nessa hora e me posicionei atrás dele com meus fones de ouvido enquanto ele meneava a cabeça, levando-se muito a sério, olhando para o equipamento. Faltando um minuto para terminar, ele se virou para mim, desconectou os fones de ouvido, apertou a minha mão e, antes de se afastar do toca-discos, disse: "Prazer em conhecê-lo. Boa sorte."

Pluguei meus fones de ouvido e peguei o primeiro disco, *Bang Bang You're Mine*, do Bang the Party; coloquei o vinil na fila e o mixei com o som do disco de house music que o DJ anterior estava tocando. Tirei a agulha do disco e, completando nosso minueto, com delicadeza o devolvi para ele. Como esperado, o sujeito recolheu os discos e saiu correndo com a namorada, provavelmente esperando que o fracasso daquela noite não fosse contagioso.

Havia quatro pessoas na sala: o produtor doidão com seus dreadlocks, seu estoico e esperançoso sócio, o barman taciturno e eu, programado para tocar durante uma longa e dolorosa hora.

E, pouco depois, durante o segundo disco, um grupo de quatro pessoas brancas e negras com dreadlocks entrou alegremente, correndo até o produtor e abraçando-o. Poucos minutos depois, mais algumas pessoas entraram. E, então, outras mais. Em vinte minutos, havia trinta pessoas no Sly Fox, algumas de pé nos cantos, mas a maioria dançando ao som de house music. O produtor ainda tocava seu instrumento de percussão não identificado, mas agora estava com os olhos abertos e corria pela pista de dança, os dreadlocks louros e sujos balançando em sua cabeça.

Por volta das 23h30, havia cinquenta pessoas no Sly Fox. Não é uma lotação de fato considerável se levarmos em conta que o local poderia abrigar quatrocentas pessoas, mas era o suficiente para evitar que olhássemos sem esperança para o vazio da dance music. Além disso, as pessoas estavam dançando. Para um DJ, tudo parece estar bem no mundo quando as pessoas estão dançando. Eu estava tocando singles de house music lançados no ano anterior que tinham se tornado grandes sucessos no mundo da dança underground: "Break 4 Love", do Raze. "A Day in the Life", do Black Riot. "It's Just A!!!", do House Without a Home II. "Follow Me", do Aly Us. Aqueles singles eram marcantes, eufóricos, todos lançados por selos independentes, vendidos apenas em lojas de discos independentes e feitos por pessoas estranhas como eu em pequenos estúdios com baterias eletrônicas, sintetizadores e samplers. Fora de Nova York, aqueles discos eram desconhecidos, mas ali eram grandes e emblemáticos sucessos.

E eram orgânicos: sua produção não estava a cargo de grandes produtores musicais que trabalhavam para corporações multinacionais, e sim das mesmas pessoas que iam às boates. As lojas de discos eram de propriedade de pessoas que faziam e tocavam os discos. As roupas eram feitas por amigos das pessoas que faziam os discos. As drogas eram vendidas por colegas de quarto das pessoas que faziam as roupas e os discos. Todas as noites, pessoas morriam nas ruas, e a cidade de Nova York estava, literalmente, em chamas: os senhorios haviam se dado conta de que era mais barato queimar prédios vazios do que pagar impostos pelas propriedades. E, de algum modo, a resposta coletiva de qualquer um com seus vinte anos que vivesse ao sul da 14th Street era ignorar o desespero e o medo e dançar até as cinco da manhã.

Como o fim do meu turno no Sly Fox se aproximava, toquei minha faixa favorita da semana: "Git on Up", o remix de Fast Eddie da DJ International. As cinquenta pessoas no Sly Fox dançavam alegremente, o produtor rodava pela pista com seu balde de pele de cabra, e, antes que a música terminasse, recuei e entreguei meu lugar para o próximo DJ, que estava fazendo a coisa educada que se esperava dele, aguardando de pé atrás de mim e segurando seus fones de ouvido.

Guardei meus discos, apertei a mão de algumas pessoas e fui encontrar o sócio do produtor para receber meu pagamento.

— Bom trabalho — disse ele. — Mas, como você pôde ver, não nos saímos muito bem hoje à noite.

Fiquei ali, segurando a minha torre de vinil em cima do skate.

— Então aqui estão 20 dólares — disse ele, entregando-me uma nota amassada. — Faremos outra festa e, da próxima vez, poderemos pagar mais.

— Está bem, obrigado — falei, apertando a mão dele e pegando o dinheiro.

Nós não tínhamos combinado quanto eu receberia, mas 20 dólares não era uma quantia desprezível. Eram duas corridas de táxi pela cidade com caixas de discos no porta-malas. Era um jantar para dois no Angelica Kitchen. Era uma semana de mantimentos. Não era um insulto receber 20 dólares. Eu estava morando em Nova York, fazendo música e sendo convidado por hippies de Goa para tocar em salas vazias.

Minha próxima parada foi Chelsea. Na semana anterior, eu estava tocando na Mars quando um afro-americano mais velho chamado Maurice me perguntou se eu estaria interessado em tocar em uma festa mensal de swing organizada por ele. Respondi que sim, já que estava interessado em discotecar em qualquer lugar. Se um lixeiro do Queens viesse me perguntar se eu estaria interessado em tocar em sua sala de estar para ele e a avó, eu provavelmente teria respondido: "Sim, mas só se você não me pagar."

Eu queria tocar nos maiores clubes e nas melhores noites. Eu queria ser um DJ e um músico famoso. Mas também não era seletivo quanto aos trabalhos que aceitava. Profissionalmente, nunca disse "não" para nada até 2002. Meu medo era que, caso eu recusasse, o universo me mandasse de volta para Connecticut para passar o resto da vida esvaziando latas de lixo no Arby's. Também não sabia o que era uma festa de swing. Será que envolveria sexo de verdade? Seria algo voluptuoso e jovem? Seria algo velho e triste?

Chamei um táxi em frente ao Sly Fox. O motorista abriu o porta-malas e guardei minhas duas caixas de discos e meu skate. Sentei-me no duro vinil rachado do banco de trás do veículo e disse: "Vou para a 19th Street com a 10th Avenue, por favor."

Nos táxis de Nova York, havia sempre um pequeno mostrador de acrílico exibindo a licença do motorista. Eu e meus amigos apostávamos para ver quem conseguiria encontrar o melhor nome de taxista. Uma semana antes, um amigo entrara no táxi de certo Saddam al-Hussein. Em minha primeira semana em Nova York, fiz uma corrida com um taxista chamado Muhammad

Ali. Mas, naquela noite, eu tinha zerado o jogo: o grau máximo para nomes de motoristas de táxi. Meu taxista se chamava Fuk Man.

Fuk Man me conduziu pela cidade. Em 1989, Chelsea era um lugar vazio, com quarteirões longos e desolados que se estendiam a oeste do rio Hudson. Na maior parte do bairro não havia bares nem boates, apenas edifícios e armazéns fechados. Ninguém morava tão a oeste, e as únicas pessoas nas ruas eram algumas prostitutas transexuais ou um ou outro sem-teto, fazendo de tudo para não serem vistos.

Encontrei o edifício onde estava acontecendo a festa de swing, toquei o interfone e falei a senha que tinham me passado: "Estou aqui para um toque de classe." A porta se abriu e empurrei meu skate para dentro do elevador. Era um elevador velho e desajeitado, decrépito após décadas transportando roupas e operários de confecção para cima e para baixo. As portas se fecharam e subi lentamente. Desci no oitavo andar, em um corredor ladeado por portas de escritório escuras, e ouvi o baque surdo de um bumbo. Bati duas vezes na porta indicada. Um latino enorme e careca abriu uma fresta de três centímetros e perguntou:

— Qual é a senha?

— Um toque de classe — repeti, sentindo-me bobo e pervertido ao mesmo tempo.

— Certo. Entre.

Entrei em um loft de 370 metros quadrados. Havia uma pista de dança em uma extremidade, cercada por alguns sofás. Tinha um bar perto das janelas, colchões espalhados pelo chão depois do bar e uma Jacuzzi no canto mais distante. O DJ estava tocando um velho single de disco music enquanto alguns swingers gordinhos trajando acessórios de sadomasoquismo dançavam sob giroscópios vermelhos, como os das viaturas policiais, e uma solitária luz estroboscópica da RadioShack.

Maurice, o produtor, se aproximou.

— Moby! Obrigado por ter vindo! Deixe-me apresentar Jacques, o DJ.

Fomos até a cabine, onde Jacques nos ignorou. Então, depois de fazer uma mixagem ruim de dois discos, levantou os olhos para nós.

— Jacques, este é Moby. Ele vai tocar com você esta noite.

— Uhum — retrucou Jacques, indiferente.

— Moby toca na Mars — acrescentou Maurice.

— Uhum.

Maurice perguntou se eu queria uma bebida.

— Apenas água, obrigado — respondi.

Ele foi embora.

Jacques tocou outro disco e disse em seguida:

— Você tocará daqui a duas músicas. Vamos ver como se sai.

— Certo, ótimo.

Ele voltou a me ignorar e, em seguida, mixou mal um disco dos Peech Boys com "Heartbeat", do Seduction. Coloquei meus discos num canto. Maurice voltou e me entregou a água.

— Jacques é meu DJ há anos — explicou. — Ele é ótimo!

— Certo.

— Bem, divirta-se. Obrigado por ter vindo.

Ele se afastou. Fiquei junto à cabine do DJ, prestando uma atenção ostensiva à terrível mixagem de Jacques, tentando descobrir se tinha autorização para olhar para os swingers do lugar. Finalmente, reuni coragem e fui procurar um banheiro. Supus que haveria códigos de comportamento nas festas de sexo, mas não fazia ideia de quais seriam. Eu poderia olhar? O que deveria dizer se alguém tentasse transar comigo? Teria permissão de ser heterossexual? Será que eu seria cortado em pedaços e jogado em uma lixeira? Todas essas dúvidas e preocupações me pareciam legítimas.

Fui ao banheiro, assistindo de soslaio a meia dúzia de swingers movendo-se devagar na pista de dança. Nos sofás, alguns casais latinos e afro-americanos transavam languidamente, uns com as mãos entre as pernas dos outros. Os sofás eram velhos e pretos, e talvez endurecidos por fluidos corporais. Quatro pessoas estavam no bar, bebendo licor marrom e espumante, com o Empire State enquadrado de maneira fálica nas janelas atrás delas.

Além do bar ficavam os colchões: uma área sombria, iluminada apenas por alguns pisca-piscas natalinos pendurados no teto. O primeiro colchão era ocupado por uma mulher latina cavalgando um sujeito afro-americano que olhava fixamente para o teto. No segundo colchão, uma dominatrix chicoteava a bunda de um branquelo gorducho de olhos vendados, enquanto um grupo de pessoas assistia à cena. Ela dizia: "Seu porco. Seu porco imundo." No terceiro colchão, uma latina muito magra fazia sexo com um latino grandalhão enquanto, ao lado deles, um branco magricelo se masturbava. Todos pareciam entediados.

Havia um quarto, um quinto e um sexto colchões, todos repletos de gente fazendo um sexo apático. Eu nunca tinha visto sexo em público antes. E raramente vira sexo privado. Durante a maior parte da vida, eu ficava envergonhado quando transava, convencido de que não apenas estava fazendo algo errado, como também enfurecendo Deus. Mas o sexo que acontecia à minha frente não me parecia pervertido. Não havia nenhum entusiasmo, nenhuma paixão. As pessoas que transavam ali pareciam sem vida, assim como as pessoas que assistiam. O loft estava repleto de velas perfumadas e incensos; se a pessoa fechasse os olhos, acharia que estava numa loja de velas baratas. Eu imaginava que um clube de swing fosse ameaçador, degenerado e desafiador. Mas aquilo parecia mais um grupo de funcionários do Departamento de Veículos Automotores durante o intervalo para o almoço.

Entrei no banheiro assustado não apenas por ter visto pessoas fazendo sexo, mas também por quão chato aquilo parecia ser. Havia uma mulher em pé diante da pia, e era a mulher nua mais bonita que eu já vira na vida: nórdica, cabelo loiro curto e um corpo esbelto, perfeito. Ela estava se limpando com uma toalha rosa velha e uma barra de sabonete Ivory. Fiquei apaixonado. Ela se virou, olhou para mim, me lançou um olhar de desprezo e voltou a se limpar do que quer que as pessoas nos colchões tivessem deixado no corpo dela.

Entrei na cabine, perguntando-me se alguma doença pularia do assento e entraria à força em minha uretra. Supus que a deusa nórdica me rejeitara. Ou será que aquilo fazia parte do protocolo do clube de sexo? Rejeitar a todos e, em seguida, esperar para ver quem teria a ousadia de persegui-la e conquistá-la? Eu faria isso? Não. Eu não tinha nem a ousadia nem a conquista dentro de mim.

Quando saí da cabine, ela já tinha ido embora. Voltei para tocar e encontrei Jacques irritado.

— Onde você estava? — perguntou. — Você começa agora. Eu vou embora.

Ele estava tocando "French Kiss", de Lil Louis, e vi que restavam uns quinze segundos antes de a música terminar. Resmunguei um pedido de desculpas, sem lhe dizer que até então nunca tinha visto pessoas fazendo sexo em público e que encontrara minha Dulcineia nórdica coberta de sêmen no banheiro e que achava que jamais conheceria a verdadeira felicidade porque ela me desprezara. Em vez disso, peguei "Break 4 Love" e de algum modo a mixei perfeitamente com os últimos quatro segundos de "French Kiss".

— Hum — murmurou Jacques antes de ir embora.

Toquei meus sucessos de house music, hip-hop e dancehall. Quando toquei “Kiss”, do Prince, cheguei a ter mais de dez pessoas na pista de dança, o que me deu um gostinho de sucesso. Era difícil competir com os colchões e a Jacuzzi.

Por volta das quatro da manhã, havia apenas umas dez pessoas no sótão. Maurice veio me dizer que eu poderia tocar meu último disco. Toquei “Sign ‘O’ the Times”, do Prince, e fui dar uma última olhada no loft. Em um dos colchões, minha deusa nórdica fazia um *ménage à trois* com dois caras com excesso de peso que pareciam trabalhar numa delicatéssen quando não estavam emporcalhando o amor da minha vida. Os olhos dela estavam fechados. Todos pareciam entediados. Minha alma morreu um pouquinho.

Eu tinha ilusões de ser seu Holden Caulfield, salvando-a de fossem lá que demônios que a obrigavam a comparecer às orgias do “Toque de Classe” naquele loft imundo em uma madrugada de quarta-feira. Eu queria que tomássemos café da manhã juntos em nosso apartamento limpo e ensolarado, ela lendo Beckett, comendo torradas e olhando carinhosamente para mim. Mas a realidade era que ela estava debaixo de um estranho suado, e minha música do Prince estava quase no fim.

Maurice se aproximou e disse: “Bom trabalho, muito obrigado.” Depois me entregou 50 dólares. Os 20 dólares de antes cobririam as corridas de táxi, logo aqueles 50 dólares seriam o lucro da noite. Quase perguntei a Maurice sobre a deusa nórdica, mas então percebi que as pessoas ali não queriam ser reconhecidas. Peguei meus discos e empurrei meu skate pelo corredor até o elevador.

Olhei por cima do ombro para a porta do “Toque de Classe”, esperando que se abrisse e a deusa nórdica me perseguisse pelo corredor, dizendo em meio às lágrimas: “No fundo do meu coração, percebi que você é o meu amor. Não sei o que estou fazendo com a minha vida. Você poderia me ajudar?” Mas a porta permaneceu fechada. Entrei no elevador e desci até a rua.

Quando saí do edifício, ouvi um caminhão de lixo chacoalhar ao longe e lembrei que todo mundo que eu conhecia estava dormindo.

7

JOGO DA VELHA COM UM FRANGO

No outono, nosso apartamento havia se transformado em um albergue. A garota de Damian, Alyssa, tinha ido embora e logo fora substituída pela nova namorada dele, Christine, uma coreana de dezenove anos que estudava economia na Universidade de Nova York. Christine morou com Damian no porão sem luz durante um mês e, então, também foi embora. Depois que Christine se foi, o amigo de Damian, Andy, apareceu com algumas caixas e se mudou para lá.

Roberto foi embora em outubro, e meu amigo Lee ocupou o quarto dele. Lee era um nerd cristão, mas, ao contrário de mim, bebia e não se sentia culpado por fazer sexo com a namorada. Tínhamos nos conhecido na boate cristã para todas as idades em Connecticut, onde eu costumava tocar, e, com seus óculos de lentes grossas e seu amor por *Jornada nas Estrelas*, Lee se misturava perfeitamente bem com nossos outros amigos cristãos desajeitados.

Todas as noites havia alguém no colchão fino e preto da sala de estar. Um amigo meu, um amigo de Lee ou um amigo de Damian dormindo no colchão, jogando *Mario Bros.*, ouvindo Jane's Addiction ou transando. Depois de um tempo, Lee e eu instalamos trancas em nossas portas, já que sempre havia pessoas totalmente estranhas hospedadas no apartamento. Além disso, não confiávamos no novo colega de quarto de Damian, Andy.

Andy crescera em Nova Jersey e tinha sido expulso da escola havia alguns anos. Ele estava morando na cidade, fazendo bicos, pensando em ingressar na escola de arte e andando com traficantes de crack. Ele tinha cabelos ruivos encaracolados e quase nunca tomava banho. Certa tarde, Lee e eu estávamos sentados na sala jogando Nintendo quando Andy apareceu no topo da escada do porão. Ele ficou ali de cueca, sem dizer nada, apenas olhando ao redor e se coçando.

— Hum. Oi, Andy — disse Lee.

— Oi.

— Está tudo bem? — perguntei.

Ele fez uma pausa.

— Acabei de me dar conta de que fiquei no porão durante 48 horas seguidas. Achei que deveria sair.

Ele ficou ali, piscando, olhou em volta mais um pouco e, então, sem dizer nada, desceu a escada de metal de volta ao porão.

— Lee — murmurei enquanto baixava o controle do video game. — Andy está estranho.

Lee não disse nada, apenas começou um novo jogo de *Super Mario Bros.* Jogávamos muito *Super Mario Bros.* porque era o único jogo que tínhamos para Nintendo (que às vezes chamávamos de "No-friend-o" [Sem-amig-o]). Um mês antes, eu chegara em casa e encontrara Paul, Damian e Lee, todos sentados no sofá, assistindo a *Super Mario Bros.* na TV. Lee chegara a um novo nível e filmara o jogo, e todo mundo assistiu como se fosse um filme. Às vezes falávamos em comprar um novo jogo, mas os cartuchos custavam 15 dólares, e nenhum de nós tinha 15 dólares para gastar. Então, em nossa penúria, sentávamo-nos no colchão e jogávamos *Super Mario Bros.* diversas vezes seguidas.

Uma semana depois que Andy saiu do porão, Paul (que então cursava a SUNY Purchase) foi visitar a cidade e ficou comigo e com Lee. Mais uma vez, estávamos todos no colchão jogando *Super Mario Bros.* Paul se levantou de repente, desligou o Nintendo e disse: "É hora de dançar." Ele foi até o aparelho de som e pôs para tocar uma fita do Jane's Addiction. O som de cães latindo encheu a sala quando "Been Caught Stealing" começou a tocar.

Nós tínhamos uma regra: se alguém dissesse "É hora de dançar", você tinha que dançar. Sem exceções. Nós pulamos de um lado para o outro na sala de estar e ouvimos Andy gritando lá embaixo no porão. Não conseguíamos entender o que ele estava gritando, mas pulamos mais um pouco, porque pular enquanto o maluco do Andy gritava era engraçado.

Então ouvimos Andy subindo a escada de metal.

— Parem com isso! Parem com isso, porra! — gritou quando chegou ao topo da escada.

Paul desligou o aparelho de som.

— Eu odeio essa merda de lugar! — gritou Andy. — Eu odeio essa merda de lugar! Parem com isso! Parem com essa merda! Vão se foder! Vão se foder!

Ele se virou e voltou correndo para o porão.

A sala ficou muito silenciosa. Olhamos um para o outro, atordoados.

— O seu colega não parece muito satisfeito — disse Paul.

— Nem equilibrado — completou Lee.

— Devemos continuar dançando? — perguntei. — Tocar Black Flag?

Paul riu.

— Não — respondeu ele. — Vamos ao Benny comer burritos.

Saímos do apartamento na ponta dos pés.

— Tchau, Andy — sussurrou Lee enquanto atravessávamos o corredor.

— Sinto muito que você seja maluco — sussurrou Paul.

Eu comecei a rir.

— Por favor, não nos esfaqueie, seu maluco.

Após comprar 4 dólares de burritos veganos no Benny, fomos até o nosso fliperama favorito em Chinatown para jogar jogo da velha com um frango. Eu era vegano e defensor dos direitos dos animais, mas não conseguia resistir a jogar jogo da velha com o frango em sua caixa de acrílico "Vitória do Frango!". O fliperama ficava nas entranhas de Chinatown, e eu achava que um frango que jogava jogo da velha talvez fosse mais feliz e mais bem cuidado do que os frangos depenados e pendurados nas vitrines dos restaurantes na Pell Street. Ao longo dos anos, eu e meus amigos jogáramos inúmeras partidas de jogo da velha com o frango, e, por algum motivo, o frango sempre venceu.

Depois de perder para o frango algumas vezes, voltamos pela Mott Street e pela 4th Avenue, chegando em casa por volta das onze da noite. Damian estava na cozinha, fumando cigarros e parecendo preocupado.

— Ei, pessoal, Andy está furioso. O que aconteceu? — perguntou.

— Andy pirou — respondeu Lee.

— Deem algum espaço para ele — pediu Damian, apagando o cigarro na pia.

— Será que ele vai nos esfaquear enquanto dormimos? — perguntei.

Ouvimos uma voz vinda do porão. Era Andy gritando em uma voz cantarolada:

— Eu consigo *ouviiirr voooocêêês.*

— Vou voltar para a SUNY — disse Paul, indo em direção à porta.

— Covarde — gritou Lee.

A porta se fechou atrás de Paul e o apartamento ficou muito silencioso.

— O que devemos fazer? — perguntei a Lee.

— Nintendo? — respondeu ele, como era de se esperar. Por isso, ligamos a TV e o Nintendo, e jogamos em silêncio um pouco de *Super Mario Bros.*

Fui até a escada do porão.

— Damian? Andy? — chamei, educadamente. — Vocês querem jogar video game?

Dava para ouvir o Cocteau Twins tocando no aparelho de som de Damian.

— Damian? — Voltei a chamar.

Ele foi até o pé da escada, fumando um cigarro.

— Não, obrigado — disse ele, e voltou para seu quarto no subsolo.

Joguei mais um pouco de *Super Mario Bros.* com Lee, então fui para o meu quarto, tranquei a porta e trabalhei com música ambiente tranquila até as duas da manhã.

Pela manhã, fui até a sala de estar. Andy estava sentado no colchão e Damian estava em pé junto à porta da cozinha. Ao lado de Andy havia duas latas de gasolina. Ele estava olhando para o chão.

— Vá chamar o Lee — disse ele, em voz baixa.

Bati na porta do quarto de Lee. Ele a abriu, ainda de cueca, sonolento.

— O que foi? — perguntou ele, com o olhar desfocado. Então viu as latas de gasolina. Ele entrou na sala e cruzou os braços, subitamente desperto.

— Andy, o que está acontecendo? — perguntou Lee.

Andy continuou olhando para o chão.

Damian acendeu um cigarro.

— Você deveria estar fumando, Damian? — perguntei, apontando para a gasolina. Ele me ignorou.

— Saí ontem à noite para comprar gasolina — disse Andy. — Eu ia matar vocês queimados enquanto dormiam.

Olhei para Lee. Ele olhou para mim. Ambos rezamos silenciosamente para o deus das portas trancadas.

— Mas voltei e as portas estavam trancadas, então me sentei no colchão e acabei pegando no sono.

Lee e eu olhamos um para o outro, sem saber o que fazer ou dizer na presença de um psicopata potencialmente assassino. Damian rompeu o silêncio.

— Andy e eu conversamos. Ele não está feliz aqui. Nós vamos nos mudar.

— Certo, quando? — perguntei.

— Vamos procurar apartamento hoje. Então vai ser assim que encontrarmos algo.

— Andy, me desculpe por ter chateado você ontem à noite — disse Lee.

— Sim, Andy, sinto muito — falei.

— É tarde demais para isso — murmurou ele, sem erguer os olhos.

— Andy, vamos procurar um apartamento, ok? — murmurou Damian.

Andy sentou-se, claramente atraído pelas latas de gasolina, então se levantou e olhou para Lee e para mim.

— Vocês deveriam ter queimado até a morte — disse ele, e saiu caminhando pelo corredor. Damian o seguiu.

— Merda! — exclamei, depois que eles foram embora.

— Que psicopata do caralho! — disse Lee.

— Você acha que ele pode nos ouvir? — perguntei em voz baixa.

— Que psicopata do caralho... — sussurrou Lee. — O que devemos fazer com a gasolina?

— Não sei, colocar na rua?

Era a nossa resposta para tudo. Se alguém precisasse se livrar de um livro ruim, ou se tivesse um par de sapatos velho, ou uma caneta Bic quase sem carga, podia deixar na 14th Street que, dentro de cinco minutos, alguém teria levado tudo, na esperança de vender em troca de um pouco de crack. A 14th Street era como um rio sujo, levando consigo qualquer coisa que existisse por ali ou nas redondezas. Pegamos as latas de gasolina e as levamos para a rua, colocando-as na calçada junto à estação do trem L.

Era um dia bonito: nuvens brancas altas contra um céu azul pálido. Um bom dia para não morrer queimado.

— Você acha que ele teria mesmo feito isso? — perguntei.

— Não sei — respondeu Lee. — Talvez?

Descemos a 14th Street.

— Como vamos arrumar novos colegas de quarto? — perguntou Lee.

— Vou fazer um anúncio. "Precisa-se de colegas de quarto. Duplex de três quartos com vista para um beco cheio de lixo. Não queremos psicopatas assassinos."

CONDUTOR DO TREM L

Michael Alig era o rei da vida noturna de Nova York e suserano dos jovens clubbers. Ele criara um mundo brilhante e degenerado em Lower Manhattan — anos antes de matar e esquartejar seu traficante e acabar na prisão. As noites de Michael na Limelight envolviam glamorosas travestis adolescentes, bichas velhas arrasadas pelas drogas, concursos de beber mijo, pessoas vestidas como galinhas gigantes, baldes de drogas, celebridades desmaiadas em sofás imundos, sexo casual no banheiro e qualquer forma de comportamento transgressivo que ele e os club kids pudessem emprestar, inventar ou se apropriar.

Havia tumultos no East Village, as pessoas estavam morrendo em decorrência da aids, do crack e da violência de gangues por toda a parte — e, no meio daquela cidade em ruínas, lá estava Michael, um jovem prodígio depravado que parecia um querubim de Indiana.

Em 1990, comecei a tocar esporadicamente na Limelight, e Michael e eu nos tornamos quase amigos. "Quase" porque eu trabalhava para ele, e também porque eu era heterossexual, careta e cristão, enquanto ele era gay, viciado e, a meu ver, tinha pacto com ao menos alguns demônios. Mantivemos um estranho e amigável relacionamento profissional, e a Limelight era o mundo que compartilhávamos.

A Limelight era uma igreja do século XIX que fora reaproveitada no início dos anos 1980 como uma cavernosa boate privê. No fim dos anos 1980, a boate perdera o glamour e passara a ser vista como um lugar decadente, que lucrava promovendo noites retrô para turistas. Então Michael Alig apareceu na Limelight em 1989 e a reinventou como um lar para clubbers, ravers e góticos. Os clubbers geralmente eram urbanos e gays, os ravers geralmente eram suburbanos e heterossexuais, e os góticos viviam em porões repletos de teias de aranha. Os ravers e clubbers compartilhavam o amor pela música techno e pelo ecstasy, enquanto os góticos adoravam música eletrônica e igrejas antigas. Assim, a Limelight se tornou um lar para as três tribos.

Durante uma das festas de Michael, em 1990, eu estava em uma sala nos fundos cercado por clubbers e ravers de vinte e poucos anos ligados de ecstasy e cetamina. Os clubbers vestiam roupas apertadas de discoteca e uma espessa camada de glitter. Os ravers vestiam calças e camisetas gigantescas com logotipos de marcas alterados. Os góticos ficavam nos cantos, bebendo vodca e vestidos de preto. Eu estava em frente a uma cabine de acrílico, olhando fixamente para a mulher mais linda que já vira na vida. Ela era uma go-go dancer com longos cabelos louros e um rosto angelical, imaculado. Eu estava paralisado pela visão daquela mulher dançando uma música do Deee-Lite sob luzes quentes alaranjadas, quando Michael se aproximou.

— Ela é linda, não é? — perguntou, enquanto bebia um drinque.

— Ela é maravilhosa — concordei. — Nunca vi mulher mais bonita.

— Acho que ela tem uma queda por você.

— O quê? Sério? — gaguejei, enquanto a dançarina sorria docemente para mim.

— Sim. Além disso, ela tem o pênis mais incrível que eu já chupei — disse ele antes de se afastar. A dançarina me soprou um beijo.

Mais tarde naquela noite assisti, no palco principal do clube, à bela dançarina mijar em um copo e convencer um distinto corretor da bolsa a beber o xixi dele/dela enquanto o público e Clara, the Carefree Chicken, aplaudiam. O corretor sorriu sob as luzes de discoteca, dentes molhados e brilhantes da urina da travesti. Então ele e a dançarina começaram a transar enquanto o DJ Keoki tocava uma faixa do Lord of Acid.

Em 1990, todos no mundo de Michael Alig eram jovens e felizes, e a constante degeneração parecia quase doce e benigna. Todos consumiam quantidades obscenas de drogas e faziam sexo com estranhos, mas ainda pareciam inocentes. De algum modo, Michael criara uma ilha para desajustados livre de consequências, habitada por saudáveis alunos da NYU e da FIT cobertos de glitter e cheios de ecstasy. Sendo careta e cristão, eu não participava da maior parte da libertinagem, mas ainda era aceito como um colega desajustado.

Uma vez por mês, Michael organizava uma festa ilegal: ele e seu sócio, Steve Lewis, encontravam um espaço público sem uso, alugavam um grande sistema de som e convidavam seus mil amigos e colegas mais próximos para ficarem doidões em algum lugar que não fosse uma boate. Eles já haviam promovido festas ilegais sob pontes e em shoppings, mas, no início de 1990, decidiram promover uma festa numa composição do metrô. As instruções que passaram eram simples: encontro no trem L às nove da noite na quarta-feira. Tragam drogas e música.

Aquilo era perfeito para mim e para Lee porque a estação do trem L na 3rd Avenue ficava a poucos metros de nossa porta, na 14th Street. Deixamos nosso apartamento às 20h50, descemos até a estação de metrô e pulamos a roleta. Então esperamos na plataforma com algumas centenas de clubbers e ravers. Pouco depois das nove horas, o trem L entrou na estação. Vimos que os vagões já estavam lotados com centenas de clubbers e ravers maníacos, tocando techno em caixas de som gigantescas. Quando as portas se abriram, nós nos esprememos ali dentro. As pessoas sopravam apitos, batiam nas cadeiras e ficavam de cabeça para baixo penduradas nas barras presas ao teto dos vagões. O trem estava parado, e, de tempos em tempos, o condutor dizia ao interfone: “O trem está parado na estação. Todos os passageiros devem desembarcar.” Os clubbers e ravers o ignoraram, aumentaram a música e continuaram a dançar sobre os assentos. Finalmente, o condutor fechou as portas e o trem se moveu, fazendo as pessoas caírem umas sobre as outras quando fez a curva para entrar na Union Square.

Quando o trem chegou à Union Square, os últimos civis aterrorizados saíram dos vagões e outras centenas de clubbers e ravers embarcaram. Depois que a composição acelerou de novo, alguns dos passageiros movidos a ecstasy decidiram ficar nus em um trem do metrô. Eles tiraram as roupas e começaram a dançar pelados, pulando de um lado para o outro sobre os assentos. Foi um belo pandemônio. Trinta faixas de house music e techno diferentes vindas de trinta caixas de som diferentes. Ravers nus fazendo lap dance para Clara, the Carefree Chicken. Pessoas cheirando carreiras de cocaína e cetamina nos assentos de fibra de vidro do metrô.

— Isso é incrível! — gritou Lee, por cima do barulho ensurdecedor de várias faixas techno.

O trem começou a se mover novamente e alguns clubbers em nosso vagão começaram a cantar: "New York! New York!" Lee, eu e todos os outros no vagão nos juntamos a eles, 150 clubbers, ravers e galinhas gigantes batendo os pés e cantando "New York! New York!" acima da cacofonia das faixas techno e house concorrentes.

Eu estava de pé num assento laranja, gritando "New York! New York!" com meus colegas lunáticos, quando um clubber coberto de pintura corporal prateada me agarrou pela cintura e mordeu o meu pênis por cima das calças.

— Ai! Por que você fez isso? — gritei no meio do barulho.

Ele sorriu para mim.

— Não sei! Eu precisava fazer!

O trem parou de repente na estação da 6th Avenue. Desembarcamos, subimos a escadaria e ganhamos a noite.

9

LUZ DE SÓDIO LARANJA

Certa sexta-feira à noite, eu estava tocando no andar principal da Mars quando um sujeito branco com óculos de lentes grossas entrou na cabine de DJ. Depois que pus na fila uma faixa dos Jungle Brothers, ele me entregou um cartão de visita e disse:

— Sou Jared Hoffman e estou abrindo uma gravadora. Gostaria de saber se você já produziu a sua própria música.

Eu passara toda a vida adulta e a maior parte da adolescência fazendo música e tentando obter um contrato de gravação. Nos últimos cinco anos, passava meu tempo livre trabalhando em músicas ou andando por Nova York com uma bolsa repleta de fitas demo. Eu fazia minha ronda, distribuindo obedientemente fitas cassete das minhas músicas na Wild Pitch, Strictly Rhythm, Big Beat, Warlock e Profile e em todos os outros selos independentes de dance music de Nova York. Nunca recebi resposta de ninguém. Naquele momento, porém, havia um presidente de gravadora em minha cabine de DJ.

— Sim! — gritei, mais alto que a música. — Eu era músico antes de ser DJ.

Mais tarde naquela semana encontrei-me com Jared em seu apartamento na 14th Street. O prédio tinha porteiro, o que me impressionou. Eu nunca pusera os pés em um prédio com porteiro. Nós nos sentamos na sala de Jared, que tinha vista para Downtown e para o World Trade Center. Ele me deu um copo d'água e toquei para ele algumas das minhas músicas.

Ele escutou com atenção, tamborilando os dedos nos braços de seu sofá de couro preto.

— Isso é bom, Moby — disse ele depois que toquei uma música techno em que estava trabalhando chamada "Rock the House".

No dia seguinte, ele me ligou e disse que queria me incluir como artista de seu novo selo. Assim como eu nunca imaginara que realmente trabalharia como DJ em Nova York, nunca tinha imaginado que alguém desejaria me contratar com artista de sua gravadora.

Havia algumas ressalvas. Para começo de conversa, a gravadora não tinha escritório, equipe, dinheiro, outros músicos nem mesmo um nome.

— Mas estamos pensando em chamá-la de Instinct — explicou ele. — Meu sócio Dave chegou a desenhar um logotipo.

Ele me deu um contrato, que assinei no dia seguinte. Eu teria assinado um guardanapo ou um Post-it velho desde que incluísse as palavras "contrato de gravação" escritas em cima. Após a assinatura, recebi exatamente zero dólar, mas eu tinha um contrato de gravação e estava em estado de êxtase. Eles nunca haviam lançado um disco, e, afora dois singles de punk rock que eu fizera no ensino médio, eu também nunca lançara um disco, então estávamos no mesmo patamar.

Jared sugeriu que eu levasse meu estúdio para a sua sala de estar para que pudéssemos começar a trabalhar no acabamento e lançamento de algumas das minhas músicas.

Uma semana depois de assinar com a Instinct, Jared me disse casualmente:

— Deveríamos ir a Newark para ver o DJ Tony Humphries na Zanzibar.

Em 1990, todas as boates que eu conhecia — Limelight, Tunnel, Mars, Building, Nell, Palladium, Shelter, Pyramid, Red Zone e Sound Factory — ficavam em Manhattan, abaixo da 50th Street. A exceção era a Zanzibar, em Newark, Nova Jersey. E o único DJ que eu conhecia que não morava em Nova York era Tony Humphries, que trabalhava na Zanzibar e morava em Newark.

Frankie Knuckles, que inventara a house music, morava no Lower East Side e era endeusado. Junior Vasquez, que morava em Chelsea, era o dono da pista da Sound Factory, onde tocava sets de doze horas ininterruptas, e era uma lenda reverenciada. Danny Tenaglia integrava o panteão da house music: ele também tocava sets longos e morava em Downtown. Larry Levan era um deus da dance music e recentemente começara a trabalhar na Choice, no East Village. Dave Morales era considerado o maior DJ de house music de Nova

York: era o dono da pista do Red Zone e, em uma escolha nada convencional, morava em Midtown.

Mas Tony Humphries existia em um reino estranho e mítico de sua própria autoria. Seus sets eram longos e lendários, seus remixes eram impecáveis, e ele vivia nos recantos desconhecidos de Newark. Do outro lado do rio Hudson, Newark era uma zona de guerra devastada que fazia Nova York parecer um subúrbio bucólico. Os edifícios em Manhattan podiam estar em chamas, mas a infraestrutura básica de Nova York funcionava, ainda que de forma precária.

Newark, por outro lado, era um estado falido. Havia muitas histórias de gente que ligara para a emergência e a polícia jamais aparecera, de bombeiros de Newark bebendo cerveja e rindo enquanto edifícios ardiam em chamas e de emergências de hospital onde as pacientes eram estupradas por enfermeiros. Newark tinha a reputação de ser a pior e mais desagradável cidade da Costa Leste. E era ali que Tony Humphries morava e trabalhava como DJ.

Quando Jared sugeriu que fôssemos a Newark para ouvi-lo, eu estava cheio de perguntas: *Você realmente conhece Tony Humphries? A Zanzibar existe ou é uma terra mítica, como a versão house music de Brigadoon? Será que vamos morrer?* Mas eu não queria ser um estraga-prazeres neurótico. Em vez disso, simplesmente perguntei:

— Como chegaremos lá?

— Ah, vou pegar o carro da minha mãe emprestado — respondeu Jared. — Ela o guarda em uma garagem em Uptown.

Às dez da noite de sexta-feira, fui até o apartamento de Jared. Junto conosco em nossa peregrinação à Zanzibar estava sua amiga Romy, uma belíssima latina com ascendência árabe que morava no Queens e tinha um cabelo castanho-escuro curto e olhos negros perfeitos. O mundo de Romy consistia apenas de house music e boates. Ela era amiga de Larry Levan, costumava ficar com Junior Vasquez na cabine de DJ na Sound Factory e, como Jared me dissera, realmente conhecia Tony Humphries. Romy saía cinco noites por semana, tomava muito ecstasy, bebia muita água, dançava até as seis da manhã e nunca tivera um emprego de verdade.

Eu estava usando minha roupa utilitária de boate: jeans, camiseta e tênis pretos. Jared também se vestia de maneira genérica. Romy, porém, estava incrível. Cabelo preso para trás, camiseta branca de tecido fino, calças jeans apertadas (mas nem tanto), e um par de tênis Adidas do tipo que é vendido apenas para turistas japoneses e para os estratosfericamente descolados. Tive uma queda por Romy, mas ela parecia inatingível. Achei que talvez fosse assexuada ou gay. Ou que fosse heterossexual, mas sem nenhum interesse em sair com músicos brancos nervosos que mal podiam arcar com seu leite de soja. De qualquer modo, não havia nenhuma tensão romântica entre nós, apenas uma adoração não correspondida de minha parte.

Romy e Jared se sentaram nos bancos da frente do grande Oldsmobile da mãe dele e, enquanto subíamos a 10th Avenue, conversaram sobre os DJs de que gostavam, discos que adoravam e pessoas com quem tinham saído. Fiquei sentado no banco de trás, olhando para fora pela janela do carro. Atravessamos Chelsea, passando por edifícios altos e vazios e armazéns fechados, e chegamos ao túnel Lincoln. Ladeando a entrada do túnel havia um pequeno exército de prostitutas derrotadas. Eram todas magras e sujas, com a pele acinzentada absorvendo a luz de sódio laranja. E, ainda assim, eram sensuais.

Eu me sentia muito mal ao admitir isso para mim mesmo. Elas eram pessoas doentes e moribundas, merecedoras de minha simpatia cristã, e não de meu desejo anticristão. Mas o fato de estarem ali, oferecendo sexo descaradamente, era sensual. No meu mundo, o sexo era escondido até ser feito — desajeitadamente, em colchões baratos ou em quartos suburbanos. E ali, na minha frente, havia prostitutas dizendo a todos que o sexo estava disponível, e facilmente. Eu queria ser um bom cristão em um relacionamento amoroso, não alguém que, no fundo, se sentia atraído por prostitutas macilentas na entrada do túnel Lincoln, trabalhando a fim de conseguir dinheiro suficiente para comprar um pouco de crack.

Atravessamos o túnel, saindo daquelas luzes brilhantes e alaranjadas, e entramos na escuridão de Nova Jersey. Eu conhecia Nova Jersey porque, quando criança, visitava minha avó todos os verões em um asilo no subúrbio de Westfield. Mas essa Nova Jersey era desconhecida para mim: uma terra de postos de gasolina vazios, edifícios abandonados e estacionamentos desertos. Era aonde as pessoas iam para desistir de tudo, comprar drogas, abrir uma loja de penhores ou morrer atrás de uma lixeira.

De algum modo, Jared sabia chegar a Newark — o que me surpreendeu, uma vez que todas as ruas pareciam seguir em uma curva infinita ou terminar em um pântano repleto de cadáveres. Saímos da estrada em Newark e rodamos devagar por ruas sem iluminação. A maioria dos semáforos não funcionava, mas não tinha problema, pois não havia outros carros nas ruas. Era evidente que o apocalipse escolhera Nova Jersey como cidade-teste.

Passamos por algumas delicatessens que ficavam abertas até tarde da noite, suas luzes fluorescentes azuis e pálidas atrás de espessas paredes de acrílico à prova de balas. Quando Jared encontrou o estacionamento da Zanzibar, Romy estava quase pulando de empolgação.

— Eu adoro a Zanzibar, é tão grande! — exclamou.

Tentei pensar em algo inteligente para dizer, mas só fiquei sentado no banco de trás como um turista educado, meneando a cabeça e sorrindo.

Romy saiu correndo à nossa frente, abraçou o porteiro e disse:

— Ah, Marcel, eles estão comigo.

Marcel olhou para mim e para Jared como se fôssemos um amontoado de meias velhas, mas nos deixou entrar. Romy desapareceu boate adentro, abraçando vários amigos. Quando Jared e eu entramos, ficou evidente que éramos as únicas pessoas brancas naquele lugar. Um gay alto olhou para mim e disse:

— Oh, é a noite da Ku Klux Klan?

Eu queria me defender: *Não! Eu adoro a música negra! Não sou racista! Me desculpe por ser branco!* No entanto, apenas atravessei o corredor até a pista de dança. Eu esperava que a Zanzibar fosse o Shangri-la das casas noturnas, mas, às 23h30 daquela sexta-feira, era apenas mais uma boate. Uma boate barulhenta, mas ainda assim uma boate.

Jared e eu fomos até o bar, tentando ser discretos, mas antes de chegarmos lá Romy agarrou Jared e disse:

— Você precisa ver a cabine do DJ!

E fugiu com ele. Pedi uma Coca-Cola e encontrei um lugar junto à pista de dança. De onde estava, dava para dançar um pouquinho e ver a cabine do DJ. Romy estava lá dentro, falando com um DJ que claramente não era Tony Humphries. Eu ouvira falar daquele fenômeno: os DJs superstars tinham DJs de aquecimento que tocavam nas primeiras e nas últimas horas da noite. O superstar aparecia à meia-noite ou à uma hora, quando a multidão estava pronta para ele. Enquanto Romy tagarelava, Jared estava atrás dela com os braços cruzados, parecendo desconfortável.

A música que tocava era de lados B genéricos de house music, nada muito emocionante. A multidão dançava languidamente, regulando a marcha, como se todos soubessem que estavam ali para uma maratona. Boates lendárias como a Sound Factory, a Zanzibar e a Paradise Garage ficavam abertas até as oito ou nove da manhã, e era frequente os DJs tocarem dez ou doze horas seguidas.

Comecei a dançar sozinho e senti algo estranho nas minhas costas. Levei a mão até lá, tocando entre as omoplatas, e percebi que era uma cusparada. Alguém tinha cuspido em mim.

Fiquei com nojo, mas não me senti ofendido. No fundo, eu sentia que ser branco em um ambiente negro era motivo para se envergonhar. Sempre que era admitido em boates de hip-hop ou house music eu me sentia agradecido. Eu não queria frequentar boates brancas heterossexuais, onde as pessoas com quem cresci bebiam Rolling Rocks e faziam comentários cautelosos e irônicos sobre artigos da *New Yorker* e sobre os discos do Pavement. Eu queria estar em uma pista de dança, cercado por negros e latinos e homossexuais, me perdendo na euforia que parecia acontecer só ali, quando o disco perfeito era tocado e quinhentas pessoas aplaudiam de uma forma que eu nunca ouvira pessoas brancas aplaudirem. Se o preço da admissão era ser cuspido ou chamado de membro da Ku Klux Klan, então que assim fosse. Eu tinha amigos em Nova York que estavam morrendo de aids e sendo esfaqueados, então imaginei que poderia lidar com alguns cuspes e epítetos proferidos por gays glamorosos.

A meia-noite veio e se foi: nada de Tony Humphries. Deu uma da manhã: ainda nada de Tony Humphries, embora tenham cuspido em mim outra vez. À 1h30, senti que todos olhavam para a cabine do DJ e Tony Humphries estava lá, com o dobro da altura do DJ de aquecimento. Ele olhou para a multidão como um ditador benigno, foi até os toca-discos e colocou um vinil de doze polegadas de tribal house, mixando-o devagar com o disco que o DJ de aquecimento estava tocando. As pessoas afluíram à pista de dança, apontando para a cabine do DJ e gritando "Tony!" enquanto ele ficava ali, sorrindo gentilmente para seus toca-discos.

Então ele emendou com "New Beats the House", do Grey House, e a multidão foi à loucura. Essa era a genialidade dos grandes DJs: pegar um disco simples e óbvio e torná-lo sublime. Eles descobriam discos que o restante de nós ignorava e nos faziam sentir uns ignorantes. Tony mixou duas cópias de "New Beats the House" durante quinze minutos, pegando aquela faixa eletro-house repetitiva e transformando-a em uma espetacular celebração da vida. A multidão estava suada e pulsante. As luzes não eram nada de mais, o sistema de som era apenas adequado, mas, naquele momento, não havia melhor lugar no planeta do que a Zanzibar.

Quando Tony lentamente mixou "New Beats the House" com um dub suave de "Just Want Another Chance", de Reese, Jared deu um tapinha no meu ombro.

— Ele não é incrível? — perguntou.

— Estou muito feliz por ter vindo — comentei. — Eu adorei.

— Certo. Vamos nessa?

Fiquei atordoado. Tony Humphries estava tocando e eu não queria ir embora, nunca.

— Ir embora? — questionei, quase em um guincho.

— Sim, preciso acordar às nove para ir para o norte do estado — explicou Jared.

Olhei ao redor.

— Onde está Romy?

— Ah, ela vai ficar e pegar uma carona de volta com alguém às seis ou sete.

Eu também queria ficar e pegar uma carona de volta às seis ou sete da manhã, e seria o ideal se fosse com Romy. Eu queria dar uns amassos nela no banco de trás de um carro a caminho de seu apartamento no West Village e acordar à tarde ao seu lado, confiante e menos branco. Em vez disso, falei:

— Certo, vamos embora.

Quando nós atravessamos o estacionamento, eu disse para ele que tinham cuspido em mim algumas vezes.

— Eca, isso é nojento — disse ele. — Você não consegue limpar?

— Acho que não. Não tenho nenhum lenço de papel.

— Você tem certeza? Eu não quero cuspe no carro da minha mãe.

Tirei a camisa coberta de cuspe, dobrei-a e joguei-a em uma lixeira em um canto do estacionamento da Zanzibar. Voltamos para a cidade e Jared estacionou o carro em frente ao seu prédio.

— Você vai a pé para casa assim? Sem camisa?

Dei de ombros.

— Acho que sim.

Ele fez uma pausa, talvez pensando em me oferecer uma de suas camisas, mas disse apenas:

— Certo, falo com você depois.

Voltei a pé para casa. Eram três horas da manhã e eu cheirava a fumaça de cigarro vagabundo e estava sem camisa. Havia muitos bêbados e pessoas saindo de festas em Lower Manhattan, mas todos me evitaram. Em 1990, ficar sem camisa em público em Nova York era anunciar que você era viciado em crack. Os viciados vendiam suas roupas ou qualquer outra coisa para comprar mais pedras.

Eu cantava "New Beats the House" para mim mesmo enquanto caminhava, ansioso para chegar em casa, ligar meu equipamento e tentar fazer um disco que Tony Humphries pudesse tocar durante quinze minutos seguidos na Zanzibar.

10

MOEDAS NAS AGULHAS

No verão de 1990, a Mars se tornou um grande ponto de encontro para rappers e traficantes de drogas. Os traficantes entravam, pediam garrafas de champanhe e, bêbados, atiravam notas de 20 dólares amassadas para que os DJs tocassem "Top Billin", do Audio Two, ou "Raw", de Big Daddy Kane. Eles andavam em grupos de dez ou vinte, todos armados, de modo que aqueles pedidos não eram de fato pedidos, e eu nunca considerei recusá-los. Quando suas canções favoritas tocavam, os traficantes deixavam a pose de lado e, por alguns minutos, se transformavam em crianças felizes, cantando "Raw" ou "Scenario".

A Mars também era ponto de encontro de garotos gays negros e latinos de outras zonas da cidade. Eles apareciam às 22h30, vestindo roupas leves, e dançavam até fecharmos, às quatro ou cinco da manhã. Adoravam as house music melódicas da época: "A Promise", "The Poem", "Brake 4 Love". Quando os traficantes apareciam e exigiam hip-hop, os doces rapazes gays se sentiam magoados e um tanto derrotados, mas entendiam. Não se dizia não para traficantes de crack na rua e não se dizia não para traficantes de crack em uma boate.

Havia até mesmo algumas músicas que agradavam tanto os traficantes quanto os rapazes gays: "I'll House You", dos Jungle Brothers, "Let It Roll", de Doug Lazy, e praticamente qualquer coisa do De La Soul. Quando os DJs tocavam essas músicas havia relativa harmonia na pista de dança.

Numa sexta-feira à meia-noite, eu estava no segundo andar, tocando discos de house music e hip-hop, quando de repente senti um frisson tomar conta do ambiente. Terrance, o copeiro do segundo andar, correu em minha direção com os olhos brilhando e gritou: "Ei, Moby, *Kane está aqui*." Olhei para o bar: Big Daddy Kane acabara de chegar, uma taça de champanhe na mão, parecendo um semideus. Kane e Rakim eram os maiores astros de Manhattan; todo mundo tocava os discos deles e os reverenciava. Rakim podia ser o melhor rapper, mas Kane era o rei dominante.

Nos últimos meses, eu tinha recebido em minha cabine de DJ visitas de integrantes do 3rd Bass, do De La Soul e dos Ultramagnetic MCs. Eles ficavam bêbados, pegavam o microfone enquanto eu tocava lados B instrumentais e improvisavam em cima. Eu queria que Kane fizesse um rap acompanhado por uma de minhas faixas, então ergui o microfone e tentei capturar seu olhar. Ele simplesmente se inclinou contra o bar com seu terno de linho, parecendo um Frank Sinatra do hip-hop, só que mais descolado.

Meia hora depois, Kane foi embora, passando por Joe e Darryl, do Run-DMC, que acabavam de chegar. Eu não podia acreditar no que estava vendo. Lá estávamos nós, meros mortais, testemunhando três dos rappers mais poderosos de Nova York se cumprimentando na porta. Os integrantes do Run-DMC eram os maiores astros do hip-hop mundial, mas em 1990 eles não eram tão estimados entre os nova-iorquinos quanto Kane, Rakim ou De La Soul. Poucos meses antes, porém, o Run-DMC lançara um lado B chamado "Pause" e estava recuperando parte da credibilidade que tinha perdido devido ao seu sucesso comercial. Klark Kent, Duke of Denmark e Red Alert a tocavam — aquela música era amada e aprovada.

Darryl foi até a cabine do DJ e disse: "Ei, garoto, me dê o microfone!" Obedeci prontamente. Eu tinha o loop de "The 900 Number", que coloquei para tocar, e ele começou a improvisar. A maioria dos MCs dizia as mesmas coisas durante o improviso — a cantilena-padrão carregada de "Ah, merda!" e "Jogue suas mãos para cima!" —, mas Darryl era único. Ele crescera improvisando, e suas habilidades eram impecáveis. Passei então para um loop de "Funky Drummer", e ele seguiu o fluxo, ficando cada vez melhor. A multidão gritava, os traficantes de crack dançavam na pista e agitavam as garrafas de champanhe — até mesmo os doces rapazes gays do Queens estavam sorridentes e animados. Então toquei a versão instrumental de "Pause", e a multidão explodiu: aquele era o seu maior sucesso. Darryl estava suando e tinha um brilho maníaco nos olhos enquanto improvisava suas rimas. Ele estava fazendo as suas partes do disco; a multidão gritava e dançava; eu estava dançando sozinho; e, de repente, esbarrei no toca-discos.

A agulha pulou. Não um pulinho, mas o tipo que envolvia a agulha arrastando ruidosamente pelo vinil e terminando na zona morta e vazia no fim do disco. Eu tinha acabado com o Natal. Destruíra a alegria. A multidão vaiou, Darryl me olhou com consternação e desprezo e perguntou:

— Que diabos foi isso?

Então ele baixou o microfone e se foi. A multidão continuou a vaiar. Tentei voltar a tocar "I'll House You", mas as quinhentas pessoas no salão não queriam mais dançar. Os traficantes zombavam em voz alta:

— Garoto branco idiota! Ferrou com o DMC!

Eu estava em pé diante da multidão, olhos arregalados e envergonhado, e senti minha alma desaparecer através do topo de meu couro cabeludo. Poderia me esconder em algum lugar? O copeiro se aproximou, deu um tapinha nas minhas costas e disse:

— Cara, você estragou tudo.

Eu sabia disso. Tinha estragado tudo. Minha vida acabara. Seria demitido, voltaria para Stamford e, quem sabe, para o meu antigo quarto na fábrica abandonada. Ou talvez pudesse colocar meu colchão de solteiro no porão da casa da minha mãe e dormir ali mesmo. Ao menos eu tinha opções.

Continuei tocando, sem entusiasmo, e enfim a noite terminou. Arrumei meus discos e meu sampler e fui até o escritório no andar de cima para receber o pagamento. Yuki tinha um temperamento voraz e lendário. Ele gritava com todo mundo, até mesmo com pessoas que não trabalhavam para ele. Certa vez eu o vi gritar com um potencial funcionário por uns cinco minutos ininterruptos. O pobre rapaz estava ali, de cabeça baixa, enquanto Yuki gritava com ele. E ele estava apenas se candidatando a um emprego.

Yuki estava sentado no escritório com alguns amigos. Ele me viu e disse:

— Ouvi dizer que você teve um problema com DMC.

— Sim — respondi, envergonhado. — Esbarrei no braço do toca-discos tocando "Pause" enquanto ele rimava.

Eu me preparei.

Yuki sorriu e disse:

— Rá, talvez o DMC estivesse bêbado! Talvez tenha sido ele!

A tensão desapareceu. Eu pegara Yuki em uma boa noite: parecia que ele estava bêbado e chapado na medida certa. Seja qual for o caso, ele não me demitiu, não me apunhalou nem mesmo gritou comigo. Simplesmente me pagou e eu voltei para casa.

Depois de guardar os discos e o equipamento no meu quarto, encontrei Lee e alguns de seus amigos sentados no colchão, fumando maconha e ouvindo uma mix tape de Klark Kent. Contei o que tinha acontecido e eles ficaram atordoados.

— Sério?

— Você está de sacanagem?

Em seguida, um dos amigos de Lee perguntou:

— Você prende moedas nas suas agulhas?

— Moedas? — perguntei.

— Sim, todos os DJs de hip-hop prendem moedas em cima das agulhas. Assim, elas ficam pesadas e não pulam. Você pode usar moedas de 5 centavos, mas prefiro as de 25.

Então esse era o truque. Prender moedas de 25 centavos nas agulhas para que os discos não pulassem. Jurei, como Scarlett O'Hara, caso ela tivesse sido uma DJ de cabelo oleoso em vez de uma grande dama da época da Guerra Civil, que nunca mais deixaria uma agulha pular.

Eram 5h30, eu fora humilhado diante de quinhentas pessoas e de uma das maiores estrelas de hip-hop do mundo, porém ainda tinha um emprego e aprendera algo: prender moedas de 25 centavos em minhas agulhas. Era hora de dormir para que aquela noite desagradável chegasse ao fim, mas primeiro eu precisava ir ao banheiro. Atravessei o corredor até o banheiro, sentei-me no vaso sanitário e peguei o rolo de papel higiênico.

Uma barata enorme caiu do tubo do papel higiênico e se agarrou no meu pênis.

— Aaaaah! — gritei, enquanto batia na barata, que, teimosa, continuava agarrada ao meu pênis. Finalmente, consegui jogá-la na privada e na mesma hora dei descarga. Minha filosofia de "não machuque os animais" ficara pelo caminho: tudo o que eu queria era enviar aquela enorme barata mutante para bem longe da minha casa e do meu pênis.

Fui para a cama, ainda ofegante por causa do incidente envolvendo meu membro genital e a barata gigante. Tentei me acalmar, imaginando meu obituário no *The New York Times*:

Disc jockey local, Moby, mais conhecido por esbarrar no toca-discos enquanto o MC mais lendário do planeta estava improvisando, morreu na semana passada. Ele foi esmagado pelo peso de seu próprio terror e de sua humilhação após uma barata se agarrar a seu pênis. Deixa a mãe, seu gato, Tucker, e alguns amigos com quem jogava *Super Mario Bros.*

11

RODAS DE SKATE ENSANGUENTADAS

O telefone tocou. Era Yuki, e eu logo fiquei apavorado.

— Ah, hã, Moby, você poderia tocar rare groove? — perguntou.

— Claro, eu adoro rare groove — respondi, sem fazer ideia do que realmente era rare groove.

— Certo, hoje à noite você vai trabalhar na cobertura. Traga seus discos de rare groove!

— Ótimo, muito obrigado!

Desliguei o telefone e entrei em pânico. O que era "rare groove"? Será que eu tinha algum disco de rare groove? Liguei para Damian.

— Vou trabalhar na cobertura da Mars hoje à noite e tocarei rare groove. Você sabe o que é rare groove? — perguntei.

— É uma banda?

— Tudo bem, você também não sabe. Falo com você mais tarde.

Eu poderia ligar para Roberto. Ele saberia o que era rare groove, mas será que me diria? Se eu aparecesse na Mars e tocasse os discos errados, seria demitido, e ele poderia ir até a Mars e tentar ficar com o meu emprego. Mas eu tinha de perguntar para alguém. Ele atendeu no segundo toque.

— Roberto, você sabe o que é rare groove? — perguntei.

— Espere — disse ele. Eu o ouvi gritar para alguém no fundo, e então ele voltou à linha. — Nós achamos que é James Brown e funk dos anos 1970. Mas não temos certeza. Por quê?

— Ah, é que vou tocar na cobertura da Mars e Yuki quer que eu toque rare groove — respondi.

— Bem, boa sorte. Me avise se você for demitido.

Desligamos. Talvez alguém na Vinylmania soubesse, e era até possível que me dissesse. (Eu trabalhava com a suposição de que os funcionários da Vinylmania não falariam comigo, principalmente porque quando eu ia à loja ninguém nunca falava comigo.) Fui até a Carmine Street. Era uma tarde lenta, e o DJ nos fundos da loja não parecia muito ocupado.

— Olá, com licença — falei educadamente. — Você sabe o que é rare groove?

Ele apenas olhou para mim.

— O quê?

— Rare groove. É um gênero. Você sabe o que é?

— Claro que sei — respondeu ele, entediado diante da minha ignorância. O DJ saiu de trás dos toca-discos e me levou até os fundos da loja.

— Aqui — disse ele, apontando para a secção de funk e soul.

— Ah, rare groove é funk e soul? — perguntei.

— Basicamente — disse ele, e se afastou.

Eu já tinha um monte de discos do James Brown e vários discos antigos de música soul do norte. Será que eu precisaria de mais? Eu receberia 100 dólares naquela noite, então poderia me dar ao luxo de comprar 100 dólares em discos de rare groove. Examinei os discos: Isley Brothers, The Meters, Funkadelic. Eu tinha todos aqueles discos. Será que sem querer eu já era um DJ de rare groove? Comprei algumas compilações de funks obscuros e fui para casa, quase seguro de que tocaria a música certa e preservaria meu emprego.

Às três da manhã, eu estava na cobertura da Mars tocando um disco de Lyn Collins. Era uma noite quente e ventava. Eu fixara moedas de 25 centavos com fita adesiva sobre os braços de meus toca-discos para evitar que escorregassem sobre a superfície dos discos. Flea e Anthony, do Red Hot Chili Peppers, apareceram e ficaram à minha frente, bêbados e olhando para o disco que eu estava tocando.

— Isso é legal — elogiou Flea. — O que é?

— Lyn Collins — respondi com autoridade. — É rare groove.

— O que é rare groove? — perguntou ele, com a voz pastosa e balançando um pouco enquanto Anthony era arrebatado por uma bela mulher com cabelos descoloridos.

— Hum, é funk e soul — respondi. — Eu acho.

— Legal. Ah, eu sou Flea.

Ele estendeu a mão e nos cumprimentamos.

— Oi, eu sou Moby.

Ele meneou a cabeça e se afastou. O disco de Lyn Collins terminou e toquei "Cissy Strut", do The Meters. As pessoas na cobertura aplaudiam, e Flea e Anthony começaram a dançar com suas respectivas namoradas. Yuki foi até a cobertura, viu as pessoas dançando e sorriu para mim. Mais uma vez, parecia que eu não seria demitido.

Olhei para o relógio. Dali a quatro horas eu estaria a caminho de Martha's Vineyard: eu iria com minha namorada, Janet (com quem terminei e reatei diversas vezes), e alguns de seus amigos para um retiro organizado pela Irmandade de Cristãos em Universidades e Escolas. Eu dormiria em beliches com outros cristãos do sexo masculino, enquanto Janet dormiria nos beliches das mulheres do outro lado do centro de retiro. Todos no retiro cristão precisavam ter uma função, de modo que eu já havia me candidatado para lavar a louça.

Mas, naquele momento, eu estava tocando rare groove na cobertura da Mars. Flea voltou. "Que disco impressionante, cara!", gritou ele, e apertou minha mão outra vez. Percebi que estava ficando um pouco óbvio, então toquei "Thank You (Falettinme Be Mice Elf Again)", de Sly and the Family Stone. Russell Simmons, do selo Def Jam, se aproximou cambaleante, apoiando-se em uma modelo asiática bêbada de salto alto. Ele olhou para mim, olhou para o disco, olhou para mim, meneou a cabeça e saiu cambaleando. Russell contratara e produzira o Run-DMC e LL Cool J. Ele era uma lenda e assentiu para mim ao ver que eu estava tocando um disco de Sly Stone. Yuki estava sorrindo, Russell Simmons estava concordando, Flea e Anthony estavam dançando, e uma quente brisa de fim de noite soprava do rio Hudson.

A Mars tinha de parar de servir bebidas alcoólicas às quatro da manhã, mas algumas vezes a música prosseguia por mais uma hora; nunca houve queixa por causa do barulho, porque ninguém morava no Meatpacking District nem nos arredores. A polícia ficava longe da área da Mars, a menos que alguém fosse esfaqueado ou baleado. Mais ou menos às 4h30, quando o sol estava nascendo, toquei minha última faixa, "For the Love of You", do Isley Brothers. Apenas uns vinte ou trinta bêbados tinham sobrado na cobertura; alguns deles encerravam a noite dançando lentamente ao som dos Isley. Arrumei meus discos e desci a escada para receber meu pagamento.

Com 100 dólares no bolso, fui para casa empurrando meus discos em cima do skate. Se eu conseguisse atravessar os nove quarteirões até nosso apartamento na 14th Street com a 3rd Avenue, poderia economizar os 10 dólares do táxi. O sol nascia no horizonte, lançando longos feixes de luz alaranjada sobre a 14th Street. Os funcionários dos frigoríficos já estavam ocupados, descarregando quartos de boi e carcaças de cordeiro enquanto eu passava por eles empurrando o skate. Em silêncio, orei por todos aqueles animais mortos. *Sinto muito*, pensei, olhando para um açougueiro que entrava em um armazém refrigerado com um porco morto pendurado no ombro. *Sinto muito.*

Meu skate atravessou uma poça de sangue. Como eu podia estar testemunhando tamanho horror — todos aqueles corpos de animais mortos sendo transportados ao meu redor — enquanto o sol da manhã brilhava em meu rosto e após uma noite perfeita tocando na cobertura da Mars? Enquanto empurrava meu skate por outra poça de vísceras, jurei em silêncio: *Tentar acabar com o sofrimento dos animais será o trabalho da minha vida, não importa o que aconteça.*

Finalmente cheguei em casa, guardei meus discos e me deitei por cinquenta minutos. O despertador tocou às sete da manhã. Cambaleei para fora da cama, preparei um sanduíche de pasta de amendoim e geleia, peguei minha mochila e fui para a Grand Central Terminal. Saltei do trem em Greenwich e vi Janet me esperando ao lado do BMW vermelho que seu pai lhe dera em seu aniversário de dezoito anos.

— Olá, sr. DJ — disse ela quando saí da plataforma da estação. — Achei que você não viria.

— Estou muito cansado — foi tudo o que consegui dizer.

Entrei no carro e olhei para trás: três meninas cristãs de cabelo louro-acobreado de dezessete anos estavam sentadas lado a lado no banco traseiro, sorrindo para mim. Elas vestiam bermudas cáqui, sapatos Esprit e camisetas em tons pastel.

— Oi, sou Moby — falei. — Espero não parecer indelicado, mas talvez eu pegue no sono durante o trajeto.

As meninas sorriram educadamente e uma delas perguntou:

— Podemos rezar antes de irmos?

Todos nós abaixamos a cabeça, e ela disse:

— Senhor, obrigado por este tempo juntos, e obrigado por esta oportunidade de conhecê-lo melhor. Por favor, olhe por nós nesta aventura. Em nome de seu filho, amém.

Cinco horas depois, estávamos todos na balsa de Woods Hole para Martha's Vineyard. As três garotas cristãs estavam sentadas em círculo, rezando de olhos fechados. O sol fazia seus cabelos louro-acobreados brilharem e o céu estava completamente azul, pontilhado de nuvens brancas como ossos. Quando a balsa zarpou, Janet perguntou:

— Como você está, Mobes?

— Estou bem — respondi, com os olhos vermelhos e ardidos. — Muito cansado.

Cochilei um pouco na autoestrada I-95, mas tivera um total de 75 minutos de sono nas últimas 36 horas.

Todos nós nos reunimos em frente ao cais das barcas em Vineyard Haven. De pé junto a algumas vans estava um dos líderes de nosso grupo de jovens cristãos, mas não aquele que eu esperava encontrar. O sujeito que eu achava que encontraria era baixo, com cabelo escuro e aparência mediana, porém se achava um ex-modelo da Ralph Lauren. Ele quase perdera o emprego no ano anterior, quando descobriram que ele estava transando com algumas das meninas cristãs cujo desenvolvimento espiritual lhe fora confiado. Contudo, após um choroso mea-culpa, deixaram-no manter o emprego e a casa. Fiquei aliviado ao saber que aquele devoto sedutor não estaria no retiro de Martha's Vineyard.

Entramos nas vans e percorremos estradas sinuosas e sombreadas, passando pelas belas construções datadas do século XIX de Martha's Vineyard. Quando atravessamos um caminho de paralelepípedos, me dei conta de que, apenas doze horas antes, estava tocando para Russell Simmons e empurrando meu skate por cima de poças de sangue. Olhei para os jovens cristãos abastados na van: oito pessoas, todas gentis, limpas e bem alimentadas. Sendo mais específico, bem alimentadas com os animais que eu vira nas costas daqueles açougueiros. Eu queria protestar contra a espiritualidade enclausurada da Nova Inglaterra, que lidava com questões abstratas de fé enquanto o mundo ao redor estava repleto de horror e sofrimento. Eu queria gritar dentro da van: "Vocês são uma fraude! A fé de vocês é a mesma coisa que enviar suéteres da L.L.Bean para um campo de concentração!" Em vez disso, olhava para as mansões e seus altos portões de pedra enquanto chacoalhávamos ao longo de uma estrada cercada de vinhedos e mosqueada de sol. Ouvi a van bater em alguma coisa pequena e o motorista gritar:

— Merda!

— O que aconteceu? — perguntei.

— Atropelamos um esquilo — respondeu ele.

— Não! — gritaram todos os jovens cristãos na van.

Todos ficaram tristes por causa do pequeno esquilo que tínhamos acabado de matar. Sentado no banco de trás, em um julgamento silencioso, pensei: *Vocês comem algumas centenas de animais mortos todo ano, mas um único esquilo morto por nossa van alugada os deixa tristes?*

Janet olhou para mim, preocupada.

— Tudo bem, Mobes? — perguntou.

— É que eu não gosto muito da gente — respondi.

— Da gente?

— Da gente, as pessoas nesta van, nossa espécie — expliquei.

Laura, uma amiga de Janet de Greenwich com cabelo encaracolado, voltou-se para mim e disse:

— Mas Deus nos amou tanto que nos enviou seu único filho.

Janet olhou para mim e balançou a cabeça, como se dissesse: "Não." Concordei com a menina. Eu não queria discutir com uma garota entusiasmada de dezenove anos, cuja visão de mundo fora formada por clubes fechados e escolas particulares cercadas de muros. Não cabia a mim julgar. Não mesmo. Mas eu queria julgar. Eu queria parar a van e gritar: "O que há de errado conosco? Tudo o que tocamos sofre e morre. Somos um flagelo neste planeta. Se Deus nos ama, então Deus é louco."

Mas fiquei olhando para o chão da van, sem gritar, sem julgar. Não em voz alta, pelo menos. Enfim chegamos ao centro de retiro. Era um alojamento de madeira da década de 1920: parecia a bucólica locação de um filme em que todos os adolescentes acabam esquartejados.

— Quando o assassino vai sair da floresta com o machado na mão? — perguntei para Janet.

— *Ssshh*, estamos em um retiro — sussurrou ela.

Encontrei o dormitório masculino e joguei minha mochila no colchão vazio de um beliche com estrado de metal. Eu queria deitar e dormir por um ou dois dias, mas tínhamos uma reunião de boas-vindas na sala comunitária. Acabei encontrando o lugar, uma grande sala com paredes revestidas de painéis de madeira, lotada com uma centena de cristãos jovens e brancos. Fomos recebidos por um adulto limpo e cristão, que vestia uma camiseta do R.E.M. para demonstrar sua juventude e sua capacidade de se enturmar. Todos se calaram, e ele proferiu frases benignas e impecavelmente amistosas sobre o retiro ser um tempo de renovação, fé e comunhão. Ele sorriu e os jovens cristãos sorriram de volta.

A luz do sol poente entrava pelas janelas, iluminando a antiga lareira de pedra como se fosse de ouro polido. Em minha mente, porém, eu via o sangue nas rodas do skate enquanto atravessava o Meatpacking District. Nada tinha mudado, nada mudaria, a menos que eu fizesse alguma coisa. Levantei a mão. Janet olhou para mim, alarmada, e balançou a cabeça.

O gentil cristão com a camiseta do R.E.M. sorriu para mim.

— Você gostaria de dizer algo?

— Oi, eu sou Moby. — Inspirei. — Não quero ofender ninguém, mas o que estamos fazendo aqui? Este lugar é bonito e todo mundo aqui é muito legal. Dá para notar. Mas o mundo é lá fora, e ele está cheio de um sofrimento indescritível. Acho que nossa fé nos pede que saiamos para tornar o mundo melhor. Gostaria que todos nós tivéssemos isso em mente enquanto estivermos aqui.

Ouvi algumas pessoas murmurando: "Quem é esse cara?"

— Obrigado pelo comentário — disse o sujeito, diplomaticamente. — Neste fim de semana, trataremos de dialogar e compartilhar. Então, depois do jantar, vamos nos encontrar aqui outra vez para uma noite de histórias e jogos.

Enquanto a multidão se dispersava, Laura foi direto na minha direção e perguntou:

— Você não pode simplesmente relaxar, Moby?

— Laura — respondi —, há doze horas eu estava caminhando por poças de sangue no Meatpacking District, enquanto homens carregavam carcaças de cordeiros e porcos mortos para os armazéns. Então não, eu não posso simplesmente relaxar.

Ela me deu as costas e sumiu da minha frente.

— Todo mundo aqui está tentando fazer o melhor, certo? — disse Janet, com delicadeza.

— Você está certa — falei. — Tudo bem.

Peguei a mão dela e entramos na sala de jantar. Havia um quadro-negro na entrada com o menu:

Ensopado de carne ou frango frito
Batata frita
Salada verde
Gelatina

Li o quadro-negro e senti meu cérebro estalar. Eu queria encontrar um pouco de Semtex ou C-4 e explodir aquele retiro cristão suburbano movido a carne e gelatina. Em vez disso, falei calmamente:

— Janet, preciso sair e dar uma caminhada.

Saí dali sentindo como se meu cérebro fosse derreter e escorrer pelos olhos e pelos ouvidos. Como manter a sanidade em um mundo que era indiferente ao sangue nas calçadas? Como ser um cristão quando os cristãos estavam enfiando frango frito e ensopado de carne em suas pequenas gargantas cor-de-rosa? Afastei-me do centro de retiro, embrenhando-me na mata cada vez mais escura. Finalmente, não ouvia mais os sons de pessoas, apenas dos pássaros e da brisa passando pelos pinheiros. Sentei-me sobre uma velha árvore caída. Um esquilo estava parado na outra extremidade, comendo alguma coisa e olhando para mim.

— Sinto muito — falei para o esquilo.

Ele fugiu. Não sei ao certo se aceitou meu pedido de desculpas.

Olhei em torno. A última luz do dia tocava a copa das árvores.

— Deus — falei em voz alta. — O que devo fazer?

Tentei escutar, mas tudo o que ouvia eram os sons da mata: o zumbido tranquilo produzido pelo vento, por esquilos e um milhão de insetos. Então pensei: *Preciso fazer o que puder*. Tudo ali na floresta tinha o seu lugar e fazia o que tinha de ser feito.

Eu não precisava incendiar laboratórios que faziam pesquisas com animais. Eu não precisava empurrar de penhascos os donos de matadouros, os vivissectores e os cristãos empanturrados de carne. O mundo era repleto de dor, e grande parte dessa dor era evitável. A morte era inevitável, mas não o sofrimento. Rezei:

— Deus, ajude-me a fazer o que desejar que eu faça. Seja feita a tua vontade.

Voltei para o centro de retiro em meio à penumbra. Se pretendia ser ativista dos direitos dos animais a vida inteira, percebi que precisaria ser inteligente e estratégico. Tudo o que eu queria era gritar com as pessoas e dizer que elas estavam erradas. Mas gritar fazia as pessoas ouvirem menos. Voltei à sala de jantar e Laura se aproximou.

— Desculpe por ter me irritado com você, Moby — disse ela.

— Eu também sinto muito, Laura.

— Veja! — disse ela, apontando para seu prato de salada, batatas fritas, e gelatina. — Estou comendo comida vegetariana!

Não tive ânimo de dizer que a gelatina era feita de ligamentos, tecidos conjuntivos e cascos de bovinos, por isso respondi:

— Isso é ótimo, Laura!

Uma hora mais tarde, eu estava vestindo um avental e lavando louça na cozinha do acampamento. Eu limpava pratos cobertos de gordura de carne e frango, jogando ossos e nacos de banha endurecida em sacos de lixo transbordantes. "Este é o meu trabalho, e é nojento", disse para mim mesmo quando tirei as luvas azuis de lavar louça para poder amarrar um saco plástico preto repleto de ossos de frango e pratos de papel engordurados. *Eu queria que este trabalho fosse fácil*, pensei, enquanto carregava um saco de lixo gorduroso para a lixeira atrás da cozinha. *Mas não é.*

12

MEIAS MOLHADAS NO AQUECEDOR

Os sem-teto estavam por toda parte na cidade de Nova York, e Jesus fora bem claro ao dizer que os cristãos deveriam cuidar dos moradores de rua: "O que você fizer pelo mais humilde fará por mim." Então, todos os dias, eu saía de meu apartamento com um saco de moedas, pronto para entregá-las a qualquer um que me pedisse dinheiro. Como eu estava trabalhando regularmente como DJ e ganhando cerca de 8 mil dólares por ano, percebi que poderia dar 50 centavos ou 1 dólar para cada sem-teto que me pedisse.

Alguns dos moradores de rua eram doentes mentais que vagavam pelas ruas amaldiçoando o ar: "Foda-se, dê o fora, cale a boca, eu disse cale a boca, merda, merda, merda, cale a boca." Os doentes mentais sem-teto raramente falavam com alguém além de seus demônios internos. Eram voláteis e aterrorizantes. Às vezes, se você os ajudasse, era possível ter um vislumbre de quem eram por trás da doença. Mas, em seguida, o rosto deles se tornava um ricto de dor e eles começavam a gritar: "Não se aproxime de mim, Satanás! Para trás! Vá se foder, seu filho da puta!" Eu recuava com mãos erguidas no gesto universal de "não quero lhe fazer mal, seu maluco, por favor, não me esfaqueie". Além disso, como cristão, era desconcertante ser chamado de Satanás.

Os moradores de rua bêbados eram os mais amigáveis. Às vezes, diziam: "Você pode me dar um dinheiro? Preciso comer alguma coisa." Dava para perceber que era mentira, porque, se fosse oferecido algo para comer em vez de dinheiro, eles ficavam ofendidos: "Ei, só me dê algum dinheiro." Às vezes, eles tentavam a tática da honestidade: "Eu poderia mentir para você, meu rapaz, mas eu só preciso de dinheiro para comprar uma cerveja."

Os viciados em crack eram os mais difíceis de enfrentar. Eles haviam perdido a vida e a alma, eram como mortos-vivos. Eram macilentos e arruinados, tinham olhos vazios e feridas abertas nos pés. Vagavam pelas plataformas de metrô tentando vender qualquer coisa que tivessem encontrado no lixo. Mas eu queria fazer a vontade de Deus, e a Bíblia dizia que tínhamos de dar para todos. Eu não era Deus, não era onisciente e estava claro que não cabia a mim julgar. A mim cabia apenas ter trocados no bolso para quem os solicitasse.

Janet e eu estávamos falando sobre tentarmos ser cristãos melhores e fazermos mais pelos moradores de rua. Em uma noite chuvosa de domingo, decidimos que nos encontraríamos no meu apartamento para fazermos sanduíches e, em seguida, os entregaríamos para os sem-teto do bairro.

— Não me sinto bem dando dinheiro para eles — disse Janet. — Não sei com que eles vão gastá-lo.

Estávamos no apartamento para onde Lee e eu acabáramos de nos mudar, ouvindo uma fita de Nick Drake e preparando sanduíches de pasta de amendoim e geleia. Nosso plano era colocar sanduíches e biscoitos veganos em sacos de papel e entregá-los para todo sem-teto que encontrássemos.

Geralmente, os sem-teto odiavam comida vegana. Às vezes acontecia de eu estar andando pela rua com sobras do Angelica Kitchen, o mais antigo e mais famoso restaurante vegano de Nova York, e encontrar um sem-teto junto à Cooper Union no St. Mark's Place.

— Pode me dar um trocado?

— Tenho um pouco de comida. Você quer?

— Foda-se, eu não como essa merda — diria ele. — Você tem 1 dólar para eu comer no Popeyes?

Certa vez, um sujeito na estação do trem 6 na Lafayette Street com a Astor Place aceitou a minha comida vegana, mas pareceu inconsolável quando olhou dentro do saco.

— Puxa, cara, achei que era cabrito — reclamou. — Cabritos são vegetarianos.

Quis falar para ele: "Bem, tecnicamente, cabritos não são vegetarianos." Mas disse apenas:

— Deus o abençoe. — Então desci a Lafayette, deixando-o desamparado com minhas sobras de feijão azuki e arroz integral.

Biscoitos e sanduíches de pasta de amendoim e geleia pareciam ser uma combinação neutra: era vegano sem ser descaradamente vegano. Talvez, se tivéssemos sorte, ninguém jogaria nossa comida no chão ou nos mandaria à merda. Janet trouxera uma sacola de compras da J.Crew que enchemos de sanduíches e biscoitos antes de sairmos.

Era outono e, às oito da noite daquele domingo, fazia frio. Não o cortante frio canadense, mas um frio úmido e pesado que fazia o meu rosto doer. Dobramos à direita na Mott Street e depois à esquerda na Bleecker Street. Sempre havia alguns sem-teto na Bleecker, mas, por algum motivo, não havia nenhum naquela noite. A sacola da J.Crew estava ficando molhada com a garoa. Nosso rosto estava dormente e nossos pés, encharcados, mas continuamos vagando por Lower Manhattan à procura de moradores de rua a quem alimentar.

— É como em *Watchmen* — falei.

— O que é isso? — perguntou Janet.

— É uma história em quadrinhos — respondi. — Os sem-teto desaparecem. Ou talvez seja como *No mundo de 2020*. Seria irônico se estivéssemos tentando alimentar os sem-teto e eles estivessem sendo transformados em comida.

— Isso é nojento, Mo.

Caminhamos pela 14th Street e pensei na música "Venus", na qual Tom Verlaine canta: "A Broadway parece tão medieval." Naquela noite, tudo em Nova York parecia medieval. Havia uma névoa fria sobre a cidade, fazendo com que todas as luzes parecessem halos e transformando todos os edifícios em castelos sombrios.

— Onde estão os sem-teto? — perguntei enquanto atravessávamos a University Place.

— Talvez no Washington Square Park? — sugeriu Janet.

— Não sei se lá é um lugar seguro para nós.

— Bem, podemos dar uma olhada.

O Washington Square Park estava repleto de perigos. Havia algumas pessoas no parque, mas eram traficantes de drogas, não moradores de rua. Provavelmente os traficantes não estariam muito interessados em sanduíches de pasta de amendoim e geleia em sacos de papel, entregues por jovens brancos de Connecticut de 24 anos. Ainda mais porque a maioria dos traficantes estava ganhando mais dinheiro do que a maioria dos jovens brancos de 24 anos de Connecticut. Caminhamos para outra direção e nos sentamos em um banco de pedra molhado junto aos altos edifícios da NYU, na Mercer Street. Ainda estávamos com todos os sanduíches, e, naquele momento, o frio do banco de pedra começava a se infiltrar em nosso corpo.

Janet e eu namorávamos havia dois anos. Tínhamos nos conhecido alguns anos antes, num grupo de estudos bíblicos em Connecticut e estávamos tentando ser bons cristãos que namoravam. Nosso relacionamento era amigável, mas não era apaixonado. Nunca saímos correndo pela rua gritando: "Estou apaixonado!" Não ficávamos ansiosos para nos encontrar. Tivemos um relacionamento tranquilo, quase sempre celibatário. E eu sabia que jovens de 24 anos não deveriam ter relações calmas e celibatárias. Jovens de 24 anos deveriam ter grandes paixões e fazer sexo dez vezes ao dia. Nós éramos jovens de 24 anos que faziam sexo uma vez por mês e depois pediam perdão a Deus.

Sentado no banco frio e molhado, admiti para mim mesmo algo que vinha tentando evitar: eu precisava terminar aquele relacionamento. Fiz uma pausa, esperando que Deus talvez interviesse milagrosamente e acabasse com o mundo para que eu não precisasse ter uma conversa de fim de namoro, mas não tive tal sorte. Então, quebrei o silêncio infeliz:

— Janet, eu preciso dizer algo para você.

— Ah — disse ela, com a voz trêmula. — O quê?

— Eu realmente odeio ter que dizer isso, mas não está dando certo.

— Alimentar os sem-teto?

— Isso também não está dando certo. Mas, não, me refiro ao nosso relacionamento. Acho que não está dando certo.

— O que você quer dizer? — perguntou Janet, virando-se para mim e começando a chorar.

Fiz outra pausa. Janet era muito gentil e me amava, mas eu queria ficar sozinho.

— Eu acho que quero terminar.

Ela abaixou a cabeça, os ombros caídos dentro do casaco vermelho molhado.

— Me desculpe — falei.

Ela ficou sentada no banco, chorando baixinho. Olhei em volta. Nova York estava vazia. A névoa gelada se transformara em uma chuva fria e constante. Meu chapéu estava molhado e minhas luvas, encharcadas.

— Me desculpe — repeti. — Mas eu acho que é isso o que eu quero.

— Você *acha*? — questionou ela, ríspida. — Você diz que quer terminar o nosso relacionamento porque *acha* que é o que quer?

Engoli em seco.

— Não. Eu sei que é isso o que eu quero.

Ela começou a chorar alto, ainda de cabeça baixa.

— Merda — falei. — Merda.

Ela parou de chorar e olhou para mim com alguma reserva interna de força.

— Bem, você sabe o que quer — disse ela. — Então vamos embora. — Ela se levantou e secou o casaco, que estava molhado com a água fria da chuva. — Você quer terminar, então terminamos — continuou, com frieza.

Peguei o saco molhado de sanduíches e biscoitos.

— Devo levar você até o trem? — perguntei.

— Sim, Moby, você deve me levar até a merda do trem.

Caminhamos sem dizer nada. Ainda não víamos nenhum morador de rua em parte alguma. O saco de sanduíches e biscoitos estava molhado e pesado.

— Você quer isto? — perguntei.

— Não — disse ela, tirando o saco de mim. — Que se foda.

E jogou o saco numa lixeira transbordante em frente a um McDonald's. Olhei para ela, ofendido.

— Eu poderia ter alimentado alguém com aquilo — falei.

— Não há ninguém aqui para alimentar, Moby — retrucou. — E está tudo molhado.

Ficamos parados na entrada do trem N na esquina da Broadway com St. Mark's Place. A chuva engrossou ainda mais.

— Você acha que vai nevar? — perguntei, esperançoso.

Janet apenas olhou para mim, exasperada.

— Ahn? — disse ela.

— Não sei o que fazer, Janet.

— Nós terminamos, Moby. Você não precisa fazer nada.

Ela se virou e desceu a escadaria do metrô, seu casaco vermelho molhado brilhando sob as fortes luzes fluorescentes.

Eu estava livre. Triste, molhado e livre. Não sabia namorar e não conhecia ninguém que gostaria de namorar comigo, mas estava livre.

Voltei da estação e desci a rua, ouvindo o som dos pneus molhados dos táxis na Broadway. Meu rosto estava congelando pela chuva fria, e meu chapéu cheirava a cachorro molhado. Eu tinha conseguido: terminara com Janet. Mas por que precisava doer? Por que ficar sozinho era melhor do que estar com alguém que me amava?

Segui para o sul, passando por lojas fechadas de lâmpadas e de tênis. Na esquina da Broadway com a Bleecker, havia um morador de rua em pé na chuva, fumando um cigarro.

— Pode me ajudar com algum trocado? — perguntou.

— Aqui está — falei, e entreguei-lhe todas as moedas de 25 centavos que leváramos conosco.

— Ei, cara, obrigado!

— Que Deus o abençoe.

— Vou comprar algo no KFC, obrigado! — disse o sem-teto antes de sair correndo em meio à chuva.

Passei pela entrada do trem 6 na Lafayette com a Bleecker. As luzes acima da entrada estavam quebradas e o lugar parecia uma boca de ferro bocejando. Dobrei à direita na Mott Street e cheguei em casa. Antes de colocar a chave na fechadura, olhei para a esquerda e para a direita: era sempre preciso olhar para os lados porque, enquanto se abria a porta, pessoas poderiam sair correndo das sombras, empurrar o indivíduo para dentro do prédio, roubá-lo ou apunhalá-lo. Mas eram dez da noite de um domingo chuvoso e não havia ninguém por perto.

O casal de chineses idosos no apartamento ao lado estava cozinhando algo que tinha cheiro de ração de cachorro misturada com papel-alumínio. Dava para ouvir as vozes abafadas pela porta: estavam discutindo. Será que eles deveriam ter terminado cinquenta anos antes, e assim não estariam discutindo em um apartamento minúsculo aos setenta anos de idade?

O vapor chacoalhava os aquecedores no meu apartamento. Coloquei o chapéu, as luvas e o casaco sobre o aquecedor na sala de estar, e logo o lugar inteiro cheirava como um bando de cachorros molhados. Eu era solteiro. E ser solteiro não deveria envolver sexo, amor, encontros ruins e passeios de mãos dadas em Coney Island? Para mim, eu esperava que ser solteiro envolvesse não falar com garotas e ir dormir sozinho após ler algumas páginas de *Duna*.

Pensei em Janet trocando de trens na Times Square. Pensei nela chorando no caminho até o Harlem. A ideia de Janet chorando no trem sob as trêmulas luzes fluorescentes me causou uma tristeza indescritível. Sentei-me no colchão e tirei as meias: estavam molhadas e também teriam de ser colocadas sobre o aquecedor. Eu era uma pessoa horrível. Magoara alguém que não merecia ser magoado. Eu queria que meu próximo relacionamento durasse para sempre. Seria uma relação de pequenas mágoas, talvez até de grandes mágoas, mas não aquela mágoa definitiva que terminava comigo sozinho no meu apartamento com meias molhadas no aquecedor, enquanto minha ex-namorada chorava no trem 9 a caminho da 125th Street.

13

MARCADOR PRETO BORRADO

A Palladium era a maior boate da cidade de Nova York. A Red Zone tinha a melhor música; a Tunnel, a melhor arquitetura; a Mars era a mais descolada e estranha; a Nell's era a mais glamorosa. Mas a Palladium era a perfeita nave mãe das boates de Nova York. Era a mais espaçosa. Tinha o sistema de som mais potente. Tinha o maior palco. E era a mais intimidadora.

Nas noites de fim de semana, a calçada da 14th Street em frente à Palladium ficava lotada de clubbers, universitários, aspirantes a ravers e garotos das zonas mais distantes da cidade, todos trajando suas melhores roupas de boate de Manhattan, tentando de tudo para ultrapassar o cordão de veludo e entrar no lugar. Os clubbers descontentes chamavam a boate de "Get-laid-ium", um trocadilho com "transar", porque consideravam a Palladium um antro de sexo barato e casual. No entanto, no outono de 1990, nada era um antro de sexo para mim, fosse barato e casual ou valioso e significativo.

Eu vivia à sombra da Palladium quase literalmente, uma vez que a boate ficava a poucas centenas de metros do meu primeiro apartamento na 14th Street. Todos os dias eu passava pela porta da frente e me perguntava: *Será que um dia vou tocar nesse lugar? Será que vão me deixar entrar na próxima vez que ficar na fila?*

Eu tinha começado a ir à Palladium quando estava no ensino médio e o lugar ainda era um teatro. Em meados dos anos 1980, a Palladium era um ótimo lugar para assistir a shows de punk rock e new wave, além de ainda ser um dos grandes teatros de Nova York, embora um tanto decadente. Eu e meus colegas punks da escola tínhamos nossa "rotina-Palladium": pegávamos o Metro-North em Darien e tentávamos nos esconder no banheiro para evitar pagar a tarifa. Se o banheiro estivesse ocupado ou nojento demais, usávamos o dinheiro que ganhávamos cortando grama para pagar a passagem de 4,25 dólares até Manhattan.

Chegando à Grand Central, nos congratulávamos em silêncio por termos sido aceitos na cidade de Nova York; respirar o ar de Manhattan era quase inspirador demais para punks adolescentes de Connecticut. Carregávamos a pecha da frustração e da solidão suburbanas. Honestamente, deveríamos ser barrados na fronteira de Manhattan e enviados de volta para Connecticut com nossos rabos new wave entre as pernas cobertas com jeans Wrangler.

Passávamos horas andando pela Grand Central, perdidos nas extremidades das plataformas e explorando os níveis abaixo da estação que não eram abertos ao público. Caminhando pelos andares inferiores, esperávamos encontrar as comunidades de zumbis trogloditas de *A Última Esperança da Terra* — mas a única vida que encontrávamos eram ratos ou algum sem-teto ocasional tentando não ser visto. Jim era o baixista e o líder da nossa banda punk na escola, o Vatican Commandos. Ele usava jaqueta de couro, cinto de rebites, e sabia como funcionavam os metrôs de Nova York. Nós o seguíamos até as partes mais descoladas de Downtown: ele nos levava da Grand Central até a Canal Street no trem da linha 6, onde íamos até a loja Canal Jeans. Nunca tínhamos dinheiro para comprar algo ali, mas adorávamos olhar para as camisetas de punk rock e para as belas funcionárias com moicanos roxos. Ficávamos à toa na loja, discutindo nossas bandas e camisetas favoritas e nos perguntando se algum dia conseguiríamos dinheiro emprestado o suficiente de nossas mães para comprar uma camiseta do Crass ou do Agnostic Front.

Então íamos até o Union Square Park, em Uptown. Nossos pais sempre nos davam as mesmas instruções quando íamos para a cidade: "Voltem no último trem e fiquem longe dos parques." Por isso, tínhamos de contornar o Union Square Park, que era repleto de drogados e árvores desfolhadas. Dali, íamos até a Nathan's para comer cachorro-quente e tomar Coca-Cola. Nós nos sentávamos diante de mesas de fórmica manchadas e observávamos os viciados, os punks, os policiais e os travestis. Após algumas horas acalentando nossos refrigerantes em copos de papel, caminhávamos quinze metros da Nathan até a Palladium. Um entediado funcionário da boate rasgava os nossos ingressos e corríamos o mais rápido possível para chegar à frente do palco.

Não importava o que iríamos ver — Boomtown Rats, Simple Minds, OMD ou The Clash —, adorávamos todos, incondicionalmente. Eram músicos de verdade em um palco de verdade. Eles gravavam discos e vinham de fora do país. Após ficarmos cinco horas em frente ao palco dançando ao som de bandas de punk rock e new wave, pegávamos o trem 6 de volta até a Grand Central Terminal. À meia-noite, a Grand Central era uma caverna vazia, habitada apenas por moradores de rua, um ou outro traficante e alguns empresários bêbados tropeçando para dentro dos últimos trens para Larchmont, Brewster e Darien.

Pegávamos o Metro-North local, o trem começava a se mover e nosso amigo Chip vomitava. Todas as vezes. Durante os shows na Palladium todos nós bebíamos Coca-Cola e água do bebedouro no banheiro masculino, mas Chip ia até o bar, comprava cerveja e ficava bêbado. Deixar Nova York sempre envolvia o som de cachorros-quentes parcialmente digeridos e cerveja esguichando no chão do trem aos pés de Chip. Ele vomitava e o restante do grupo se sentava a alguns assentos de distância, fingindo que não o conhecia.

Quando o trem chegava a Noroton Heights eu saía e corria até a minha casa. Meus ouvidos zumbiam e eu me sentia enjoado de cachorros-quentes e Coca-Cola, mas ao mesmo tempo ficava radiante por ter visto bandas de punk rock e passado um dia na cidade mais perfeita do planeta.

Anos depois, em 1990, o Union Square Park estava sendo limpo; as árvores mortas tinham sido removidas e as árvores que lutavam para sobreviver estavam sendo tratadas. Os viciados haviam se mudado para o Tompkins Square Park e para o East River Park, e a Palladium fora transformada na maior boate do mundo.

Eu estava sentado no imundo colchão da nossa sala de estar fazendo um rápido desjejum quando o telefone tocou.

— Olá — disse uma mulher com sotaque britânico. — Gostaria de falar com Moby.

— É o Moby quem está falando.

— Ah, oi, aqui é Olivia, da Palladium. Jared Hoffman me deu o seu número.

— Oi, como vai você? — respondi profissionalmente.

— Vou bem, obrigada. Eu queria saber se você estaria interessado em abrir para o Snap!, que fará seu primeiro show aqui nos Estados Unidos.

Meu cérebro precisou ter uma rápida conversa consigo mesmo. Abrir para o Snap!? Eles tinham lançado "The Power" havia alguns meses, e a música estava em primeiro lugar nas paradas do mundo inteiro, tornando-os um dos maiores grupos de dance music do planeta. Meu primeiro doze polegadas solo ainda não tinha sido lançado, e meu único show solo até então fora para um público de quinze pessoas.

Guardando tais pensamentos para mim mesmo, respondi:

— Sim, tocando ao vivo ou atuando como DJ?

— Seria um show ao vivo. Jared diz que você tem um ótimo show ao vivo.

Jared disse isso?

— Parece bom — respondi, calmo.

Olivia me passou os detalhes do show.

Depois que desliguei, caminhei tranquilamente até a cozinha com a minha tigela de cereal e a deixei na pia. Fiquei paralisado em frente à geladeira: meu cérebro estava em chamas.

Eu tocaria ao vivo na Palladium.

Para milhares de pessoas.

Após alguns minutos, me dei conta de que precisava ligar para todo mundo que conhecia: Damian, Janet, Paul, Jared, Dave, minha mãe. Mas eu não podia usar o telefone: Lee estava usando, falando algo importante e em voz baixa com a mãe dele.

Peguei um punhado de moedas de 25 centavos e corri até o telefone público perto da entrada do trem 6. Liguei para Damian; ele não estava, então deixei uma mensagem. Embora tivéssemos terminado, liguei para Janet e também deixei uma mensagem. Ninguém atendia o telefone. Minha mãe e Paul estavam em Connecticut, o que contaria como uma chamada interurbana, e eu não tinha moedas suficientes para aquilo. Decidi ir ao escritório da Instinct (também conhecido como apartamento de Jared) e ligar de lá.

Subi a Lafayette Street, a 4th Avenue, e logo estava em frente à Palladium. Olhei para a fachada gigantesca, a mesma dos meus tempos de colégio. Em poucas semanas eu estaria no mesmo palco em que o The Clash tocara.

Comecei a correr pela 14th Street. Desviei de alguns carros na Broadway e depois atravessei a 5th Avenue. Meus pulmões estavam frios e ardiam, mas eu não conseguia parar de correr, impulsionado pelo mantra "Eu vou tocar na Palladium!".

O porteiro de Jared me deixou entrar — eu era um visitante assíduo — e corri até a escada. Abri a porta e gritei:

— Olá!

Mas não havia ninguém no apartamento. Eu estava tão empolgado que minhas células pareciam feitas de cacos de vidro. Saí para a varanda de Jared, olhando para Lower Manhattan, para as torres gêmeas e gritei:

— Aaaaaahhhhhh!

Gostei e fiz aquilo outra vez:

— Aaaaaahhhhhh!

Alguém em um andar mais abaixo abriu uma janela e exclamou, mal-humorado:

— Ah, cala a boca.

Claro. Eu estava em Nova York, o meu lar.

Nas três semanas seguintes, trabalhei no meu set ao vivo de 25 minutos, descobrindo quais músicas eu deveria tocar e como deveriam ser os arranjos. Cheguei à conclusão de que, para aquilo soar bem, eu teria que levar todo o meu equipamento e montar meu estúdio no palco da Palladium. Eu também praticara pulando de um lado para o outro em frente ao espelho e experimentara diferentes roupas para usar no show.

Duas semanas antes do evento, havia enormes cartazes amarelos por toda parte. Eram muito simples. Em letras grandes: "PRIMEIRO SHOW NOS ESTADOS UNIDOS — SNAP!" e, em letras pequenas ao pé do cartaz: "MAIS: MOBY." Todos os dias eu passava pelos gigantescos cartazes amarelos na rua e ficava maravilhado. Aquele era o meu nome em um cartaz de show na cidade de Nova York.

Então chegou o dia do show. Damian me encontrou na casa de Jared e me ajudou a levar o equipamento para a rua. Colocamos tudo na traseira de um táxi e atravessamos os cinco quarteirões até a Palladium. Levei tudo até o palco e fiquei ali, olhando para a boate vazia. Do palco, a Palladium parecia ainda maior. Abrigava três mil pessoas, mas, naquele momento, havia apenas dois faxineiros limpando o chão e um copeiro trabalhando atrás de um bar ao longe.

Armei uma mesa dobrável, encontrei uma tomada elétrica e reconstruí meu estúdio no palco. Conectei meu sequenciador às baterias eletrônicas, ao sampler e aos teclados com cabos MIDI. Pluguei os cabos de áudio que ligavam meu mixer de dezesseis canais aos teclados, ao módulo de som Oberheim, ao sampler e à bateria eletrônica. Conectei meu processador de multiefeitos Alesis QuadraVerb ao mixer. Então liguei tudo. A parte mais longa do processo era carregar os samples no sampler. Eu tinha um sampler Yamaha lento, e, para que funcionasse, precisava carregar quatro disquetes. Cada disquete tinha cerca de vinte centímetros quadrados e levava de um a dois minutos para carregar, e fiquei ali no palco, carregando-os no sampler um a um. Cinco minutos depois, estava tudo pronto. Coloquei meus fones de ouvido, pressionei "play" no Alesis e, milagrosamente, tudo funcionou.

Ajustei os níveis do mixer e fui procurar o técnico de som. Olivia me dissera que o nome dele era Johnny e que ele chegaria às quatro da tarde. Encontrei-o na cabine de DJ, que tinha quatro toca-discos — eu nunca tinha visto quatro toca-discos em um mesmo lugar. A cabine ficava suspensa a uns nove metros da pista de dança, e suas paredes eram cobertas com equipamentos novinhos em folha. Aquilo era um espaço sagrado.

— Oi, você é o Johnny? — perguntei.

Ele se virou para olhar para mim. Tinha cabelo comprido e tatuagens.

— Sim, em que posso ajudá-lo?

— Eu sou Moby, vou abrir o show do Snap! hoje à noite.

— Certo, que *setup* você tem? — perguntou, mecanicamente. — Reel-to-reel? DAT?

— Não, eu trouxe todo o meu estúdio. Está montado no palco.

Aquilo chamou a atenção de Johnny, que começou a rir.

— Você está brincando comigo? Todo o seu estúdio?

Enquanto caminhávamos até o palco, eu disse:

— Acho que está tudo pronto. Só preciso de dois cabos XLR e um microfone. Você tem um microfone?

Ele riu.

— Sim, acho que temos um microfone.

No palco, ele examinou o meu equipamento com um sorriso.

— Você tem um desses Oberheim 1000? São ótimos. E o Roland 106? É igual ao Prophet?

Conversamos sobre equipamentos enquanto ele procurava os cabos XLR e o microfone. Liguei os cabos no meu mixer.

— Certo, agora vou até a cabine para ligá-lo — disse ele.

Eu estava no palco, tentando respirar cada molécula de oxigênio do ambiente. Tinha imaginado que o técnico de som fosse um sujeito entediado ou hostil, certamente não um cara amigável que adorava sintetizadores analógicos.

Johnny interrompeu meu devaneio com um grito da cabine do DJ:

— Ok, ligue!

Apertei "play" e Johnny aumentou o volume. Então aumentou um pouco mais. E em seguida ainda mais.

O sistema de som da Palladium era lendário. Não havia um sistema de som mais potente em qualquer boate de Nova York, ou do mundo. E agora o local vazio estremecia ao som da minha música. Eu estava atordoado demais para sorrir. Johnny baixou o volume e gritou:

— Parece ótimo!

Apertei "stop" e a música parou, reverberando no enorme salão.

Johnny voltou ao palco.

— Que tal?

— Foi incrível! Eu nunca ouvi a minha música em um lugar tão grande!

— Legal. O Snap! vai usar apenas uma fita e dois microfones, então você pode deixar o seu equipamento montado até a hora do show.

— Será que vai ficar seguro aqui?

Ele riu outra vez.

— Vou me certificar de que ninguém o roube.

— Ei, Moby! — gritou alguém.

Meu chefe na Mars, Yuki, estava em pé diante do palco junto com um amigo. Desci, sem entender o que Yuki estava fazendo na Palladium vazia no meio da tarde.

— Oi, Moby, eu vim aqui para uma reunião e ouvi sua passagem de som — disse ele, apertando a minha mão e sorrindo. Ele gesticulou para o baixinho ao seu lado e disse: — Ah, Moby, esse é Miles Davis.

Olhei para Miles Davis, de pé a um ou dois metros de distância de mim, no meio da tarde na Palladium vazia, após minha passagem de som. Ele era menor do que eu imaginava e usava um terno de seda marrom-escuro que parecia custar mais dinheiro do que eu ganhara nos últimos dez anos. Ele ficou imóvel e parecia quase predatório.

— Oi, Miles, sr. Davis — cumprimentei, estendendo a mão.

Miles Davis olhou para mim, apenas meneou a cabeça e manteve as mãos junto ao corpo.

— Muito bem, Moby, bom show hoje à noite! — disse Yuki, virando-se e indo embora com Miles Davis.

Voltei ao palco e observei os dois saírem por uma porta lateral da Palladium.

— O que Yuki estava fazendo aqui? — perguntou Damian.

— Não faço ideia — respondi, hesitante. — Mas ele estava com Miles Davis.

Após agradecer Johnny, Damian e eu saímos pela porta dos fundos, avisando o entediado segurança que voltaríamos mais tarde. Seguimos em direção ao Angelica Kitchen, tentando descobrir por que Miles Davis estivera em minha passagem de som.

Após jantarmos, voltei para o meu apartamento, na Mott Street. Eu decidira subir no palco usando apenas calças jeans pretas, sem camisa. Por algum motivo, ficar sem camisa diante de três mil pessoas no meu primeiro show me pareceu uma boa ideia. Peguei um marcador e, meio desajeitado, tentei desenhar uma cruz no peito. Damian viu, ficou exasperado e disse:

— Espere, deixe que eu faço isso.

Quando ele terminou, olhei-me no espelho do banheiro. Meu cabelo comprido estava penteado para trás, eu estava usando minhas melhores calças jeans pretas e tinha uma grande cruz negra no peito. O medo deixou minhas pupilas dilatadas, embora eu estivesse sóbrio.

Fomos até a porta.

— Você não quer vestir um casaco? — perguntou Damian. — Está frio lá fora.

— Não, eu não quero borrar a cruz — falei. — Vamos.

Na Palladium, o segurança se lembrou de nós e abriu a porta com má vontade. Johnny me viu.

— Seu camarim fica lá embaixo — disse ele. — Vou lhe mostrar onde é.

Ele nos levou até o porão.

Eu só tinha entrado num camarim uma vez. Em 1985, eu tinha ido ver o Sonic Youth no CBGB com Margaret, minha namorada na época. Bêbados, entramos sorrateiramente no camarim da banda e roubamos algumas cervejas. Pensamos em transar no sofá nojento do camarim, mas, antes que pudéssemos tirar nossas roupas, o gerente de turnê do Sonic Youth entrou, gritou conosco e nos botou para fora.

Aquele camarim — o meu camarim! — era um pequeno cubo amarelo no porão, com um espelho e um velho sofá de couro preto.

— Você entra às dez — avisou Johnny. — Merda para você!

Damian e eu nos sentamos no sofá de couro. Levantei-me para me olhar no espelho. Sentei-me outra vez.

Alguém bateu na porta. Era Olivia, uma mulher na casa dos trinta anos, toda vestida de preto.

— Oi, Moby — disse ela, com seu forte sotaque britânico. — Trago más notícias. O Snap! perdeu o voo, então eles não poderão tocar hoje à noite.

— Hum, o quê?

— O Snap! não estará aqui, só você vai tocar.

Pisquei.

— E o que isso quer dizer?

— Você será o único a se apresentar hoje à noite — explicou ela, pacientemente, como se estivesse falando com um idiota.

— As pessoas não vão querer o dinheiro de volta?

— Não, elas só querem uma boa noitada. Também teremos alguns DJs. Agora você entrará às onze. Boa sorte!

Depois que ela saiu, Damian e eu olhamos um para o outro.

— Você é a atração principal na Palladium! — disse ele.

— Ninguém sabe quem eu sou! — gritei. — Vai ser um desastre!

— Calma — disse ele. — Seu set é ótimo. As pessoas vão adorar.

Comecei a andar de um lado para o outro no camarim. Então passei a andar de um lado para o outro no corredor. Depois, concluí que precisava falar com meu novo amigo que gostava de sintetizadores analógicos, Johnny. Fui até a cabine do DJ. A multidão estava entrando, e Mark Kamins, uma lenda que descobrira Madonna, estava tocando.

Johnny me viu.

— Ei, ouvi dizer que o Snap! cancelou. Você conhece Mark?

Mark Kamins se virou.

— Você é o Moby, DJ da Mars. É um prazer conhecê-lo!

— O prazer é todo meu — respondi, perplexo por ele saber quem eu era.

— Quer uma bebida ou um baseado? — perguntou Mark.

— Não, obrigado, eu não bebo.

Ele olhou para mim como se eu fosse um lagarto alienígena e voltou a trabalhar.

— Johnny, será que também devo cancelar? — perguntei.

Ele conteve uma risada.

— Não, Moby — respondeu, gentilmente. — Essa multidão só quer se divertir. Confie em mim, você vai se sair bem.

Voltei para o camarim e comecei a me aquecer, correndo sem sair do lugar, fazendo polichinelos, qualquer coisa que fizesse o tempo passar e detivesse o pânico. Enfim, eram cinco para as onze. Olivia veio me buscar:

— Certo, é a sua vez.

Fui até a lateral do palco e olhei para a multidão. A Palladium estava lotada, as paredes brilhavam com luzes coloridas e estroboscópicas, e Mark Kamins tocava "Vibrations", do Supernova. E eu estava prestes a morrer. A música parou e a multidão aplaudiu. Um MC atravessou o palco e pegou o microfone.

"Senhoras e senhores" disse ele. "Temos uma má notícia. O Snap! perdeu o voo e não vai estar aqui hoje à noite." Ele inspirou, e a multidão começou a vaiar. "Mas agora, daqui mesmo, de Nova York, Moby!"

Atravessei o palco com pressa e cheguei ao meu equipamento. A multidão entoou uma vaia ensurdecedora e gritou: "Snap! Snap! Snap!" Algumas pessoas jogaram copos de plástico e fatias de limão em mim. Olhei para as três mil pessoas que me vaiavam, peguei o microfone e disse: "Eu sou Moby."

Então apertei a tecla "start" do sequenciador.

Nada aconteceu. O público continuou vaiando. Apertei "start" outra vez. Nada.

Não existe palavra certa para definir aquele momento. Talvez exista em outros idiomas. Exprime o pânico indescritível e incompreensível de se estar de pé em um palco para se apresentar pela segunda vez na vida em um show solo diante de milhares de fãs hostis que acabaram de descobrir que a atração principal foi cancelada e, em seguida, apertar o botão "start" do sequenciador sem absolutamente nenhum resultado.

Tentei descobrir o que tinha acontecido. Tudo estava conectado? Sim, estava. Tudo estava ligado? Ah, não. Tinham desligado o sampler. Eu o liguei e comecei o laborioso processo de cinco minutos de recarregar os samples.

Eu introduzia os disquetes com a mão esquerda enquanto tocava bateria no teclado com a direita.

Após alguns minutos, o público parou de vaiar. Os espectadores simplesmente ficaram ali, tentando descobrir por que aquele cara sem camisa não parecia interessado em fazer outra coisa além de tocar bateria num teclado. Carreguei o terceiro disco e, em seguida, o quarto. Após cinco minutos eternos, a minúscula tela de LCD verde do sampler anunciou "READY".

Apertei "play" novamente, e, dessa vez, veio o som. Meu set começou com "Electricity", uma música techno hip-hop. Toda a minha ansiedade e todo o meu terror de repente me abandonaram. Peguei o microfone, corri para a frente do palco e gritei o mais alto que pude. *Vocês podem me odiar*, pensei, *mas agora eu não me importo. A atração principal foi cancelada. Meu equipamento falhou. Fui consumido pelo pânico e pelo medo. Mas agora estou aqui e vou gritar com toda a força dos meus pulmões.*

Terminei "Electricity" e a multidão chegou a aplaudir. Então toquei "Besame", batucando no teclado e gritando, e eles começaram a dançar. Eu estava coberto de suor. A cruz preta em meu peito estava borrada, parecendo uma tatuagem malfeita de prisão. Depois, veio uma nova música, "UHF", que deu certo: a multidão dançou e cheguei a receber alguns aplausos no fim. Em seguida, para encerrar, toquei "Rock the House" e senti a multidão mudar. Eles estavam comigo. Eu caminhava pelo palco, gritando "Rock the house" junto com o sample. E eles gritavam de volta. A música terminou e as pessoas aplaudiram.

O MC subiu no palco e pousou o braço ao redor de meus ombros suados e nus.

— Aplaudam Moby, da cidade de Nova York!

E eles aplaudiram mais uma vez.

Saí do palco, exausto e catatônico, e voltei ao meu camarim amarelo. Meu novo amigo Johnny entrou.

— Cara! Aquilo foi ótimo!

— Sério?

— Sério! Todo mundo estava dançando!

Quando ele saiu, fui até o banheiro. Era uma relíquia do início do século XX, com cabines pintadas de preto e azulejos pretos e brancos formando um tabuleiro de xadrez. Inclinei a cabeça contra uma cabine de metal, sem ter certeza se eu ia chorar ou vomitar, sentindo as gotas de suor escorrendo pela testa.

Após alguns minutos, subi a escada até o palco e desmontei meu equipamento. Mark Kamins estava tocando e a boate bombava, o lendário sistema de som da Palladium soando como mil valquírias voando para a guerra. Quando terminei de arrumar tudo, Olivia veio até mim e me entregou 200 dólares, o primeiro dinheiro que recebia para tocar ao vivo.

— Foi realmente incrível, Moby! — disse ela, dando-me um abraço e um beijo no rosto. — Muito bom! Vamos repetir algum dia!

Eu precisava levar meu equipamento de volta ao apartamento de Jared, mas queria poupar os 10 dólares do táxi.

— Olivia, você tem um carrinho ou algo parecido para me emprestar?

— Claro, sem problema.

Ela pediu que o segurança encontrasse um carrinho de plástico com quatro rodas, desses usados em lavanderias. Damian e eu colocamos o equipamento nele e o empurramos rua abaixo até o apartamento de Jared. Após colocarmos o material todo na sala, Damian ficou muito sério e apertou a minha mão.

— Você se saiu muito bem, Moby — disse ele, com sinceridade. — Estou orgulhoso de você.

— Obrigado, Damian.

— Você sabe que vai se tornar um enorme sucesso, não?

— Não — respondi.

— Vai ser incrível — disse ele. — Você vai ver.

PARTE DOIS

MOBY GO!, 1990-1992

14

INHAMES

Em 1987, quando me tornei vegano, em uma única tacada ampliei minha expectativa de vida e irritei a maioria das pessoas ao meu redor — principalmente minha mãe. Durante a maior parte da minha infância, eu e ela tínhamos vivido à base de cupons de alimentação e auxílio do governo, mas ela fazia o possível para que eu tivesse uma dieta saudável. Certa noite, em 1980, minha mãe teve a ousadia de preparar arroz integral com tofu e legumes para o jantar. Fiquei chocado.

Em Connecticut, eu comia como um adolescente americano suburbano, em grande parte porque eu era um adolescente americano suburbano. Vivia de almôndegas, pizzas, sorvetes, sanduíches de salame, sanduíches de filé, tacos de carne moída, mais sorvete e mais pizza. Quando eu tinha dinheiro, adorava comer no Burger King, no McDonald's, no Wendy's e no ChiChi's das redondezas. Adorava batatas fritas mergulhadas em milk-shakes. Adorava hambúrgueres pingando gordura em bandejas de plástico. Como minha mãe se atrevia a tentar alimentar seu único filho com comida saudável? Aquilo era um tipo de abuso infantil.

— Apenas experimente — implorou ela.

— Não — disse eu, olhando para o tofu e os brócolis na panela. — É nojento.

— Vai fazer bem para você — insistiu ela, com uma espátula de borracha numa mão e um cigarro na outra.

— Eu não me importo.

Ela cravou os olhos em mim, serviu-se de um prato de arroz, tofu e legumes e se sentou em frente à TV para assistir a *The Muppet Show*. Um minuto depois, fui até a cozinha e preparei uma pizza de pepperoni em pão francês da Stouffer no forno elétrico. Então fiz um grande copo de achocolatado e me juntei a ela na sala. Comemos em um silêncio mal-humorado enquanto os Muppets e Carol Burnett cantavam.

Mais tarde, no dia de Ação de Graças de 1990, eu estava na casa da minha avó, em Connecticut. Minha avó tinha vendido sua casa grande repleta de antiguidades em Darien e se mudado para uma casa menor, igualmente repleta de antiguidades, na cidade vizinha de Norwalk. Minha família estava sentada à mesa da sala de jantar, cujas paredes eram revestidas com painéis de madeira. Havia um aparador do século XIX junto a uma parede, coberto de travessas Wedgwood com presunto, peru, molho de carne, purê de batata e recheio. Meus tios e primos comiam e conversavam alegremente entre uma garfada e outra.

Naquela noite de Ação de Graças, meu terceiro ano como vegano, eu decidira jejuar. Foi uma experiência estranha, jejuar num dia em que a maioria dos americanos come a ponto de quase explodir, mas me pareceu uma boa ideia me afastar da gula, já que, de qualquer forma, não havia muito que eu pudesse comer no dia de Ação de Graças. Eu não estava jejuando para criticar minha família, mas minha mãe estava furiosa.

— Coma alguma coisa! — disse ela. — Eu preparo um sanduíche para você, apenas coma alguma coisa!

Ela estava vestindo um suéter marrom e laranja feito em casa e calças de veludo vinho. Seu cabelo loiro caía em cachos ao redor do rosto.

— Não, eu estou bem — retruquei. — Eu gosto de jejuar e ver vocês comendo.

— Isso não é certo! — reclamou ela.

— Eu estou bem. Só não vou comer.

Ela saiu da sala de jantar, e seu novo marido, Richard, foi atrás dela para acalmá-la. Toda a família olhou para mim.

— O quê? O que foi que eu fiz? — perguntei.

Minha tia Jane largou o garfo e disse:

— Vá falar com ela.

Suspirei e me levantei. Minha mãe estava na sala de estar com Richard, fumando um cigarro. Ela e Richard tinham se conhecido no hospital onde ambos trabalhavam. Depois de namorarem por dois anos, casaram-se em 1988. Richard era um republicano carnívoro, mas era gentil e a fazia feliz, e eu o amava por isso. Ele estava usando uma camisa social azul e calças Levi's, e segurava a mão da minha mãe no sofá, que era estampado de flores verdes e amarelas.

— Você está bem? — perguntei para minha mãe.

Ela expirou a fumaça.

— Por que você não pode simplesmente comer alguma coisa? É Ação de Graças!

— Por que isso é tão importante para você?

— Porque eu sou a sua mãe!

— Mas eu não estou fazendo nada! Só estou jejuando.

— É Ação de Graças! Isso não é normal! — gritou.

— Eu não sei por que isso é tão importante para você — falei, confuso.

Ficamos sentados no sofá, sob uma gravura de cães de caça da Currier and Ives. Richard abaixou a cabeça. Houve um longo silêncio.

— Se eu comer um sanduíche e um pouco de doce de cranberry você vai se sentir melhor? — perguntei.

— Sim!

— Doce de cranberry é vegano?

— Claro que é — disse ela, apagando o cigarro em um cinzeiro de cristal.

Voltamos para a sala de jantar e nos sentamos. Fiquei ao lado de meu tio Dave — barbudo, mais de dois metros de altura, usando suspensórios — enquanto ele enfiava na boca um rolinho amanteigado.

— Tudo bem? — perguntou ele.

— Sim — respondi. — Vou comer um sanduíche de pasta de amendoim e algumas batatas-doces com doce de cranberry.

— Mas por que você é vegano? — perguntou Benjamin, meu primo de oito anos.

— Bem, eu gosto de animais e não quero feri-los.

— Eu também gosto de animais — disse Noah, meu primo de cinco anos.

— Mas você também gosta de peru — acrescentou rapidamente a mãe dele, minha tia Anne.

Noah encarou o prato, parecendo confuso, e disse:

— Eu gosto.

— Eu só não entendo por que você precisa ser tão militante — comentou minha mãe. — É Ação de Graças. Você não pode descer do alto de seu pedestal e comer peru com a família um dia por ano?

— Honestamente, meu veganismo é muito importante para mim — falei. — E se eu ficar sentado num canto comendo um inhame?

Peguei um inhame da travessa e fui até um canto da sala de jantar, onde comecei a roê-lo.

— Posso comer no canto também? — perguntou David, meu primo de seis anos.

— É apenas para veganos — respondi, curvado sobre a minha comida.

— Como está o seu inhame? — perguntou minha tia Jane, imperturbável. Ela parecia Joan Baez e estava vestindo uma camiseta L.L.Bean.

— Não fale comigo — respondi. — Estou comendo meu inhame.

— Desculpe, eu não sabia que veganos eram tão sensíveis — retrucou ela. Meus primos riram.

— Inhame é como se fosse um rato vegano — falei para eles.

— Moby está comendo um rato! — gritou Noah.

— E se você comer um pouco de peru sem querer? — perguntou Benjamin.

— Eu vomitaria tudo — falei do meu canto, o inhame quase no fim.

— Ah, pare com isso — disse minha avó. — Moby, volte para a mesa.

Minha avó era a bondosa matriarca à cabeceira da mesa. Mesmo sendo Ação de Graças, ela vestia um suéter natalino vermelho e verde. Ela crescera na Escócia e na Índia, e, embora estivesse ficando cada vez menor com a idade, todos faziam o que ela pedia, sem questionar.

— Mas, vovó, eu estou no canto da vergonha vegana — falei.

— Não existe canto da vergonha vegana — declarou ela. — Agora, venha se sentar e não quero mais discussão entre vocês dois — ordenou, apontando para mim e para minha mãe.

Sentei-me à mesa, fingindo ter sido castigado.

— Como está o seu peru? — perguntei para Jane. — Será que tem gosto de sofrimento?

— Humm, sofrimento — disse ela, e deu uma grande mordida em uma fatia de peru.

— Parem com isso — disse minha avó, fingindo severidade.

Quando ela desviou o olhar, Jane fez uma careta para mim. Então meu primo David começou a dar risadinhas. Noah e Ben também começaram a rir, logo acompanhados pelo restante da família.

— Desculpe-me, vovó — falei. — Posso voltar para o canto e comer meu inhame-rato?

— Não — respondeu ela. — Fique aí sentado e seja normal.

— Rá, ele não consegue ser normal — exclamou Jane.

— *Você* não consegue ser normal — retruquei.

— Consigo, sim.

— Não consegue. — Eu me virei para Richard. — Você sabia que isso vinha no pacote quando se casou com a minha mãe?

Ele largou o garfo e suspirou.

— Eu não fazia ideia.

Todos nós voltamos a rir.

Quando terminamos de comer, Richard e minha mãe me deram uma carona até a estação de trem. Sentei-me no banco de trás enquanto Richard dirigia e minha mãe fumava um cigarro. Todas as lojas de Darien estavam fechadas. Os postes estavam cobertos com pisca-piscas natalinos que brilhavam na chuva.

— Mãe, sinto muito por ter aborrecido você.

— Eu também sinto muito — disse ela, soltando fumaça. — Mas eu sou a sua mãe. Eu me preocupo com você.

— Obrigado. Mas eu estou bem. Lembra quando eu era criança e você tentava me alimentar com comida saudável?

— Você me odiava e me acusava de abuso infantil — disse ela, rindo.

— E agora tudo o que como é arroz integral com tofu e legumes — falei.

— Ah, que ironia. Basta comer proteína suficiente que eu não ficarei preocupada.

— Certo. E obrigado por se preocupar, mamãe.

— O prazer é todo meu — disse ela, com um sorriso.

— Você não quer ficar mais um pouco? — perguntou Richard. — A cama no seu quarto antigo está feita.

— Obrigado, Richard, mas eu vou voltar para a cidade para trabalhar.

— Certo, mas, sempre que quiser ficar, sinta-se à vontade — disse ele. — A casa ainda é sua.

Ele estacionou diante da estação de trem de Darien e eu saltei.

— Tchau, mamãe — falei pela janela aberta. — Me perdoe por eu ter discutido com você.

— Tchau, Mobes. Me perdoe por eu também ter discutido com você. Eu te amo.

— Eu também te amo. Vejo vocês depois.

Caminhei em direção à plataforma. Havia algumas pessoas ali, correndo de volta para a cidade após seus próprios jantares suburbanos de Ação de Graças. Uma rajada de vento atingiu minhas costas enquanto o trem parava na estação, empurrando-me para dentro do vagão e de volta para casa.

15

BRAÇOS CRUZADOS

— La Palace de Beaute? — perguntei, sem ter certeza se tinha ouvido direito.

Eu estava no apartamento de meu amigo Gigi. Ele era um DJ francês alto que se mudara com a esposa, Maripol, para um enorme loft na Broadway com a Bleecker Street.

— Maripol é amiga do dono. Podemos fazer uma festa lá na próxima terça-feira — disse Gigi.

Ele estava fumando cigarro e bebendo café expresso, suavemente iluminado pela luz do sol do fim de tarde que entrava pelas janelas voltadas para o oeste.

— Temos tempo suficiente para divulgar? — perguntei.

Maripol entrou na sala, seus saltos agulha estalando no chão. Ela também era francesa, mas muito mais intimidadora do que Gigi. Então declarou:

— Sim, há tempo suficiente. — Ela acendeu um cigarro e disse: — Você tem a sua lista e Gigi e eu temos a nossa. Vou fazer a Madonna comparecer e o lugar vai ficar lotado.

— Você tocou na Palladium para três mil pessoas — disse Gigi. — Essa boate tem capacidade para quinhentas.

— Você tocou na Palladium para três mil pessoas? — perguntou Maripol.

— Bem, sim — respondi, cauteloso. — Mas eu estava abrindo para o Snap!

— Mas eles não apareceram — contou Gigi. — E Moby foi a atração principal.

Maripol olhou para mim, desconfiada. Ela era uma europeia sofisticada com cabelos negros, era amiga da Madonna e tinha sido amiga de Andy Warhol. Eu era um garoto de Connecticut de 25 anos que morava em um apartamento barato que cheirava a gato frito.

— Além disso, o novo disco do Moby acabou de ser lançado — disse Gigi.

— Você tem um disco novo? — perguntou ela.

— Sim, meu primeiro single.

— Qual gravadora? — perguntou, com ceticismo.

— Instinct Records. Fica na 14th Street.

— Nunca ouvi falar — comentou Maripol antes de sair da sala, seguida pelos aromas de seu perfume e de seu cigarro francês.

Gigi e eu nos entreolhamos.

— Então... próxima terça? — perguntei.

— Sim! Vai ser ótimo! Vou fazer panfletos e você poderá distribuí-los na Mars.

No dia seguinte, fui até o loft de Gigi e Maripol para pegar uma pilha de panfletos. "Maripol apresenta: DJ Gigi e Moby na La Palace de Beaute."

Nas noites de quinta e sexta-feira, subi e desci as escadas da Mars, entrando nas várias pistas e entregando panfletos para todos.

— Gigi vai ser o DJ e eu vou tocar ao vivo! — gritava para todos. — E Madonna estará lá!

No fim, fiquei na chuva do lado de fora da Mars até as cinco da manhã entregando panfletos para as pessoas que saíam da boate. A maioria dos panfletos acabava na rua ou na calçada, mas algumas pessoas os guardavam no bolso.

No sábado, eu estava trabalhando na Mars e entreguei uma pilha de panfletos para Paul e Damian, que também foram do porão à cobertura diversas vezes, distribuindo panfletos a noite inteira. Normalmente, distribuir panfletos convidando para uma boate rival dentro da Mars representaria a minha demissão, mas a Mars fechava às terças-feiras, então Yuki disse que não tinha problema. Além disso, ele parecia achar legal seu pequeno DJ Moby fazendo um single de doze polegadas e promovendo festas em boates.

Alguns dias se passaram e logo chegou terça-feira. Eu distribuíra cerca de dois mil panfletos e supunha que Gigi e Maripol haviam distribuído mais dois mil. Maripol conhecia todo mundo, e Gigi era um DJ francês descolado e glamoroso, o que me levou a acreditar que seria uma noite incrível. Eu sonhara que chegaria à La Palace de Beaute por volta das dez da noite, atravessaria a longa fila de pessoas que esperavam para entrar e as ouviria dizendo: "Ah, aquele é o Moby. Ele vai tocar hoje à noite e é um dos produtores do evento." Eu chegaria à frente da fila e a bela recepcionista diria: "Moby, entre, estão todos aqui!" Então faria meu show e Madonna estaria assistindo na lateral do palco. Quando eu terminasse, ela me abraçaria e diria: "Você é incrível! Deixe-me ajudá-lo! Eu acredito em você!"

Às quatro da tarde, cheguei ao La Palace, que ficava na Broadway com a 19th Street, com todo o meu equipamento guardado no porta-malas de um táxi. Pedi que o motorista esperasse, corri até a entrada da boate e bati na porta. Nada. Bati mais um pouco. Ainda nada.

— Ei, você precisa tirar as suas coisas do porta-malas — gritou o taxista.

— Certo, você pode me dar uma mão?

— Não posso sair do táxi — respondeu ele, olhando para a frente através do para-brisa imundo.

Descarreguei tudo, apoiei meu equipamento na fachada da boate e paguei o táxi. Sentei-me ao lado do equipamento, esperando. Meia hora depois, experimentei bater na porta de novo: mais uma vez, nada.

Um morador de rua passou e parou quando me viu sentado na calçada, cercado por toda aquela aparelhagem.

— Ei, toca uma música para mim! — pediu ele.

— Não posso. Não tem eletricidade.

— Certo, então eu vou cantar uma canção!

Ele começou a dançar e a cantar a sua versão de "White Wedding". Enquanto as pessoas passavam apressadas, ele socava o ar e debochava de Billy Idol: "*It's a white wedding for you and me, can't you see, bay-bee, bay-bee, you and me!*" Trabalhadores cansados saindo de escritórios o ignoravam enquanto passavam.

Gigi chegou no meio da canção, meneando a cabeça.

— Oi, Moby — disse ele.

— Você não deveria ter me encontrado às quatro da tarde? — perguntei.

— Ah, que horas são?

Olhei para o relógio.

— São cinco. Fiquei uma hora sentado aqui.

— Ah, desculpe. Vamos entrar.

Dei 1 dólar para o cantor, e Gigi destrancou a porta da frente.

— Qual é o seu nome? — perguntou o cantor sem-teto enquanto guardava o dólar no bolso.

— Moby — respondi.

Ele pensou por um instante.

— Isso é legal — disse. — Moby. — E então gritou: — Ei, pessoal! Este é o Moby! Moby!

Os pedestres a caminho de casa passavam por ele olhando para a calçada.

— Ei, Moby! — gritou. — Me dê mais 1 dólar que eu calo a minha boca!

Eu ri.

— Aqui está. Qual é o seu nome?

— Sou Sancho Pança! — respondeu, aceitando o dólar. — Sou um herói!

Apertei a mão do homem, e ele atravessou a 19th Street, gritando:

— Eu sou Sancho Pança! Sancho Bonanza!

Gigi e eu entramos.

— Você acha que alguém virá hoje à noite? — perguntei.

— Vai ser ótimo. Você distribuiu seus panfletos na Mars?

— Sim, na quinta, na sexta e no sábado. Onde você divulgou?

— Ah, eu deixei alguns panfletos na Tower Records e na Dance Trax.

Fiz uma pausa.

— E onde mais?

— Ah, foi isso. Mas a Maripol chamou algumas pessoas, acho que vai ser ótimo.

Eu tinha passado três noites subindo e descendo as escadarias da Mars, implorando para que as pessoas ao menos olhassem para os panfletos, enquanto Gigi apenas deixara alguns panfletos em duas lojas de discos. Mas Maripol conhecia Madonna — embora parecêssemos estar encenando uma adaptação de *Esperando Godot*, com Madonna como Godot e Gigi e eu como Vladimir e Estragon.

Dois lances de escada abaixo, num labirinto de salas escuras, havia um pequeno palco e uma cabine de DJ.

— Madonna virá? — perguntei, encarnando Samuel Beckett.

— Ah, não sei — disse ele. — Maripol deixou uma mensagem com a secretária dela.

Encontrei uma mesa dobrável em um armário e montei meu equipamento no pequeno palco. Como não sabia quando o técnico de som apareceria, fiz a passagem de som em meus fones de ouvido. Soava bem. Talvez eu fizesse o show em meus fones e ninguém ouvisse. Talvez eu voltasse para casa.

Gigi se aproximou e deu uma olhada no meu equipamento.

— Uau, que legal — disse ele. — Você pode me mostrar como funciona?

— Tudo bem. O sequenciador controla os sintetizadores e os samplers. Os teclados fazem áudio e MIDI. O áudio dos sintetizadores e samplers atravessa o mixer, e o QuadraVerb fornece reverberação e delay.

— Legal — disse ele, de repente entediado. — Bem, estou indo para casa para pegar os meus discos. Vejo você mais tarde.

— Claro. Ficarei por aqui até o técnico de som aparecer.

Gigi subiu a escada de metal e fechou a porta. Coloquei meus fones de ouvido outra vez e revi as músicas que tocaria. Meia hora mais tarde, ouvi alguém gritando, então tirei os fones de ouvido.

— Quem é você? — gritou um sujeito nos fundos da boate. — Você não pode ficar aqui!

— Ah, eu sou Moby. Gigi, Maripol e eu estamos promovendo a festa de hoje à noite.

— Então por que você está aqui a esta hora?

— Estou instalando meu equipamento, à espera do técnico de som.

— Então vocês são uma banda?

— Não, eu faço música eletrônica. Você sabe quando o técnico de som vai aparecer?

— Sim — disse ele, mais calmo. — Por volta das nove da noite.

— Posso esperar aqui?

— Acho que sim.

Voltei a trabalhar em meu show. À exceção do gerente irritado, a boate estava vazia. Eu me sentia protegido no subterrâneo da cidade. Sabia que lá em cima as pessoas estavam andando, comendo, brigando, chorando e correndo para casa no frio. Mas ali no porão tudo estava tranquilo, como um útero escuro que cheirava a bebidas derramadas.

O técnico de som apareceu às oito. Esticamos cabos de áudio do mixer até o sistema de som. Às 21h30, Gigi voltou com os discos.

— Pronto? — perguntou.

— Sim. Só espero que as pessoas apareçam.

— Ah, vai ser ótimo!

Saí para jantar um burrito vegano na 22nd Street. Quando voltei para a boate, não havia fila. A Broadway estava fria e vazia, e a mulher que trabalhava na porta da boate estava claramente entediada.

— Oi, eu sou o Moby — falei. — Sou um dos produtores desta noite.

Ela não disse nada, apenas abriu a porta e me deixou entrar. Desci a escada até um salão quase vazio. Algumas pessoas corajosas tentavam dançar. Fui até Gigi, que tocava discos na cabine de DJ.

— Como está indo? — perguntei.

— Ainda é cedo! — disse ele. — Não se preocupe!

E colocou outro disco de house music.

Às 23h15, Maripol apareceu, seu vestido preto de vinil lhe dava uma aparência gaulesa e aterrorizante. Ela foi direto até Gigi e começou a gritar com ele, gesticulando. Ele olhou para o disco que estava tocando, sem dizer nada em resposta.

Ela veio até mim.

— Isso é uma merda! Não veio ninguém! — gritou, mais alto que a música.

— Eu sei — respondi. Eu ia falar sobre os dois mil panfletos que eu tinha distribuído, mas, antes disso, ela se foi em uma nuvem de fúria.

Voltei para a cabine do DJ.

— A que horas devo começar? — perguntei para Gigi.

— Que tal agora?

Ele simplesmente tirou o seu disco se afastou. Corri até o meu equipamento, peguei o microfone e me dirigi à pista de dança vazia:

— Eu sou Moby.

Então apertei "play" no sequenciador. "Electricity" preencheu a boate quase vazia. Vinte pessoas saíram das sombras e foram até a pista de dança, que comportava 250. Eu pulava e gritava. Batucava no teclado e no Octapad (um pad de bateria que produzia oito sons diferentes, dependendo do lugar onde fosse tocado). Após cada música, eu recebia uma chuva de aplausos educados.

Quando cheguei à última música, "Rock the House", Gigi começou a arranhar discos sobre a trilha. Quando olhei, percebi que ele tinha um enorme sorriso no rosto e erguia os dois polegares em sinal de positivo. Sorri de volta e gritei um pouco mais ao microfone. Quando a música terminou, recebi uma última rodada de aplausos mornos.

Fui até a lateral do palco. Eu tirara a camisa e meu cabelo estava encharcado de suor. Maripol estava junto ao palco com Madonna ao seu lado.

— Moby, Madonna — disse Maripol. — Madonna, Moby.

Dei um passo à frente para apertar a mão de Madonna, que recuou com os braços cruzados.

— Oi — falei, suado e um tanto sem graça. — Obrigado por ter vindo.

Aquela era Madonna, a lenda das lendas, a maior estrela do planeta. Ela vestia roupas pretas; seu cabelo estava descolorido e preso para trás. Ela era menor do que eu imaginava e não parecia muito feliz. Madonna me olhou por um segundo, como um médico examinando um dedo do pé potencialmente infectado.

— Você é muito talentoso — disse ela, seca, antes de se afastar. Maripol a seguiu um passo atrás. Vi Damian no bar, flertando com a entediada bartender asiática. Corri até ele.

— Acabei de conhecer a Madonna! — exclamei. — Ela disse que sou muito talentoso!

— Legal — disse ele. — Acabo de ver O. J. Simpson na pista de dança.

— O. J., o jogador de futebol americano do anúncio da Hertz? Aqui? — perguntei.

— Sim, ele estava dançando durante o seu show.

— O. J. Simpson? Você tem certeza?

Fomos até a pista de dança, e, sem sombra de dúvida, lá estava O. J. Simpson trajando um terno bege, dançando house music desajeitadamente com uma mulher branca.

— O. J. Simpson dança como um comediante negro imitando gente branca — gritei em meio ao barulho da música.

— Assim como nós — respondeu Damian.

Fui até a cabine do DJ. Gigi parecia triste.

— Você quer assumir? — perguntou.

— Claro. Posso usar os seus discos?

— Tudo bem. Eu quero ficar bêbado. Maripol está furiosa com a gente.

Ela está furiosa com a gente?, pensei. *Saí na quinta, na sexta e no sábado, distribuí dois mil panfletos e ela está furiosa com a gente?* Mas simplesmente examinei os discos de Gigi e encontrei o mix "Good Life", do Mayday. Era uma escolha óbvia, mas agradava ao público e eu adorava. Fiz a transição da música que estava tocando para essa. As edições de bateria de trás para a frente e os ataques de sintetizador sampleados preencheram o clube vazio. O. J. e sua parceira deixaram a pista de dança e se encaminharam para a saída.

Retrato meu pintado pela minha mãe em 1972.

Primeiras fotos promocionais, 1988.

Cidade de Nova York, 1989.

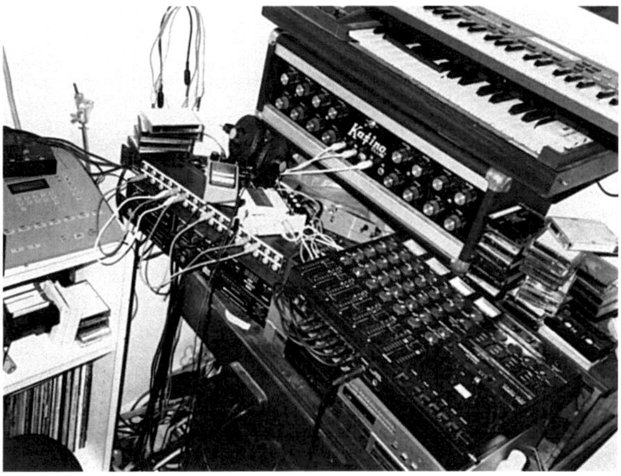

NO ALTO, À ESQUERDA Fábrica em Stamford, 1989.

NO ALTO, À DIREITA "Cozinha" na fábrica em Stamford, 1989.

NO MEIO Estúdio montado na fábrica em Stamford, 1989.

À ESQUERDA Sentado à mesa com uma Bíblia, fábrica em Stamford, 1989.

No telhado da fábrica abandonada, Stamford, 1989.

Janet e eu no porão da boate Mars, 1989.

À ESQUERDA Porão da boate Mars, 1989.

À DIREITA Tocando na Mars, 1989.

ACIMA Yuki Watanabe, Mars, 1989.

À DIREITA Frankie Knuckles, patrono da house music, Mars, 1989.

ABAIXO Atuando como DJ, Nova York, 1989.

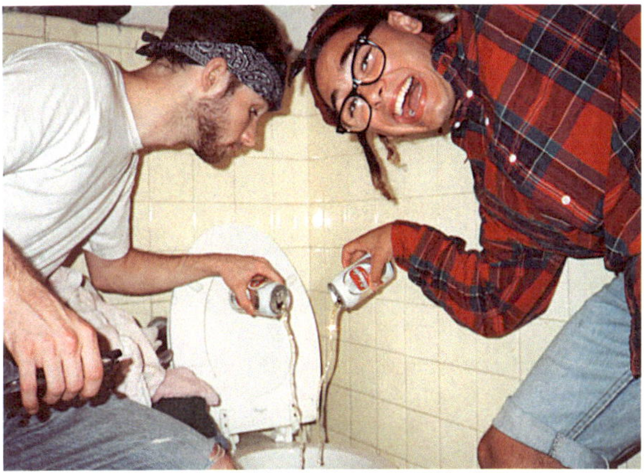

ACIMA Cidade de Nova York, 1989.

À ESQUERDA Paul e eu derramando cerveja na privada, 1989.

ABAIXO Com Jumbo no porão da Mars, 1990.

ACIMA E ABAIXO Primeiro show, Palladium, 1990.

NO ALTO Bastidores, Reino Unido, 1990.

ACIMA, À DIREITA Sally e Cinnamon, Reino Unido, 1991.

À ESQUERDA Lee e eu com Mike Anderson, de *Twin Peaks*, 1991.

Telhado na cidade de Nova York, 1991.

ACIMA, À ESQUERDA Turnê com o The Prodigy e Richie Hawtin, 1992.

ACIMA, À DIREITA Turnê no Reino Unido, 1992.

À ESQUERDA Tampa, Flórida, 1992.

ACIMA Cidade de Nova York, loft de Damian, 1993.

ABAIXO Eu com Todd Terry, Afrika Bambaataa, Red Alert e Danny Tenaglia, 1993.

Reino Unido, 1993.

À ESQUERDA Turnê na Europa, 1993.

ABAIXO, FOTO MENOR Londres, 1993.

ABAIXO, FOTO MAIOR Kauai, novembro de 1993.

First Avenue, primavera de 1995, cartaz de *Everything Is Wrong*.

ACIMA Israel, primavera de 1995.

À ESQUERDA Lollapalooza, Randall's Island, verão de 1995.

16

RÁDIO PRATEADO

Janet tinha deixado uma mensagem na minha secretária eletrônica: "Mo, isso pode parecer estranho, mas o cara com quem estou namorando vai tocar no Sin-é esta noite. É música folk, mas ele é muito bom. Se estiver livre, você devia aparecer."

Janet e eu havíamos terminado havia alguns meses e agora ela tinha um novo namorado que era músico. Eu deveria ficar com ciúmes? Sondei meu cérebro e meu sistema endócrino em busca de ciúmes e não encontrei nada. Eu estava dolorosamente solteiro, mas não me sentia incomodado com o fato de Janet ter um namorado.

O Sin-é era um café irlandês localizado no St. Mark's Place, propriedade de um dos amigos de Janet. Depois que terminamos, ela se afastou do meu mundo de hip-hop e house music — e o mais longe possível que ela conseguiu ficar de clubbers se drogando na companhia de rappers era em um pequeno café para músicos folk que servia cappuccinos e fechava às onze da noite.

Era uma noite fria de terça-feira e as ruas estavam quietas e escuras por causa da chuva. Saí do apartamento e caminhei até a 2nd Avenue, enquanto o vento frio agitava meu cabelo e minhas roupas. Eu adorava noites assim. A chuva mantinha as pessoas dentro de casa e a 2nd Avenue estava vazia, afora alguns táxis solitários. Outra rajada de vento frio atingiu meu rosto e tentou me empurrar para trás.

Cheguei ao quarteirão entre a 7th e a 8th Street, um reduto de criminosos. Aquele quarteirão era onde os viciados e traficantes vendiam crack, mescalina, bicicletas roubadas, e, o produto mais inofensivo, maconha. Por estar frio e úmido, a maior parte dos criminosos e viciados estava em outro lugar. Mas ainda havia alguns drogados macilentos e viciados em crack sentados na calçada, tentando vender sapatos sem par e fitas de oito faixas danificadas pela água. Olhei para baixo e vi que, ao lado de um roupão cor-de-rosa manchado, um viciado estava vendendo um antigo sintetizador de baixo, um Roland TB-303. Eu já tinha um daqueles, mas achei que não faria mal ter um sobressalente.

— Quanto você quer pelo TB-303?

O viciado em crack ergueu a cabeça e olhou para mim sem expressão. Tentei outra vez:

— Quanto você quer pela bateria eletrônica?

Ele olhou em volta, confuso.

— Bateria? — perguntou, hesitante. — Eu não tenho bateria.

— Não, a bateria eletrônica — falei, apontando para o TB-303.

— Ah, o rádio?

Fiz uma pausa.

— Sim, o rádio.

— É um rádio prateado — disse ele. — Custa 10 dólares.

Como eu já tinha um igual, barganhei.

— Eu dou 5 dólares.

Ele olhou para o resto de seu lixo encharcado. Então me encarou, implorando com o olhar.

— Você não pode pagar 10 dólares? — perguntou, quase sem forças.

— Tudo bem — falei. — Posso pagar.

Eu lhe entreguei uma nota de 10 dólares. Seus olhos se iluminaram.

— Certo, cara, aqui está o seu rádio!

— Obrigado — respondi, pegando meu TB-303 e indo embora. Após alguns metros, voltei. Ele já estava correndo pela 2nd Avenue, rumo a um cortiço na 7th Street onde poderia comprar e fumar crack. Eu tinha acabado de permitir que ele comprasse drogas. Mas, pensei comigo mesmo, ele era dotado de livre-arbítrio e não cabia a mim tomar decisões por outras pessoas. No entanto, prossegui socraticamente, ele não tinha verdadeiro livre-arbítrio, porque era um viciado. Percebi que parte da razão de eu me sentir culpado era o fato de ter comprado um sintetizador de baixo supérfluo durante uma caminhada para ir assistir ao show de um músico folk.

Cheguei à esquina da 2nd Avenue com a Saint Mark's Place.

— Ei, você quer comprar uma bicicleta? — perguntou um sujeito.

Verifiquei: ele estava montado numa velha bicicleta enferrujada, com pintura descascada e sem marcha. Ora, que se dane.

— Cinco dólares? — perguntei.

Ele assentiu.

— Cinco dólares.

Peguei uma nota de 5 dólares da carteira e a entreguei para ele, que não disse nada. Assim que segurei o guidão, ele se afastou pela 2nd Avenue. Eu gastara 15 dólares, mas tinha uma bicicleta enferrujada e um sintetizador de baixo Roland molhado.

A bicicleta era pesada e parecia que suas partes estavam soldadas com ferrugem, mas os pneus estavam cheios e o conjunto parecia razoavelmente robusto. Montei e pedalei pelo St. Mark's com meu sintetizador de 10 dólares no bolso do casaco, sentindo-me livre em minha nova bicicleta. Quando cheguei ao Sin-é, apoiei a bicicleta contra a vitrine. Eu não tinha cadeado. Talvez alguém lá dentro tivesse uma corda ou um barbante.

Entrei. Janet estava em um canto, ajudando o novo namorado a montar o equipamento.

— Ah, oi, Mo — cumprimentou. — Este é o Jeff.

— Oi, Jeff — falei, apertando a mão dele. — Prazer em conhecê-lo. Janet, você acha que eles têm uma corda aqui? Acabei de comprar uma bicicleta e quero amarrá-la ao portão da frente.

— Você comprou uma bicicleta? É bonita?

— Na verdade, não. Tem apenas uma marcha e está meio que caindo aos pedaços.

Ela foi para trás do minúsculo bar e perguntou a seu amigo Karl se ele tinha alguma corda.

— Preciso de uma para amarrar minha bicicleta — expliquei.

Karl riu.

— Você realmente acha que vai deter os viciados com uma corda?

Eu ri com ele.

— Bem, se eles a roubarem, terei perdido 5 dólares.

Ele procurou em uma gaveta.

— Não, desculpe, nenhuma corda.

Olhei em volta em busca de qualquer coisa que pudesse usar para prender minha bicicleta. Ao lado da porta havia um roupeiro e, sobre ele, alguns cabides de arame. Peguei dois e os torci até formar duas trancas de bicicleta improvisadas. Ao menos atrasariam o ladrão por tempo suficiente para que eu pudesse sair e educadamente pedir que ele não roubasse pela segunda vez minha bicicleta roubada. Amarrei a bicicleta em frente ao Sin-é e entrei para me sentar com Janet.

O café não estava lotado — havia umas quinze pessoas lá dentro —, mas o salão estava tomado de fumaça de cigarro.

— Espero que seu namorado seja bom — falei para ela. — O ar aqui é horrível.

— Bem, prefiro ser uma fumante passiva e estar com meus amigos a respirar ar puro sozinha em casa — retrucou ela, com um sorrisinho.

— É mesmo? Ar puro e ficar sozinho em casa me parece muito bom.

Karl desligou o aparelho de som atrás do bar e todos nós paramos de falar. Jeff bateu duas vezes no microfone.

— Oi, pessoal — disse ele, parecendo nervoso. — Meu nome é Jeff Buckley. Obrigado por terem vindo esta noite.

Ele começou a tocar. Janet estava sentada, absorta e paralisada. Notei que todas as mulheres no salão estavam absortas e paralisadas por causa de Jeff. Sua voz era bonita e tinha muita qualidade, mas ele estava ansioso e seu desempenho foi um tanto estranho e apressado. Quando terminou a primeira música, nós aplaudimos. Jeff começou uma segunda música, que mais uma vez aplaudimos educadamente.

Em seguida, ele começou a tocar "Hallelujah". Eu me virei para Janet e sussurrei:

— Ele compôs isso? Eu conheço essa canção.

Ela me mandou ficar em silêncio com um "*shhh*". Durante a execução de "Hallelujah", Jeff enfim se acalmou. Seu modo de tocar guitarra se suavizou e sua voz se abriu e preencheu todo o salão. Ao longe, podíamos ouvir os sons da cidade: chuva na calçada, buzinas distantes. Mas nós quinze estávamos em uma pequena caverna enfumaçada com aquele estranho rapaz e sua bela voz com tonalidade de sino. Sentado em sua cadeira de bistrô, Jeff mantinha os olhos fechados enquanto cantava para nós, para o teto e para seus anjos ocultos. Quando terminou, aplaudimos e assobiamos.

— "Hallelujah" é de Leonard Cohen — disse Janet. — É um cover.

— Uau. É ótima.

Quando ele começou a cantar a música seguinte, perguntei:

— Há quanto tempo vocês estão namorando?

Ela me fez calar a boca outra vez com um "*shhh*". Olhei para fora através da janela. Um viciado parecia rondar minha bicicleta, tentando descobrir se poderia roubá-la. Levantei-me e saí no meio da música.

— Ei, cara, essa bicicleta é minha — falei.

— Tudo bem — disse ele. — Eu estava apenas olhando. É uma boa merda de bicicleta.

Eu ri.

Ele olhou pela janela embaçada.

— Que lugar é esse? — perguntou.

— É um café irlandês.

— Eles vendem cerveja aí dentro?

— Não, cerveja não.

— Mas que merda — reclamou ele, e se afastou. Eu o observei ir embora, protegendo minha bicicleta de 5 dólares. Voltei para dentro quando Jeff começava a quinta canção.

— Acabei de impedir que um cara roubasse minha bicicleta — falei para Janet.

— *Shhh*!

— Além disso, comprei um sintetizador de baixo.

Ela olhou para mim com raiva.

— Cale a boca, Moby.

Jeff estava de olhos fechados, tocando uma composição própria. Seu modo de tocar guitarra era brusco e estranho, mas sua voz era bonita e sua estranheza, persuasiva. Quando ele terminou e todos aplaudimos, eu disse para Janet:

— Ele se parece com o cara da série *Barrados no Baile*.

Ela não disse nada, ignorando-me para me fazer parar de falar.

— Ou James Dean — acrescentei.

Quando Jeff terminou o set, todos aplaudiram. Algumas pessoas subiram no palco para cumprimentá-lo, enquanto ele recolhia o equipamento. Ele sorria para todos, dizendo:

— Ei, obrigado! Obrigado por terem vindo!

Fui até ele.

— Isso foi realmente muito bom — falei. — Sua voz é muito bonita.

— Obrigado, Moby! — disse ele, em voz alta. — Janet tocou algumas músicas suas para mim. São legais!

— Ah, obrigado — falei, procurando algo mais para dizer. — Ah, a caminho daqui, comprei este sintetizador de baixo.

Estendi o TB-303.

— Uau — disse ele. — Isso é *muito legal.*

— Não tem MIDI, mas custou 10 dólares, como eu poderia dizer não?

Jeff riu, um pouco alto demais.

— Janet, obrigado por me convidar — agradeci. — Falo com você amanhã. E foi bom conhecê-lo, Jeff.

— Prazer em conhecê-lo também, Moby! — disse ele, apertando minha mão.

Desatei os cabides de arame da bicicleta. O vento aumentara e estava chovendo mais forte. Atravessei o St. Mark's e desci a Avenue A, driblando poças e cantando "Hallelujah" para mim mesmo. Eu estava pensando em como a voz de Jeff era bonita quando um táxi parou à minha frente na Houston Street. Apertei o freio, mas o chão estava molhado, de modo que bati na lateral do veículo.

Houve um grande estrondo quando bati na porta do táxi com a bicicleta. Então caí para trás no meio da rua, com a bicicleta em cima de mim. Quando me levantei, o motorista bateu a porta e deu a volta no táxi. Que atencioso! Ele foi ver se eu estava bem.

— Mas que merda! — gritou. — Você bateu na porra do meu táxi, seu babaca!

Ah, ele não foi ver se eu estava bem.

— Você quase me matou! — gritei.

— Foda-se! — soltou, me encarando e me empurrando. — Seu babaca de merda! Você bateu no meu táxi!

Eu queria reagir, mas, supostamente, era um pacifista. Além disso, eu realmente não sabia brigar.

— Veja — falei. — Seu táxi está inteiro.

Ele olhou para a porta, sem arranhões e intacta. Relutante, deu a volta no táxi e foi até o lado do motorista.

— Eu deveria dar um chute no seu rabo, seu filho da puta! — gritou enquanto se afastava.

Um táxi atrás de nós buzinou duas vezes, tentando motivar o taxista a liberar logo a passagem. Ele se virou como um galo enlouquecido.

— Vá se foder, seu filho da puta! — gritou para o outro taxista. — Então se despediu de mim: — Vá se foder, seu filho da puta.

Daí, entrou no táxi e saiu cantando pneu.

Puxei a bicicleta para a calçada. Parecia estar inteira, o que me levou a supor que fosse indestrutível. Também subi na calçada. Eu não era indestrutível, mas pensava estar ileso. Ergui as barras das calças: minhas pernas estavam arranhadas e sangrando. Com a adrenalina, eu não tinha notado.

Verifiquei o sintetizador no meu bolso. Estava inteiro. Subi na bicicleta e voltei para casa, mantendo-me na calçada. Meu coração estava disparado, e parte de mim queria encontrar aquele motorista de táxi e espancá-lo com um pé de cabra. Mas eu era cristão, e os cristãos não deviam matar as pessoas com pés de cabra.

Voltei à Mott Street e tentei descobrir onde guardar minha bicicleta de 5 dólares. Era muito pesada para subir e descer quatro lances de escada. E o zelador maluco me mataria caso eu tentasse deixá-la no espaço embaixo da escada. Parei na entrada e subi para ver se Lee tinha uma tranca de bicicleta.

— Como foi? — perguntou ele, no colchão, enquanto falava ao telefone com a namorada, que estava em Londres. — Você conheceu o novo namorado da Janet?

Lee conhecera uma mulher no Max Fish, um novo bar na Ludlow Street, e se apaixonara perdidamente. Ela tinha acabado de se mudar para a Inglaterra e todas as noites eles se falavam durante uma hora, gastando todo o dinheiro de Lee com chamadas internacionais.

— Foi bom, ele parece ser um cara legal. Comprei uma bicicleta, fui atropelado por um táxi, você tem uma tranca?

— O quê?

— Você tem uma tranca de bicicleta? — perguntei novamente.

— Acho que sim, só um minuto.

Lee terminou o telefonema, entrou no quarto e voltou com uma tranca de bicicleta antiga e uma corrente. Ele começou a fazer perguntas:

— Você foi atropelado por um táxi?

Mas desci correndo antes que ele pudesse terminar. Havia uma árvore morta em frente ao nosso prédio, e aproveitei para trancar minha bicicleta ali. Estava tão segura quanto uma bicicleta poderia estar em Nova York em 1991. Subi de novo.

— Você foi atropelado por um táxi? — perguntou Lee mais uma vez quando entrei em casa.

— Bem, tecnicamente fui eu quem o atropelou, mas a culpa foi do motorista. Ele me fechou. Eu queria encontrá-lo e bater nele com um pé de cabra.

— Rá! — disse Lee. — Mas me conta, que tal o namorado de Janet?

— Ele se chama Jeff Buckley e é cantor de música folk. Ele é muito bom, embora meio esquisito.

— Algum parentesco com Tim Buckley?

— Duvido. Mas seria legal se tivesse.

— Não foi Tim Buckley quem escreveu "Song to the Siren", do álbum do This Mortal Coil? — perguntou Lee.

— Acho que foi.

Entrei no meu quarto e olhei pela janela para verificar a bicicleta. Não estava mais lá. Comecei a rir e, em seguida, corri de volta para a rua. Lee veio logo atrás. Nos cinco minutos em que tínhamos conversado, alguém derrubara a árvore morta e roubara a minha bicicleta e a tranca de Lee, que provavelmente valia mais do que a bicicleta. A árvore morta estava tombada na calçada.

— Pensei que viciados em crack fossem fracos — falei.

— Quer voltar à 2nd Avenue com a 7th Street e comprar a bicicleta de volta?

— Não, não era para ser. Os deuses do crack levaram minha bicicleta.

Voltei para dentro e deixei uma mensagem na secretária eletrônica de Janet: "Obrigado por me convidar para o Sin-é. Seu namorado parece legal e eu realmente gostei da voz dele. Fui atropelado por um táxi a caminho de casa, mas não se preocupe, não estou morto. Obrigado outra vez."

17

LACA PRETA

No verão de 1990, produzi um single lento de R&B chamado "Time's Up" para um cantor chamado Jimmy Mack. Vendeu menos de 250 cópias. Meu primeiro single solo, "Mobility", vendeu cerca de 1.500 cópias no lançamento, o que me pareceu um enorme sucesso se comparado a "Time's Up".

O lado B de "Mobility" era uma faixa techno minimalista chamada "Go". Havia sido mal mixada e nenhum DJ a tocava. Nem mesmo eu, quando trabalhava como DJ. Era muito fraca e muito mal mixada para ser tocada ao lado de qualquer outra gravação techno ou de house music.

Jared estava negociando com a Outer Rhythm, um selo do Reino Unido, e o diretor do departamento de artistas e repertório da gravadora gostou de "Go" por algum motivo e mostrou interesse em lançá-la.

Jared me advertiu:

— Eles só vão lançar se você fizer novas mixagens para que isso não pareça um disco antigo.

Depois de assinar com a Instinct, eu tinha transferido meu estúdio para a casa de Jared. Ele morava em um grande apartamento de um quarto. Montamos o escritório da Instinct Records e meu estúdio na sala de estar. As paredes do apartamento eram pintadas de rosa e cobertas com fotos em preto e branco que ele tirara de bandas de indie rock de Boston no início dos anos 1980.

Ter o meu estúdio montado naquela sala de estar grande fazia mais sentido do que tentar trabalhar no armário do meu minúsculo quarto na Mott

Street. Jared trabalhava em tempo integral e ganhava 80 mil dólares por ano fazendo processamento de dados para o Citibank. Assim, das nove da manhã às seis da tarde, durante todos os dias úteis, enquanto ele estava trabalhando, eu ia até o apartamento dele para fazer música, executar tarefas de escritório ou limpar a cozinha.

Numa manhã de segunda-feira, fui até o apartamento de Jared e preparei aveia com passas no micro-ondas. Sentei-me à mesa de jantar de laca preta e pensei em como fazer um remix de "Go" para a Outer Rhythm. Quando terminei minha aveia, coloquei a tigela na pia, passei pelo sofá de couro preto a caminho de meu equipamento de som e carreguei os samples de "Go" ainda sem ideia do que fazer com aquilo.

Primeiro, tentei uma versão ainda mais crua da música, removendo os elementos, que já eram mínimos, e pondo reverberação na linha do baixo. Ficou interessante, mas será que alguém tocaria aquilo? Será que Tony Humphries tocaria aquilo? Eu achava que não, de modo que, após algumas horas de trabalho, descartei tudo.

Então tentei trabalhar uma versão tribal, acrescentando uma porção de bongôs e congas e tornando a música ainda mais repetitiva. Sentei-me na cadeira preta de escritório de Jared diante da aparelhagem e acrescentei um delay digital à percussão. Ficou quase bom, algo que um DJ poderia considerar tocar. Mas precisava de algo mais. Um breakbeat, talvez? Fui até o toca-discos e comecei a tocar álbuns com compilações de break enquanto ouvia a versão tribal de "Go". Nenhum funcionou — até um deles se destacar.

Era muito lento, mas sampleei e acelerei aquilo e, de algum modo, funcionou. A batida do meu novo remix era um 4/4 padrão tradicional. A linha de baixo tinha muito pouco grave e soava mais como um padrão de baixo percussivo tocado em um sintetizador analógico. Aquele novo breakbeat estava guiando a música. Ainda não estava finalizado, mas gravei a demo numa fita cassete para levar para casa e ouvir mais tarde com ouvidos mais frescos.

Depois de trabalhar no remix, era hora de fazer o trabalho de escritório. Passei envelopes pela máquina de franquear previamente carregada. Selei e enderecei caixas de papelão contendo vinis promocionais. Separei os faxes que haviam chegado, organizando-os no escaninho na mesa de Jared. Verifiquei as mensagens telefônicas para saber se havia alguma que eu deveria responder. Então lavei minha tigela de aveia e a coloquei no escorredor. Basicamente, eu administrava o escritório da Instinct Records cinco dias por semana e fazia música para o selo, embora não tivesse recebido um tostão desde que assinara o contrato com eles. Mas eu estava feliz, morando em Nova York e ganhando mais de 8 mil dólares por ano trabalhando como DJ, então não tinha do que reclamar.

Eram três da tarde e eu queria ir à UPS, ao FedEx e aos correios antes que fechassem. Enchi dois malotes com vinis promocionais, prontos para serem enviados para DJs, distribuidores e emissoras de rádio. Deixei o prédio e dobrei a esquina perto da estação do trem L, na 14th Street com a 8th Avenue. Levantei a cabeça e um gigante esbarrou em mim. Ele tinha uns dois metros de altura e vestia roupas sujas de operário. Ouvi um baque. Olhei para baixo: ele deixara cair uma garrafa de um litro de cerveja Olde English, e havia fúria em seus olhos. Ele tinha um parceiro parecido com Ratso Rizzo, que me repreendeu:

— Putz, você está fodido, cara! Você quebrou a cerveja dele!

Comecei a pedir desculpas.

— Sinto muito, sinto muito.

— Que merda — disse o gigante com uma voz grave. — Você quebrou a minha garrafa.

— Sinto muito mesmo. Foi um acidente.

— Ei, você vai ter que pagar outra garrafa para ele — disse o amigo.

— Tudo bem — falei. — Vou até a delicatéssen e compro uma garrafa de Olde English para vocês.

— Porra nenhuma — rugiu o gigante. — Basta me dar 5 dólares.

— Certo. — Peguei minha carteira e lhe entreguei os 5 dólares. — Aqui estão.

Ele pegou o dinheiro e foi embora. O amigo o seguiu, dizendo:

— Ei, presta atenção por onde anda, babaca.

Com o coração disparado, olhei para a garrafa quebrada na calçada e percebi que o líquido derramado não parecia cerveja. Não tinha bolhas nem espuma. Parecia água. Eu tinha sido enganado.

Sorri. Eles tinham comprado uma garrafa de Olde English, bebido a cerveja, enchido a garrafa com água e esbarrado em um sujeito inofensivo andando pela rua. Então deixaram cair a garrafa, me ameaçaram e me obrigaram a lhes dar 5 dólares — e, presumivelmente, saíram dali para comprar mais Olde English. Eu quase quis ir atrás deles e parabenizá-los pelo plano bem executado. Parabéns para vocês, seus trambiqueiros fajutos. Por um segundo vocês me fizeram crer que arrancariam os meus braços. O dono da delicatéssen foi até a porta e olhou para mim.

— Você vai recolher os cacos de vidro? — perguntou.

Ah, você deve estar brincando...

— Não, eu não quebrei a garrafa, foram eles que quebraram — respondi.

— Eu vi! Foi você quem quebrou, recolha esse vidro! — gritou.

— Não, eu preciso ir embora — falei, antes de atravessar a 8th Avenue.

Ele começou a gritar:

— Ei, seu merda! Recolha o vidro! — Sua voz sumia enquanto eu me afastava. — Vá se foder, seu filho da puta! Vá se foder!

Eu tinha certeza de que todo mundo em Nova York sofria da síndrome de Tourette. Eu queria gritar de volta algo igualmente ofensivo, mas precisava despachar discos e as agências de correio fechariam em breve, e os correios sempre cheiravam bem.

Quando eu tinha sete anos costumava ir com minha avó até seu escritório na igreja presbiteriana de Noroton Heights, onde ela era voluntária trabalhando no jornal semanal da igreja. Eu me sentava no almoxarifado do escritório e brincava com as canetas e os papéis enquanto ela datilografava as notícias semanais da igreja e as reproduzia no mimeógrafo. O cheiro de papelão e pedra velha das agências de correio era para mim como a madeleine de Proust, transportando-me de volta ao almoxarifado no escritório da minha avó na igreja. Cheguei à agência de correio da 14th Street com a 8th Avenue e entrei na fila. Vinte minutos depois, chegou minha vez e entreguei meus pacotes para a mulher do outro lado do balcão.

— Você sabia que não precisava entrar na fila para despachar isso? — perguntou ela.

Será que eu não sabia? Ou será que convenientemente me esquecera para poder ficar na fila e sentir o cheiro da agência?

— Certo, obrigado! — respondi.

Quando eu tinha quinze anos, queria trabalhar numa tinturaria em Darien porque adorava o cheiro do lugar. Certo dia entrei e perguntei se eles tinham vagas. O velho ítalo-americano atrás do balcão ficou perplexo.

— Você quer um emprego? Aqui?

— Sim, sempre quis trabalhar aqui — respondi com sinceridade, mas sem acrescentar "porque tem um cheiro bom".

— Certo. Venha no sábado.

Fiquei muito feliz: eu trabalharia no lugar que tinha o meu cheiro favorito, a tinturaria na estação de trem de Noroton Heights. Apareci lá no sábado, pronto para trabalhar, e ele disse:

— Ah, sim: quantos anos você tem?

— Quinze — respondi.

Ele balançou a cabeça tristemente.

— Você precisa ter dezesseis anos para trabalhar. Volte quando tiver dezesseis.

Voltei quando fiz dezesseis anos, mas ele não tinha mais vagas, então acabei conseguindo meu primeiro emprego de verdade em outro lugar: lavador de pratos em um restaurante de shopping. Eu estava na base da pirâmide hierárquica do restaurante. No topo ficava o gerente afro-americano, abaixo dele os garçons caucasianos, e mais abaixo os copeiros e cozinheiros latinos. Na base ficava eu, o garoto branco de dezesseis anos que lavava pratos. Eu era escaldado por água fervente e rançosa durante seis horas seguidas e ia embora cheirando a lagosta podre.

Ao sair da agência de correios, deixei alguns pacotes no FedEx e voltei para o apartamento de Jared. Quando entrei, o telefone estava tocando. Atendi.

— Instinct Records, em que posso ajudá-lo?

— Oi, Moby, é o Jared.

— Oi, Jared, como vai?

— Bem. Alguma mensagem?

— O cara da Outer Rhythm enviou um fax, sua mãe ligou, alguém da *Mixmag* ligou, Dave enviou um fax e um distribuidor da Califórnia também mandou um fax.

— Legal, obrigado. Ah, você viu *Twin Peaks* ontem à noite?

— Não, eu estava na rua e Lee e eu não temos videocassete para gravar. Espero que Paul tenha gravado e eu possa assistir no dormitório dele da faculdade.

— Ah. Se você quiser assistir, eu gravei.

— Sério? Obrigado! Quando você chega em casa?

— Provavelmente por volta das sete da noite. Falo com você mais tarde.

Ele desligou. Corri até a televisão. *Twin Peaks* era a minha religião. Bem, *Twin Peaks* e cristianismo. Mas, naquele momento, *Twin Peaks* estava ganhando. Eu amava Deus, mas estava mais obcecado por Bob, Dale

Cooper e Audrey Horne. Rebobinei a fita de Jared, sentei-me no sofá preto e apertei "play". O tema de Angelo Badalamenti preencheu a sala e eu me senti feliz. Durante a hora seguinte, pude viver dentro da mente de David Lynch.

O pássaro estava empoleirado na árvore. As lâminas da serra estavam sendo afiadas. As corredeiras cascateavam lentamente, passando diante do Great Northern Hotel. A câmera fazia uma panorâmica das águas escuras e tranquilas. Quando cortaram para a casa de Leland Palmer, o "Tema de Laura Palmer" começou a tocar — a melhor e mais sinistra música de *Twin Peaks*. Eu precisava adicionar algo ao remix de "Go" em que estava trabalhando e me perguntei se poderia samplear o "Tema de Laura Palmer" e usá-lo.

Quando o episódio acabou, fui até o carrossel de CDs de Jared e peguei o da trilha sonora de *Twin Peaks*. Era muito lenta e longa para ser sampleada, uma vez que meu sampler Akai S950 só podia fazer samples de até oito segundos. Mas será que eu poderia tocá-la? Era simples, apenas três notas de uma modulação de um acorde em mi menor e um mi grave no piano.

Comecei a estudar teoria musical aos dez anos e o fiz até os catorze, quando ouvi The Clash pela primeira vez. Depois de cair de amores pelo punk rock, decidi esquecer as escalas dóricas e mixolídias para, em vez disso, aprender a tocar as músicas de três acordes do Damned e do Sex Pistols. Mas um pouco da minha formação musical ainda estava guardado nos recantos da minha mente, ajudando-me a compreender disposição e transposição de acordes.

Liguei meu teclado Yamaha SY22 e encontrei um som de cordas satisfatório. Toquei as três notas do "Tema de Laura Palmer", e aquilo quase soou como a gravação de Angelo Badalamenti. Peguei o remix tribal de "Go" no qual vinha trabalhando e joguei o "Tema de Laura Palmer" em cima. E funcionou. Os acordes eram longos e lânguidos, porém funcionavam com a rápida linha de baixo e o loop da bateria.

Estava faltando alguma coisa: o piano grave e monótono de Badalamenti. Acrescentei a parte grave do piano com meu módulo Oberheim, e o remix de repente tomou forma. Agora, a faixa precisava de um arranjo. Eu começaria o remix com as cordas e o piano de *Twin Peaks*. Em seguida, adicionaria um bumbo. Então introduziria a percussão e a bateria. Depois, as cordas sairiam e entraria um estranho sintetizador digital. E, basicamente, estava pronto.

Ou será que precisava de algo mais? No fim dos anos 1980, houve um breve período de discos de house music italianos baseados em grandes e saltitantes pianos de música disco. Aquilo fez um enorme sucesso na cena rave da Inglaterra, e quase todas as músicas de rave inglesas envolviam aquele som de piano. Fui até o meio do remix, silenciei as cordas e improvisei um bocado de acordes percussivos de piano em mi menor com sétima.

O remix de "Go" não precisava de muito mais do que aquilo. Acrescentei um agudo nas cordas, uma reverberação nos samples vocais, um grave no bumbo. Com seus acordes longos e lentos, aquele remix parecia estranho, mas achei que funcionaria. Apertei "play" e o gravei em uma fita DAT. Deixei a DAT na mesa de laca preta de Jared com um bilhete colado: "Um remix de 'Go' que fiz hoje, o que você acha?"

Olhei para o relógio. Eram quase sete da noite. Jared não gostava de me encontrar no seu apartamento quando voltava do trabalho. Eu sabia que músicos com contratos com gravadoras não costumavam trabalhar de graça, limpar a cozinha, ir até a agência de correio nem enviar faxes, mas ainda queria respeitar o desejo dele e não estar por perto quando ele chegasse em casa.

Eu trabalhava de graça, mas também era o único artista da Instinct. Quando ia ao FedEx e aos correios para enviar vinis, eu geralmente despachava os meus próprios discos. Além disso, eu gostava de trabalhar. Minha mãe me ensinara a fazer qualquer trabalho que precisasse ser feito. Quando me sentava no colchão e jogava muito Nintendo, acabava me sentindo uma lesma vegana gordurosa. O trabalho era divertido e fazia com que eu me sentisse atento e virtuoso.

Desliguei o equipamento do meu estúdio, guardei minha tigela de aveia no armário, desliguei as luzes do apartamento de Jared e fui para casa.

Às oito da noite, o telefone tocou.

— Moby? É o Jared. — Ele fez uma pausa. — Esse remix de 'Go' é realmente impactante.

— Sério? Eu só o fiz depois de assistir a *Twin Peaks*.

— Está finalizado? Posso enviá-lo para o Guy?

— Bem, se você acha que está legal, então é claro que pode. Você acha que ele vai gostar?

— Veremos. Ah, como devemos chamá-lo?

— Que tal "The Woodtick Mix"?

Um momento de silêncio no outro lado da linha.

— The Woodtick Mix? — repetiu ele.

— Quando foi baleado, Dale Cooper estava com o colete levantado porque estava catando um carrapato. Daí, "The Woodtick Mix" — expliquei.

— Certo, Moby. Repito, esse remix é muito impactante.

— Obrigado, Jared. Ah, você viu as mensagens e os faxes?

— Sim, obrigado. Você vem amanhã?

— Por volta das dez da manhã. Você precisa que eu vá aos correios?

— Não, todos os vinis já foram enviados. Provavelmente não enviaremos mais até quinta ou sexta-feira.

— Tudo bem, tenha uma boa noite.

— Você também. Vou ouvir de novo.

Aquela era a primeira vez que Jared parecia tão animado e a primeira vez que me ligava para dizer que tinha gostado de algo que eu fizera. Eu duvidava que alguém tocaria aquele remix de "Go", mas pelo menos Jared tinha gostado.

PAPINHA DE BEBÊ

Eu estava de pé na sala de estar de Jared, segurando um fax. Era da Outer Rhythm Records, da Inglaterra, e dizia: "'Go' é ótimo! Amor, Guy."

Li as três primeiras palavras novamente: "'Go' é ótimo!"

O remix de "Go" tinha saído alguns meses antes e ficava cada vez melhor. Soube que algo estava acontecendo quando fui à Limelight para ouvir Derrick May, e ele tocou o "Rainforest Mix" de "Go". Naquela época, Guy, da Outer Rhythm, enviara um fax dizendo: "'Go' é muito bom! Você precisa vir para a Inglaterra!" Assim, com a ajuda de Guy, marquei minha primeira turnê pelo Reino Unido: eu passaria dois meses tocando em boates e raves. Raves de verdade! Eu tinha visto fotos de raves em revistas: dez mil pessoas em êxtase num campo ao nascer do sol, dançando ao som de 808 State, Adamski, Guru Josh e Orbital, todas vestindo camisetas com carinhas sorridentes, balançando bastões luminosos e se abraçando. E, em teoria, eu estaria no palco diante delas. Na Inglaterra. Para onde eu nunca tinha ido, posto que só saíra do país em duas ocasiões: uma para conhecer a França, em 1987, e a outra em 1989, para visitar os lagos do Canadá.

Demorei duas semanas para fazer a mala, que continha:

Livros de *Jornada nas Estrelas*
outros livros de ficção científica
a Bíblia com capa de vinil vermelho que eu tinha desde o sétimo ano

fitas DAT
vinis
camisetas
meias
jeans
suéter
teclado
bateria eletrônica
Octapad
cabos MIDI

E, em minha bagagem de mão:

um passaporte novinho
uma passagem de ida e volta na classe econômica da Air Pakistan
outro livro de *Jornada nas Estrelas*
biscoitos veganos
sanduíche
papinha de bebê

Eu estivera em uma loja de alimentos naturais na Prince Street me perguntando o que poderia comprar para comer no avião. Estava diante de um estande de comida orgânica para bebês e dei uma olhada no Earth's Best Organic de aveia com banana. Os ingredientes eram aveia, banana e água. Comprei um pote, experimentei em casa, e era delicioso. Comprei alguns potes para comer no avião. Era orgânico, simples e portátil, mesmo sendo estranho um sujeito de 25 anos comer papinha de bebê enquanto voa sobre o oceano Atlântico para tocar em raves movidas a drogas em Londres.

No dia seguinte, transportei teclado, mala, mochila, caixas de discos e bagagem de mão até o meio-fio em frente ao meu prédio. Peguei um táxi e subi a Lafayette Street e a Park Avenue, saltando na Grand Central Terminal para pegar o ônibus do aeroporto. Guardei minhas coisas no bagageiro do ônibus e me sentei, quase quicando de pânico e empolgação no assento. Atravessamos o Midtown Tunnel e finalmente chegamos ao aeroporto JFK.

Eu me senti um tanto deslocado quando cheguei ao terminal. Estava sozinho enquanto quase todos aqueles que voavam pela Air Pakistan pareciam ter levado a família inteira. As pessoas choravam e se abraçavam, crianças corriam ao redor e um homem discutia com um funcionário do aeroporto sobre o porquê de não poder despachar uma geladeira como parte de sua bagagem. Esperei em uma longa fila durante uma hora e enfim cheguei ao check-in no balcão da classe econômica. Despachei toda a minha bagagem, recebi o cartão de embarque para um assento no meio e fui para o portão. Enquanto esperava, comendo meu sanduíche de creme de maçã com banana, vi Laurie Anderson lendo uma revista. Era um presságio. Ela era a padroeira dos nova-iorquinos esquisitos e, se ela estava em meu voo da Air Pakistan para Londres, então minha viagem tinha de ser abençoada.

O voo foi turbulento, mas sem grandes acontecimentos. Desembarquei em Londres exausto e cheio de comida orgânica para bebê. Tentei dormir no avião, mas estava empolgado demais para conseguir fechar os olhos por mais do que alguns minutos. Passei pela imigração, peguei um carrinho e levei minha bagagem para a estação de metrô de Heathrow. Eu ficaria hospedado numa casa em Wood Green, um bairro no norte do aeroporto Londres. Quando comprei passagem, Lee e Janet decidiram ir para Londres também. Lee para visitar a namorada, Janet como turista. Todos ficaríamos hospedados na mesma casa. Era um antigo prédio vitoriano, e Sally, a divulgadora da Outer Rhythm, morava ali com seus cães, seus filhos e os amigos que por acaso estivessem na cidade.

Empilhei minha bagagem e meu equipamento no metrô, mudei de trem algumas vezes e cheguei suado e exausto a Wood Green às duas da tarde. Quando cheguei à casa, Sally e Janet estavam na porta da frente. Sally usava uma saia longa de batique e segurava uma xícara de chá de ervas. Janet vestia um casaco da equipe feminina de tênis da Universidade Columbia sobre uma camiseta de show do The Police.

— Bem-vindo a Londres! — disse Sally.

— Oi, Mo — cumprimentou Janet.

De pé ao lado de Janet, olhando para mim, havia uma menina de cabelo louro encaracolado de uns quatro anos, mordiscando uma meia e segurando um ursinho de pelúcia surrado.

— E esta é Cinnamon! — apresentou Sally.

Cinnamon pegou minha mão e me mostrou o quarto onde eu ia ficar. Lá, ela me ajudou a desempacotar minha bagagem e meu equipamento. Depois, pegou a minha mão de novo e me levou até a cozinha. Ela manteve uma meia na boca e murmurou para si mesma o tempo todo.

Cinnamon puxou uma cadeira à mesa da cozinha e Sally me entregou um copo de suco de laranja.

— Como você está se sentindo? Pronto para a sua grande turnê? — perguntou.

— Estou cansado, mas não consigo acreditar que estou em Londres. Ah, onde está Lee?

— Ele está no pub com Adam, um amigo dele — disse Janet.

— No pub? — perguntei. Parecia muito cedo para isso.

— Ele está deprimido, Mo. Quando Lee chegou, a namorada terminou com ele e contou que estava dormindo com o guitarrista da banda dela. Ele tem se embriagado desde então.

O telefone tocou. Era Guy querendo falar comigo.

— Escuta, eu sei que você acabou de chegar, mas será que poderia trabalhar como DJ hoje à noite? — perguntou.

— Hoje à noite? Ok, onde?

— Um amigo meu da Kiss FM está dando uma festa em uma boate no SoHo e quer muito que você seja o DJ.

— Como ele sabe quem eu sou? — perguntei.

Guy riu.

— A Kiss FM está tocando "Go" umas dez vezes por dia.

Após eu dormir algumas horas, Guy me buscou para me levar à festa de seu amigo. Entrei no carro com uma bolsa a tiracolo repleta de discos de house e techno. Guy era um fanático da dance music que trabalhava como DJ em boates underground e administrava a Outer Rhythm, um dos selos de dance mais descolados do mundo. Ele era da minha altura e seu cabelo era louro e curto. Vestia uma camisa polo preta, um agasalho do Arsenal e um par de tênis Adidas novinhos em folha.

Cruzamos Londres a bordo de seu Renault, alternando entre a Kiss FM e algumas estações de rádio piratas. Londres, assim como o restante do Reino Unido, estava repleta de rádios piratas sem licença. Havia as estações oficiais e licenciadas, que em geral eram bastante conservadoras, tocando hits do top 40 e música clássica. Além dessas, espalhadas pelo dial, havia estações piratas sem licença, que operavam em escritórios e armazéns abandonados, tocando dance music e reggae moderno.

Enquanto Guy dirigia e ouvíamos a Kiss FM, olhei pela janela do carro, pensando: *Estou em Londres. Estou em Londres. Estou em Londres.* Quando criança, eu era obcecado por toda e qualquer coisa que viesse do Reino Unido: Joy Division, Sex Pistols, Benny Hill, Monty Python, Peter Saville, Peter O'Toole, John Peel. E agora eu estava lá, conversando informalmente com Guy enquanto passávamos por supermercados e pontos de ônibus ingleses. Em Londres, o sol se pusera havia duas horas, e, em Nova York, onde eu estivera 24 horas antes, era fim de tarde. Aquilo tudo me parecia mágica intercontinental.

Então "Go" começou a tocar no rádio.

— Rá, veja! — disse Guy, aumentando o volume.

Aceleramos pelas ruas de Londres ouvindo "Go". Passamos por um pub centenário enquanto o breakbeat que eu tinha sampleado tocava. Passamos por uma estação de metrô quando entraram os pianos disco. Os mesmos pianos disco que eu gravara no apartamento de Jared enquanto minha tigela de aveia secava no escorredor. Eu estava tentando ser refinado e indiferente, mas, na verdade, queria baixar o vidro da janela do carro e gritar a plenos pulmões: "Eu estou em Londres e esta é a minha música! No rádio! Não em uma fita cassete, mas no rádio!"

— Eu falei para você. Eles estão tocando essa música umas dez vezes por dia — disse Guy.

Chegamos à boate no SoHo e estacionamos no beco dos fundos. O lugar era pequeno e decrépito e exalava o mesmo feromônio úmido de todas as boates em que já estive: cigarros e bebidas derramadas, um leve fedor de urina e produtos de limpeza dos banheiros.

— No sábado você vai tocar numa rave de verdade — disse Guy. — Então considere isso aqui um aquecimento.

— Quantas pessoas estarão na rave? — perguntei.

— Não sei. Cinco mil? Dez mil? Vai ser das grandes, perto de Bath. Não se esqueça de tocar "Go"! As pessoas vão pirar.

Comecei a tocar discos na festa do amigo de Guy à meia-noite, e foi como trabalhar como DJ em Nova York, só que todos na boate eram ingleses, heterossexuais e brancos. À uma da manhã, toquei "Go" e as duzentas pessoas na pequena casa noturna aplaudiram.

Um amigo de Guy da Kiss FM aproximou-se bêbado e deu um tapinha em minhas costas.

— Tremenda música, companheiro! — gritou ao meu ouvido.

A noite terminou perto das duas da manhã, e Guy me levou de volta a Wood Green.

— Então, o que achou? — perguntou ele.

— Foi bom. Mas também foi estranho tocar para brancos heterossexuais — respondi.

— Sei que não é da minha conta, mas você é gay?

— Não, sou heterossexual, mas a cena de dance music em Nova York é formada principalmente por negros, latinos e gays.

— Eu morei em Nova York e me lembro disso. Mas não tenho certeza se o pessoal daqui sabe dessa característica — disse ele, estacionando diante da casa de Sally. — Vejo você amanhã bem cedo. Você tem entrevista na Outer Rhythm às nove horas.

— Ou quatro da manhã em Nova York — murmurei, exausto.

A casa de Sally estava às escuras, mas Janet estava acordada, bebendo chá e lendo sob uma luz fraca à mesa vermelha da cozinha.

— Oi, Mo. Como foi a...

Janet foi interrompida por Lee, que tropeçou na porta da cozinha e caiu no chão. Ele vestia uma camiseta do Jesus and Mary Chain manchada de cerveja e não fazia a barba havia uma semana.

— Ela me odeia, porra — gemeu ele no chão, completamente bêbado.

— Lee? Você está bem? — perguntei.

Ele me encarou com o olhar desfocado. Então se levantou e começou a socar o próprio rosto.

— Ela me odeia, porra — repetiu diversas vezes, batendo em si mesmo.

— Ah, merda — falei.

Janet correu em direção a Lee, que sem querer deu um soco no rosto dela, jogando-a contra uma cadeira da cozinha.

Corri e agarrei os braços dele para impedir que continuasse a bater em si mesmo. Ele começou a bater a cabeça na parede.

— Lee! — exclamei. — Lee! Você está bêbado, pare com isso!

— Por que ela me odeia? — lamentou, começando a chorar. Eu o soltei e ele voltou a deitar no chão, chorando e dizendo:

— Por que ela me odeia?

— Janet, está tudo bem? — perguntei.

Ela estava sentada no chão, com a mão no lado do rosto em que Lee a tinha socado sem querer.

— Eu nunca tinha levado um soco — disse ela, atordoada.

— Tudo bem por aqui?

Olhei para cima. Sally estava sonolenta junto à porta da cozinha, vestindo calças de moletom e uma camiseta do Primal Scream. Cinnamon estava ao lado dela, com a meia na boca e o ursinho de pelúcia na mão.

— Ah, não, sinto muito — falei. — O Lee está bêbado.

Sally olhou para Lee chorando no chão e balançou a cabeça, lamentando ter deixado que sua casa servisse de albergue para americanos.

— Tente levá-lo para a cama — pediu ela. — As crianças têm que ir para a escola daqui a algumas horas.

Ela e Cinnamon voltaram para a cama.

— Vamos levá-lo para o quarto — disse Janet.

Nós o erguemos e o levamos pelo corredor até o quarto. Deitamos Lee de lado na cama, para que não se engasgasse caso vomitasse enquanto dormia. Ele apagou imediatamente.

— Vamos rezar, Mo? — perguntou Janet.

Nós nos ajoelhamos no chão ao lado da cama de Lee e pedimos a Deus que cuidasse dele. Durante a nossa oração, Lee peidou e começou a roncar.

— Nossas preces foram atendidas, ele está vivo — falei enquanto Lee peidava outra vez.

— Bem-vindo a Londres — disse Janet.

19

CHAVEIRO GIGANTE

— Toque outra vez.

Eu estava sentado em nosso colchão preto surrado e Lee estava ao lado da secretária eletrônica. Ele rebobinou a fita e, em seguida, apertou "play". Uma voz maníaca e furiosa emergiu do minúsculo alto-falante: "Aqui é o seu senhorio. Vocês não podem trocar a merda das fechaduras! O apartamento é meu! Eu vou ferrar com vocês se não puserem a merda das fechaduras de volta! Vocês não podem fazer isso, porra!"

Lee apertou "stop" e olhou para mim.

— Acho que todo mundo em Nova York tem síndrome de Tourette — falei.

Nove meses antes, Lee e eu nos mudáramos da 14th Street para um apartamento de dois quartos na Mott Street, cujo aluguel era de 800 dólares por mês. Ficava em um quarteirão tranquilo, e cada um de nós ficou com um quarto pequeno, porém agradável com janelas voltadas para o sul e vista para a rua. Assináramos um contrato de aluguel de um ano, mas ambos gostamos do apartamento e tínhamos a intenção de ficar mais tempo ali.

Duas semanas antes, tínhamos ouvido falar de alguns assaltos que ocorreram no prédio, por isso chamamos um chaveiro para instalar uma nova fechadura Medeco na porta. O chaveiro disse que os assaltantes ainda não tinham encontrado uma maneira de arrombar aquilo. Então, na véspera, Lee e eu voltamos para casa e descobrimos que alguém usara um pé de cabra para tentar invadir o apartamento, arrancando as trancas e tentando remover a porta de aço das dobradiças. Acreditávamos que tinha sido um dos simpáticos viciados de nossa cracolândia, mas agora parecia ter sido o nosso senhorio.

— Vamos analisar as evidências — falei, tentando soar como um detetive de TV. — Primeiro: você viu nosso senhorio na rua há algumas semanas e disse que ele perdeu muito peso. Segundo: ontem alguém entrou no edifício e tentou invadir nosso apartamento. Terceiro, nosso senhorio nos ligou pela primeira vez em seis meses, já sabendo que tínhamos trocado a fechadura.

— Então você acha que o senhorio tentou invadir o apartamento? — perguntou Lee.

— Tecnicamente, nosso senhorio viciado em crack tentou invadir o apartamento — falei.

— O que devemos fazer?

— Nos mudar daqui?

— Mas eu adoro este apartamento. Para onde iríamos?

— Vi um anúncio de aluguel de estúdios aqui na rua — falei. — Acho que vou me informar.

— Estamos nos separando?

— *Snif.* Me dê um abraço.

— Vá se foder, vamos ao Benny's Burritos?

Depois do almoço, fui até o antigo prédio na Mott Street onde havia estúdios para alugar. Era um edifício industrial do século XIX, em frente à Old St. Patrick's Cathedral. Entrei no prédio pela entrada de serviço e bati na porta do escritório nos fundos.

— Entre!

Abri a porta. Um sujeito ítalo-americano gorducho na casa dos sessenta anos estava sentado a uma mesa de metal sob luzes brilhantes lendo o *Daily News* e comendo comida chinesa. Vestia uma camisa de manga cinza-claro com algumas canetas esferográficas no bolso da frente.

— É sobre os estúdios para alugar — falei.

— Entre. — Ele os donos a mão. — Sou Joe Chinnici. Meu filho Russ e eu somos os donos do prédio. — Nós nos cumprimentamos e nos sentamos à escrivaninha. — Então, o que você está procurando? Ah, e qual é o seu nome?

Ele fechou a tampa de isopor da embalagem de comida chinesa.

— Eu sou Moby, e sou músico. Estou à procura de um espaço para um pequeno estúdio de música eletrônica — expliquei.

— Música eletrônica? O que é isso? Faz muito barulho?

— Não muito. Costumo trabalhar com fones de ouvido.

Ele assentiu.

— Certo, você quer ver alguns espaços?

Ele pegou um chaveiro gigante e saímos do escritório.

— Você quer algumas informações sobre o prédio? — perguntou.

— Claro.

— Bem, foi construído em 1840 e, durante a Guerra Civil, serviu como prisão e hospital. Então, durante uns 75 anos, foi uma instalação de processamento de carne, motivo pelo qual todos os pisos são inclinados, porque havia drenos para escoar o sangue dos animais. Agora o lugar abriga, principalmente, estúdios de artistas, embora várias bandas toquem no porão. Talvez você conheça algumas delas.

— Hum, talvez. Quais bandas?

— Para ser honesto, não sei — respondeu ele. — Certo, aqui está o primeiro espaço, o 201.

Ele abriu a porta e eu entrei. Tinha uns 55 metros quadrados e quatro janelas gigantescas voltadas para o pátio da catedral. Era bonito, com a luz do sol filtrada pelas folhas dos grandes olmos do outro lado da rua. Olhando em torno, vi que não tinha água corrente, cozinha nem banheiro, mas, ainda assim, o lugar era perfeito.

— Tem algum banheiro aqui por perto? — perguntei.

— No fim do corredor. Todo mundo neste andar o compartilha.

— E o aluguel?

— Bem, são 55 metros quadrados e tem belas janelas. Então, 500 dólares por mês? — propôs.

Eu estava pagando 400 dólares por mês no apartamento rua acima. Será que poderia pagar 500 dólares? E será que eu queria morar novamente em uma antiga fábrica sem banheiro ou água corrente?

— Se você pagar adiantado, talvez seis meses, podemos fazer um desconto.

— Quanto de desconto?

— Eu não sei, talvez 2.500 dólares por seis meses? — sugeriu, inseguro.

Era quase exatamente o que eu vinha pagando, só que teria um loft de 55 metros quadrados com grandes janelas com vista para árvores gigantescas e para o pátio de uma igreja do século XIX. Eu tinha ganhado alguns milhares de dólares em turnês durante o verão e guardara tudo no banco. Podia me dar ao luxo de pagar 2.500 dólares por seis meses de aluguel.

— Certo, ótimo, vou ficar. Devemos assinar um contrato de locação? — perguntei.

— Não, nós não fazemos contratos por aqui. Não é esse tipo de edifício.

Estávamos em Little Italy e eu estava a ponto de alugar um estúdio de um ítalo-americano gorducho chamado Joe Chinnici. Talvez eu não devesse fazer muitas perguntas. Só que ainda tinha mais uma:

— Posso colocar grades nas janelas? Tenho muitos equipamentos caros.

— Não, você não vai precisar de grades nas janelas — respondeu ele.

— Como assim?

Ele ponderou as palavras.

— Bem, veja, este quarteirão é seguro. É protegido. — Ao ver que eu estava confuso, continuou: — Há um monte de senhores italianos neste quarteirão, e seus filhos e netos se certificam de que nada aconteça com eles. Este quarteirão é protegido.

Ah, entendi. Era um quarteirão que pertencia à máfia, por isso viciados e traficantes sabiam que tinham de ficar longe dali.

— Quando posso me mudar? — perguntei.

— Não sei, hoje? Você parece ser um bom sujeito. Aqui está a chave. Além disso, deixe-me falar mais sobre o prédio — disse, continuando seu papel de proprietário e historiador amador. — Contei a você que isso aqui foi uma prisão e um hospital durante a Guerra Civil. O lugar também tem três porões que alugamos para bandas, assim como para moradia. Seu estúdio fica em frente ao de um sujeito que vende trufas, e, no fim do corredor, há uma empresa de vestuário, a 555 Soul. Você verá o zelador, Joe, vagando por aí. Ele não fala muito, mas é boa gente. — Ele equilibrou o peso do corpo com dificuldade. — Certo. Então bem-vindo ao prédio.

Apertamos as mãos outra vez.

Deixei o lugar com um andar casual e, em seguida, corri quarteirão acima até meu antigo apartamento.

— Lee! — gritei quando entrei em nosso apartamento. — Acabei de alugar um novo estúdio!

Ele estava recostado em nosso colchão imundo, comendo as sobras do almoço.

— Quando? — perguntou, com a boca cheia de burrito.

— Agora mesmo! — gritei. — Quer conhecer?

Descemos o quarteirão, atravessamos a Houston Street e chegamos ao meu novo lar. Subimos um lance de escadas e abri a porta do 201.

— Uau — disse ele. — Dá para ver o pátio da igreja. Quanto custa?

— Bem, vou pagar seis meses adiantados, por isso ficou em torno de 400 dólares por mês. Você quer perguntar se há outro para alugar?

Ele olhou ao redor.

— Onde você vai tomar banho? — perguntou.

— Na academia, na Broadway.

— Aqui não tem água corrente? E você vai cozinhar num fogão elétrico?

— Sim, vai ser como voltar a Stamford.

— Acho que quero um apartamento com um chuveiro e uma cozinha de verdade — disse ele.

— Seu fresco. Quer conhecer o porão?

Descemos a escadaria. O pé-direito do primeiro pavimento do subsolo tinha apenas dois metros de altura e as paredes eram velhas, feitas de tijolos escuros. Atravessamos um longo corredor, iluminado por algumas lâmpadas de 25 watts, e chegamos a outra escada.

— Isso é assustador — disse Lee.

Descemos novamente e chegamos ao segundo nível do porão, com um pé-direito um pouco mais elevado. Dava para ouvir uma banda tocando atrás de uma porta de metal.

— Há bandas aqui? — perguntou Lee. — Você sabe quem são?

Olhei para a porta, que estava coberta com adesivos do Sonic Youth.

— Sonic Youth? — chutei.

— Legal.

Atravessamos mais dois corredores compridos de tijolos, olhamos para uma antiga sala de aquecimento central e encontramos outra escada.

— Três andares de porão? — perguntou Lee.

— Foi o que o senhorio disse.

Descemos enquanto alguém subia. Lee e eu murmuramos "Oi" e a pessoa que passava também murmurou "Oi". Quando chegamos ao pé da escada, olhamos um para o outro.

— Aquele era o Iggy Pop? — sussurrou Lee.

— Acho que sim — sussurrei em resposta.

— Que lugar é esse? — perguntou Lee. — Será que estamos no paraíso indie rock?

Atravessamos mais corredores estreitos com paredes de tijolos e chegamos a outra escadaria. Voltamos ao segundo subsolo e exploramos outro longo corredor que não tínhamos visto da primeira vez. Havia mais espaço imobiliário no subsolo do que no edifício em si.

Um sujeito alto e barbudo estava em pé junto a uma porta, fumando.

— Oi — disse ele.

— Oi — falei. — Com licença, você ensaia aqui?

— Sim — respondeu o cara, estendendo a mão e dizendo, quase formalmente: — Gibby Haynes. Sou membro dos Butthole Surfers.

Apertei a mão dele.

— Moby — respondi. — Acabei de me mudar lá para cima.

— Você é artista plástico?

— Não, sou músico.

— Ah, legal. Bem-vindo ao prédio.

— Você sabe quem mais aluga espaços aqui? — perguntei.

— Bem, além de nós tem o Iggy, o Sonic Youth, o Helmet, Sean Lennon, os Beastie Boys e algumas outras pessoas — explicou, enquanto alguém atrás dele aproximava o instrumento do amplificador e gerava uma microfonia. Ele apagou o cigarro e voltou para o ensaio.

— Ok, Moby, vejo você mais tarde — disse, desaparecendo em meio ao barulho.

Lee e eu subimos outra escada até o primeiro porão e, em seguida, até o térreo. Quando enfim chegamos à calçada, ele disse:

— Sinto como se tivesse passado um ano lá embaixo.

— Eu sei, é como as catacumbas. O que mais você acha que há lá embaixo?

— Ouro nazista?

Do outro lado da rua do meu novo edifício algumas idosas italianas estavam sentadas em cadeiras de jardim na rua. Mais atrás, caras barrigudos jogavam dominó em uma mesa dobrável. Um homem vestindo uma camiseta branca e apertada armara uma churrasqueira portátil na calçada e estava assando linguiças.

— Você mora no filme *Os Bons Companheiros* — brincou Lee.

— Com os Butthole Surfers — falei.

20

FINAS CORTINAS CINZA

Eu estava indo a Londres pela terceira vez em dois meses, para fazer um show para a Kiss FM e para minha primeira apresentação no programa *Top of the Pops*. "Go", aquela canção excêntrica que eu gravara na sala de estar de Jared em uma aparelhagem de algumas centenas de dólares, estava agora entre as dez mais do Reino Unido.

Eu estava sentado num pequeno assento azul da British Airways, lendo um livro de Arthur C. Clarke e comendo um sanduíche de pasta de amendoim e geleia que levara de casa.

O passageiro ao meu lado estava lendo a seção de entretenimento de um jornal inglês. Olhei por cima do ombro do cara enquanto ele lia um perfil de Bryan Adams. Havia uma lista com os dez melhores filmes. Os dez melhores livros. Os dez melhores discos. E, na lista dos dez melhores singles, estava "Go", entre Michael Jackson e Phil Collins.

Estávamos em algum lugar sobre a Nova Escócia; alguém diminuiu a potência das luzes para que as pessoas pudessem dormir enquanto voavam sobre o Atlântico Norte. Desliguei minha luz de leitura e fechei os olhos, ouvindo o rumor suave do avião. Mas não conseguia dormir. Eu me sentia como um macaco doidão de metanfetamina, meu cérebro pulando entre o entusiasmo e o pânico cegos. Eu apareceria no *Top of the Pops*, o maior e mais icônico programa musical de TV da história dos maiores e icônicos programas musicais de TV.

Tentar dormir era inútil, então liguei minha luz de leitura de novo. Talvez ler Arthur C. Clarke pudesse me acalmar. Eu me distrairia com alienígenas, esquecendo-me de que em 36 horas faria uma imitação de mim mesmo com um teclado alugado e uma bateria eletrônica quebrada diante de uma câmera de TV. Li Arthur C. Clarke enquanto voávamos sobre a Islândia e a Irlanda, e finalmente pousamos no aeroporto de Heathrow.

Fiquei sob as luzes ofuscantes na fila da imigração, olhando para todos aqueles viajantes exaustos e supondo que eu seria mandado de volta para casa. Aquela era uma nova fobia para mim: eu já havia ido à Europa algumas vezes, e sempre que passava pela imigração achava que seria recusado, não importando em qual país estivesse tentando entrar. Contudo, após noventa minutos de espera, passei pela imigração inglesa e saí para a rua.

A gravadora enviou um carro para me buscar. Sentei-me no banco traseiro e vi Londres se desdobrar à minha frente: os automóveis ingleses com suas grandes placas amarelas e brancas. As casas decrépitas em estilo Tudor entre o aeroporto e a periferia da cidade. Os jornaleiros vendendo tabloides com manchetes sensacionalistas: PRIMEIRO-MINISTRO ESTUPRA O PAPA NA CASA BRANCA! CHOCANTE! MADONNA COME SEUS BEBÊS GAYS! HORROR!

Após duas horas no trânsito, chegamos ao hotel. Mas não era um hotel. Era uma casa cinza e triste numa estrada cinza e triste numa parte decadente de Londres. O tipo de lugar onde os diretores ingleses fazem filmes deprimentes sobre a classe operária desesperançada: "Cale a boca, Violet, não posso voltar para o meu emprego, a mina fechou."

Eric, meu novo empresário, me esperava do lado de fora da casa. Nós tínhamos nos conhecido em Nova York havia um ano e eu lhe pedira para ser meu empresário, mesmo que ele nunca tivesse de fato agenciado alguém. Ele era um sujeito alto, germânico e parecia confiável. Além disso, eu não conhecia nenhum empresário de verdade em tempo integral.

— Bem-vindo à ensolarada Inglaterra! — disse ele, em meio à garoa.

— É este o hotel? — perguntei.

— É uma pensão. Meu escritório fica aqui perto. Pareceu-me uma boa escolha — explicou ele.

— Certo — retruquei, olhando para a fachada da casa cinza e triste. Nós entramos no vestíbulo, e uma senhora me deu a chave do meu quarto. Ela trajava um vestido bege puído e lia o *Daily Mirror*.

— Aqui está a sua chave — resmungou ela. — Seu quarto fica no segundo andar e o banheiro, no fim do corredor. Aqui está sua toalha.

Ela me entregou uma toalha que claramente fora usada na Segunda Guerra Mundial para enxugar sangue infectado de doenças nos porões das enfermarias.

— Certo, pop star — disse Eric. — Venho buscá-lo à uma da tarde para irmos à Kiss FM.

Ou seja, dali a uma hora.

— À uma da tarde? Não posso dormir mais um pouco?

— Você não dormiu no avião? Temos uma grande entrevista às 13h30, na Kiss.

Fiquei ali, segurando minha toalha áspera.

— Ok, vou tomar banho.

A mulher de vestido bege disse:

— O chuveiro custa 50 pence por cinco minutos.

Fiquei confuso.

O chuveiro era pago?

— Cinquenta pence? — perguntei.

— Você coloca 50 pence no chuveiro e terá cinco minutos de água — disse ela, bruscamente.

Subi a escada. Meu quarto era frio e tinha uma pequena janela voltada para a parede da casa ao lado. Desci a escada para falar com a senhora.

— Hum, como faz para ligar o aquecimento no quarto? — perguntei.

— O aquecimento ainda não está funcionando. Só é ligado no inverno.

Ela voltou a ler o tabloide. Eu quase disse "Mas estamos em novembro e está frio", mas não queria que ela debochasse de mim por ser um americano delicado.

Voltei para o quarto. O cômodo tinha duas camas de solteiro, separadas por uma mesa de cabeceira com manchas de cigarro. A única luz vinha de uma pequena luminária no teto e da pequena janela encardida. *Serão apenas dois dias*, pensei. Deitei-me na pequena cama e adormeci.

Uma hora mais tarde, Eric estava batendo na porta.

— Moby, vamos, precisamos ir!

Acordei desorientado. Onde eu estava? Ah, Londres.

— Desço em um minuto — gritei.

Peguei minha escova de dentes e fui até o banheiro compartilhado. Alguém tinha acabado de sair dali, e o lugar cheirava a cigarro e a diarreia. Escovei os dentes depressa e desci a escada.

— Que tal o hotel? — perguntou Eric.

— Não é um hotel, Eric. É um triste asilo dickensiano.

Ele riu.

— Então o pop star agora é uma prima-dona?

Eric e a esposa moravam ali perto, em uma bela casa. Ele não precisava pagar 50 pence por uma chuveirada de cinco minutos nem escovar os dentes enquanto respirava a fumaça e a diarreia de um estranho.

— Vamos — chamei.

Na Kiss FM, sentei-me na cabine de rádio trajando meu jeans e moletom com capuz, piscando e tentando encadear frases. O locutor provavelmente pensou que eu estava de ressaca e exausto após uma noite de festa com tietes no Four Seasons. Eu queria dizer para ele: "Estou cansado e hospedado em uma casa mortuária que deveria ter sido destruída durante a Segunda Guerra Mundial."

Após a entrevista, fomos ao Neal's Yard para almoçar. Pedi pastéis veganos, bolinhos veganos, cuscuz vegano e tudo de vegano que estivesse disponível. Sentamos do lado de fora, no frio, e comemos.

— Você come muito para uma pessoa tão pequena — observou Eric.

Eu ri.

— Talvez algum dia eu seja grande e gordo como você.

Ele também riu.

— Qual é a agenda? — perguntei.

— Bem, hoje à noite temos um jantar com o pessoal da Outer Rhythm, depois o show da Kiss FM às onze, no Astoria. Amanhã temos que estar no *Top of the Pops* às nove da manhã e o programa entrará ao vivo às oito da noite.

Aquilo não me pareceu correto.

— Vamos ter que ficar onze horas no *Top of the Pops*?

— É assim que eles trabalham.

Terminamos de comer e Eric me deixou na triste pensão cinza. Decidi investir em um banho. Havia um aquecedor elétrico que funcionava com moedas dentro de um boxe de vinil mofado. Inseri uma moeda de 50 pence no aquecedor, que começou a roncar e a zumbir. Finalmente ele verteu um fio de água morna. Tirei a roupa e entrei no chuveiro, tentando não tocar nas paredes, porém tudo o que consegui foi ficar molhado e com frio. Saí e tentei secar a água fria da minha pele com a áspera toalha verde.

Alguém bateu à porta e reclamou:

— Anda logo!

— Só um minuto — falei.

Vesti minha roupa. Eu estava usando o que achava ser uma camiseta rave descolada, jeans do Kmart e um suéter preto. Abri a porta: um velho com uma cabeça enorme me olhou feio no corredor.

— Não é para demorar tanto assim, porra — reclamou ao passar por mim.

Voltei para o quarto, deitei-me na cama usando todas as minhas roupas e dormi como um cadáver.

Algumas horas mais tarde, Eric bateu novamente na porta.

— Vamos, pop star! Hora do jantar!

— Só um segundo — falei.

Calcei os sapatos e abri a porta. Eric olhou para o meu quarto.

— Bem, isso é deprimente — observou.

Fomos a um restaurante vegetariano chamado Manna, em Primrose Hill. Era um lugar limpo e quente e metade do menu era vegano.

— Posso passar a noite aqui? — perguntei para Eric.

— Não seja um bebê chorão — retrucou ele.

Depois do jantar, fomos até o Astoria para o programa de rádio. Meu camarim era um pequeno closet com uma cadeira de plástico preta e duas lâmpadas em cima de um espelho.

— É tão deprimente quanto o seu hotel — disse Eric, o comediante germânico. — Você deve estar se sentindo em casa.

Olhei para a ordem de entrada. Eu tocaria dez minutos, depois do Dream Frequency e antes do K-Klass.

— Eu vou tocar por dez minutos? — questionei.

— Sim — disse Eric. — Você toca "Go", e depois talvez devesse tocar "Go" outra vez.

— Eu vou tocar "Go" e "Rock the House" — falei. — Parece uma boa ideia?

— O pop star aqui é você.

Eric e eu subimos ao palco. O show era em um teatro antigo e venerável, mas parecia uma rave. O ar cheirava a Vick VapoRub e a multidão acenava com bastões luminosos na mão, soprava cornetas e assobiava. No palco, o

Dream Frequency tocava o seu hit "Feel So Real". Era uma faixa rave perfeita, com pianos saltitantes, vocais lamuriosos de disco music e sintetizadores que soavam como serras circulares. O palco estava repleto de cantores, dançarinos e tecladistas, e estava tudo uma loucura. A música soava incrível e eu estava petrificado.

— Como tocar depois disso? — perguntei para Eric.

Ele sorriu.

— Você vai se sair bem.

O Dream Frequency terminou de tocar "Feel So Real", acenou para a multidão e deixou o palco.

O MC disse:

— Incrível! Os maiores sucessos do Dream Frequency!

Enquanto ele falava, o equipamento do Dream Frequency era retirado do palco e substituído pelo meu triste teclado Yamaha SY22 alugado.

— E agora, direto de Nova York, Moby Go!

Eu já me acostumara a ser apresentado como "Moby Go". Devido à diagramação da capa do meu single, muitos britânicos achavam que meu nome era "Moby Go".

Corri para o palco quando "Go" começou a tocar. A multidão gritou, mas entrei em pânico porque o teclado não estava ligado e eu sequer tinha um microfone. A multidão não se importou: três mil pessoas dançavam e gritavam "Go!" a plenos pulmões. Bati no teclado desligado e gritei "Go!" mesmo sem ter um microfone.

A música terminou e o MC voltou.

— Incrível! O maior sucesso de Moby Go! Agora, os favoritos de Manchester, o K-Klass!

Alguns roadies correram para o palco, pegaram o teclado e saíram correndo. Fiquei ali parado, confuso. Eu não deveria tocar uma segunda música?

— Vamos lá, companheiro, desça da merda do palco! — rosnou um dos roadies. Saí correndo dali.

— Foi ótimo! — disse Eric. — Eles adoraram!

— Mas meu teclado estava desligado e eu não tinha microfone. E quanto à segunda música? — perguntei.

— Ah, eles estão atrasados, por isso estão cortando a segunda música de todo mundo. Eles me disseram isso enquanto você tocava.

Pensei um pouco.

— A música ficou boa? — perguntei.

— Ficou incrível! Você não viu a multidão?

— Mas eu não estava fazendo nada.

— Não importa. Eles adoraram.

Fiquei por ali e vi o restante do show: Orbital, 808 State, The Prodigy. Era como ouvir minha coleção de discos. Após o show, Eric me levou de volta ao suposto hotel. Era uma da manhã e eu teria que estar de pé às 8h30 por causa do *Top of the Pops*. Dormir seria inteligente, mas mesmo sem ter dormido muito nas últimas 36 horas eu me sentia completamente desperto. Saí para dar uma volta.

Caminhei até uma rua que eu imaginava ser movimentada, mas todas as lojas estavam fechadas. Alguns ônibus e táxis passavam, deixando cheiro de diesel no ar. Caminhei uns dois quilômetros antes de começar a chover. As únicas lojas abertas eram as mercearias paquistanesas: pequenos feixes de luz nas amplas ruas vazias. Elas vendiam leite, sucos, legumes, fitas VHS, revistas e fitas cassete de música pop paquistanesa. Parei em uma delas, comprei um suco de laranja, olhei alguns jornais estrangeiros e continuei andando.

Cheguei a um viaduto e olhei para a ferrovia lá embaixo. Londres se espalhava à minha frente, adormecida. Por que aquela cidade era tão quieta? Londres foi o lugar onde a música nasceu e de onde se espalhou pelo mundo em seguida. Quando criança, eu imaginava que Londres era como a Times Square, cada centímetro um tumulto barulhento e cheio de atividade. Lembrei-me de uma letra do The Clash, "London's Burning": "*I run through empty stone because I'm all alone*" [Corro pelas pedras vazias porque estou sozinho], o que fazia sentido.

Um ônibus noturno passou, as poucas pessoas dentro do veículo olhando para a frente e iluminadas pela fria luz fluorescente. Meus sapatos estavam ficando encharcados pela chuva. Andei mais uma hora e voltei à minha choupana. Eram cinco horas da manhã e eu teria de acordar dali a três horas. Uma tênue luz cinza atravessava as finas cortinas cinza. Deitei-me vestido sob o cobertor infectado de varíola e tentei dormir.

— Pop star! Este é o seu grande dia! Acorde! — gritou Eric no outro lado da porta. Eu já estava vestido, então calcei meus tênis molhados.

Eu crescera vendo duas Inglaterras diferentes na TV. Havia a Inglaterra bucólica, com universitários espirituosos em barcos que seguiam lentamente por rios calmos e lagoas ensolaradas, com pétalas de flores flutuando na superfície. E havia a outra Inglaterra, a chuvosa e fria, o cenário para todos aqueles filmes sobre pessoas fracassadas esperando para morrer em conjuntos habitacionais do governo. Aquele era o país que dera origem ao Joy Division. Se Ian Curtis tivesse nascido em Palo Alto, provavelmente estaria administrando uma rede de lojas de café orgânico e casado com uma professora de ioga.

Desci a escada. Eric estava me esperando, grande e alegre.

— Bom dia! — disse ele. — Você está pronto para se tornar um grande astro?

— Eu quero dormir.

— Ora, vamos lá, é o *Top of the Pops*.

Entramos no carro e fechei os olhos. Eric sintonizou na Radio 1. Estavam tocando "Go".

— Viu, é um enorme sucesso! — disse ele, entusiasmado.

Cochilei durante o trajeto até o estúdio da BBC, minha cabeça batendo contra a janela fria. Quando chegamos, Sally, da gravadora, veio ao nosso encontro.

— Bem-vindo ao *Top of the Pops*! — disse ela. — O primeiro ensaio será daqui a duas horas. Em seguida, haverá um segundo ensaio à uma da tarde, ensaio de câmera às quatro, um ensaio geral às seis e, então, o programa ao vivo às oito da noite.

— É normal ter tantos ensaios assim? — perguntei.

— Bem, não é normal. Mas é o *Top of the Pops*.

Ela me levou até o camarim e eu quase chorei de alegria. O lugar era pequeno, mas tinha aquecedor e estava quente. Havia uma fileira de janelas voltadas para o telhado do estúdio, molhado de chuva. No entanto, o mais importante é que tinha um banheiro privativo, com chuveiro.

— Posso ficar aqui o dia todo? — perguntei.

Ela riu.

— O lugar é todo seu.

— Vou tomar um banho e dormir alguns minutos. Tudo bem?

Ela assentiu.

— Eu chamo você para o primeiro ensaio.

Tirei minha roupa fedorenta de viagem e fiquei no chuveiro durante dez minutos ininterruptos. A água estava quente e, pela primeira vez em dias, eu estava limpo. Eu me sequei e me deitei no sofá. A chuva pingava nas janelas velhas, o vapor fazia retinir o aquecedor antigo, e eu me sentia em paz. Fechei os olhos e ouvi uma batida à porta.

— Moby? Primeiro ensaio em cinco minutos!

Atravessamos um labirinto de longos corredores sem janela e chegamos ao estúdio.

— Quem mais estará no programa? — perguntei para Sally.

— Bizarre Inc., Dream Frequency, New Order, U2 e Phil Collins — disse ela.

— U2? New Order? Sério?

— Acho que sim. Descobriremos em um minuto.

Chegamos a uma porta gigantesca com uma luz vermelha piscando mais acima. O segurança disse:

— Bem-vindo ao *Top of the Pops.*

Então ele abriu a porta. Eu nunca estivera em um estúdio de TV.

O estúdio era enorme, com pé-direito de doze metros e seis palcos. Havia câmeras por toda parte, e os cinegrafistas treinavam seus movimentos com gigantescas gruas pretas. Eric se juntou a nós e entregou uma folha para Sally.

— Esta é a lista — disse ela. — Hoje à noite você tocará com New Order, Bizarre Inc., Dream Frequency, Slipmatt and Lime e Phil Collins. O U2 se apresentará de outro lugar.

— Então o U2 não está aqui?

— Não, eles estão em Nova York.

— Tirando Phil Collins, todos os grupos são de dance music — observei.

Eu me abaixei sob uma grua de câmera e subi no pequeno palco onde me apresentaria. Ali estavam o meu teclado alugado, além da bateria eletrônica e do Octapad emprestados. Nada estava ligado.

— Será que eles ligam a aparelhagem antes da transmissão? — perguntei.

— Não — respondeu Eric. — Alguns artistas cantam ao vivo, mas a maioria faz mímica com os instrumentos.

Olhei ao redor da sala: o New Order estava ensaiando em seu palco. Eu tinha uma adoração obsessiva pelo Joy Division e pelo New Order. Agora, via Bernard Sumner, Peter Hook e Stephen Morris a dez metros de mim. Após o New Order, o Dream Frequency fez a passagem de som, seguido do Bizarre Inc.

Então foi a minha vez: fiquei atrás do meu equipamento desligado, pulei um pouco e gritei "Go" ao microfone, que também estava também desligado. Eu não entendia a necessidade de uma passagem de som se todo mundo apenas fingia estar tocando, mas eu nunca estivera na TV antes e talvez não conhecesse todas as variáveis.

Quando terminei, olhei para Phil Collins; ele me encarava irritado e confuso. Havia participado do *Top of the Pops* inúmeras vezes, mas sempre acompanhado por bandas com baterias e guitarras. Agora, estava cercado por DJs, sintetizadores e cantores de disco music. Poucos meses mais tarde, lançaria "I Can't Dance", com o Genesis, e gosto de pensar que foi inspirado pelo tempo que passou no *Top of the Pops* cercado por mim e por meus colegas de música eletrônica.

Ao fim da passagem de som, uma voz explodiu nos alto-falantes: "Ok, senhoras e senhores, o próximo ensaio será à uma da tarde." Voltei casualmente para o meu camarim, fingindo que tudo aquilo era normal. O pessoal do New Order caminhava ao meu lado. Não consegui falar com eles. Eu me sentia estranho até mesmo ao olhar para eles. Eles eram o New Order e tinham sido o Joy Division. Eu não servia sequer para limpar o chiclete de seus sapatos velhos. Se tivesse tentado falar com eles, eu teria balbuciado qualquer coisa incoerente, talvez caindo no chão e me retorcendo como um batista manipulador de cobras.

Voltei para o pequeno camarim e adormeci. Três cochilos e dois ensaios mais tarde, Sally apareceu com Guy, que fora até lá depois do trabalho.

— Sua roupa está pronta? — perguntou ela.

— Sim, só me dê um minuto — falei.

Eu pretendia usar um par de calças amarelas que encontrara no Exército da Salvação e uma camiseta verde coberta de setas. Achei a roupa descolada e futurista, algo que Marinetti talvez vestisse caso fosse um músico techno careca, e não um aspirante a fascista.

Saí do camarim e Eric caiu na gargalhada.

— É isso que você vai vestir? — perguntou.

— Sim — respondi na defensiva. — Está bom?

— Bem, hum... — disse ele.

Sally parecia preocupada.

— Está bom? — perguntei a ela.

Ela não disse nada.

Guy veio em meu socorro.

— Os caras de uma boate chamada Rush lhe deram uma camiseta, gostaria de usá-la?

Tirei minha camiseta de setas futuristas e vesti a oferecida pela Rush.

— Muito melhor — disse Eric. — Você parece quase moderno.

Entramos no estúdio de TV para a transmissão ao vivo e a energia era completamente diferente daquela dos ensaios: as luzes piscavam, todos os músicos estavam bem-vestidos e o estúdio estava lotado de espectadores. Às oito da noite, as luzes se apagaram e os apresentadores começaram o programa.

— Em 37º lugar esta semana, New Order, com "World in Motion"!

A plateia se aglomerou ao redor do palco do New Order, a música terminou, o público aplaudiu, os apresentadores foram até o palco seguinte, até que, enfim:

— Em décimo lugar esta semana, direto de Nova York, Moby Go!

Minha música começou. Pulei no palco, batuquei no teclado, gritei "Go!" e golpeei o Octapad. E, em três minutos, antes mesmo de me dar conta do que estava acontecendo, acabou. Fui retirado às pressas de meu pequeno palco por um assistente do *Top of the Pops* e atravessei o corredor de volta ao camarim.

Pouco depois, Eric entrou.

— Como me saí? — perguntei.

— Legal, mas talvez da próxima vez você devesse dançar um pouco menos.

— Você acha? Mas o que devo fazer?

— Não sei, apenas toque teclado e batuque na bateria eletrônica.

— Tudo bem — falei, um tanto magoado.

Guy e Sally entraram no camarim.

— Foi ótimo! — elogiou Guy.

— Muito bom, Moby! — disse Sally, sorrindo.

Depois de mais algumas felicitações, Eric disse:

— Vamos deixá-lo sozinho para você trocar de roupa.

Tirei as calças amarelas futuristas, a camiseta da boate Rush e entrei no chuveiro. A adrenalina me abandonou e eu murchei como um balão no fim da festa de aniversário de uma criança de seis anos. Nada daquilo fazia sentido para mim. O que eu estava fazendo ali? Morar numa fábrica abandonada em uma vizinhança dominada pelo crack fazia sentido para mim. Fazer shows de punk rock para dez pessoas em um bar escuro fazia sentido para mim. Andar por Nova York deixando fitas cassete em gravadoras fazia sentido para mim, mesmo sabendo que ninguém as ouviria. Mas voar para a Inglaterra e aparecer em programas de TV confundia por completo a minha alma. O *Top of the Pops* era o mundo do New Order. Era o mundo de Phil Collins. Eu adorara aquilo, talvez até demais, só que não era o meu mundo.

Do nada, me senti solitário. Imaginei como teria sido aquele dia se eu tivesse uma esposa ou uma namorada, alguém que se sentasse comigo no sofá do camarim e acariciasse minha cabeça enquanto eu tentava superar o jet lag e a ansiedade.

Ajoelhei-me no chuveiro sob a água quente e rezei.

— Deus, não sei o que estou fazendo. Por favor, me ajude.

O pessoal da Outer Rhythm nos levou para jantar e, depois, Eric me levou de volta ao meu asilo de Dickens.

— Você acabou de tocar para metade da população da Inglaterra — disse ele, de repente sério. — Parabéns, Moby.

No dia seguinte, fui até o aeroporto de Heathrow para pegar o avião de volta a Nova York. Eu estivera no *Top of the Pops*, uma instituição criadora de ídolos. Caminhei pelo terminal esperando encontrar uma multidão me pedindo autógrafos, mas ninguém notou a minha presença. Passei pela segurança e fui até o portão de embarque; ninguém se atirou aos meus pés implorando por uma foto ou querendo tocar a bainha do meu jeans do Kmart.

Embarcamos e eu me sentei em um assento no corredor da classe econômica, lendo meu livro de Arthur C. Clarke. Com duas horas de voo, as pessoas ao redor estavam dormindo ou assistindo ao filme *Robin Hood: o príncipe dos ladrões*. A aeromoça se agachou no corredor ao meu lado.

— Eu não quero chamar atenção — sussurrou. — Mas você não é Moby Go?

Fiquei assustado.

— Sim, sou eu.

— Vi você no *Top of the Pops* ontem à noite. Eu adoro raves e achei sua música incrível.

Ela tocou meu ombro e se afastou.

21

COLCHA FLORAL MARROM

Subitamente, me senti um profissional.

Em seis meses, eu tinha feito seis viagens ao Reino Unido, tocando ao vivo ou em trabalhos como DJ. Levei o teclado e o Octapad para a Califórnia e toquei em raves nas cidades de Los Angeles e São Francisco. Eu tinha ido a Berlim, Paris e Amsterdã (duas vezes). Em meu primeiro show na capital holandesa, o produtor pendurou cabeças de cabras de verdade sobre a pista de dança, pingando sangue na multidão. "Eles acham que as cabeças de cabra são falsas", sussurrou em meu ouvido antes do show. "Mas são reais!" Então teve um ataque de riso e desapareceu em um depósito para se drogar com sua namorada dominatrix.

Agora eu ia tocar em uma boate em Cleveland em um domingo à noite.

— Há uma cena rave em Cleveland? — perguntei ao meu agente de viagem. Pelo visto, havia.

Levei meu teclado guardado no estojo até a Grand Central e peguei um ônibus para o LaGuardia, um aeroporto menor e mais sujo em Nova York, o irmão nanico do JFK. Com teto baixo e paredes azuis desbotadas, o LaGuardia mais parecia um terminal regional de ônibus, e não um aeroporto internacional. Na verdade, só era um aeroporto internacional porque tinha voos de 45 minutos para Toronto. Ninguém jamais decolaria para Paris ou para Tóquio a partir do LaGuardia, mas sem dúvida voaria do LaGuardia para Cleveland.

Despachei o teclado, passei pela segurança, sentei-me perto do portão de embarque em uma cadeira de fibra de vidro da década de 1970 e li *Duna* enquanto comia um sanduíche de tomate preparado em casa. Fiquei feliz: eu tinha um sanduíche, um romance de ficção científica e um novíssimo Game Boy de 49 dólares. Eu tinha feito essa extravagância no dia anterior, mas estava guardando para o voo porque não sabia quanto tempo as pilhas durariam.

Taxiamos pela pista e decolamos em direção ao sol. Adernamos à esquerda sobre a ilha Rikers, e então, Manhattan se descortinou à minha frente, cercada de rios. No extremo sul, eu via as torres Zeckendorf, as coisas mais altas perto do meu apartamento. Passamos sobre o Upper West Side e sobrevoamos o Columbia Presbyterian Women's Hospital, no Harlem, onde nasci, em 1965.

No terceiro ano da escola, contei para as outras crianças que eu tinha nascido em um hospital para mulheres. Todos riram e me disseram que eu era uma menina: "Eles não deixam meninos entrarem em hospitais femininos." A lógica de sete anos delas era difícil de refutar, então reagi da melhor maneira que pude. "Eu não sou menina!", gritei, e fui para casa de mau humor para assistir a desenhos animados.

Enquanto sobrevoávamos Nova Jersey, liguei meu Game Boy e comecei a jogar *Tetris*. Desliguei-o quando começamos a descida, peguei o teclado na esteira das bagagens e saí para encontrar minha carona.

Fazer turnês em 1991 era algo baseado em esperança, boa vontade e faxes. Tudo era comunicado por fax: os dados do hotel, o local do evento, as informações do voo. Sentia-me especialmente profissional porque passei a ter minha própria máquina de fax, carregada com rolos de papel. Quando eu voava para algum lugar e pousava em um aeroporto, sempre estava segurando um maço de folhas de fax do produtor do evento. Em geral, um raver de dezessete anos me buscava no aeroporto, ouvindo fitas de techno na minivan da mãe enquanto me levava até o hotel.

Ao me afastar da esteira de bagagem em Cleveland, uma mulher bonita com seus vinte anos vestindo uma camiseta inspirada no álbum *Transformer*, de Lou Reed, acenou para mim e perguntou:

— Você é Moby?

Admiti que era.

— Meu nome é Jenna. Bem-vindo a Cleveland.

A caminho do hotel, bombardeei Jenna com perguntas sobre Cleveland: "O rio ainda pega fogo?" "O rio realmente pegou fogo?" "Como um rio pode pegar fogo?"

Ela riu e explicou que, no passado, o rio Cuyahoga de fato pegara fogo, mas que, nos últimos trinta anos, aquilo nunca mais tinha acontecido. Paramos em frente ao hotel, e ela disse:

— Há um ótimo restaurante vegetariano aqui perto. Que tal eu vir buscá-lo às sete da noite para jantarmos e depois irmos para o evento?

— Parece ótimo, obrigado — respondi.

Eu estava hospedado num hotel executivo genérico. Meu quarto tinha uma pintura de patos em uma lagoa, uma colcha marrom com uma estampa floral e barras de sabonete Dial novas no banheiro. Lavei as mãos com o sabonete, sentei-me na cadeira de escritório junto à escrivaninha e li *Duna*.

Às sete da noite, o produtor e sua namorada chegaram com Jenna ao saguão para me levar ao restaurante vegetariano local. O produtor do show tinha trabalhado, até pouco tempo antes, com música eletrônica industrial, promovendo shows do Skinny Puppy e Front Line Assembly. Então, havia um ano, ele estava em Los Angeles, foi a uma rave e seu mundo mudou. Ele ainda tinha uma tatuagem da banda Einstürzende Neubauten no braço, mas agora era um raver legítimo, usando calças largas e uma camiseta de mangas compridas da Fresh Jive. Sua namorada estava mais para o estilo gótico industrial, com cabelo preto assimétrico e uma camiseta da Bauhaus. Ambos eram vegetarianos, de modo que pedimos homus e conversamos sobre a cena rave. Eu acabara de conhecê-los, mas eles foram tão legais comigo que resolvi que seriam meus novos melhores amigos e que eu adorava Cleveland. Talvez eu deixasse Nova York e me mudasse para lá para comer homus com eles todos os dias.

Fomos ao local do evento, uma boate chamada Flats embaixo de enormes pontes de ferro na zona industrial da cidade. Eram nove da noite e eu tinha algumas horas antes de entrar em ação, então saí para uma caminhada às margens do rio. Caminhões atravessavam as pontes mais acima e o rio marrom de aparência sólida corria, indiferente, dizendo com resignação: "Já tive dias melhores." Eu me sentei alegremente em um cais à margem do rio, inalando produtos químicos e a decadência.

Ao voltar à boate, havia algumas centenas de pessoas lá dentro, todos dançando ao som dos hits do T-99, do single "James Brown Is Dead" e de discos belgas de rave. Havia alguns góticos com cabelos assimétricos nos cantos da boate. Os góticos não gostavam dos elementos disco da música rave. E, embora não usassem camisetas sorridentes de rave nem acenassem com bastões luminosos, estavam começando a abraçar a nova música eletrônica, mesmo que para eles não fosse sinistra o bastante.

O DJ tocou "Energy Flash", de Joey Beltram, e comecei a dançar entre alguns ravers, alguns góticos e um hippie solitário de olhos fechados. Os ravers descolados dançavam de um jeito que trazia a vaga lembrança de que estavam medindo um peixe ou construindo uma caixa com as mãos vazias. Eu simplesmente ocupei um espaço na pista de dança, sem medir peixes, simplesmente dançando mal ao som da música techno.

O produtor me encontrou enquanto eu dançava.

— Ei — gritou. — São onze da noite, quer entrar agora?

— Claro! — gritei de volta.

Entrei no palco e enfim o DJ parou de tocar. O produtor pegou o microfone e gritou:

— Cleveland! Diretamente de Nova York, Moby!

Comecei meu set com "Ah Ah", seguido pelo "Rainforest Mix" de "Go", "Electricity", "Voodoo Child" e "Next Is the E", terminando com "Rock the House". Corri pelo pequeno palco, pulando em cima do teclado, batendo no Octapad quase até a morte e gritando a plenos pulmões. A plateia media peixes e acenava com bastões luminosos. Durante e após cada música, os espectadores assobiavam e aplaudiam. No fim da apresentação, saí do palco encharcado de suor.

Eu estava encostado em uma parede nos bastidores, e uma gótica com cabelo pintado de vermelho se aproximou.

— Oi, me chamo Kim.

— Oi, me chamo Moby.

— Gostei muito do seu show.

— Ah, obrigado — respondi, sentindo-me suado, inseguro e grosseiro.

— Posso lhe trazer uma bebida?

— Eu não bebo, mas aceito um club soda.

Enquanto caminhávamos para o bar, ravers e góticos aleatórios me paravam para dizer que tinham gostado do show. Eu estava radiante. Aquele havia sido meu primeiro show nos Estados Unidos fora de Nova York e da

Califórnia. Os ravers aplaudiram e eu estava sendo levado até o bar por uma gótica atraente com piercings nas bochechas.

Jenna surgiu com sua camisa do Lou Reed e parecia entusiasmada, dizendo o quanto gostara do show. Então ela viu Kim e o brilho de seus olhos se apagou.

— Ah, oi, Kim — cumprimentou ela, secamente.

— Oi, Jenna — disse Kim, igualmente lacônica.

Houve um silêncio constrangedor.

Tentando soar adulto, perguntei para Jenna:

— Quer beber alguma coisa?

— Não, vou voltar ao trabalho. Fale comigo se precisar de uma carona.

— Ah, eu dou carona para ele — disse Kim, territorialista.

Jenna se afastou. Kim me puxou para perto e perguntou:

— Você quer um E?

Tive vontade de responder: "Ah, hum, sou um cristão careta e ingênuo que lê livros de *Jornada nas Estrelas*. Nunca tomei ecstasy e nunca tive um caso durante uma turnê." Mas disse apenas:

— Não, estou bem, obrigado.

Nossas bebidas chegaram. Ela engoliu sua pílula e a fez descer garganta abaixo com um spritzer de vinho branco, deixando marcas de batom vermelho-escuro na borda do copo. Então pegou minha mão e disse:

— Vamos dançar.

Fomos para a pista de dança, rodeados de ravers e góticos suados, bêbados e drogados. Alguns deles me davam tapinhas nas costas e gritavam: "Ótimo show!" Todo mundo estava sorrindo, e me senti como um cachorrinho, acalentado pela atenção daqueles alegres estranhos em Cleveland.

O DJ tocou o "Woodtick Mix" de "Go" e as pessoas na pista de dança aplaudiram. Kim se aproximou. Dava para sentir o cheiro de vinho branco em seu hálito e seus seios apertados contra o meu corpo. Então ela disse:

— Vamos?

Levei um instante para entender se ela estava fazendo um jogo de palavras com o título da música ou se ela queria mesmo ir embora.

— Vamos? Para o meu hotel? — perguntei.

Ela assentiu.

Kim me puxou pela mão para fora da pista de dança. Passamos pelo bar, pelos porteiros e chegamos ao estacionamento. Quando a porta da boate se fechou, tudo ficou muito quieto e silencioso.

— Qual é o nome desse rio? — perguntei, puxando papo e apontando para o rio escuro que fluía ao largo do estacionamento.

— Ah, não sei.

— Um rio não pegou fogo por aqui? — perguntei, sem saber sobre o que as pessoas conversavam antes de fazerem sexo casual.

Ela não respondeu. Entramos em seu Saturn azul e ela pôs uma fita do Nine Inch Nails no aparelho de som do carro.

— Ah, você gosta de industrial? — perguntei. — Gosto muito do Nitzer Ebb e do Test Dept.

— Eu adoro o Trent — disse ela, ligando o carro e saindo do estacionamento.

Enquanto dirigia, ela acompanhava a música que estava tocando, "Sin", e então pegou minha mão. Sua mão estava suada e ela começou a apertar a minha como se estivesse sovando massa de pão.

Chegamos ao meu hotel, mas eu não sabia o que fazer. Eu era solteiro e poderia fazer sexo casual, mesmo incerto em relação às eternas consequências teológicas de se transar com estranhos em quartos de hotel.

Criei coragem e perguntei:

— Você quer subir? — Três palavras simples, mas tão difíceis de pronunciar.

— Tudo bem.

Ela desligou o carro e guardou as chaves em sua bolsa de couro preto.

No meu quarto, ela perguntou:

— Você tem alguma coisa para beber?

— Hum, tem um frigobar logo ali.

Abri o frigobar, ela deu uma olhada, pegou uma garrafinha de Jack Daniel's e uma lata de Coca-Cola e preparou um drinque, deixando a lata e a garrafa na bancada do banheiro, ao lado da minha escova de dentes e do fio dental.

Kim olhou para mim, os olhos um tanto desfocados de ecstasy, vinho branco e Jack Daniel's. Ela tinha um cheiro forte de perfume genérico, mas eu queria beijá-la. Não queria me apaixonar por ela, comprar uma casa com ela nem criar pequenos veganos ao seu lado. Só queria beijar seus lábios de Coca-Cola e uísque em meu tranquilo quarto de hotel. Eu era cristão, porém queria mais noites como aquela, com mulheres bêbadas e drogadas deixando garrafas vazias de Jack Daniel's ao lado dos sabonetes em miniatura no banheiro.

Kim se sentou sobre a colcha floral marrom com sua bebida e começou a falar. Ela me contou sobre seu trabalho como cabeleireira. Contou sobre o ex-namorado com quem acabara de terminar, dizendo que ele era DJ e um babaca. Também contou sobre sua infância em Ohio e como queria se mudar para Los Angeles, embora não quisesse deixar os amigos de Cleveland. Sentei-me na cama e ouvi, me perguntando quando eu poderia beijá-la.

Ela parou de falar, então me inclinei e beijei seus lábios vermelhos brilhantes. Kim não correspondeu, então me retraí, confuso.

— Preciso dizer uma coisa — falou, terminando a bebida. — Quando criança, fui abusada sexualmente pelo meu padrasto.

— Meu Deus — exclamei. — Sinto muito.

Ela passou os trinta minutos seguintes me contando como era crescer nos subúrbios de Cleveland sendo abusada pelo padrasto. Sentei-me ao lado dela, calado. Quando terminou, Kim se levantou e preparou outro Jack Daniel's com Coca-Cola. Bebeu metade, pôs o copo na mesa de cabeceira e perguntou:

— Você quer deitar e me abraçar?

— Claro.

Então deitamos de conchinha sobre a colcha floral marrom. Após alguns minutos, percebi que ela estava chorando. Acariciei seu cabelo vermelho e retesado e a abracei. Ela enfim parou de chorar, e ficamos ali deitados na estranha calma de um quarto de hotel às duas da manhã.

Kim se levantou, terminou a bebida e ajeitou o vestido.

— Preciso ir — anunciou. Depois olhou para mim. — Tchau, Moby. Você é um amor.

Kim pegou a bolsa e saiu, fechando a porta silenciosamente. Deixou para trás um copo com a marca de seu batom escuro, duas garrafinhas vazias de Jack Daniel's e uma lata meio cheia de Coca-Cola. Eu podia sentir o perfume dela em minha camisa, misturado a fumaça de cigarro e névoa de boate rave.

Fui até o banheiro e esvaziei a lata de Coca-Cola no vaso sanitário.

22

LUZES ATRAVÉS DAS ÁRVORES

Meu agente no Reino Unido concluiu que seria uma boa ideia eu tocar em três shows em uma única noite, ao contrário do tradicional, burguês e preguiçoso "um show por noite". Supus que sua lógica fosse: a Inglaterra é muito pequena, as estradas estão vazias às três da manhã e três shows significavam três cachês.

Isso foi muito antes dos telefones celulares, do Google Maps e da navegação por computador. Era a época de contornar rotatórias suburbanas inúmeras vezes, comprar mapas em postos de gasolina e pedir informações de trajeto a moradores de rua viciados debaixo de pontes em Birmingham.

Eu estava hospedado em Maida Vale, no quarto de hóspedes de Mark Moore. Ele e o S-Express tinham um sucesso de dance music em primeiro lugar nas paradas, "Theme from S-Express", e era o maior astro pop que eu já conhecera ou com quem tivera uma conversa de verdade. Assim como todo mundo na cena da dance music, ele era jovem e tinha tropeçado no sucesso. A única condição que impôs para minha estadia em seu quarto de hóspedes fora que eu cozinhasse para ele.

Na primeira noite em Maida Vale, fui até a mercearia local e comprei tofu, arroz integral, gengibre, brócolis e óleo de gergelim. Fiz um refogado para ele. Mark comeu um quarto do prato, me encarou com um olhar terrível e disse:

— Certo, você pode ficar aqui. Apenas não cozinhe mais para mim, por favor.

Eu estava sentado na sala de estar com Mark, seu namorado e Jeff Mills, do Underground Resistance, falando sobre Berlim e novos discos techno. A campainha tocou e meu motorista subiu a escada. Meu agente tinha algumas pessoas em sua folha de pagamento cujo único trabalho era transportar DJs e ravers até boates e raves em todo o Reino Unido. As únicas qualificações para o trabalho eram ter um carro e conseguir ficar acordado.

O motorista entrou, viu Mark e o namorado de mãos dadas no sofá e disse secamente:

— Vou esperar no carro.

— Ops, o motorista deve ser homofóbico, querido — disse Mark.

Coloquei meus equipamentos no porta-malas do carro e me sentei no banco da frente, ao lado do motorista. Nenhum de nós mencionou o fato de ele talvez ser homofóbico e eu estar hospedado na casa de um pop star gay e seu namorado. A única função do motorista era me levar aos shows a tempo e recolher o dinheiro. O fato de ele ser homofóbico podia ser abominável, mas não o impedia de me transportar pela Inglaterra no meio da noite.

Seguimos para o leste de Londres pela estrada M25 e fomos até a Mr. B, a primeira boate da noite, em Essex. A Mr. B era um lendário ponto rave, uma vez que o Prodigy e todos os outros grupos de dance baseados em Essex tinham começado ali, tomado drogas ali ou transado no estacionamento da boate. Eu estava programado para entrar às onze, o que em termos de rave era o início da noite, quase fim de tarde.

Como o trânsito estava tranquilo, chegamos a Essex às 22h15. Estacionamos e levei o teclado e o Octapad até a casa noturna. Eu esperava que a Mr. B fosse um imponente armazém rave, tipo o Hacienda, em Manchester. Em vez disso, era um bar/discoteca de 1975 com seguranças grosseiros vestidos de preto e um sistema de som muito alto. Como quase todos os outros bares/discotecas do Reino Unido, a Mr. B tinha paredes pintadas de preto e carpete vermelho manchado, provavelmente roubado de algum bordel na Croácia.

Montei meu equipamento no palco e esperei dentro de um closet que um dos seguranças educadamente chamou de "bastidores". Havia duas cadeiras dobráveis e uma pequena geladeira contendo um frasco de maionese pela metade e algumas cervejas. Estava frio. Todo bastidor na Inglaterra é frio, sem exceção. O local pode ser quente, úmido e cheio de suor de ravers, mas os bastidores ingleses sempre me pareceram necrotérios imundos onde se podia ver a própria respiração.

Fiquei sentado sozinho por um tempo e, às onze da noite, subi ao palco e toquei os 25 minutos do meu set de rave. Havia cinquenta pessoas na Mr. B. Algumas empunhavam bastões luminosos e vestiam enormes camisetas de manga comprida. Outras estavam caprichosamente arrumadas e vestidas como executivos. O local estava 80% vazio, mas pulei, batuquei no Octapad, gritei "Go!" um monte de vezes, quebrei um microfone e terminei o show em pé em cima do teclado. As cinquenta pessoas aplaudiram educadamente e esperaram que o DJ voltasse a tocar sucessos de música techno.

Depois do show, o produtor foi até os bastidores para se apresentar. Ele era um pouco mais velho do que eu e vestia uma camiseta preta apertada. Estava tão chapado que seus dentes rangiam e seus olhos pareciam girinos, disparando pela sala em todas as direções.

— Ah, cara, que pena que não havia mais gente — disse ele, em um *staccato* movido a drogas. — Você deveria voltar às três da manhã, quando isso aqui realmente bomba!

— Obrigado, mas ainda precisamos ir a Coventry e a Birmingham.

— Hoje à noite? Porra, cara, três shows em uma noite? O que é isso?

Seus olhos vagaram da geladeira até a porta e, dali, até o meu rosto.

— Boa pergunta — respondi.

Ele bateu com uma força exagerada no meu ombro. Recolhi meus equipamentos e os guardei de volta no carro.

Fomos para o show número dois, na Eclipse, em Coventry. O Reino Unido é relativamente pequeno, mas parece indescritivelmente enorme quando se precisa viajar duas horas sem rádio ao lado de um motorista homofóbico e lacônico.

— O rádio não funciona? — perguntei.

— Alguém roubou o xmrsmmga — disse ele.

Presumi que ele estava usando algum termo técnico para rádios de carro, mas não consegui entender o que era.

— Roubou o quê?

— O xmrsmmga — repetiu.

— Tudo bem — falei.

Chegamos à Eclipse às duas da manhã. Meu motorista estacionou o carro e se recostou no assento para tirar um cochilo. Peguei o equipamento e entrei. A boate estava lotada. Os DJs estavam tocando música techno acelerada, o ar estava empesteado de fumaça e Vick VapoRub, e tudo e todos estavam cobertos de suor. Caminhei em meio à multidão, esbarrando em ravers de olhos arregalados de ecstasy. Encontrei um segurança e, gritando o mais educadamente possível, perguntei se ele sabia onde estava o produtor do evento. Ele apontou para um sujeito suado perto dos banheiros com as mãos entre as pernas de uma raver gordinha.

Fui até lá, interrompi-o com cautela e me apresentei.

— Ah, que maneiro! Moby Go, legal! — disse o produtor, cujas pupilas estavam tão grandes quanto tampas de bueiro. — Procure o Blackie, ele vai ajeitar o som para você. Está precisando de ecstasy, anfetamina, pó?

— Não, obrigado — gritei, mais alto que a música do Grooverider que estava tocando. — Onde está o Blackie?

— Atrás do DJ.

Ele voltou a enfiar as mãos entre as pernas da raver gordinha.

Abri caminho em meio à multidão e encontrei Blackie atrás da cabine do DJ, dormindo sobre uma caixa de som.

Em Nova York, eu e meus amigos da noite às vezes jogávamos um jogo chamado "Que droga ele usou?".

Se alguém na boate toca o seu rosto e diz que você é lindo, é quase certo que está ligado de ecstasy.

Se alguém está dançando devagar e olhando para luzes brilhando através de suas mãos, provavelmente está viajando no ácido.

Se alguém está sentado no chão olhando para os próprios pés, há chances de estar ligado de cetamina.

Se uma pessoa branca lhe diz que adora Haile Selassie, quase certamente andou fumando muita maconha.

E se alguém, nesse caso um técnico de som, está dormindo sobre um amplificador às duas horas da manhã, é seguro concluir que é um viciado em heroína.

Acordei Blackie e gritei:

— Onde posso montar o equipamento para o show?

Ele apenas ficou ali, claramente desejando voltar para o cochilo. Perguntei outra vez:

— Eu sou o Moby. Onde posso montar meu teclado?

Ele suspirou. Ou pensei que tivesse suspirado. Não se pode de fato ouvir um viciado cansado suspirando em uma boate às duas da manhã. Ele se levantou e, devagar, me acompanhou até o palco. Desempacotei teclado, bateria eletrônica, Octapad e DAT, depois montei tudo sobre caixas de metal no palco.

O DJ estava tocando jungle music a 180 BPM, e meu set incluía techno music a 135 BPM. Eu temia que, embora tivesse alguns singles de dance music top 40 do Reino Unido, a transição para um andamento mais lento fizesse o meu set parecer uma pedra afundando na água. Imaginei 1.500 ravers doidões de ecstasy à minha frente me olhando com desdém tão profundo que perfuraria até mesmo sua neblina de amor induzida pelo MDMA.

Às 2h30, o DJ parou de tocar, e um MC vestido como um mímico sem-teto me apresentou:

— Eclipse! Coventry! Diretamente de Nova York! Moby Go!

Toquei meu set de rave de 25 minutos, mudando um pouco a ordem das músicas, e não foi a pedra afundando na água que eu temia. A multidão amontoada dançou como louca. As luzes estavam caóticas e ofuscantes. O som era ensurdecedor. Fazia uns 40°C no palco e na pista de dança, e todo mundo suava mentol por todos os poros. Era uma grande, anárquica e impecável bagunça dionisíaca cheirando a Vick VapoRub.

Voar até o Reino Unido, comer comida ruim e tentar fazer três shows em uma noite de repente me pareceu ser a melhor coisa que eu já tinha feito na vida. Terminei o show sem camisa e de pé em cima do teclado. O público aplaudiu e assobiou enquanto o MC mímico morador de rua gritava: "Moby Go! Nova York na área!" Fui até o estacionamento e acordei o motorista. Ele entrou na boate e recolheu o dinheiro enquanto eu guardava meu equipamento coberto de suor e neblina de rave de volta no carro.

Seguimos em silêncio até o terceiro show da noite, na periferia de Birmingham. Aquele show prometia ser o mais emocionante, já que era uma verdadeira rave tradicional, em um campo no meio do nada. Tocar num grande campo a quilômetros de distância de tudo foi a melhor parte da turnê: atravessar uma estrada rural em algum lugar do Reino Unido, ouvir música techno ao longe e ver luzes piscando através das árvores foi mágico e muito significativo.

Eu estava programado para entrar no palco às cinco da manhã, mas, às 4h30, estávamos perdidos em algum lugar na periferia de Birmingham. Perder-se fazia parte da rotina de turnê. Mas aquilo não foi apenas uma desorientação cotidiana. Estávamos realmente perdidos. Nossa viagem de meia hora de Coventry até os arredores de Birmingham já estava demorando noventa minutos. Pegamos a mesma rotatória dez vezes. O motorista consultava o mapa e xingava.

— Existe alguma colina aqui por perto? — perguntei. — Se chegarmos a uma colina, talvez possamos olhar para o horizonte e tentar encontrar algo que se pareça com uma rave.

Demos a volta na rotatória pela décima primeira vez e encontramos uma colina junto a um antigo vilarejo. No topo, subi no teto do carro e vi as luzes da rave pairando no horizonte escuro, além das árvores e dos pastos.

O motorista atravessou pequenas estradas rurais em direção às luzes que eu tinha visto, até começarmos a ouvir música techno a distância. À medida que nos aproximávamos, conseguíamos ver as luzes acima das árvores. E, de repente, lá estávamos nós, rodeados por dez mil pessoas num campo em uma noite quente inglesa. Havia o palco techno, onde eu tocaria. Ao lado do palco techno ficava o palco de house music, ao lado do qual ficava o palco de jungle music e, no topo de uma colina, havia uma tenda lotada de pessoas drogadas com ecstasy, tocando as mãos umas das outras e trocando olhares carinhosos.

Por volta das 5h15, meu equipamento terminou de ser montado e o DJ parou de tocar. Olhei para o mar de milhares de ravers quando o MC ragga me apresentou:

— Techno pesado! De Nova York! Moby Go!

Toquei meu set techno de 25 minutos, começando com "Rock the House". Lasers verdes brilhavam sobre mais de dez mil pessoas e tocavam as grandes árvores às margens do campo. O sol estava nascendo e o céu mudava lentamente de cinza para rosa e, depois, azul-claro.

À minha frente, as pessoas dançavam como uma multidão de macacos em êxtase. Elas jogavam as mãos para cima e, quando meu set acabou e eu estava de pé sobre meu teclado molhado e danificado, aplaudiram como sempre imaginei que uma plateia deveria aplaudir. Era o tipo de som que só se ouve em um jogo de futebol ou em um show do Bon Jovi. Saí do palco sob a luz suave do amanhecer e uma brisa leve que soprava do leste.

Às seis horas da manhã, voltando para Londres, a homofobia do motorista já não me parecia tão perniciosa e a falta de um rádio não parecia tão estupidificante. Meus ouvidos ecoavam com o som de dez mil ravers em um campo na madrugada, todos gritando em sinal de alegria e aprovação.

23

CAPACETE AMARELO

Eu estava ao lado do palco em uma rave no centro de Manhattan, sem camisa e coberto de suor. Tinha acabado de terminar meu set e estava bebendo uma garrafa d'água quando uma mulher se aproximou vestindo um top minúsculo e gigantescas calças jeans de raver. Ela estendeu a mão e disse:

— Oi! Meu nome é Cara!

Ela era alta, bonita e tinha um cabelo branco brilhante, então a cumprimentei e perguntei se ela era modelo.

Cara sorriu e disse:

— Não, mas sou uma cidadã-modelo.

E então me apaixonei.

Cara era uma estilista que ia a raves e boates cinco noites por semana. Após um mês de namoro, frequentando raves e dormindo nos apartamentos um do outro, ela me levou até Louisville, no Kentucky, onde tinha crescido. Conheci seus pais e sua irmã, e Cara e eu dormimos na cama na qual ela dormia quando estava no ensino fundamental. Seu quarto em Louisville ainda era enfeitado com antigas faixas da 4-H, e as paredes ainda estavam cobertas com cartazes de David Hasselhoff e do New Kids on the Block. Mas sua mãe estava tentando criar chinchilas para vender, de modo que o quarto também era ocupado por várias delas em gaiolas.

— Sua mãe vai matar as chinchilas? — perguntei.

— Não, ela provavelmente vai acabar deixando as chinchilas viverem aqui como animais de estimação — respondeu Cara.

Então transamos em seu quarto de infância e adormecemos cercados por faixas da 4-H e chinchilas sarnentas.

Encerrando nosso fim de semana em Louisville, visitamos a fazenda dos avós de Cara. O avô, alto e lacônico, passeou comigo pelos pastos enquanto o sol se punha sobre a plantação de sorgo. Paramos para admirar uma de suas vacas e ele me perguntou de onde eu era.

— Cresci em Connecticut, mas sou de Nova York — respondi.

— O problema de Nova York são todos aqueles judeus — disse ele, simpático, enquanto acariciava uma cabra.

No aeroporto, falei para Cara:

— Eu gosto de você, mas sua família é assustadora.

Um dia após voltarmos a Nova York, deixando para trás as chinchilas e o avô antissemita de Cara, fui ao Dance Trax, na 3rd Street. Frankie Bones estava lá com uma bolsa cheia de panfletos de uma de suas Brooklyn Storm Raves.

As Storm Raves eram lendárias, e Frankie Bones era mais lendário ainda. Ele começara como DJ de hip-hop no Queens durante a década de 1980 e aos poucos se tornara o DJ de techno mais conhecido de Nova York. Ele me entregou um panfleto.

— Será uma honra recebê-lo — disse.

— Posso levar minha nova namorada e um amigo? — perguntei.

— Claro! Vou colocá-lo na lista com dois acompanhantes. Vejo você no sábado — disse ele antes de descer a 3rd Street com sua bolsa repleta de panfletos.

A Storm Rave seria em uma parte distante do Brooklyn, mais a leste do que Williamsburg. O ano era 1992, e eu não conhecia ninguém que tivesse se aventurado tão longe a leste no Brooklyn. Só conhecia uma pessoa que morava em Williamsburg; ele se mudara para lá em 1991 porque era muito barato. Ele e a namorada alugavam um apartamento de 280 metros quadrados com vista para o East River a 750 dólares por mês. Os dois adoravam o espaço, mas tinham de trazer comida no trem L de Manhattan, já que o bairro não tinha mercearias nem delicatessens.

Williamsburg era o lugar mais a leste em que eu já estivera, e, para chegar à Storm Rave, deveríamos ir muito, muito mais a leste, até uma parte do Brooklyn na qual os antigos cartógrafos escreveriam "Aqui há dragões".

Na noite de sábado, Cara, Paul e eu pegamos o trem na 1st Avenue. Na estação, consultamos o mapa do metrô.

— Para onde vamos? — perguntou Cara.

Apontei no mapa o fim da linha cinza do trem L, uma estação que eu nunca tinha ouvido falar até aquela semana.

— Aqui — respondi. Verifiquei o mapa no panfleto. — E depois andamos alguns quarteirões.

— Para onde você está me levando? — questionou Cara, com ar desamparado, quando o trem L parou na estação.

Após vinte minutos seguindo para o leste, éramos as únicas pessoas em nosso vagão no trem L, de modo que Paul e eu subimos nas barras presas ao teto e nos penduramos de cabeça para baixo.

— Desçam, vocês vão se matar! — exclamou Cara, rindo.

Paul e eu começamos uma luta livre de cabeça para baixo, pendurados feito macacos no teto do metrô e cantando a música de combate de *Jornada nas Estrelas*.

Paul gritou:

— Khan!

Nós rimos e descemos dali.

— Ainda não chegamos? — quis saber Cara.

Olhei para o mapa do metrô atrás do vidro riscado.

— São só mais três estações — falei.

— Ainda estamos em Nova York? — perguntou ela.

— Não, agora estamos em Rhode Island — respondi.

— Eu nunca estive em Rhode Island — retrucou ela.

Então Cara nos contou uma história sobre um amigo dela que tinha sido atacado no trem F na semana anterior. Alguns jovens o tinham assaltado, espancado, esfaqueado e o deixaram sangrando na plataforma. As pessoas passavam sem se deter, e uma mulher chegou a cuspir nele e falar: "Moleque branco idiota."

— Mas isso foi em Fort Greene — salientei. — Aqui no extremo leste do Brooklyn talvez a gente seja assaltado apenas por nossos órgãos vitais.

O trem chegou ao fim da linha. Desembarcamos, descemos na plataforma decrépita e subimos a escada até uma rua deserta.

— São onze horas de uma noite de sábado — disse Cara, observando a rua. — Será que estão todos mortos?

Seguindo o mapa ainda mais para leste, passamos por armazéns vazios e terrenos baldios. Ao dobrarmos uma esquina após passarmos por uma fábrica abandonada, ouvimos o *tum tum tum* de música techno.

— Acho que é a rave — disse Paul.

Dez ou vinte ravers usando calças gigantescas estavam do lado de fora de um armazém, fumando. Adam, primo de Frankie Bones, nos viu.

— Ei, Moby! — gritou. — Você veio! Entre!

Entramos no armazém e o ar estava denso com a névoa e com a música techno.

— Adam, quem está tocando? — gritei em meio ao barulho.

— Lenny Dee!

Vi toca-discos em uma plataforma no canto de uma sala enorme, com Lenny Dee tocando techno super-rápido para mil pessoas. Os ravers do Brooklyn e do Queens eram sujeitos musculosos e sem camisa, com gel no cabelo e cordões de ouro; já os ravers suburbanos eram nerds magrelos vestindo calças gigantescas e camisetas com carinhas sorridentes.

— Tem também um salão de house music! — gritou Adam. — Fica no fim desse corredor!

— Obrigado! — respondi. — Vejo você mais tarde!

Saímos do salão principal, atravessamos um corredor escuro e chegamos a um espaço com uma centena de ravers dançando house music.

— Gosto disso! — disse Cara, começando a dançar.

Paul e eu começamos a dançar também. O DJ tocou "Housewerk", do Airtight. Cara gritou:

— Moby! Eu adoro essa música! — Então começou a dançar como um Muppet empolgado.

Depois de dançar mais algumas faixas de house music, decidimos explorar o complexo da fábrica. Seguimos por outro longo corredor, passamos por alguns ravers transando nos cantos e atravessamos uma porta de metal corta-fogo. Do outro lado da porta havia um estacionamento lotado de caminhões e tratores.

— Que legal! — disse Cara, correndo para o estacionamento em direção aos tratores.

— Por que não tem mais ninguém aqui fora? — perguntou Paul, olhando para o estacionamento vazio.

— Vamos! — gritou Cara, subindo em uma retroescavadeira.

Ela encontrou um velho capacete amarelo e o colocou sobre o cabelo curto e claro. Ela estava coberta de glitter e vestia um top minúsculo feito com uma bandeira americana.

— Você parece um operário de construção civil alienígena! — gritei.

— Verdade! — concordou Cara. — Ei! Eles deixaram as chaves na ignição. Será que eu ligo?

— Hum — resmungou Paul.

— Sim! — falei.

Ela girou a chave e a retroescavadeira ganhou vida.

— Uau! — gritou Cara. — Vamos nessa!

Paul e eu pulamos na retroescavadeira e olhamos para as alavancas e os pedais.

— Como fazemos isso se mover? — perguntei.

— Já dirigi uma retroescavadeira na casa do meu tio — disse Paul. — Posso tentar?

Cara saiu do velho assento de vinil e Paul se acomodou no lugar. Seu cabelo estava tingido de azul e rosa, e ele usava um sarongue e uma camiseta velha dos Sex Pistols.

— Há dois pedais de freio — explicou, testando-os com os pés. — E um de acelerador.

Ele pisou no acelerador, fazendo o motor roncar um pouco mais alto.

— E essas alavancas fazem a retroescavadeira se mexer.

Paul empurrou uma alavanca e o veículo avançou.

— Uau! — gritou Cara.

— Você consegue manobrar? — perguntei para Paul enquanto avançávamos devagar em direção a uma cerca de arame.

— Não! — berrou ele.

Ouvimos alguém gritando e soprando um apito atrás de nós.

— É algum raver? — perguntou Cara.

Um segurança ofegante corria ao nosso lado, furioso.

— Que merda é essa que vocês estão fazendo? — gritou.

— Roubando uma retroescavadeira — retrucou Cara.

— Saiam daí! Desçam! — gritou ele.

Paul desligou a retroescavadeira e descemos.

— Eu deveria prender vocês, porra! — gritou o guarda, cuspindo em nosso rosto.

Paul murmurou:

— Vai nos prender? Vai nos colocar na prisão dos seguranças?

Deixamos o guarda revolvendo a sua fúria e voltamos para a rave.

— Vamos roubar de novo quando ele não estiver olhando — sugeriu Cara.

— Poderíamos voltar para Nova York naquilo — sugeri.

— Tecnicamente, estamos em Nova York — disse Paul, enquanto atravessávamos a porta de metal corta-fogo.

Dançamos por um tempo na pista de house music e, depois, voltamos ao enorme salão techno, onde o DJ Frankie Bones tocava um techno belga muito acelerado. Fui até lá para dar um oi.

— Ei, Frankie! — gritei mais alto que a música.

— Ei, Moby! — gritou ele, apertando minha mão. Então ele parou o disco e pegou o microfone.

— Storm Rave, vocês estão aí? — perguntou ao microfone.

Mil ravers do Brooklyn e dos subúrbios gritaram de volta.

— Eu perguntei se vocês estão aqui! — gritou.

Mil ravers do Brooklyn e dos subúrbios gritaram outra vez.

— Moby está na casa!

Frankie Bones deixou cair a agulha sobre o "Rainforest Mix" de "Go", e os ravers gritaram.

Cara começou a dançar e Paul disse:

— Moby, isso é uma loucura.

Apenas sorri. Alguns anos antes, eu vagava por Nova York na chuva, carregando um saco encharcado repleto de fitas cassete, na esperança de obter um contrato com alguma gravadora ou arranjar trabalho como DJ em algum bar ou boate. Agora, mil ravers dançavam a música que eu compusera e gritavam seu amor por mim em meio ao ar enfumaçado. Olhei em torno do armazém em ruínas para a minha linda e sorridente namorada e para a multidão de ravers felizes, todos dançando abraçados. Um enorme sorriso brotou em meus lábios e preencheu todo o meu corpo.

Eu não estava apenas feliz por mim, eu estava feliz por todos nós. Nenhuma grande empresa estava fazendo aquilo por nós; nós mesmos havíamos criado tudo aquilo — milhares de pessoas, em diferentes cidades ao redor do mundo. Havíamos aprendido a fazer música eletrônica, a trabalhar como DJs, a produzir discos de vinil e montar gravadoras e confecções. Estávamos alugando boates e armazéns e realizando eventos para milhares de pessoas que dançavam, extasiadas. Estávamos fundando revistas e emissoras de rádio e inventando novas formas musicais: música alegre, futurista, que era a trilha sonora daquele novo mundo que tínhamos criado. Eu não estava fazendo sucesso na música segundo as regras que algum velho criara havia décadas: eu estava fazendo sucesso em um panorama musical que meus colegas alegremente inventaram na véspera.

"Go" terminou e Frankie Bones tocou uma música mais antiga, "Anasthasia", do T-99. A multidão gritou e eu gritei junto.

Dançamos até as três da manhã e, então, Paul perguntou:

— Quando vamos voltar para a cidade?

— Vamos roubar outro trator! — sugeriu Cara.

A música estava ficando mais rápida. Os ravers ao nosso redor estavam banhados em suor e seus olhos estavam arregalados e desfocados. Em quase todas as noites, havia certo momento em que as drogas assumiam o controle. As pessoas começavam a dançar mais desatentas ou caíam pelos cantos. As conversas ficavam mais lentas e a música, mais sinistra. E geralmente era nessa hora que eu ia embora.

— Ok, talvez seja hora de ir — falei.

Do lado de fora do armazém havia uns cem jovens fumando e aparentando deslocamento naquela terra de ninguém de vazio urbano. Havia alguns carros de polícia parados em frente ao lugar, mas os policiais pareciam entediados. Fui até um deles.

— Você sabe onde podemos conseguir um táxi por aqui?

— Rá! — disse ele para o parceiro. — Ele quer um táxi.

— Acho que havia um táxi aqui em 1970 — disse o outro policial.

— Então não há táxis? — perguntei.

Ele cedeu.

— Andem cinco quarteirões naquela direção e chegarão a uma delicatéssen. Nos fundos há um serviço de minivans haitiano. Não é licenciado, portanto usem cintos de segurança.

— Obrigado, policial — agradeci.

— Como está a festa? — perguntou ele.

— Está ótima — respondi. — Muito divertida.

Ele riu.

— Voltem para casa em segurança, garotos.

Caminhamos cinco quarteirões em meio a ruas desoladas, encontramos a delicatéssen e, em seguida, o serviço de minivans em uma lojinha.

— Quanto é para nos levar até Manhattan? — perguntei para o haitiano atrás do vidro à prova de balas.

Ele largou o cigarro e olhou para mim.

— Você quer ir para Manhattan? São 3h30. Manhattan?

— Sim, por favor.

— Certo, 20 dólares?

— Parece bom — concordei.

— Ei, Jean, você gostaria de levar essa gente branca e gentil de volta para Manhattan? — perguntou o cara para um motorista sentado em uma cadeira e lendo o *Daily News*.

Jean se levantou.

— Claro.

— Meninos, o que vocês estão fazendo aqui no Brooklyn? — perguntou o encarregado.

— Fomos a uma rave! — respondeu Cara.

— Rave? — perguntou. — O que é rave?

— É uma grande festa de drogas! — disse ela.

O encarregado fez uma careta.

— Drogas fazem mal, destroem a sua vida — disse ele. — Agora, voltem em segurança para Manhattan.

24

TRILHÕES DE QUILÔMETROS

Meu voo de Nova York para Bruxelas aterrissou às dez da manhã em meio a um mar de neblina. Passei pela imigração e me sentei na calçada do lado de fora do aeroporto com meu teclado, uma pequena mala, um pouco de leite de soja e um pedaço de pão de trigo integral. Um homem alto trajando um casaco marrom se aproximou devagar.

— Você é o Moby? — perguntou.

— Sim, você é a minha carona?

Ele não disse nada, apenas se virou e caminhou em direção ao carro. Eu o segui. Saímos do aeroporto e viajamos com as janelas abertas durante noventa minutos, terminando em um pequeno vilarejo belga cercado por campos e vacas. Ele me deixou em um hotelzinho e disse: "Estarei de volta às nove da noite." E então foi embora.

O hotel era pequeno, e meu quarto ainda menor. Uma cama de solteiro, uma cadeira de madeira, uma pequena janela e um banheiro. Coloquei meu teclado em um canto, deitei-me na cama e adormeci. Acordei às seis da tarde, olhei para a pequena reprodução de Magritte ao lado da cama e lembrei que estava na Bélgica. Comi uma tigela de cereais e leite de soja, e, como era uma bela noite de verão, saí do hotel para caminhar pelo vilarejo.

Estava tudo fechado, então voltei para o hotel e li um dos últimos livros da série *Duna*, de Frank Herbert.

O sol se pôs às nove da noite, e o motorista não apareceu.

Às dez, comi um pouco de pão com pasta de amendoim que trouxera de Nova York, e o motorista não apareceu.

Às onze, caí no sono outra vez, e o motorista não apareceu.

Ele chegou à meia-noite.

— Onde você estava? — perguntei.

— Atrasado — respondeu, acendendo um cigarro e caminhando até o carro.

Cruzamos em silêncio estradas vazias pela paisagem belga e finalmente chegamos a um estacionamento perto de um rio.

— Onde é a rave? — perguntei.

— No barco — disse ele.

— Que barco?

— Aquele.

Ele apontou para uma longa barcaça. Peguei meu teclado e atravessei o longo e escuro estacionamento até a embarcação.

— Nunca toquei em um barco — falei.

O motorista não disse nada.

Atravessei uma prancha de metal, caminhei pelo convés e abri uma porta. As entranhas do barco emitiam um som ensurdecedor de música techno.

— Ei, me dê o seu teclado — disse o motorista.

Ele desceu uma escada de metal, desaparecendo em meio ao nevoeiro artificial.

— Isso é estígio! — gritei ao pé da escada, mais alto que a música techno que ecoava. Ele olhou para mim e percebi que aquilo era uma coisa esquisita de se dizer a um estranho na Bélgica.

— Estígio — falei, meio sem jeito. — Como o rio Estige.

— Eu sei o que significa "estígio" — retrucou ele, e percorreu um corredor de metal.

Atravessei uma pista de dança de teto baixo no fundo do barco e montei meu teclado em um palco improvisado. O produtor do evento se apresentou, me informou que eu entraria às quatro da manhã e desapareceu em meio à fumaça. Os corpos suados dançavam e se contorciam, o som era ensurdecedor, e eu não conseguia enxergar mais do que um metro e meio à frente. Havia mãos, corpos e rostos em meio ao nevoeiro, mas tudo parecia indefinido. Eu tinha umas duas horas antes de tocar e não queria fazer as vezes de fumante passivo no fundo de uma barcaça enferrujada, por isso encontrei a saída e ganhei o ar livre. O interior do barco era como uma pintura de Hieronymus Bosch, enquanto lá fora era uma noite tranquila e bucólica.

Eu me afastei do barco, o som da música techno diminuindo atrás de mim. Após cinco minutos não conseguia ouvir mais nada: nenhum som de automóveis, nenhuma música techno, nenhum barulho urbano, apenas o zumbido de alguns insetos.

Minha carteira e meu passaporte estavam no hotel; tudo o que eu tinha nos bolsos era a chave do quarto, um par de protetores de ouvido e uma fita DAT. Fiquei parado à margem do rio e me perguntei o que aconteceria se eu simplesmente entrasse na água e desaparecesse. Eu não estava triste. Não estava deprimido. Não queria morrer. Só queria cair no rio e deixar que a correnteza me levasse até o mar. Estar vivo era agradável e, na maioria das vezes, interessante. Mas havia algo de sedutor em desistir de tudo e afundar num rio escuro. Existencialmente, todas as escolhas pareciam arbitrárias, e quem era eu para reivindicar a compreensão de um universo de uns catorze bilhões de anos? Como saber se morrer afogado era melhor ou pior do que não se afogar?

Fiquei à beira d'água em um devaneio de meia hora. Foi reconfortante ficar parado em um só lugar, sentindo o ar na pele, sem me mover. Ao longe, vi um brilho de luzes; supus que fosse Bruxelas, mas semicerrei os olhos e fingi que era Nova York. Se caísse no rio, será que eu abriria os olhos e magicamente estaria olhando para a FDR Drive?

Não. Eu estava tendo alucinações de jet lag. Se caísse no rio, eu ficaria apenas molhado e com frio. Eu me virei e voltei para o barco. A música estava ainda mais alta, o ar ainda mais denso. O produtor me encontrou ao lado do palco decrépito.

— Você está pronto? — perguntou ele, fumando um baseado.

Atravessei o palco e verifiquei o teclado. Bati no microfone: estava ligado. Olhei para a multidão dançando na névoa e imaginei o barco se enchendo de água e todos nós nos afogando tranquilamente. Sem correr para a saída, sem nos agarrarmos uns aos outros para escapar, mas em silêncio, deixando a água suja do rio preencher nossos pulmões.

Paul acabara de fazer um filme experimental ambientado em outro planeta. No fim do curta, todos os personagens se afogavam alegremente em sua nave espacial. Supostamente, o afogamento representava uma graça. Pensar nisso me fez querer tocar um set diferente naquela noite: um set longo e lento. Aquilo nem mesmo seria música. Apenas longos tons em estilo Tony Conrad, ecoando no porão de metal subaquático daquela estranha e velha barcaça. Eu tocaria meus longos tons lentos e todos iríamos para o fundo do rio, os pulmões inundados de água turva.

De repente, o produtor estava no palco, gritando ao microfone.

— Direto de Nova York, Moby!

Afastei meu devaneio e comecei o show com "Ah Ah". Os primeiros golpes de sintetizador da música eram barulhentos e ameaçadores, e comecei a batucar no Octapad quando a bateria entrou. Eu não conseguia ver o público direito, mas, através da neblina, dava para ver que as pessoas estavam dançando. "Ah Ah" terminou e "Electricity" começou. Gritei e, em meio à névoa impenetrável, ouvi o público no fundo da barcaça gritando em resposta. "Go", "Next Is the E", "Rock the House", duas outras músicas rave, e, trinta minutos mais tarde, o set acabou, o público aplaudiu e o DJ começou a tocar "Evolution", de Speedy J.

Guardei o teclado e o Octapad, ambos cobertos por um miasma de fumaça e suor, e encontrei o motorista.

— Hotel? — perguntou.

— Sim, obrigado.

Saímos da barcaça estígia e chegamos ao hotel no pequeno vilarejo às cinco da manhã.

— Estarei aqui às sete da manhã para levá-lo ao aeroporto — avisou ele.

— É realmente importante — falei. — Tenho um grande show em Washington amanhã à noite. Não posso perder meu voo.

— Tudo bem — disse ele antes de ir embora.

Eu não estava cansado, o sol começava a nascer e eu teria de ir embora dali a duas horas. Então, em vez de tentar dormir, andei pelo vilarejo em uma pista arborizada. Após dez minutos, cheguei a um pasto de vacas.

— Olá, vacas — falei, não muito certo a respeito de como deveria me dirigir às vacas.

Assobiei para ver se elas se aproximariam. Elas ficaram ali, olhando para mim, mascando grama. Então também fiquei por ali.

Os ravers ainda estavam no porão da barcaça, olhando para as luzes estroboscópicas. Em Manhattan, era 0h30 e milhões de nova-iorquinos estavam se embebedando, dançando e transando. E eu estava em um campo na Bélgica, de pé à suave luz do amanhecer falando com vacas. Depois de um tempo, consultei o relógio: eram seis da manhã.

— Tchau, vacas — falei.

Elas ficaram ali, piscando.

De volta ao hotel, fiz alguns sanduíches de pasta de amendoim para comer durante o voo e levei meu teclado até o lobby. A proprietária sessentona estava sentada a uma mesa, bebendo café.

— Bom dia, você precisa de um táxi? — perguntou.

— Não, obrigado, estou esperando uma carona.

Fui até o meio-fio, sentei-me no estojo do teclado e assisti à mercearia em frente ser aberta. Às 7h15 comecei a entrar em pânico. O motorista atrasara três horas na noite anterior, e, mesmo que ele se atrasasse apenas trinta minutos naquela manhã, eu perderia o voo. Entrei de novo e perguntei:

— Você poderia chamar um táxi para me levar até o aeroporto?

Ela pegou o telefone e falou com alguém em flamengo. Dez minutos depois, chegou um Mercedes amarelo.

— Você precisa ir ao aeroporto? — perguntou o motorista idoso e fumante.

— Sim, por favor, estou com pressa — falei.

Corremos até o aeroporto e embarquei com apenas alguns minutos de antecedência. Assim que me sentei, construí um pequeno ninho contra a janela. Eu era como um rato, acolchoando minha cama com um travesseiro, dois cobertores, protetores de ouvido e uma máscara de dormir. Tudo de que eu precisava para concluir meu ninho eram alguns jornais rasgados e uma rodinha para fazer exercícios. Os deuses dos viajantes me concederam um lugar vazio à minha direita e um sujeito obeso desmaiado no assento do corredor. Logo estaríamos sobre o Atlântico e eu iria dormir. Cada parte do meu corpo doía. Meu cabelo doía. Meu baço doía. Eu só queria a suave bênção do sono.

Quando coloquei a máscara de dormir, uma voz em inglês irrompeu nos alto-falantes:

— Senhoras e senhores, apenas algumas palavras sobre o nosso voo. Sua segurança é a nossa preocupação número um, portanto...

Aquilo acabaria em breve e eu conseguiria dormir, disse para mim mesmo. Quatro minutos depois, ele concluiu com:

— Obrigado por voarem pela Sabena. Tenham um bom voo.

Fechei os olhos, apenas para ser acordado por uma explosão em alemão:

— *Beste damen und herren...*

Então ele começou a recitar a mensagem pré-voo em quatro outros idiomas, terminando em japonês.

Após vinte minutos, parecia que as mensagens haviam terminado, de modo que espiei sob a máscara. Haveria mais algum anúncio pré-voo? Haveria alguém do Hindu Kush precisando de instruções sobre como prender o cinto de segurança traduzidas em urdu? Eu sabia que Deus derrubara Babel porque estava irritado com todo aquele falatório. Presumo que, antes de derrubá-la, ele tenha dito: "Que todos se calem! Apenas calem a boca, por favor!"

O homem obeso no corredor roncava. Turistas japoneses liam livros de trás para a frente. Encostei-me à janela. Eu estava sentado em um assento barato e irregular, cheirando aos cigarros europeus de outras pessoas, mas adormeci.

Seis horas mais tarde, pousamos em Washington D.C. com os vinte minutos regulamentares de mensagens de "estamos aterrissando" em diversos idiomas. Eu já não estava irritado com a trilha sonora poliglota. Estava apenas tonto por saber que em breve veria minha namorada e tocaria músicas eufóricas em uma rave campestre. Eu era um anglo-saxão branco e religioso muito tenso, vindo de Connecticut, mas, na cena rave, eu renascera, sem vergonha e feliz. Quando criança, eu aprendera que havia emoções culturalmente aceitáveis e que a alegria não era uma delas. A felicidade na Nova Inglaterra era suspeita, a menos que envolvesse futebol americano, álcool ou dinheiro.

Agora eu fazia parte de uma cena despudoradamente alegre. Os títulos das músicas refletiam aquilo: "Everybody's Free", "Feel So Real", "Strings of Life". Para muitos ravers, a alegria era facilitada pelo uso de drogas, mas o espírito subjacente ainda era de comemoração e ausência de vergonha. Após décadas curvando os ombros e mantendo meus sentimentos em segredo, de repente eu podia jogar as mãos para cima em uma pista de dança ao lado de cem, mil ou dez mil pessoas e ser feliz.

O carro estacionou em frente ao hotel em Georgetown, o sol brilhando através das gigantescas janelas do hall de entrada. Atravessei as portas corrediças e lá estava Cara correndo pelo saguão em minha direção. Nós nos abraçamos e pegamos o elevador até o meu quarto. Contei para ela como tinha sido a minha viagem de 24 horas à Bélgica e ela me falou sobre ter comido sanduíches no Amtrak em sua viagem até Washington. No meu quarto, ela abriu as cortinas. Não muito longe dali, dava para ver o Monumento a Washington.

— Ah, caramba! — disse ela. — Dá para ver até o infinito!

Eu a agarrei, joguei-a na cama e comecei a beijá-la. Ela riu.

— Você não quer tomar um banho? — perguntou. — Você está sujo de avião!

— Certo, vou tomar um banho. Mas não tente se juntar a mim.

— Prometo — disse ela, com sinceridade.

Eu me despi e entrei no chuveiro. Cinco segundos depois, ouvi a porta do banheiro se abrir.

— Olá? — falei. — Se é a Cara, eu lhe disse para ficar fora do chuveiro.

— Sou eu, Cara. Você tem certeza de que não posso entrar?

— Essas são as regras — respondi.

— Tem certeza?

— Bem, só desta vez — falei, enquanto ela afastava a cortina do chuveiro.

Às nove da noite, saímos do hotel e fomos para a rave, a uma hora da cidade. Estacionamos atrás do palco e saímos do carro quando o DJ estava tocando "Everybody's Free", de Rozalla. Era uma noite quente, com uma multidão de ravers soprando apitos e erguendo as mãos para o céu. Cara e eu andamos pelo palco e olhamos para o campo repleto de ravers e bastões luminosos de néon.

— Eu quero dançar! — disse ela, puxando a minha mão como uma criança de sete anos.

Comecei a rir.

— Certo, vá dançar. Vejo você mais tarde!

Ela correu pela multidão. Fui até a colina atrás da rave, sentei-me na grama e tentei localizar Cara naquele mar de dez mil ravers em êxtase. Avistei-a ao longe, dançando com alguns jovens de mochila. O DJ tocava uma música que eu nunca tinha ouvido, repleta de breakbeats e pianos. Deitei-me na grama e fechei os olhos, sentindo o agradável peso que a música e o rigoroso verão do Atlântico exerciam.

Abri os olhos e olhei para o céu. Através da poluição luminosa, conseguia ver quatro ou cinco estrelas. *Todo esse vazio entre lá e cá*, pensei. *E aqui estamos nós, deslizando pela grama como insetos felizes.* O DJ tocou uma música do Prodigy e a multidão aplaudiu.

Ufff. Abri os olhos. Cara pulara em cima de mim e estava com uma perna de cada lado sobre o meu corpo.

— Encontrei você! — exclamou. — Seu agente disse que você vai entrar em meia hora!

Nós nos levantamos.

— O ar não parece pesado? — perguntei.

— Não, parece ar! — disse ela.

Olhei para as luzes estroboscópicas piscando no palco. Aqueles pequenos infernos, queimando por uma fração de segundo, enchendo o ar pesado com mais luz. As últimas palavras de Goethe foram: "Mais luz." Talvez ele fosse um raver previdente.

Cara e eu ficamos na lateral do palco enquanto Scott Henry terminava seu set. A rave daquela noite se chamava Futuro, e o produtor do evento, Michael, entrou no palco e pegou o microfone.

— Olá, Futuro! — gritou ele, e o futuro gritou de volta. — Bem-vindos ao verão do amor! — A multidão foi à loucura, soprando cornetas. — Ele acabou de sair de um avião vindo da Bélgica! E aqui está ele, Moby, de Nova York!

Corri para o palco quando "Ah Ah" começou, peguei o microfone de Michael e gritei. Gritei a plenos pulmões, tentando entrar em contato tanto com os ravers quanto com os pequenos pontos de luz a trilhões de quilômetros de distância no céu. O som não se propaga no espaço, mas poderíamos fingir que sim. O som morria sem atmosfera. Terminava no vazio. Por isso, preenchemos o vazio com a nossa vida. Com largos rios belgas e hinos ao piano, alegria e sexo no banheiro do hotel.

Senti o amor do público derramando sobre mim. Quando toquei "Next Is the E", dez mil ravers gritaram a uma só voz, explodindo de alegria.

— *I feel it* — cantava eu.

— *I feel it* — respondiam eles.

Estávamos imobilizados sob o peso de tudo: história, hereditariedade, Deus, ar. Então cantávamos e dançávamos em campos, barcos e porões. Olhei para Cara, na lateral do palco. Ela dançava e sorria.

— *I feel it* — gritei para os dez mil ravers sob o céu noturno.

— *I feel it* — gritaram eles de volta para mim.

PARTE TRÊS

DISTORÇÃO, 1992-1995

25

PUFES

Dois anos antes, não havia cena rave nos Estados Unidos. E agora, aparentemente da noite para o dia, o mundo mudara. Qualquer cidade da América do Norte de tamanho considerável passara a ter lojas de discos de DJ e lojas de roupas de rave. Os músicos estavam trocando as guitarras por sintetizadores e gravando discos de música techno que se tornavam hinos mundiais. Era 1992, e a cena rave estava brotando como uma brilhante flor "faça você mesmo".

Quase todos que eu conhecia estavam tentando ser produtores de eventos. Assim, junto com meus agentes, meu designer de iluminação, Scotto, e meu amigo DB, decidi tentar organizar uma rave em Chelsea um dia antes do Halloween. DB era um DJ inglês que trabalhava e morava em Nova York, e quando fui apresentado a ele, em 1988, achei que era a pessoa mais legal que já tinha conhecido. Ele era alto, bonito de um jeito sombrio, impecavelmente vestido e, de algum modo, sempre com discos melhores do que os meus.

Logo de início, DB, Scotto e eu bolamos um nome horrível com temática de Halloween: "Mask-a-Rave". Então precisávamos de um local. DB tinha alguma experiência promovendo raves, mas meus agentes e eu estávamos perdidos.

— Vamos encontrar algo pequeno e começar pequeno — sugeri timidamente, enquanto visões de pistas de dança vazias no Sly Fox e na La Palace de Beaute passavam pela minha mente.

— Poderíamos alugar a Sound Factory — sugeriu Marci, minha agente.

— Marci, a Sound Factory comporta três mil pessoas — falei.

— Vamos começar grande! Vai ser ótimo! — argumentou ela. — Não se preocupe, Moby.

— Eu me preocupo — retruquei.

DB e meu outro agente nos Estados Unidos, Barry, acharam que alugar a Sound Factory era uma boa ideia, de modo que a reservamos para o dia 30 de outubro. Um amigo de DB projetou a arte e fizemos 25 mil panfletos simples e brilhantes: MASK-A-RAVE. 30 DE OUTUBRO DE 1992. ALTERN 8 E MOBY AO VIVO. DJS D.B., MR. KLEEN, KEVIN SAUNDERSON. CIBERLUZES POR SCOTTO.

DB e eu pegamos os panfletos na gráfica e fomos para o escritório de meus agentes encontrar trinta ravers com cara de bebê que ganhavam um dinheiro extra distribuindo panfletos em boates e lojas de discos.

— Você acha que as pessoas vão aparecer? — perguntei a um raver de dezoito anos com cabelo verde chamado Mike.

— Com essas atrações? Sim, será ótimo — disse Mike, de algum modo atenuando meus medos.

Agora era véspera do Halloween, o dia de nossa rave, e eu estava nervoso. Será que a rave fracassaria? Será que eu estaria pulando no palco à meia-noite diante de vinte pessoas e um zelador?

Às nove da noite, eu estava em meu novo apartamento olhando para a Mott Street pelas janelas. Ao anoitecer, os prédios do outro lado da rua pareciam dentes afiados contra o novo céu noturno. Eu conseguia ouvir carros buzinando a um quarteirão de distância e, mais além, o inefável zumbido de milhões de pessoas em uma noite de sexta-feira em Manhattan, todas na rua em busca de amor e caos.

Saí pela porta da frente do prédio cumprimentando Joe, nosso faz-tudo morador de rua. Joe fora lutador de boxe na juventude e acabou virando sem-teto no Lower East Side, dormindo na calçada em frente ao nosso edifício. Os Chinnici tiveram pena dele e deram-lhe um emprego e um lugar para dormir no porão, perto do espaço de ensaio do Sonic Youth. Joe mantinha os olhos baixos e se arrastava pelo prédio, esfregando, limpando e não falando com ninguém.

— Oi, Joe — falei ao deixar o prédio.

— Humm — murmurou ele em resposta.

— Feliz Halloween.

Sem dizer nada, ele mancou rua abaixo.

O trânsito estava parado na Houston Street, carros buzinando em vão enquanto os motoristas socavam o volante. Ainda eram nove da noite, mas já havia uma garota bêbada fantasiada de Minnie Mouse vomitando na esquina da Mott com a Houston. Estava encostada numa caixa de correio enquanto vomitava nos sapatos vermelhos. Suas duas amigas estavam de pé a uma distância segura, vestindo fantasias sensuais de Tartarugas Ninja e rindo sob um poste de luz âmbar enquanto a amiga vomitava uma mistura de bebidas na calçada.

Desci a Houston, passei por Ballato, Milady's e Knitting Factory, todas já expulsando bêbados na calçada. Alguém do lado de fora da Milady's estava usando uma máscara de Bill Clinton — a eleição seria dali a cinco dias, de modo que tirei aquele momento para desejar que aquele ex-hippie que tocava saxofone fosse nosso novo presidente em 4 de novembro.

Subi a Lafayette Street e dobrei à esquerda na 4th Street. Ali ficava a Tower Records, a nave mãe de todas as lojas de discos. Mesmo às nove da noite na véspera do Halloween, o lugar estava lotado. Mas, afinal, aquilo estava sempre lotado. A Tower Records era uma instituição, a âncora gigante de Downtown, na 4th Street com a Broadway. Eu comprava meus discos de vinil de doze polegadas na Dance Trax, Disco Mania e Vinylmania, mas comprava meus CDs e fitas cassete na Tower Records.

Duas semanas antes, eu tinha ido até a Tower com Damian; subimos até o segundo andar e atravessamos um longo corredor até o lugar que todos chamavam de "o gueto da dance music". Ali, na mesma prateleira onde ficavam os remixes de David Morales e os singles do Ultra Naté, estavam dois de meus singles. Era como ver o meu recém-nascido na sala de parto de um hospital, só que, naquela sala de parto, os Stone Temple Pilots tocavam no aparelho de som e meus recém-nascidos haviam sido paridos em uma fábrica de prensagem de CDs em Nova Jersey e estavam embrulhados em plástico.

Passei pela Tower Records, pela NYU e cheguei ao Washington Square Park. O lugar estava repleto de traficantes de drogas, todos repetindo infinitas vezes variações melódicas do refrão: "Erva, maconha, fumo, bagulho." Passei pela fonte caminhando em direção ao escuro e manchado Washington Square Arch. A certa altura, possivelmente no século XIX, o arco havia sido branco. Agora o rosto de George Washington estava desgastado e negro devido à poluição.

Aos pés do Washington Square Arch, sob toda aquela poeira e fuligem, ficava minha parte secreta favorita de Nova York, uma pequena porta sem identificação. Em 1917, Marcel Duchamp e alguns amigos cubistas e surrealistas haviam arrombado a fechadura daquela porta, subido até o topo do monumento com uma caixa de vinho e, ao amanhecer, proclamaram Lower Manhattan o seu próprio país soberano. Sempre que eu via aquela porta pensava em Duchamp e seus amigos bêbados dançando em cima do monumento ao amanhecer, no país recém-batizado de Lower Manhattan.

Subi a 5th Avenue, passando por alguns dos únicos edifícios agradáveis de Lower Manhattan. Algumas pessoas ricas moravam em Downtown, mesmo que 99% da área fosse repleta de viciados e prédios em chamas. Sempre que passávamos por aqueles prédios elegantes, eu e meus amigos nos perguntávamos: "Por que uma pessoa rica desejaria morar ao sul da 14th Street?"

Desci a 14th Street rumo a oeste, passando por lojas abandonadas, lojas de aparelhos eletrônicos usados, vastos empórios que vendiam bolsas baratas e camisetas falsificadas da Disney. Passei pelo prédio de Cara, olhei para seu quarto escuro e continuei andando. Cara e eu tínhamos terminado havia duas semanas. Eu tinha ido ao apartamento dela e lhe dissera que a adorava, mas que não sentia uma ligação emocional suficientemente forte para continuar nosso namoro. Ela se sentou na cama e chorou; abracei-a sob um cartaz emoldurado de show do Roxy Music. Após algum tempo, ela se afastou de mim e disse, simplesmente: "Você deveria ir embora."

Saí em silêncio e não nos falamos desde então.

Passei pela loja de empréstimos fechada ao lado do edifício de Cara e atravessei a 8th Avenue, entrando na desolação do Meatpacking District. Um restaurante chamado Florent acabara de ser inaugurado, mas, afora isso, o bairro era um deserto de paralelepípedos cobertos de sangue, prostitutas viciadas em crack e masoquistas hassídicos. Contraditoriamente, os piores quarteirões eram os mais seguros; exceto por uma prostituta ocasional com 50 centavos no fundo do sapato encharcado, não havia ninguém para roubar.

Entrei na 9th Avenue, passando por prédios abandonados e conjuntos habitacionais. Algumas meninas bêbadas usando perucas verdes brilhantes estavam de pé em frente a um bar irlandês. Com o rosto corado, elas empunhavam canecas de cerveja Guinness e riam alto demais para aquele bairro. Havia habitações populares nas proximidades, o que significava crack e predadores. Aquelas meninas com suas perucas verde-néon estavam despreocupadas, protegidas por uma cerca baixa e pelo cálido brilho do bar irlandês. Mas os predadores estavam lá, esperando do lado de fora.

Continuei subindo a 9th Avenue; dois jovens com capuz surgiram na esquina da 18th Street.

— Crack? — perguntaram. — Crack?

Continuei andando.

— Branquelo filho da puta — xingou um deles atrás de mim.

Olhei para a frente. Havia mais dois jovens com capuz caminhando em minha direção, empunhando facas. Eu não podia recuar; não podia avançar. Então corri para a rua. Tive sorte, o trânsito estava tranquilo. Contornei táxis e ônibus, alguns buzinando, mas os jovens não me seguiram. Eu tinha me tornado problema demais para eles, e me deixaram fugir.

No outro lado da rua, continuei correndo. Mais jovens com capuzes faziam suas ofertas: "Ei, crack?" "Anfetamina?" "Crack?" Passei correndo pela 19th Street e pela 20th Street, finalmente chegando à ampla e clara 23rd Street. Olhei para trás. Ninguém tinha me seguido.

Meu coração estava disparado. E se eu tivesse sido morto a caminho de uma rave? Acabaria como uma nota de pé de página, mais um nova-iorquino morto, para ser comentado pelos descolados de ressaca enquanto bebiam seus lattes no parque de cães. *Lembra aquele cara, o Moby? O que aconteceu com ele? Ele não era DJ?* Eu ainda não queria morrer e, particularmente, não queria ser esfaqueado por traficantes de crack com dezoito anos e ficar sangrando na calçada.

Continuei correndo, pensando que um sujeito estranho com enormes calças de rave correndo pela 9th Avenue era uma presa menos atraente do que um sujeito estranho com enormes calças de rave caminhando devagar. Quando me aproximei da 28th Street, subitamente me lembrei de que estava nervoso quanto àquela rave. Será que alguém apareceria?

Dobrei a esquina, morrendo de medo que nosso evento fosse um fiasco. Então aconteceu um milagre de Halloween. Uma fila de alguns milhares de ravers se estendia da porta da Sound Factory até o fim do quarteirão, contornando a esquina e descendo a 10th Avenue.

Marci estava à porta da frente com DB.

— Você viu a fila? — perguntou ela, como se fosse possível eu não ter visto. Entramos todos na boate com largos sorrisos no rosto.

Ouvi música tocando, embora as portas tivessem acabado de abrir.

— Quem está tocando agora? — perguntei.

— Jason Jinx — disse DB. — É amigo de On-E's. Achamos legal ele abrir a noite.

A boate que alugáramos, a Sound Factory, era um espaço sagrado da dance music. Aquele era o lugar onde Junior Vasquez e Danny Tenaglia tocaram seus lendários sets de dez horas. Eu ainda não compreendia como tínhamos sido capazes de alugar a Sound Factory para nossa pequena rave. Era o mesmo que alugar a St. Patrick's Cathedral para montar um mercado de pulgas.

A pista de dança estava vazia, mas sabíamos que havia uma fila de três mil ravers lá fora. Logo eles entrariam, tomariam ecstasy e dançariam sete ou oito horas seguidas. Às seis da manhã, eles iriam embora, substâncias químicas correndo nas veias, e iriam para uma festa de saideira antes do nascer do sol. Às dez, tomariam café da manhã e se sentariam no parque durante algum tempo antes de voltarem tropegamente para seus dormitórios, onde dormiriam até as oito da noite.

Jason Jinx tocou "Music Takes You", de Blame, e, mesmo naquele espaço vazio, a música soava como um abraço caloroso. A cidade estava morrendo, mas, ali, estávamos criando nosso próprio mundinho brilhante, colorido e livre de consequências.

Voltei até a entrada para olhar a fila. Aquela fila de três mil pessoas trajando camisetas da Freshjive parecia uma bela criatura viva. Por volta das onze da noite, a pista de dança estava cheia e Kevin Saunderson era o DJ. À meia-noite, chegou a dupla do Altern 8. Ambos ficaram atrás de seus teclados, usando máscaras contra poeira e grandes casacos com capuz. Eles mal se moviam, mas suas canções eram verdadeiros hinos e a multidão gritava, manifestando seu amor e aprovação. A festa estava no auge. A música estava alta e alegre. As paredes suavam, e, quando um dos integrantes do Altern 8 enfim ergueu o punho, a multidão enlouqueceu.

DB sucedeu o Altern 8, iniciando seu set com "Music Takes You". Todos gritaram e sopraram seus apitos sob os lasers verdes. Discos importados de doze polegadas custavam 10 dólares, de modo que não fazia sentido um DJ comprar muitos discos que ninguém mais estava tocando. Ouviam-se os mesmos hinos de rave tocados por diversos DJs várias vezes na mesma noite, e toda vez esses hinos soavam como uma revelação.

Desci o corredor e fui até o salão de jungle music. A música ali era mais sinistra; os jovens, mais vigorosos. O DJ estava tocando um disco jungle de doze polegadas com um grave tão forte que fazia meus dedos vibrarem dentro dos sapatos. Desci um corredor nos fundos e fui até a sala de música suave. Ali, o DJ tocava um lado B do Future Sound of London. Setenta e cinco ravers estavam deitados em pufes que, presumi, Scotto tinha pegado emprestado ou roubado. As paredes estavam iluminadas de rosa e azul, fazendo com que os pufes e os ravers parecessem balas de gelatina. Havia lindas meninas com cabelos curtos trajando calças enormes, mas todas estavam acompanhadas por lindos rapazes com cabelos curtos trajando calças enormes. Era algo quase andrógino, não fosse o fato de as garotas estarem tão bonitas com suas camisetas baby-doll que desejei virar polígamo e me casar com todas elas.

Estava quase na hora da minha apresentação. Entrei no palco no salão principal, verifiquei o equipamento e acenei para DB do outro lado da pista de dança. Ele ergueu o polegar para mim e, de maneira brusca, tirou o disco que estava tocando. Subitamente, a pista de dança ficou em silêncio.

Comecei meu set com "Ah Ah" e os ravers entraram em erupção, dançando e agitando bastões luminosos. As luzes e os estroboscópios brilhavam atrás de mim, iluminando os olhos arregalados do público, e tudo parecia bem no mundo. Toquei "Rock the House", "Voodoo Child", "Go" e "Next Is the E". Nos últimos meses, "Next Is the E" havia se tornado o hino raver de 1992. Durante o refrão, quando o vocal feminino sampleado cantava "*I feel it*", olhei para a plateia. Na primeira fila, uma bela garota loura estava dançando e chorando. Seu rosto era iluminado por luzes vermelhas, azuis e verdes. Ela abriu os olhos, olhou para mim e gritou: "Eu amo você."

Toquei mais duas músicas e terminei com uma nova canção, "Thousand". A bateria eletrônica 909 distorcida entrou. A faixa ficou cada vez mais rápida, os estroboscópios e as Vari-Lites de Scotto pulsavam e os ravers simplesmente ficaram ali, tremendo. Quando veio o primeiro intervalo, eles aplaudiram e o espírito alegre da cena rave tomou conta de mim. Olhei para a bela garota que chorava na primeira fileira. A música ficou ainda mais rápida e eu pulei em cima do teclado, sem camisa e erguendo as mãos acima da cabeça.

Quando a música terminou, DB pegou o microfone e gritou:

— Nova York! Renda-se a Moby!

A multidão rugiu seu amor a plenos pulmões e eu saí do palco. Tinha quebrado duas baquetas de tanto bater no Octapad. Meu teclado estava coberto de pegadas, provavelmente arruinado. Mas eu estava entorpecido de felicidade. Fiquei ao lado do palco, suado e ofegante, e a bela e chorosa raver se aproximou. Abri os braços e ela caiu entre eles, chorando. Abracei-a por um minuto.

Finalmente, ela suspirou:

— Eu só quero que você saiba o quanto eu amo "Next Is the E". O refrão é bonito demais.

— Qual é o seu nome?

— Rachel.

Ela media por volta de um metro e sessenta e vestia enormes calças raver e uma camiseta preta justa.

— Eu só queria dizer o quanto eu amo a sua música, Moby — disse ela, olhando-me diretamente nos olhos. Então se afastou.

Empacotei meu teclado danificado e o Octapad e os escondi debaixo do palco. Então fui procurar Rachel. Enquanto caminhava pelo salão, os ravers me paravam e me abraçavam. Mas eu não conseguia encontrá-la. Procurei em toda parte: no salão de jungle music, na sala de música suave, mas ela tinha desaparecido. Eu queria encontrar Rachel e atravessar a ponte de Manhattan com ela ao amanhecer, enquanto o restante do mundo dormia. Eu queria ver onde ela morava. Queria saber de quais livros ela gostava. Queria sentar à beira de sua cama e olhar para seu anuário do ensino médio, discutindo o broche do Duran Duran que ela estava usando em seu retrato de formatura. Mas eram quatro horas da manhã e Rachel fora embora.

Levei meu equipamento para fora, e meu amigo Gabe me ajudou a guardar o teclado no porta-malas de um táxi. A festa tinha sido um sucesso, mas não consegui encontrar Rachel, minha pequena Dulcineia raver.

— Gabe — perguntei ingenuamente —, se você vir uma garota chamada Rachel, poderia conseguir o telefone dela para mim?

Gabe sorriu com doçura.

— Está bem, Moby, farei isso.

Deslizei no banco de trás do táxi.

— Para onde? — perguntou o motorista.

— Mott Street, entre Houston e Prince — falei.

— Ah, Little Italy — disse ele. — Você é da máfia?

Comecei a rir.

— Não. Nem sequer sou italiano.

Enquanto nos afastávamos da Sound Factory e dos três mil ravers, uma música suave tocava no aparelho de som do carro.

— Que música é essa? — perguntei.

— É uma fita da minha igreja no Haiti. Você gostou?

— É linda. Você poderia aumentar o volume?

Ele aumentou. Soava como querubins.

26

PISTA DE DANÇA DE COMPENSADO

Eu estava bebendo suco de cenoura orgânica, comendo uma tigela de mingau de aveia e lendo a *New Yorker*. Graças ao jet lag de minha última viagem à Europa, eu tinha acordado às cinco da manhã, vestido algumas velhas roupas de ginástica e ido à academia. Já eram oito da manhã e me sentia limpo e civilizado, tomando café da manhã à mesa amarela que eu tinha encontrado numa lixeira em frente ao meu prédio havia um mês. A luz solar filtrada pelas gigantescas árvores do pátio da Old St. Patrick's Cathedral inundava meu apartamento.

Lá fora, pessoas gritavam. Pensei ter ouvido meu nome e fui até a janela. Vinte ravers de olhos arregalados estavam parados na calçada, gritando:

— Moby! Moby!

Abri a janela e inclinei-me sobre o antigo parapeito de pedra. Ani, um DJ cujo nome era um trocadilho para o ato de tomar ecstasy, gritou:

— Moby! Você está acordado!

— Estou acordado desde as cinco da manhã — falei. — O que vocês estão fazendo?

— Estamos indo para uma saideira na 4th Street! Vem com a gente!

Olhei para minha tigela de mingau de aveia e meu copo de suco de cenoura.

— Certo! — gritei. — Desço já!

Perguntei para Ani alguns minutos mais tarde, enquanto subíamos a Mott Street:

— De onde vocês estão vindo?

— NASA, Shelter — disse ele, referindo-se a uma festa semanal que DB e Scotto haviam lançado recentemente. — Às oito da manhã, Soul Slinger vai tocar num estúdio na 4th Street.

Atravessamos a Houston e chegamos à Bleecker Street. Aquela era uma esplendorosa manhã de outono: não havia nuvens no céu e o sol estava quente. Os outros ravers se arrastavam ao nosso lado, pupilas dilatadas e mandíbulas trincadas. Todos usavam calças enormes e camisetas da Liquid Sky. As calças raver estavam ficando cada vez maiores; a maioria dos ravers da época usava jeans que caberiam confortavelmente em um homem de 130 quilos. Alguns usavam seus jeans baixos, como as gangues de hip-hop, mas a maioria usava cinto, fazendo com que seus jeans ondulantes parecessem vestidos de baile. Nenhum dos ravers falava, eles apenas caminhavam um ao lado do outro, como uma tribo lacônica sob efeito de narcóticos.

Subimos a Bowery Street, passando pelo clube CBGB.

— Você já viu algum show no CB? — perguntei para Jason Jinx. Ele crescera nos subúrbios de Nova Jersey e fora DJ de hip-hop antes de descobrir a cena rave alguns anos antes.

— Acho que não — disse ele. — E você?

— Centenas — respondi. — O melhor show que já vi ali foi o do Bad Brains, em 1982. HR, o vocalista, dava saltos mortais para fora do palco.

Aquilo fazia dez anos, época em que Jason tinha nove anos. Ele olhou para mim com desconfiança, fazendo um cálculo mental e tentando descobrir se eu era velho.

— Você nunca foi a uma das matinês de hardcore no CB? — perguntei para Ani. Ele tinha sido criado na cidade; seus pais eram marchands que moravam em um apartamento de cinco quartos no Upper West Side.

— Não, mas meu irmão já — respondeu. — Eu era muito novo.

— Novo demais para uma matinê no CB? Quase todos os garotos que iam tinham quinze anos.

— Sim, minha mãe não me deixava ir.

Subimos a Bowery Street, passando pelos abrigos dos sem-teto, lojas de suprimentos de restaurante e terrenos cercados cobertos de lixo. Contornamos alguns moradores de rua bêbados desmaiados na calçada.

— Aqui é a Casa Branca — disse um dos ravers, apontando para um abrigo para os sem-teto no lado esquerdo da rua. — Foi onde eu fiquei quando cheguei a Nova York.

— Você ficou num abrigo? — perguntei, curioso.

— Ali é uma ORU — disse ele, um pouco na defensiva. "ORU" queria dizer "Ocupação de Residente Único". As ORUs geralmente eram mais seguras e mais limpas do que os abrigos para os sem-teto.

— Você morou em uma fábrica? — perguntou.

— Sim — respondi.

— Você tinha banheiro?

— Não, eu fazia xixi no banheiro do corredor.

— Onde você tomava banho? — perguntou ele.

— Na academia.

— Não sei se eu conseguiria viver sem chuveiro — disse ele.

— Mas você viveu em um abrigo de moradores de rua — argumentei.

— Em uma ORU. E tinha chuveiro. Além disso, meu apartamento atual tem um banheiro de verdade.

Chegamos ao sótão onde estava acontecendo a tal festa de saideira.

— Que lugar é este? — perguntei.

— Não sei — disse Ani, descendo alguns degraus até uma porta de metal vermelho arranhada. — Um teatro? Um estúdio?

Atravessamos a porta vermelha arranhada e descemos um corredor longo e escuro. Dava para sentir a batida de house music pelo velho assoalho de madeira. O corredor terminava em uma porta industrial de metal pintada de verde. Jason a abriu, e o corredor estava tomado de música eletrônica em alto volume. Era um teatro ou espaço de arte experimental, com um balcão aberto para uma pista de dança mais abaixo. Cem ravers e clubbers vagavam sob algumas luzes pulsantes de discoteca. Outros vinte ou trinta estavam desmaiados em almofadas, enquanto algumas pessoas dançavam na pista de compensado.

Fui até a cabine do DJ, onde Carlos, conhecido profissionalmente como Soul Slinger, estava tocando um disco de techno brasileiro. Ele era dono da Liquid Sky, loja que era o epicentro da cena rave em Nova York. Eles vendiam discos de doze polegadas importados, baterias eletrônicas, gigantescas calças rave e enormes camisetas de manga comprida.

— Ei, Carlos! — chamei.

Ele olhou para mim, os olhos arregalados como escotilhas.

— Moby! O que você está fazendo aqui?

Todo mundo sabia que eu era careta e, como tal, nunca ia a festas de saideira.

— Eu estava tomando café da manhã quando Ani e Jason apareceram e me trouxeram para cá!

— Legal! — disse ele, e voltou a atenção para o próximo disco.

Atravessei a pista de dança e vi Keoki num canto, olhando para o nada.

— Ei, Keoki! — gritei. Levou um minuto, mas enfim ele seguiu minha voz e me viu.

— Moby! — gritou de volta. — Você tem alguma droga?

— Não, eu sou careta.

Ele olhou para mim com perplexidade.

— Por que você está aqui?

Ele estava com alguns clubbers de Michael Alig. Ravers e clubbers gostavam das mesmas músicas e dos mesmos narcóticos, mas deixaram de socializar havia mais ou menos um ano. De modo geral, os ravers eram heterossexuais e os clubbers eram gays. Não havia rivalidade alguma entre clubbers e ravers, mas eles continuaram cada um em sua respectiva cena. A única exceção era a Limelight, onde ravers, clubbers e góticos dançavam e usavam drogas juntos.

Os clubbers que estavam no canto com Keoki eram macilentos e aterrorizantes. Em 1989, aqueles mesmos clubbers eram estudantes de moda inocentes trajando roupas coloridas, parecendo flores e duendes. Apenas três anos mais tarde, porém, pareciam monstros assustadores, com o rosto pintado de branco, cravos de aço perfurando a face e sangue falso ao redor dos olhos. Eles costumavam tomar uma ou duas doses de ecstasy quando saíam, mas agora estavam fumando crack e injetando heroína. Não conversavam mais; apenas saíam e ficavam ali, inexpressivos e aterrorizantes, pairando sobre seus saltos de vinte centímetros.

Carlos tocou "Plastic Dreams" e alguns clubbers e ravers começaram a dançar. Desajeitado, dancei junto com eles. Eu dançava tão bem quanto O. J. Simpson, mas eram nove da manhã e ninguém estava prestando atenção porque todos estavam chapados demais. Fechei os olhos e dancei durante dez minutos hipnóticos ao som de "Plastic Dreams". Então Carlos tocou "Pancake", meu novo doze polegadas favorito.

Abri os olhos e vi Ani dançando com Chloë Sevigny. Eu conhecia Chloë desde que ela tinha treze anos. Nós dois crescemos em Darien.

Quando comecei a tocar como DJ em boates para todas as idades em Connecticut, eu dava carona para ela e para o irmão, pegando-os na casa de seus pais na praia. Chloë era tímida e formal e ficava sentada, quieta, no banco de trás enquanto meus amigos e eu ouvíamos fitas do Nitzer Ebb. Agora, ela trabalhava na Liquid Sky e dançava na NASA com o namorado raver, Harmony.

— Oi, Chloë — gritei. — Como vai seu irmão?

Ela olhou para mim com olhos mortiços e respondeu lentamente:

— Está bem.

Continuei dançando na pista de compensado, cercado por ravers e drogados desfalecidos. Meia hora depois, a música ficou ainda mais sombria. As linhas de baixo tinham mais eco e os vocais soavam como se emanassem de um poço profundo. Metade da multidão desmaiara, e aqueles que estavam de pé moviam-se muito devagar. Eram dez da manhã, e decidi que era hora de ir embora.

— Até que horas vai isso? — perguntei para Jason ao sair.

— Não sei. Meio-dia? Uma da tarde?

Eu adorava a mesma música e fazia compras nas mesmas lojas de discos que aquela gente, mas sempre estava na cama por volta das três da manhã, o início da noite para a maioria dos ravers. A única coisa que mudava em uma boate depois das três era que a música ficava mais sinistra e havia cada vez mais jovens desmaiados pelos cantos.

Subi do porão, abri a porta vermelha e saí para a luz matinal. Lá fora, continuava o mesmo dia impecável de outono. Olhei para cima e vi um remoto céu azul, olhando para mim como um mar de vidro. Eu queria ir para casa, ligar meu 909 e meu 303 e compor algo denso e sombrio, carregado de reverberação, para um DJ tocar num porão repleto de ravers drogados. Contudo, quando voltei para casa, meu copo de suco de cenoura estava esperando por mim, brilhando ao sol.

Sentei-me diante da minha mesa de fórmica amarela e terminei o suco de cenoura e a leitura da *New Yorker* salpicado pela luz que escapava da copa das árvores.

27

QUEIMADURA DE SOL

O executivo bêbado sentado do outro lado do corredor fingia estar indignado.

— Uma *entrée*? — falou para a aeromoça. — Uma *entrée* deveria ser servida primeiro!

— Sim, é a sua *entrée*, senhor — disse ela. — A carne.

— Não quero dar trabalho a você — disse ele, inclinando-se no corredor do avião e tocando o braço da aeromoça. — Estudei francês no *lycée*. "*Entrée*" significa "entrada". Estamos dizendo "*entrée*" quando deveríamos dizer "prato principal".

— Bem, vai querer o seu prato principal, senhor? — perguntou ela.

— Dito dessa maneira, é claro que sim — respondeu ele em voz alta, com um sorriso largo e molhado.

— E o senhor gostaria de outro Dewar's com soda para acompanhar seu prato principal?

Ele pensou por um longo tempo.

— Não, vou tomar uma taça de vinho tinto. Quais tintos vocês têm?

— Temos um cabernet e um pinot noir.

— Vou de cabernet, e muito obrigado, bela dama!

Eu fora promovido à classe executiva, o que, para mim, era um desperdício. Eu não comia carne vermelha nem frango, não bebia vinho nem estava usando os fones de ouvido de cortesia para assistir a um filme do Nicolas Cage que passava na minúscula tela junto ao banheiro. Além disso, eu era pequeno demais para preencher o amplo assento. Aqueles assentos de classe executiva eram projetados para executivos obesos, não para ravers veganos magricelos.

A aeromoça se inclinou e me perguntou:

— Você tem certeza de que não quer nada?

— Suco de laranja?

— Claro. E o que você está comendo?

— Ah, ravióli vegano.

Antes de deixar meu apartamento, eu fizera ravióli vegano em meu fogão elétrico e o guardara num pote de molho de tomate. Eu estava comendo com um garfo de plástico que pegara em um restaurante perto do portão de embarque. Estava voando para São Francisco para tocar numa rave com Young American Primitive, Mark Farina e Doc Martin.

— Senhorita! — gritou o executivo bêbado para a aeromoça. — Este cabernet não está tão bom. Posso experimentar o pinot?

— Claro, senhor — disse ela, levando a taça.

Ele olhou para mim.

— Não faz sentido beber vinho ruim! — disse ele, embriagado e expansivo.

Sorri, sem saber o que responder. Antes de parar de beber, eu ainda não sabia a diferença entre cabernet e pinot noir. Nessa época pré-sobriedade, eu só bebia cerveja e vodca. Não me importava com o gosto da cerveja ou da vodca. Simplesmente as bebia porque me deixavam bêbado. Para mim, vinho sempre teve gosto de xarope, desnecessariamente denso, uma forma demorada de se ficar bêbado.

Dei um sorriso tímido e vegano para o executivo, esperando que ele parasse de falar comigo.

Na véspera, eu estivera no norte de Connecticut, em um lago com Paul, Lee e nosso amigo Tarquin, filho de imigrantes letões fanático por hóquei. Lee nunca tinha andado de esqui aquático, então ensinamos a ele.

— Como vocês todos sabem andar de esqui aquático? — perguntou ele no barco. — Vocês são uns otários.

Nós o jogamos ao mar com alguns esquis e dissemos que ele não poderia voltar para ao barco até aprender a usar aquilo. Mas ele continuava caindo, nos surpreendendo com sua total incapacidade de se erguer sobre os esquis.

— Boa tentativa! — gritamos quando ele caiu de cara na água outra vez. — Você quase conseguiu!

Ele acabou conseguindo ficar de pé um pouco, e decidimos deixá-lo voltar para o barco.

Um dos benefícios de crescer em Darien era que todos os meus amigos tinham pais ricos, e pais ricos costumavam ter bons barcos. Cresci vendo minha mãe pegar dinheiro emprestado para que pudéssemos comer, mas, então, montava em minha bicicleta, ia até Long Island Sound e passava um tempão nos barcos dos pais de meus amigos. Eu era a única pessoa pobre que a maioria dos meus amigos conhecia, e me convidar às suas casas para passear em seus barcos era para eles uma forma fácil de praticar caridade.

Paul também viveu uma infância pobre, mas seu tio tinha uma casa de lago em Newtown, Connecticut, e nós íamos até lá para andar de esqui aquático desde o ensino médio. Como o dia estava chegando ao fim, Paul foi esquiar, depois Tarquin, e, ao pôr do sol, pulei no mar para um último passeio.

— Jogue a prancha! — gritei para Tarquin.

Ele a atirou por cima da minha cabeça.

— Nade, macaco! — gritou.

Nadei até a prancha, segurando o cabo de esqui com a mão esquerda. Quando peguei a prancha, o barco se afastou lentamente, esticando o cabo. Quando o cabo ficou tenso, fiz um sinal de ok e esperei que o barco desse uma guinada para a frente, puxando-me para cima, para fora da água. Mas Paul acelerou apenas um pouquinho, arrastando-me pela superfície. Eu estava rindo e engolindo água do lago.

— Mais rápido! — gritei.

Ele acelerou mais uns dois quilômetros por hora, puxando-me pela água como se fosse uma minhoca no anzol. Finalmente, ele acelerou. O barco saltou para a frente e eu comecei a deslizar sobre a água do lago a uns trinta quilômetros por hora, a água vitrificada a uns dois centímetros abaixo de mim. Abaixei-me e toquei a água; meus dedos eram como pequenas lâminas, cortando a superfície.

Acenei para Paul com o polegar para cima, o que significava "mais rápido". Ele acelerou para quarenta quilômetros por hora. Voltei a fazer o sinal. Cinquenta quilômetros por hora era perigosamente rápido para uma prancha. Eu estava cantando "Pay to Cum" do Bad Brains a plenos pulmões enquanto voava sobre a água. Aquilo era alegria pura e simples, uma rave num lago. Voltei a erguer o polegar para Paul.

Aos sessenta quilômetros por hora, era como se meus braços estivessem sendo arrancados das articulações dos ombros, e eu quicava atrás do barco. A felicidade tomou conta de mim. Eu queria mais. Ergui a mão em punho, o que significava: "Vá o mais rápido que puder." Paul acelerou mais um pouco. Brandi o punho, e ele levou o barco à velocidade máxima de setenta quilômetros por hora. Eu gritava. A felicidade explodia através de mim como Deus e disco music. Ergui a mão e fiz um movimento circular que significava: "Faça uma curva para que eu possa saltar as marolas." Paul iniciou uma curva, mas atingi a crista de uma onda. Fui jogado para fora da prancha, quicando na superfície do lago a setenta quilômetros por hora como uma pedra usando traje de banho. Rolei pelo espelho d'água, rindo incontrolavelmente, e enfim afundei.

Ergui a mão acima da água e fiz o sinal de ok. Quando alguém cai, é preciso avisar ao condutor do barco que está tudo bem. As pessoas podem quebrar as costelas, os membros e o pescoço praticando esqui aquático. A água era muito macia, mas já mandara inúmeros jovens suburbanos para a emergência dos hospitais.

O barco se aproximou de onde eu estava.

— Foi incrível! — gritei. — Vamos fazer mais uma vez!

— Está escurecendo. Temos que ir embora — disse Paul.

— Não! — gritei, nadando até o cabo de reboque.

— Entre no barco, marujo! — gritou Paul, o que me fez rir ainda mais. Nadei até o barco e me sentei na borda, à popa. Eu me enrolei numa toalha; meus braços e minhas pernas tremiam. Enquanto Paul se dirigia para o cais, tirei a toalha e pulei na água outra vez. Ele voltou com o barco.

— Você quer voltar a nado? — perguntou Paul, severo.

— Não, senhor — respondi, voltando a embarcar. O sol estava quase se pondo no horizonte, mas o ar ainda estava quente. Eu estava queimado de sol, cheirando a algas e com o estômago cheio de água suja do lago.

— Nunca me senti tão feliz — falei.

— Você quer um sundae de chocolate? — perguntou a aeromoça para o executivo bêbado.

Ele pensou bem e respondeu:

— Sim, com calda de chocolate e morango — decidiu. — Ah, e um Dewar's com soda.

"E que tal um desfibrilador?", tive vontade de perguntar. "Um pouco de interferon para tratar seus tumores em metástase?"

Fiquei sentado com um ar presunçoso, pensando naquele cara sucumbindo à obesidade, ao diabetes, ao câncer e às doenças cardíacas, possivelmente tudo ao mesmo tempo. "Por que, meu Deus?", lamentaria em seu leito de morte. "Isso é tão injusto!"

Cinco uísques com club soda, duas taças de vinho, carne, macarrão de ovos gorduroso e uma montanha de sorvete com calda de chocolate e morango. Como o destino se atrevia a puni-lo após ter vivido uma vida tão virtuosa? Eu sabia que estava sendo um crítico idiota, então olhei pela janela, evitando o executivo com sorvete escorrendo pelo queixo.

Estávamos sobrevoando as Montanhas Rochosas. Os vales desapareciam em meio à escuridão, mas o sol ainda tocava os picos, alguns ainda cobertos de neve. Peguei meu CD player, meus fones de ouvido e minha bolsa de CDs. Verifiquei os álbuns. O que deveria ouvir? Nick Drake? Kraftwerk? U2? Debussy? The Clash? Mission of Burma? Dvořák? The Gun Club? Brian Eno e David Byrne? Roxy Music? Gershwin?

Certo. Gershwin. "Rhapsody in Blue". Inseri o CD no aparelho e apertei "play". A música começou, intimista e familiar. Eu já ouvira "Rhapsody in Blue" umas mil vezes e sempre me impressionava. Era tão humilde e, ao mesmo tempo, tão bombástica. Era bonita, brilhante e terrível: o velho e o novo, europeu e americano. Às vezes parecia com Debussy, às vezes soava como Stravinsky, e às vezes soava como o Lower East Side em 1910.

"Rhapsody in Blue" era a obra de arte fundamental de Nova York, mas também se tratava da migração do leste para o oeste, do Velho Mundo para o Novo. Eu estava sobrevoando montanhas a quase mil quilômetros por hora, com o Oeste sob meus pés. O mundo mal percebia a minha presença, ou a de qualquer um de nós. Medimos e dividimos a Terra. Construímos edifícios e levamos água para planícies estéreis, mas o planeta quase não notou que estivemos aqui. Medimos nosso tempo em décadas. A Terra mede seu tempo em milhões de anos. Éramos um bipe. Eu era um bipe.

Por algum motivo, aquilo não serviu de estofo para qualquer desespero existencial. Minha insignificância me pareceu sem peso algum. Minhas células e moléculas acabariam sucumbindo à entropia e se separariam. Ficariam livres para se transformarem em um éter sem nenhuma relação com qualquer coisa que eu já tivesse sido. Em algum momento eu morreria e voltaria ao cadinho que havia me formado.

Minha pele ainda estava queimada devido ao dia no lago. Mas a terra abaixo de mim estivera assando sob o sol durante centenas de milhões de anos. Olhei para as montanhas escuras, minha testa encostada na janela de plástico frio. "Rhapsody in Blue" terminou.

Apertei "play" novamente, numa tentativa de me agarrar à transcendência. No dia anterior eu deslizara sobre um lago como uma bala e, agora, estava deslizando sobre montanhas em um tubo de metal. Se eu pensasse muito a respeito de "Rhapsody in Blue", concluiria que jamais poderia compor qualquer coisa que se aproximasse à sua beleza e majestade. Mas eu poderia ficar ali sentado, cheio de ravióli vegano, ouvindo a música mais perfeita já composta enquanto olhava para oeste através de uma janelinha.

Mais tarde eu comeria comida vegana com amigos em São Francisco, seria DJ em uma rave incrível e me maravilharia com os milhares de pessoas aglomeradas, erguendo as mãos para as luzes e para os feixes de laser. Mas nada tocaria a beleza de "Rhapsody in Blue" ao crepúsculo sobre montanhas escuras.

28

ESTROBOSCÓPIOS MONOCROMÁTICOS

Enquanto descia a Hudson Street com minha bolsa de discos pendurada no ombro a caminho da NASA para trabalhar como DJ, meu sexto sentido para boates formigava com uma espécie pequena e banal de terror.

Na noite anterior, eu tinha tocado em Berlim até as cinco da manhã, ido até o hotel para tomar banho e me livrar da pátina de fumaça de cigarro e névoa de rave e corrido até o aeroporto para pegar um voo às nove. Tinha dormido por quinze minutos no aeroporto de Berlim e, então, sentei em meu lugar na classe econômica para um voo de duas horas para Londres, minha cabeça rodando de exaustão hipnagógica. Passei aos tropeços pelo aeroporto de Heathrow e peguei meu voo para Nova York, com sonecas esporádicas, como um viciado em uma reunião dos Narcóticos Anônimos.

A cena rave, assim como minhas viagens para a Europa, estava mudando. Dois anos antes, tudo era novidade e celebração. Eu vinha fazendo discos techno alegres para um público trincado de ecstasy e, mesmo quando a viagem era cansativa e eu estava debilitado pela doença e pela exaustão, ainda me sentia feliz por fazer parte de um movimento construído com base na alegria. Agora, em 1993, a música estava ficando mais sinistra e as drogas, mais pesadas. As plateias estavam dançando menos e desmaiando mais pelos cantos.

Na noite da véspera, no Tresor, eu me sentira como se estivesse em um bunker subterrâneo repleto de zumbis sob efeito de medicamentos. A música era legal e empolgante, mas também ameaçadora e sobrenatural. Os dias de brilho e utopia aparentemente haviam terminado. "Trip II the Moon", do Acen, e "Rez", do Underworld, eram as grandes músicas do momento, e eu as adorava, mas eram a trilha sonora para aquela exorbitante escuridão. As drogas alimentavam a música e a música alimentava as drogas, uma empurrando a outra cada vez mais para o fundo da escura toca de coelho.

Voando de volta para casa, pensei na NASA. Sempre que eu tocava ali, os ravers me abraçavam e me davam pulseiras de doces; no ano anterior, em meu aniversário, todos assinaram um cartão gigantesco, adornado com corações em tons pastel, unicórnios azuis e naves espaciais. Mesmo quando eu viajava pelo mundo, a NASA era o meu refúgio em Nova York. Eu não tocava ali havia alguns meses, e aquela noite seria como uma volta para casa. Eu estava programado para uma da manhã, entre DB e Soul Slinger. Meu plano era tocar discos alegres, para lembrar as pessoas que a música poderia ser uma celebração, não apenas sinistra. Entre meus cochilos fugazes durante o voo, fiz uma lista dos discos que tocaria. Os hinos óbvios que faziam as pessoas erguerem as mãos estavam fora de questão: "Everybody's Free", de Rozalla, "Don't Go Lose it Babe" nem as músicas do duo Altern 8. Eram grandes gravações, mas eram muito datadas. Eu poderia tocar "Music Takes You", do Blame. Poderia tocar "Playing with Knifes", do Bizarre Inc. Tinham apenas dois anos e meio, mas eram vistas como um artefato de um passado distante e idílico.

Depois que o avião pousou, fui para casa, jantei, assisti a um episódio de *Os Simpsons* no videocassete e recolhi meus discos. Andando por Tribeca, dobrei a esquina na Hubert Street. Do lado de fora da NASA havia ravers fazendo fila para entrar, ravers andando de skate, ravers já desmaiados na calçada. Passei por cima de um raver inconsciente encostado numa caixa de correio e fui até a entrada do clube. Gabe estava trabalhando na porta; ele trabalhara na Limelight durante anos, mas se mudara para a NASA havia alguns meses. Tinha dreadlocks louros e curtos e era ofuscado pelos dois altíssimos seguranças ao seu lado.

— Como está lá dentro? — perguntei.

Ele deu de ombros.

— Um monte de gente — disse. — Mas estão todos sentados na pista de dança. Merda, eu odeio cetamina.

— Bem, vou tocar alguns discos de rave. Talvez eles acordem.

Ele me olhou com ceticismo.

— Boa sorte.

À medida que eu atravessava o corredor preto, a batida do bumbo ficava mais alta e a névoa, mais encorpada. Eu estava acostumado a andar pela NASA e ver as pessoas com carinhas sorridentes na camisa dançando e se abraçando, mas aquilo parecia um campo de refugiados. As luzes estroboscópicas atravessavam nuvens de fumaça, e, quando piscavam, eu conseguia vislumbrar ravers sentados na pista de dança, abraçando os joelhos ou deitados de lado. Abri caminho através da multidão inválida pela cetamina e fui até a cabine do DJ. DB estava lá, tocando um house progressivo muito sombrio, trilha sonora perfeita para ravers em coma. Acenamos com a cabeça um para o outro. Fui até a cabine de iluminação e cumprimentei Scotto. Ele fora meu iluminador durante dois anos e excursionara comigo pelos Estados Unidos e pela Europa. Tinha longos cabelos castanhos e sempre usava calças listradas enormes.

— As luzes estão diferentes hoje? — perguntei para Scotto.

— Nós queríamos algo mais sinistro — explicou ele. — Mais estroboscópios e menos cor.

— Tudo bem — falei, observando a boate.

A música era fúnebre e a pista de dança parecia uma sopa primordial. A escuridão era palpável.

— Vou tocar discos de rave — falei.

— Beleza — disse Scotto, com a atenção voltada para a mesa de iluminação.

Mais cedo, separando discos em casa, senti-me como um zeloso evangelizador raver. Eu voltaria para a NASA e, sozinho, inauguraria uma nova era de techno alegre. Agora, de pé na cabine do DJ e olhando para os ravers enfiados em seus buracos de cetamina, sentia-me um idiota iludido. E eu estava muito cansado. Era 00:30 em Nova York, ou 6h30 na Alemanha. Nas últimas 36 horas, eu tivera cerca de duas horas de sono maldormido no avião. Tinha levado apenas discos alegres, mas os bons DJs passaram a tocar o mais sinistro possível: jungle sinistro, house sinistro, breakbeats sinistros.

Fui até os toca-discos, onde DB terminava seu set. Ele me fez o gesto de "você está pronto?" com a cabeça. Respondi dando de ombros, como se dissesse: "Bem, acho que sim." Eu não queria estar ali. Queria voltar para a NASA alegre de um ano antes, onde eu tinha sido amado e relevante. Ou então ir para casa dormir. Examinei meus discos para encontrar algo com o que começar o set: algo que não fosse muito sinistro, uma faixa para introduzir os discos alegres que eu queria tocar. Tirei da capa o single "Skinny Bumblebee", de Gipsy. Era um disco suficientemente rave para me alegrar, porém progressivo o bastante para que o público não jogasse lixo em mim.

Toquei "Skinny Bumblebee" e o público não se mexeu. Toquei alguns discos de house progressivo mais recentes, tentando forçar um clima techno alegre, mas a cada escolha eu sentia a antipatia dos ravers passando por mim como uma neblina fria. O que eu poderia fazer? Olhar para o disco alegre que eu estava tocando e fingir que não estava perdendo uma multidão já perdida? Eu estava exausto. O jet lag era como uma ave de rapina empoleirada no meu ombro e bicando meu rosto.

Peguei um de meus discos, "Go". Obtive um lampejo de reconhecimento, mas nada além. Eu tinha perdido a multidão para a Special K [outro nome para a cetamina], as luzes negras e o mar impenetrável de nevoeiro. Eu queria tocar um disco puramente alegre para ver se conseguia perfurar aquela carapaça intransponível. Mixei "Go" com "Playing with Knives", do Bizarre Inc., mas não surtiu o menor efeito. Nenhuma euforia, nenhuma exuberância, nem mesmo reconhecimento. Apenas apatia narcotizada para um DJ de ontem tocando discos rave de ontem.

Carlos, o Soul Slinger, foi até a cabine. "Ei, você quer terminar mais cedo?", perguntou. Eu estava tocando havia 35 minutos, e deveria tocar por uma hora. Não sabia se ele estava sendo rude ou gentil. Ele poderia estar me dizendo que eu estava fracassando diante de oitocentos jovens drogados, o que eu sabia, ou me dando uma oportunidade fácil de acabar com o que claramente era um desastre. Ou talvez Carlos estivesse me dizendo que ele e a NASA tinham seguido em frente.

O clima sinistro ali não acontecera por acaso; tinha sido criado e cultivado. Enquanto eu lamentava o fim do techno comemorativo que jogava as mãos para cima, todos pareciam satisfeitos pelo fato de a era dos hinos alegres ter chegado ao fim. Os hinos rave de um ano antes eram um constrangimento para os outros DJs da NASA, que passaram a ser sinistros e sofisticados. "Será que alguma vez nós nos abraçamos e jogamos as mãos para cima?", pareciam se perguntar. "É evidente que não. Ou, se fomos indiscretos na juventude, claramente crescemos e deixamos a ingenuidade e a alegria para trás." Eu me sentia como o equivalente rave do camarada Trotsky: uma figura apagada de uma era que, agora, jamais acontecera oficialmente.

Afastei-me dos toca-discos e deixei Carlos introduzir o disco dele. Em geral, quando se está atuando como DJ, o último disco do DJ anterior fica tocando por mais um tempo, e então é mixado gradualmente com o primeiro disco do DJ seguinte. É uma forma de preservar a coesão e manter as pessoas dançando, mas também é um sinal de respeito. Quinze segundos depois de eu dar um passo atrás dos toca-discos, Soul Slinger apertou "stop" no Technics 1200, levando a exuberância de "Playing with Knives" a um fim abrupto e constrangedor.

Dois segundos de silêncio se seguiram, e então ele começou seu primeiro disco, um jungle de doze polegadas sinistro e grave. As pessoas despertaram. Alguns dos ravers que estavam sentados se levantaram e foram dançar. Alguns chegaram a aplaudir. DB se aproximou e me deu um tapinha no ombro. "Set ruim, Mo", disse ele. Balancei a cabeça, triste e com jet lag.

Fiquei atrás de Carlos enquanto ele tocava mais alguns discos de jungle, a multidão um pouco mais animada a cada escolha. De repente, tudo fez sentido: os estroboscópios monocromáticos, a música sinistra e angular, as drogas. Aquele era o mundo deles naquele momento. Eu era educadamente tolerado, mas estávamos em 1993 e eu era uma relíquia careta de 1992. Ou talvez de 1991.

A caminho da saída, parei na cabine de iluminação para me despedir de Scotto. Ele estava dançando enquanto manipulava as luzes e os estroboscópios. Dei um tapinha em seu ombro, ele se virou, me viu e se voltou para suas luzes. Fiquei ali, olhando em volta para ver se todo mundo sabia o quanto eu era irrelevante. Mas ninguém estava prestando atenção em mim ou em minha vergonha exausta. Saí pelos fundos da boate na Laigh Street.

A porta se fechou atrás de mim e, de repente, o mundo ficou tranquilo. Tribeca era uma terra de ninguém, especialmente após a meia-noite de uma sexta-feira. Eu queria me despedir de Gabe. Ele também parecia triste. Dei a volta no quarteirão até a frente da boate. Os ravers tinham parado de andar de skate; agora, estavam apenas sentados ou dormindo na calçada. Um casal estava encostado em um carro abandonado, dando uns amassos. O cara estava com a mão por dentro da blusa da garota, mas nenhum dos dois se mexia ou parecia excitado.

Gabe estava sozinho na entrada.

— Já terminou? — perguntou, confuso. — Pensei que você terminaria às duas.

— Sim, o Carlos assumiu. — Olhei para os ravers desmaiados. — Acho que isto aqui não é mais a minha praia.

Ele viu que eu estava derrotado.

— Também não tenho certeza se é a minha — desabafou.

Eu precisava daquele momento de solidariedade. DB, Scotto, Soul Slinger e os ravers doidões de cetamina tinham seguido em frente, e, pensando bem, eu não podia censurá-los. A cena da dance music sempre teria a ver com o que é novo, e eu não era mais novo. Mas a NASA era como a casa da minha alma. Eu imaginara que tocaria hinos rave alegres para ravers alegres na NASA por anos e anos. Finalmente, ficaríamos velhos e juntos saudaríamos o novo milênio, para sempre jogando as mãos para cima ao som de músicas techno alegres pontuadas por lamentosos vocais femininos.

— Bem, boa noite, Gabe — falei. — Você é um cara legal. Obrigado.

— Você também é um cara legal, Moby — disse ele, apertando minha mão.

Afastei-me, em busca de um táxi. Quando cheguei à Hudson Street, não ouvia mais o ecoar dos tambores.

29

MOITA DE ZIMBRO

Na última vez que visitei East Hampton, em Long Island — em 1988, com Janet —, a coisa que mais me impressionou foi o robô-rosquinha. Ele preparava rosquinhas na vitrine da loja de rosquinhas enquanto as crianças e um aspirante a músico techno assistiam do lado de fora. Parecia mais com uma pequena linha de montagem do que com o C-3PO, mas fiquei fascinado, porque chamavam aquilo de robô. A máquina cuspia pedaços de massa sobre uma esteira transportadora, que os jogava em óleo quente, os secava sob lâmpadas vermelhas e os colocava em um pequeno carrinho.

Agora, cinco anos mais tarde, eu voltava para East Hampton para fugir de minha vida arruinada. Minha situação com a Instinct Records estava desmoronando, por isso eu me distraía tentando descobrir se o robô das rosquinhas ainda funcionava em East Hampton. Eu era vegano e não podia comer a iguaria, mas existe maneira melhor de passar um belo dia de verão do que assistindo a um robô gigante fazendo rosquinhas?

Paul e seu amigo James estavam comigo no trem para East Hampton. Paul raspara a metade da frente do cabelo e tingira a outra metade de rosa; James tinha 1,95 metro e usava um moicano amarelo.

Após quatro anos na Instinct Records, concluí que era hora de dizer adeus. Minha gravadora dos sonhos, a Mute Records, na Inglaterra, casa de Nick Cave, Depeche Mode, Boyd Rice e Nitzer Ebb, queria me contratar.

Aquilo era perfeito, exceto por um probleminha. A Instinct não me deixava ir embora.

Discutir contratos de gravação é, por definição, algo maçante. Até mesmo donos de gravadoras, advogados de músicos e pessoas que escrevem livros sobre música que abordam esse tema concordariam comigo. Então basta dizer que meu contrato com a Instinct era vago, injusto e ruim, mas juridicamente vinculativo.

Educadamente, perguntei para a Instinct: "Posso ir embora?" E eles, um pouco menos educados, responderam: "Não." Então perguntei novamente, através de meu advogado: "Por favor, posso ir embora?" E a Instinct retrucou: "Pode, mas vai ter que nos pagar um monte de dinheiro."

Isso me deixou confuso, porque a Instinct nunca me pagou um monte de dinheiro, o que significava que eu não tinha um monte de dinheiro para dar a eles. Pedi um esclarecimento: "Não tenho dinheiro, mas vocês querem que eu lhes dê um monte de dinheiro?" E eles responderam: "Peça um monte de dinheiro à sua nova gravadora. Depois, você pode dar esse dinheiro para nós."

A essa altura, os meses começaram a passar, os advogados começaram a acumular centenas de horas trabalhadas, e a Mute foi perdendo o interesse por mim. Eu queria deixar a Instinct, eu tinha uma porta dourada aberta à minha frente e, através dela, via Nick Cave e o Depeche Mode dizendo: "Venha se juntar a nós! Faça discos para o melhor selo do mundo!" E eu estava de pé do outro lado da porta, de cabeça baixa, dizendo: "Não posso, estou preso em um purgatório legal."

Assim, em avançado estado de pânico, decidi ir para East Hampton para passar o fim de semana com James e Paul. A irmã de James nos encontraria na estação de trem e nos levaria até a casa de seus pais.

— Fale mais sobre a sua irmã — pedi.

— Ela cursa medicina na Universidade Cornell e não vai ficar com você — disse James.

— Mas ela é solteira? — perguntamos, Paul e eu, em uníssono.

— Sim, mas ela jamais namoraria nenhum de vocês.

— Por quê? — questionou Paul.

— Porque ela é bonita e inteligente — respondeu James.

— Certo. É justo — concordei. Então perguntei: — Como vocês conseguiram uma casa em East Hampton?

— Meus pais compraram a casa nos anos 1960 por 15 mil dólares. Não é grande coisa, mas íamos para lá todos os verões quando eu era criança.

— Onde Paul e eu vamos dormir? — perguntei.

— Em sacos de dormir no chão do meu quarto.

— Parece legal — falei.

— E quanto ao quarto da sua irmã? — perguntou Paul. — Eu poderia ficar lá.

— E eu mataria você enquanto estivesse dormindo — ameaçou James.

A irmã de James, Mandy, nos esperava na estação de trem trajando um short cáqui e uma camisa polo. Tinha longos cabelos loiros e um leve brilho da Ivy League. Parecia com todas as garotas que eu amava a distância no ensino médio.

— James! — gritou ela.

Então ela correu e o abraçou. Ele nos apresentou e depois atravessamos a plataforma em direção ao Volvo de Mandy. James e Mandy foram na frente, falando de coisas caretas como estudos, pais e feriados. Paul e eu seguimos atrás, como trolls, dizendo em voz baixa: "Eu a amo", "Ela é minha", "Porra nenhuma, ela é minha", "Eu a amo", "Não, eu a amo".

Chegamos ao Volvo de Mandy, ela colocou uma fita dos 10.000 Maniacs para tocar e nos levou até a casa.

— James, este saco de dormir tem cheiro de escoteiro morto — observei quando tiramos os velhos sacos do porão.

— Você roubou isso de algum abrigo? — perguntou Paul.

— Vão se foder — xingou James.

— Eu posso ficar no quarto da Mandy — falei.

— Aposto que os lençóis dela têm cheiro de morangos limpos — disse Paul.

— Você também pode dormir com os ratos no porão — disse James.

Depois da meia-noite, preparamos macarrão e uma montanha de salada de alface, nos sentamos na sala de TV com carpete marrom e assistimos a uma reprise do *Late Night with David Letterman*. Então jogamos pingue-pongue no porão, inventando um jogo no qual três pessoas corriam ao redor da mesa batendo bolas aleatórias, gritando umas com as outras e rindo como bobas alegres. Fomos para a cama — mais especificamente, Paul e eu fomos para os sacos de dormir —, e acordei sete horas depois com uma chuva constante.

— O que devemos fazer? — perguntei.

— O que Mandy está fazendo? — perguntou Paul.

James o ignorou.

— Que tal *croquet* na chuva? — sugeri.

Fomos até o quintal e fincamos aros de *croquet* em toda parte: atrás de galpões, em vários cantos, sob arbustos. O *croquet* normal era chato, mas chamamos aquilo de "*croquet* chuvoso de guerrilha de East Hampton".

— Então, o que está rolando com a sua gravadora? — perguntou James enquanto rebatia minha bola para além da garagem, para trás de uma moita de zimbro.

Expliquei que queria deixar a Instinct e assinar com a Mute — e com a Elektra nos Estados Unidos —, mas que, nos últimos nove meses, a Instinct vinha me mantendo refém e eu passaria o resto da vida no purgatório das gravadoras.

— Você não pode fazer alguma coisa nesse meio-tempo? — perguntou James.

— Posso fazer remixes para outras pessoas e fazer turnês, mas não posso lançar nenhuma música nova.

— Isso é péssimo.

— Com certeza.

— Conte para James sobre a coletânea — disse Paul.

— Bem, no ano passado, a Instinct lançou *The Best of Instinct Records*. O problema é que eu sou o único artista, e o disco continha apenas músicas feitas por mim sob cinco nomes diferentes.

— Além disso, Moby costumava limpar o escritório da Instinct e despachar todas as encomendas pelo correio. Ele era como "escravo músico estagiário" do lugar — contou Paul.

— Bem, foi bom por um tempo — falei.

Jogamos mais *croquet* na chuva enquanto eu lutava contra ataques de pânico provocados pela ideia de que nunca mais conseguiria lançar novas músicas. Depois fomos até a cidade, conversando sobre garotas, contratos de gravação e os méritos dos filmes da série *Jornada nas Estrelas*. Na cidade, compramos café e assistimos ao robô-rosquinha por um tempo.

Saber que aquilo ainda estava ali, incansável, fazendo rosquinhas para turistas mauricinhos, me trouxe uma sensação de paz de espírito. Na última vez que estivera em East Hampton, em 1988, eu morava na fábrica abandonada em Stamford e tentava convencer alguém a ouvir minhas fitas demo. Agora, morava em Nova York e tinha advogados caros que lutavam contra uma gravadora que queria desesperadamente me manter sob seu domínio. Em 1988, eu trabalhava como DJ para cerca de quarenta ou cinquenta pessoas por noite e ganhava 5 mil dólares por ano. Agora, tocava em raves para milhares de pessoas por noite e ganhava cerca de 100 mil dólares por ano. Essas mudanças em minha vida poderiam ter me consolado, mas o pânico continuou agarrado à base do meu tronco cerebral.

Relutantes, deixamos o robô-rosquinha e nos sentamos com nosso café em um banco molhado de jardim, Paul com o cabelo rosa e camiseta do Siouxsie and the Banshees, James com sua Doc Martens e moicano amarelo. Os mauricinhos bem-vestidos e endinheirados de férias em East Hampton nos evitavam, possivelmente supondo que ser interessante fosse contagioso. Ficamos sentados em silêncio por algum tempo, bebendo café e fingindo que éramos figurantes de *Twin Peaks*.

— Se continuar a chover, talvez eu volte para a cidade — disse eu, subitamente querendo me levantar e fugir. Meus amigos eram ótimos, mas o pânico estava mastigando meu cérebro como um esquilo furioso. — Vocês acham que vou conseguir gravar discos de novo? — desabafei.

— Claro — disse Paul. — Claro.

"Claro" significava muito.

Tínhamos um amigo em Connecticut que costumava dar respostas vagas. Em vez de dizer "sim", ele sempre dizia "claro". Daí que, alguns anos antes, havíamos decidido que "claro" significava 100%, enfaticamente, *sim*. Paul acabara de dizer "claro", o que significava que ele estava confiante e certo de que algum dia eu voltaria a lançar discos. Meu cérebro ainda não tinha se livrado do pânico, mas aceitei que, com sorte, em breve aquilo aconteceria. Terminei o café e me levantei.

— Devemos voltar a jogar *croquet*? — perguntei.

— Claro — disse Paul, enfático.

— Claro — disse James, igualmente enfático, e nos afastamos de East Hampton sob a chuva de verão.

LIVRO DE BIOLOGIA

No ensino médio, meu maior sonho era me apaixonar pela garota punk perfeita. Após fazer o dever de casa, eu pegava meu ciclomotor e ia até Darien tarde da noite, ouvindo Joy Division ou X, sonhando com minha namorada punk imaginária. Ela seria gentil e teria cabelo rosa, verde ou azul. Adoraria Joy Division e, às vezes, dançaria em matinês hardcore. Ela me amaria e transaríamos na sala de estar de seus pais enquanto eles estivessem dormindo no andar de cima.

Quando eu passava pela estação ferroviária de Noroton Heights em meu ciclomotor, John Doe cantava em meus fones de ouvido: "I'll replace your drunk old man/ Sit in the parking lot and hold your hand." [Vou substituir seu velho bêbado/ Sentar no estacionamento segurando sua mão.] No ensino médio isto era tudo o que eu queria: uma namorada punk legal com cabelo cor-de-rosa e mãos delicadas.

No fim dos anos 1980, meu amigo Jamie começou a namorar uma garota punk chamada Sarah. Ela era bonita, usava botas da coleção Vegan da Doc Martens, tinha cabelo curto pintado de rosa e adorava Minor Threat. Ela até dançava em matinês hardcore. Só tínhamos conversado com ela uma ou duas vezes, mas concluí que ela era perfeita. Como era namorada do meu amigo, guardei meu desejo para mim mesmo, amando a distância sua cabeça cor-de-rosa felpuda em forma de ovo de Páscoa.

Então, em junho de 1993, Jamie terminou com Sarah. Dois meses mais tarde, Sarah me ligou para dizer que estaria em Nova York. Saímos para jantar no Angelica Kitchen, então criei coragem e disse que sempre tivera uma queda por ela. Ela corou, olhou para seu prato de sobá e revelou: "Eu também tenho uma queda por você."

Depois do jantar, caminhamos de mãos dadas por Nova York no calor de agosto, tomando sorvete vegano. Ela dormiu no meu apartamento e, pela manhã, pegou o trem de volta para Connecticut.

— Vou para o Havaí daqui a dois dias, para dar aula — contou ela.

— Quanto tempo vai ficar por lá?

— Seis meses.

— Vou escrever todos os dias — prometi.

— Isso me parece um pouco exagerado.

— Certo, toda semana.

Nós nos beijamos na Grand Central Terminal e eu a vi caminhar até a plataforma.

Sarah foi para o Havaí, eu saí em turnê, e toda semana escrevíamos um para o outro. Nós realmente não nos conhecíamos muito bem, já que tínhamos passado apenas uma noite juntos, mas me convenci de que ela era a mulher vegana punk perfeita que eu sempre tinha desejado. Suas cartas eram breves, no limite da concisão, porém, para mim, tal brevidade soava confiante e profunda. Ela estava no Havaí, ensinando educação ambiental para crianças do ensino fundamental, aprendendo a surfar e fazendo caminhadas todo fim de semana. Ela me mandou fotos, imagens radiantes em que ela aparecia bronzeada e com sardas, sorrindo na praia em Kauai. E eu me apaixonei.

Também enviei fotos para ela: eu no palco na Inglaterra pulando em cima do teclado ou perdido em algum aeroporto alemão. Escrevi dizendo que sentia falta dela e descrevi como era difícil ser um vegano radical em uma turnê. E ela se apaixonou.

Minhas cartas foram ficando cada vez mais longas. Embora eu mal a conhecesse, sentia como se enfim tivesse encontrado minha alma gêmea.

Em novembro, eu sairia em turnê com Aphex Twin e com o Orbital. No fim, faria um show no Japão e depois voltaria para Nova York. Antes de a turnê começar, liguei para Sarah de um quarto de hotel em Colônia, Alemanha, às seis da manhã. Ela atendeu o telefone no Havaí, onde eram seis da tarde.

— Tive uma ideia — falei. — E se eu for até o Havaí no fim da turnê?

— Seria ótimo — disse ela.

— Depois tenho um show no Japão. Poderíamos ir juntos?

— Sim.

— A turnê termina em novembro, então chegarei por volta de 20 de novembro.

— Ótimo — disse ela. — Ah, eu estava para lhe dizer: voltarei para a Costa Leste em dezembro.

— É mesmo? — E aí falei sem pensar: — Será que deveríamos morar juntos?

— Vamos ter um apartamento vegano em Nova York?

— Claro. Tchau, Sarah!

— Tchau, Moby.

Desliguei e comecei a entrar em pânico. O que eu tinha feito? Eu não conhecia Sarah de verdade, já que tínhamos passado apenas uma noite juntos. Lembrei-me de que ela era vegana, punk e professora de educação ambiental e me acalmei um pouco: era a decisão certa. Eu era adulto e nunca tinha morado com uma namorada, mas morar com namoradas era o que adultos faziam. E eu tinha concluído que nós dois éramos almas gêmeas, mesmo que tivéssemos passado menos de quinze horas juntos.

Deitei-me na cama de solteiro de meu quarto de hotel alemão e tentei dormir, mas estava com muito medo e ansioso, então simplesmente fiquei observando a pálida luz da manhã atravessar as cortinas.

Voltei para os Estados Unidos para a turnê com Aphex Twin e o Orbital, e tudo foi decepcionante desde o primeiro dia. Eu queria gostar de Aphex Twin, porque eu adorava os seus discos. Mas ele raramente falava com alguém e, quando dava entrevistas, me criticava por tocar guitarra no palco e me acusava de não ser um verdadeiro músico eletrônico. No início da turnê, todos viajávamos juntos no ônibus, mas eu não conseguia dormir direito, então passei a ir de avião para os locais dos shows. Ele me chamou de elitista na imprensa, quando na verdade eu apenas sofria de uma insônia incapacitante em ônibus de excursão. Após um mês constrangedor e infeliz, a turnê terminou e fui para o Havaí me encontrar com Sarah.

Quando saí do avião em Kauai, Sarah correu até mim e me abraçou, sua pele com cheiro de coco e sal. Entramos no carro e atravessamos as escuras e sinuosas estradas havaianas.

— Tudo aqui cheira a flores — falei.

— Principalmente jasmim — disse ela.

— Não consigo acreditar que estou aqui. — Ela sorriu. — Você já viu um tubarão? — perguntei, olhando para a lua sobre o mar.

— Ainda não.

— E como vai a escola?

— Bem — respondeu ela.

Passamos por um quiosque de hambúrguer decrépito e esperei que ela continuasse a conversa.

— Bem? — perguntei, afinal.

— Sim, bem.

Chegamos à sua casa alugada e levei minha bagagem para dentro.

— Aluguei um apartamento para nós na 10th Street — falei. — É lindo. Tem uma cama no mezanino, uma sala de estar e uma saleta que você pode usar como escritório. E é voltado para o sul.

— O.K. — disse ela.

— Além disso, tem duas lojas de produtos naturais logo na esquina e fica a dois quarteirões do Angelica Kitchen. — Sarah não disse nada. — Está tudo bem? — perguntei. — Você está tão calada esta noite.

— Não, eu estou feliz em ver você — disse ela.

— Eu também — falei, em pânico.

No dia seguinte, caminhamos até a costa Napali, encontramos uma praia vazia e nadamos pelados na arrebentação. Depois, nos deitamos ao sol, o som das ondas como tímpanos de orquestra aos nossos pés.

— Você tem certeza de que quer abandonar tudo isto? — perguntei.

— Aham — disse ela.

— Digo isso porque este lugar parece ser o mais bonito do mundo. — Ela não disse nada. — O barulho da arrebentação parece o de explosões. — Ela não disse nada. — Qual é o seu lugar favorito aqui?

— A praia perto da escola.

— Ah, por quê?

— Não sei — disse ela. — Apenas gosto de lá.

Caminhamos até o carro e voltamos para casa ouvindo uma fita com uma compilação de música techno. Sem conversar.

— Você gosta de dance music? — perguntei.

— Sim — respondeu ela.

— Muitos dos meus antigos amigos punks odeiam. — Ela não disse nada.

— Mas eu meio que vejo a dance music como um tipo de punk rock — pontifiquei. — Quer dizer, não soa como punk rock, mas o espírito é o mesmo.

Ela não disse nada. Ficamos calados ouvindo a fita enquanto passávamos por cascatas e palmeiras.

No dia seguinte, acordamos, tomamos um café da manhã silencioso ao ar livre e fomos ao aeroporto de Lihue.

— As férias no Havaí mais rápidas do mundo. Quarenta e oito horas. — Ela não falou nada, então mudei de assunto: — Tem certeza de que está pronta para ir?

— Empacotei meus livros e roupas e enviei tudo para Connecticut antes de você chegar — disse ela.

— Não consigo acreditar que vamos morar juntos — falei.

Olhei pela janela da cozinha e vi palmeiras balançando suavemente ao vento.

— Eu também não — disse ela.

Voamos de Kauai para Honolulu e pegamos um voo de nove horas para Tóquio. Três horas depois de decolarmos, todos no avião estavam dormindo. Eu estava lendo um livro de contos de Flannery O'Connor e Sarah lia um livro de biologia.

— Sarah — sussurrei.

— Sim, Mobe.

— Você já transou num avião?

— Não.

— Nem eu — falei. — Mas deveríamos.

Ela sorriu.

— Está bem.

— Você vai até o banheiro. Aí eu chego alguns minutos depois e bato duas vezes na porta.

— Sério?

— Vamos entrar para o clube do sexo nas alturas.

Ela se levantou e foi até o banheiro. Dois minutos depois, fui até lá e bati duas vezes na porta, discretamente. Ela abriu a porta e me apertei no banheiro com ela.

— Como vamos fazer? — perguntou Sarah.

— Eu poderia sentar no vaso sanitário — sugeri.

— Eca, isso é nojento.

— De pé?

Abaixamos as calças e fizemos um sexo *pro forma* de pé no minúsculo banheiro do avião. Alguns minutos depois terminamos e nos encostamos na parede, suados e ofegantes.

— Agora somos membros do clube do sexo nas alturas — falei. Sarah levantou as calças e não disse nada. — Foi esquisito?

— Não — respondeu ela, abrindo a porta e caminhando de volta para o assento. Saí um minuto depois e me sentei ao seu lado.

— Boa noite, Mo — disse ela, fechando os olhos.

— Boa noite — falei, pegando a mão dela. Sarah se desvencilhou.

— Não consigo dormir de mãos dadas — explicou ela.

— Tudo bem.

Tentei ler meu livro, mas eu estava pirando. Estava prestes a me mudar para um apartamento com uma mulher que não falava e não gostava de dar as mãos. Conversar era o modo como eu me conectava às pessoas — era como dançar para pessoas que não sabiam dançar.

Com o tempo, talvez Sarah ficasse mais à vontade, mais aberta, e começasse a falar. Ou talvez eu pudesse aprender a manter um relacionamento sem diálogos. Ou talvez eu estivesse cometendo um erro brutal. Fechei os olhos e entrei em pânico enquanto voávamos em direção a Tóquio sobre o escuro oceano Pacífico.

Desembarcamos em Narita. O produtor local nos esperava na saída da alfândega. Ele era australiano e se mudara para o Japão havia três anos com o objetivo de ensinar inglês, mas, em vez disso, começara a organizar raves. Quando entramos no táxi, ele disse:

— O show de hoje à noite é patrocinado pela NKTV, uma grande emissora de TV japonesa.

— Espere aí! — exclamei. — O show de hoje à noite?

— Claro — disse ele. — É por isso que você está aqui.

— Pensei que o show fosse amanhã.

— Não, é hoje, dia 23 de novembro.

— Mas hoje é dia 22.

— Companheiro, você cruzou a linha de mudança de data. Hoje é dia 23.

Pisquei.

— Quando subo no palco?

— Daqui a três horas — disse ele com um sorriso forçado.

Após noventa minutos no táxi, entramos numa boate repleta de clubbers japoneses acenando com leques coloridos.

— Por que eles estão acenando com leques? — gritei, em meio ao som da música techno.

— Ah, isso começou há alguns meses. Todo mundo faz isso agora — disse o produtor.

Ele nos levou até um pequeno camarim vermelho atrás do palco. Depois que ele saiu, falei para Sarah:

— Não acredito que vou tocar hoje à noite. — Ela não disse nada. — Então, esqueci de perguntar, você se incomodaria de tocar os teclados?

— O quê?

— Para conseguir a sua passagem, precisei dizer que você fazia parte da minha banda.

— Você quer que eu toque teclado? No palco? Eu não sei tocar teclado.

— Não, você só precisa fingir. Todas as partes de teclado estão gravadas em fita.

— Então acho que sim — disse ela.

— Obrigado. Era a única maneira de fazer o produtor pagar a sua passagem. Vai ser divertido. Você pode ficar pulando e fingindo tocar.

— Eu não vou pular — retrucou ela.

O produtor nos levou até a lateral do palco. Lá havia três sintetizadores Roland novos, um novíssimo Octapad Roland e dois microfones novinhos em folha.

— Vou ficar com esse equipamento para mim? — perguntei para ele.

— Rá, essa é boa, companheiro — disse ele. — O equipamento foi emprestado pela Roland.

— Esse equipamento é mais legal do que o que tenho em casa.

— Estamos no Japão, companheiro. Tudo pronto?

Assenti. Ele subiu no palco e anunciou:

— Direto de Nova York, Moby!

Corri para o palco enquanto Sarah caminhava até o teclado nos fundos. "Ah Ah" começou com um rugido de sintetizadores. Batuquei no novíssimo Octapad e corri pelo palco, gritando ao microfone. Mil ravers japoneses dançavam e agitavam leques coloridos como um cardume de peixes arco-íris. Olhei para Sarah; ela estava olhando para o teclado, fingindo tocar. Corri para perto e sorri. Ela olhou para mim e depois voltou a olhar para o teclado.

"Go" começou. Eu estava prestes a gritar "Go!" pela primeira vez quando fui derrubado por trás. Caí de cara no palco e me voltei para olhar quem estava em cima de mim: era alguém enorme vestindo uma fantasia de árvore de mais de dois metros de altura. Quase todo o seu corpo estava coberto pela fantasia, mas, através dos galhos, pude ver seu suado rosto caucasiano. Tentei me levantar, mas ele me agarrou e me empurrou de volta contra o chão.

Olhei para a lateral do palco: o produtor sorria e dançava. Ele ergueu os dois polegares para mim.

— Eu preciso tocar! — gritei para o sujeito fantasiado de árvore, que sorriu e voltou a me pressionar contra o chão.

Enquanto lutava contra a árvore, tentei chamar a atenção de Sarah. Ela estava olhando para mim e para a árvore, confusa.

— Socorro! — gritei.

Ela continuou fingindo tocar os teclados.

O público agitava leques vermelhos, amarelos e laranja, supondo que minha luta livre com a árvore fazia parte do show. Enfim me livrei da árvore e corri até o produtor.

— Tire esse cara da minha cola! — gritei, enquanto a pessoa-árvore atravessava o palco para me imobilizar outra vez.

— Esse é o Chaz, companheiro! — gritou o produtor. — Ele faz isso com todo mundo!

— Faça-o parar!

O promotor pareceu magoado e decepcionado.

— Chaz! — gritou. — Pare com isso!

Chaz, a pessoa-árvore, correu em minha direção e me deu um grande abraço. Em seguida, pulou para a plateia, dançando com os ravers japoneses que acenavam com seus leques.

Após o show, Sarah e eu estávamos nos recuperando nos bastidores quando o produtor chegou, parecendo um tanto envergonhado.

— O que foi aquilo? — perguntei.

— O homem-árvore?

— Sim.

— Ah, ele começou a fazer aquilo um dia. O público o adora — respondeu.

— E por que você não me disse isso antes?

— Eu não disse?

Sarah e eu fomos para o hotel e tentamos em vão transar em uma pequena banheira japonesa. No dia seguinte, pegamos um voo de treze horas até o JFK.

Durante o voo, Sarah leu livros de biologia e eu li ficção científica. A certa altura, olhei para ela: o sol entrava pela janela, tocando o seu livro e o seu cabelo. Ela parecia muito séria e muito bonita enquanto virava as páginas do livro.

Pelo lado positivo, pensei, *ela é vegana, ambientalista, careta e punk.*

Pelo lado negativo, pensei, *ela não gosta de conversar.*

Mas talvez aquilo mudasse. Moraríamos juntos em nosso ensolarado apartamento na 10th Street, iríamos a restaurantes veganos e adotaríamos um cão. Ela se abriria e conversaria comigo durante horas sobre biologia, ambientalismo e discos antigos de punk rock, nós nos amaríamos e aproveitaríamos a vida juntos.

— Estou feliz, Sarah — falei, pegando em sua mão à luz do sol.

— E eu estou lendo algo importante — disse ela, recolhendo a mão e se afastando de mim.

31

FIO DENTAL

Sarah e eu estávamos morando juntos havia quatro meses na 10th Street, numa área tomada pelo tráfico de drogas. No início, nossa comunicação era meio forçada, mas, depois que passamos a morar juntos, se deteriorou ainda mais. Para ela, era confortável ficar sem falar. Para mim, não. Eu gostava de conversar. Conversar era a maneira como eu me conectava com os meus amigos e a minha família. Sem falar eu me sentia perdido e invisível.

Talvez Sarah fosse iluminada e não precisasse preencher os espaços vazios com tagarelices. Ou talvez ela apenas fosse muito calada. Sentávamos um em frente ao outro à mesa de madeira preta de café da manhã e eu lhe fazia perguntas, que sempre começavam com a palavra "então".

"Então", dizia eu, passando geleia de maçã em um pedaço de torrada, "você vai trabalhar hoje?"

"Sim."

Eu lentamente enchia nossas xícaras com chá verde.

"Então, como vai o trabalho?"

"Bem."

Eu olhava para a torrada e pensava em outras perguntas que começassem com a palavra "então".

Então, você acha que o Fundo Monetário Internacional deveria operar com mais transparência?

Então, você prefere o Tractatus *de Wittgenstein ou seus cadernos* Azul *e* Marrom*?*

Então, você sabia que essa falta de comunicação está me matando?

Eu continuava encarando a torrada ou olhando pela janela, e nosso tranquilo café da manhã chegava ao fim. Nós nos despedíamos e eu ia até o meu estúdio, onde me sentava em minha cadeira quebrada, entrava em pânico e tentava compor.

O que eu estava fazendo? Eu achava que, com o tempo, Sarah se abriria e falaria mais, porém, naquele momento, ela estava falando ainda menos. Eu queria que nossa relação desse certo. Eu queria ser um adulto que morava com sua bela, amorosa e gentil namorada punk vegana. Eu não queria admitir a derrota e aceitar que estava me sentindo péssimo e que nosso relacionamento morria aos poucos. Eu passava longas horas no estúdio e fazia tudo o que podia para evitar a volta para casa. Quanto menos tempo Sarah e eu conversávamos, mais tempo eu tinha para trabalhar com música ou para passear com Walnut, a cadela que adotamos em um abrigo de animais em Uptown.

Walnut era a pit bull mais doce do mundo. Ela era muito menor do que a maioria dos pit bulls e tinha olhos delicados e amendoados que pareciam inocentes e gentis. Era branca e marrom e estava sempre feliz. A 10th Street, entre a 1st Avenue e a 2nd Avenue, lugar onde morávamos, era um famigerado quarteirão de drogas, com calçadas tomadas por traficantes de crack e de heroína trajando enormes casacos pretos. Todos os dias, quando levava Walnut ao parque de cães na Tompkins Square, tínhamos que passar pelos traficantes ameaçadores. Eles se esforçavam para parecer durões, intimidando a todos que passavam por ali. Quando eu passava sozinho, recebia um breve meneio de cabeça, mas, quando passava com Walnut, eles se transformavam em garotinhos felizes. "Ei, é a Walnut! Oi, Walnut!"

E Walnut ficava animada, corria em direção a eles e lhes dava beijinhos caninos. Os traficantes superdurões riam, faziam carinho nela e sempre perguntavam as mesmas coisas: "Ela é uma pit?" "Ela é muito pequena para uma pit, não?" "Ela é um filhote de pit?" "Ela é misturada com o quê? Beagle?" Então nós íamos embora e os traficantes diziam: "Vejo você mais tarde, Walnut!" A área para cães que frequentávamos na Tompkins Square era um campo igualitário de terra no meio do parque. Os viciados levavam seus cães, os homossexuais levavam seus cães, os corretores da bolsa levavam seus cães, as senhoras idosas levavam seus cães, os punks sem-teto levavam seus cães. Os cães corriam como velozes bolas de borracha, cheirando traseiros, cavando buracos e perseguindo uns aos outros em círculos. Os humanos em geral ficavam quietos, cabeças enterradas nos jornais, às vezes mantendo tímidas conversas sobre cachorros.

Em um dia chuvoso de março, o parque estava quase vazio: apenas eu, Walnut, um membro de uma gangue latina e seu pit bull molhado. Sentei-me em um banco frio e Walnut sentou ao meu lado. "Vamos lá, Walnut", falei. "Vá correr, vá fazer cocô." Mas Walnut só queria ficar sentada ao meu lado olhando para o parque de cães vazio e enlameado. "Você não quer ir brincar com o pit bull?", perguntei.

Walnut olhou para mim, como se dissesse: "Sério? Você está me perguntando se eu quero ir brincar com aquele pit bull gigante psicopata que come vidro no café da manhã? Na melhor das hipóteses ficarei com frio, enlameada e o pit bull irá me ignorar. Na pior, serei comida lentamente por aquele monstro. Então, não, Moby, eu não quero ir brincar na lama fria com aquele pit bull."

Desisti e reatei a coleira de Walnut. Voltamos pela 9th Street, no sentido leste. Quando chegamos à 1st Avenue, Walnut enfim decidiu fazer cocô. Na década de 1970, a cidade de Nova York decretara leis restritivas que obrigavam as pessoas a recolherem o cocô de seus cães. E, de algum modo, tais leis funcionaram. A maioria dos donos de cachorros era responsável e prevenida e levava sacos de plástico para recolherem o cocô sempre que passeava com os seus cães. Eu preferia confiar no destino, pressupondo que o universo proporcionaria um saco plástico ou alguns guardanapos em uma lata de lixo próxima com os quais eu pudesse recolher o cocô de Walnut.

Walnut começou a dança do "andar em círculo para encontrar o local ideal para fazer cocô na calçada". Assisti, levemente irritado, já que era início de março, estava frio, garoava e eu estava morrendo aos poucos em uma relação que destruía minha alma. "Vamos lá, Walnut", falei. "Cocô."

Walnut começou a defecar. Então parou, parecendo surpresa. Depois, começou a correr em círculos, confusa e assustada. Olhei e descobri qual era o problema: ela tinha comido um pedaço de fio dental em algum lugar e o cocô estava pendurado em seu traseiro, preso por um longo pedaço de fio dental. Ela continuou tentando se afastar do cocô, mas o fio dental segurava firme.

Comecei a rir, supondo que o cocô logo se desprenderia e poderíamos continuar nossa caminhada de volta para casa e para meu relacionamento infeliz.

Então percebi que o cocô não se soltaria: estava preso. E a pobre Walnut estava apavorada, sem entender por que estava sendo atacada pelo próprio cocô.

Merda, pensei, sem pretender qualquer trocadilho. Eu precisava ajudar Walnut, mas realmente não queria chegar por trás dela e agarrar um punhado de cocô com fio dental. Eu precisava de algum tipo de ferramenta. Na lata de lixo mais próxima encontrei um garfo de plástico engordurado em uma caixa de isopor de um restaurante local de frango frito. "Espere", falei para Walnut, usando o garfo para tentar arrancar o cocô de seu traseiro.

Ela me mordeu.

"O quê?", exclamei, mais ofendido do que ferido. Walnut parecia envergonhada e assustada. Então eu a acalmei, comecei a trabalhar com o garfo e enfim consegui desalojar o cocô e o fio dental. Ao terminar, sentei-me ao seu lado na calçada e avaliei situação. Eu tinha gordura de frango e cocô de cachorro na mão. Estava com frio. Estava molhado. Estava em um relacionamento sem amor. E minha doce e bela cachorra tinha acabado de me morder.

"Isto é a minha vida?", perguntei para Walnut.

Ela olhou para mim, confusa, mas principalmente grata pelo fato de o cocô não estar mais atacando seu traseiro. Encontrei um guardanapo sujo; joguei fora o cocô, o fio dental, o garfo e voltei para casa na chuva com a pequena Walnut.

LEMON ZINGER

— Mas é apenas um sample de três segundos — falei.

— Eu sei — disse Barry. — Mas é isso que eles querem.

Eu compusera um hino rave que soava como uma centena de edifícios desmoronando e sendo construídos ao mesmo tempo. Soava como uma manada de elefantes em êxtase. Era enorme, alegre e repleto de nostalgia. Eu tivera visões daquela música arrancando os ravers de seu estupor induzido pela cetamina e lembrando-os que a música techno podia ser alegre. Que a dance music podia ser bela e explosiva, não apenas música de fundo para adolescentes com calças gigantescas desmaiados nas pistas de dança.

Aquela música nova que eu tinha feito fora baseada em um sample vocal perfeito de uma disco music obscura de fins dos anos 1970. Adorei o modo como aquele sample soava, de modo que decidi fazer a coisa certa e obter permissão para usá-lo.

Depois de meses de brigas legais, eu finalmente deixara a Instinct e assinara com a Mute e com a Elektra, e agora estava produzindo meu primeiro disco de verdade. Músicos que tinham contratos de discos de verdade precisavam fazer a coisa certa e obter permissão para usar samples, ideia que eu em teoria apoiava. Mas, naquele caso, as pessoas que possuíam a gravação a partir da qual eu recolhera o sample tinham uma noção absurda acerca de seu valor.

— Deixe-me ver se entendi — falei para Barry, que, ao lado de seu sócio, Marci, agenciava minha carreira nos Estados Unidos. — O sample tem três segundos de duração, mas eles querem 50% da gravação, 75% da publicação e um adiantamento de 50 mil dólares?

— Sim. Eles originalmente queriam 100% da publicação e um adiantamento de 75 mil dólares, mas conseguimos negociar — disse ele.

Era inacreditável. Eu tinha meu maravilhoso hino rave, e estavam tirando aquilo de mim. Ironicamente, estava sendo tirado de mim pelas donas do sample que eu estava tentando usar. Gostei da ironia, mas ainda estava em pânico.

— Não tenho como pagar tudo isso — falei. — E não posso abrir mão de 75% da publicação. Isso é loucura.

— Você não pode encontrar outro sample? — perguntou Barry.

Eu odiava admitir, mas talvez pudesse. No entanto, aquele sample vocal era muito bonito e funcionava perfeitamente. Engrandecia meu belo hino. Tornava-o mais belo.

— Posso tentar — respondi, resignado e triste por não poder usar o sample de outra pessoa.

Passei o restante do dia vasculhando minha coleção de discos, em busca de samples melhores. Hora após hora eu ouvia meus álbuns antigos de disco music, funk e R&B, tentando encontrar um sample que substituísse o atual. Nada funcionou. Algumas coisas não chegavam a ser terríveis, mas quase tudo soava arbitrário e sem graça. Ao fim do dia, eu estava desanimado. Sentei-me em minha cadeira de escritório quebrada, diante do computador.

Eu tinha encontrado aquela cadeira no lixo, em frente ao prédio do meu estúdio. Toda semana eu passeava pelo bairro à procura de coisas interessantes que as pessoas tivessem jogado fora. Nos últimos anos, tinha achado uma velha escada de madeira, três telas shoji japonesas, uma mesa que poderia ter sido projetada por Ray e Charles Eames, uma estátua de um buldogue com uma orelha só, uma coleção de livros de Philip K. Dick e aquela cadeira de escritório quebrada que vivia rangendo. O assento estava rasgado e a cadeira guinchava quando as rodinhas rolavam, mas tinha sido de graça e era quase confortável.

Olhei para a máquina de fax. Talvez aparecesse um fax mágico: "Boas-novas! Eles adoraram a música e decidiram que deixarão você usar o sample de graça!" Mas a máquina permaneceu teimosamente em silêncio. Olhei para a gigantesca pilha de vinil ao lado do toca-discos. Todos aqueles álbuns, todos aqueles incríveis cantores e compositores, e eu não conseguia encontrar um único sample para roubar.

O telefone tocou.

— Teve alguma sorte?

Era Barry.

— Nenhuma — respondi. — Talvez pudesse ser um instrumental?

— Conheci uma cantora israelense — disse ele. — Ela gostaria de tentar cantar a sua música. Amanhã seria um bom dia?

— Claro. Qual é o nome dela?

— Myim Rose. Acho que já cantou em um monte de discos de house music da Strictly Rhythm.

— Ok. Aqui, amanhã, ao meio-dia?

— Parece bom. Vou ligar para ela agora.

Talvez aquela cantora israelense salvasse minha música. Eu a ouvi novamente, sem o sample, para ver o que restava: breakbeats lunáticos e arrebatadores, enormes seções de cordas e trechos de sintetizador. Continha um sub-baixo Juno-106. Possuía a insistente batida 4/4 do Roland TR-909. Com o sample vocal, eu teria recebido um A ou um A+, mas, sem ele, não passaria, com muito boa vontade, de um B.

Desliguei meu equipamento e me levantei em meu pequeno estúdio. Eram oito horas de uma bela noite de verão, e a luz alaranjada e oblíqua do sol poente entrava pela janela. Tranquei a porta e fui para casa na 10th Street, para me encontrar com Walnut e Sarah, morrendo de pavor ao pensar em outra noite silenciosa e constrangedora ao lado de minha mulher. Mas, afora isso, havia a ansiedade pela perspectiva de rever Walnut. Sempre que eu chegava em casa, Sarah estava lendo no futon. Ela dizia "Oi, Mobe" e voltava para o livro. Walnut, por outro lado, saía em disparada pela cozinha, rodando em pequenos círculos, um pacotinho de constante alegria pit bull.

Quando Myim chegou ao meu estúdio no dia seguinte, ela segurou minhas mãos, sorriu e imediatamente fez com que me sentisse menos ansioso em relação ao meu terrível relacionamento e meu sample problemático. Myim era baixa, loura e irradiava gentileza.

— Então, você já fez alguns discos para a Strictly Rhythm? — perguntei quando ela entrou.

— Bem, não — disse ela. — Mas bem que gostaria.

— E você é israelense?

Ela riu.

— Não, nasci em Washington Heights.

Aparentemente, Barry se confundira. Mas Myim estava ali e nós dois estávamos animados. Eu estava pronto para gravar seus vocais e levar meu amado embora não utilizável sample disco para uma recauchutagem e acabar com o seu sofrimento.

— Gostaria de um chá ou de um pouco de água? — perguntei.

— Claro, eu adoraria um pouco de chá e um pouco de água — respondeu, com um sorriso.

— Os dois? Chá e água?

Ela deu uma risada alegre.

— Sim, obrigada.

Liguei o fogão elétrico e coloquei água na panelinha que mantinha no estúdio para preparar chá e aveia.

— Barry já lhe mostrou a música? — perguntei.

— Sim. Gostei muito.

— Bem, eu preciso substituir o sample vocal. Você quer tentar?

— Você poderia tocar outra vez?

Apertei "play" no sequenciador Alesis. A música começou com breakbeats e samples raga de Koji Banton. Em seguida, entraram os teclados, soando mais vazios por não estarem apoiando nenhum vocal.

— Ah, a água está fervendo — avisou ela.

Baixei o volume do mixer.

— Você quer chá verde ou de ervas?

— Qual chá de ervas você tem? — perguntou ela.

— Deixe-me ver — falei. — Tenho Lemon Zinger, Red Zinger, kava, valeriana, hibisco e menta.

Ela escolheu o de hibisco. Deixei o saquinho de chá afundar em uma caneca de *Jornada nas Estrelas* que Paul me dera no Natal do ano anterior. Myim sentou-se em um caixote para garrafas de leite e eu me sentei na cadeira de escritório quebrada. Reiniciei a faixa.

— O microfone já está preparado — falei. — Você quer tentar algumas ideias?

— Você tem fones de ouvido?

— Só um par. Você pode usá-los e eu deixo as caixas de som em um volume baixo para poder ouvir um pouco da música.

Ela ficou de pé em frente ao meu microfone SM57 e improvisou alguns vocais para que eu pudesse ajustar o volume.

— Não sou muito bom em gravação de voz — falei, timidamente.

— Não se preocupe, está soando muito bem — respondeu ela, com gentileza.

— Na primeira passagem talvez você pudesse simplesmente cantar o sample que estamos substituindo — sugeri.

Ela cantou o sample, mas não era a mesma coisa. Ela tinha uma boa voz, mas não era uma diva negra da disco music de 1979.

— Foi legal — falei. — Mas vamos tentar algumas ideias novas.

Nos vinte minutos seguintes, tentamos novas ideias para os vocais. Algumas quase funcionaram, a maioria não.

— Você acha que alguma dessas vai funcionar? — perguntou Myim.

Ela estava visivelmente cansada e dava para ver que sua voz começava a falhar. Pensei um pouco.

— Talvez — respondi. — Mas tenho uma última ideia. Eu continuo pensando em um vocal disco muito simples, apenas três notas. — Cantei para ela. — Você acha que consegue fazer isso?

— É alto, mas posso tentar.

E ela cantou a melodia curta e simples. Havia algo ali. Estava no topo de seu alcance vocal e ela estava se esfalfando, mas de algum modo funcionou.

— Você tem alguma ideia para a letra? — perguntou ela.

— Que tal algo realmente disco, como "I'm feeling so real" [Estou me sentindo tão real]?

— Certo, deixe-me tentar. — E, no limite de seu alcance vocal, ela cantou "I'm feeling so real".

— Está bom. O que você acha?

— Minha voz está prestes a falhar, mas acho que posso tentar mais algumas vezes — respondeu ela.

Apertei "record" no sampler e ela cantou aquilo algumas vezes. Nas primeiras duas tentativas, sua voz falhou no "real", que simplesmente estava fora de seu alcance.

— Parece bom — falei. — Mas vamos tentar de novo, e, desta vez, feche os olhos. Imagine que você está no campo em algum lugar. Está amanhecendo, o sol está nascendo, e você está cantando para cinquenta mil ravers.

Ela sorriu.

— Certo, vamos tentar.

Os teclados entraram, ela cantou "I'm feeling so real" e foi perfeito. Então ela cantou de novo, e foi ainda mais perfeito. Ela cantou uma terceira vez. Ainda mais perfeito.

— Que tal? — perguntou Myim.

— Está ótimo! — respondi, radiante. — Acho que conseguimos. Agora só preciso ver como fica.

Ela se sentou nos caixotes de leite e bebeu um pouco de chá de hibisco enquanto eu editava os vocais.

— É muito engraçado — disse ela. — Acabei no escritório de Barry ontem por algum motivo, e ele me perguntou se eu saberia cantar samples de música disco. Respondi que sim e aqui estou eu, cantando samples de música disco.

— Bem — falei. — Você está criando samples de música disco.

Ela terminou o chá.

— Preciso ir a Uptown para uma reunião — disse ela. — Tem certeza de que conseguiu o que queria? Eu posso tentar outra vez.

— Não, está ótimo — respondi.

Ela me abraçou e desceu a escada. Voltei a trabalhar nos vocais "*I'm feeling so real*" de Myim. Todos os takes estavam bons, mas o terceiro era o que tinha mais emoção. A voz dela estava à beira de falhar quando atingiu a nota mais alta. Soava vulnerável e celebrativo, e a ligeira distorção do microfone parecia ótima. Editei o início e o fim do sample e o conectei ao teclado.

Sobrepus o vocal de Myim aos teclados, e funcionou. Acrescentei a bateria, o sub-baixo e as cordas, e funcionou ainda mais. Fiz um loop do refrão completo, levantei-me e comecei a dançar pelo estúdio enquanto a faixa era reproduzida. Eu tinha certeza de que as pessoas que passavam pela Mott Street podiam me ouvir cantando mal minha própria música. Eu não me importava. Tinha perdido meu sample original e encontrado algo ainda melhor. Na verdade, eu não encontrara algo melhor: eu compusera algo melhor.

Peguei o telefone barato ligado ao aparelho de fax e liguei para Barry a fim de lhe mostrar a nova música.

— Barry, ouça! — pedi, levando o telefone até a caixa de som.

— Parece muito bom! — disse ele. — Então deu certo com Myim?

— Sim, ela é ótima!

— Certo, termine isso. Falo com você amanhã.

Pulei pelo estúdio e ouvi toda a faixa do início ao fim, revivendo o momento mágico em que Myim estivera tanto em meu pequeno estúdio, ao lado do fogão elétrico, quanto em uma rave, com os olhos fechados, diante de cinquenta mil pessoas ao amanhecer.

33

FENDAS DAS TÁBUAS CORRIDAS

Sarah e eu não tínhamos nada sobre o que conversar em Nova York, então fomos passar o dia no norte do estado. Logo ficou óbvio que tampouco tínhamos sobre o que conversar por lá.

Encontramos um lago perto de Bedford, Nova York, e fomos caminhar por ali. O sol brilhava e Walnut estava feliz, correndo por todo lado e farejando tudo. Sarah e eu conversamos sobre Walnut e sobre o calor. Cinco minutos depois, esgotamos nossos temas e passamos a caminhar em silêncio sob as árvores, Walnut correndo feliz entre as nossas pernas.

A certa altura, enquanto caminhávamos ao redor do lago, um carrapato chegou à minha pele e me mordeu. Não senti nada, uma vez que o carrapato era do tamanho de uma semente de papoula atrofiada. Mas, ao me morder, o carrapato passou espiroquetas de sua boca imunda para o meu sangue. E as espiroquetas entusiasmadas se espalharam pelo meu corpo. Uma semana depois, eu estava com a doença de Lyme e quarenta graus de febre.

Era agosto em Nova York, o que significava que estava fazendo 35ºC lá fora. Sarah e eu éramos ambientalistas radicais que não acreditavam em ar-condicionado, de modo que fazia 38ºC em nosso apartamento. Eu acordava de manhã, delirante, reparava que ainda estava com febre, cambaleava até o velho futon na sala de estar e deitava ali, doente e suado. Walnut pulava no futon ao meu lado, olhava para mim com pena e adormecia enquanto carros de bombeiros passavam gritando por nossa janela no calor lá fora.

Após cinco dias de febre, decidi ir ao médico. Eu era um vegano raver punk radical, de modo que, em vez de ir a um médico ocidental, preferi procurar um praticante da medicina tradicional chinesa. Eu me vesti e consegui sair do prédio. O dia anterior tinha sido quente; agora, estava mais quente ainda. O céu tinha a cor doentia de leite estragado e o ar cheirava como o interior de uma luva de vinil.

Peguei um táxi para Chinatown e subi três lances de escada até o consultório do dr. Lee. A recepcionista era uma chinesa idosa acomodada sob uma litografia de montanhas chinesas. Na escrivaninha, havia um gato da sorte de cerâmica, ao lado de uma máquina de escrever, e caligrafia chinesa emoldurada e pendurada nas paredes da sala de espera. Ao lado de onde eu estava sentado havia uma pequena estátua de um camponês chinês de pé ao lado de uma roda d'água quebrada e um pequeno pinheiro. Cinco minutos depois, ela me levou até uma saleta com uma estreita cama de metal, onde me sentei e esperei mais um pouco. Dez minutos depois, um jovem asiático trajando calção, tênis e uma camisa polo suada entrou.

— Sr. Hall? — perguntou, com um formal sotaque de Massachusetts. — Sou o dr. Lee.

Eu esperava um senhor de 65 anos trajando um jaleco branco. Aquele cara era mais jovem do que eu e cheirava a suor e perfume barato.

— Então, qual é o problema? — perguntou ele, enxugando a testa com a camisa.

— Estou com uma febre que não passa. Mas estamos em agosto, como posso ter ficado doente?

Ele riu.

— Você está com uma gripe de verão. Acontece o tempo todo.

Ele apalpou glândulas no meu pescoço, olhou dentro da minha boca, verificou o meu pulso.

— Certo, vou lhe receitar alguns comprimidos. Você logo vai ficar bom.

— Ah, sim, eu sou vegano. Esses comprimidos contêm produtos de origem animal?

Ele pensou um pouco.

— Bem, contêm chifre de veado. Isso é vegano?

— Eu não posso tomar comprimidos com chifre de veado.

Ele balançou a cabeça.

— Certo, vou lhe receitar outro comprimido. Sem chifre de veado.

Ele foi até um armário, abriu um grande recipiente e jogou um monte de comprimidos cinzentos em um saco.

— Aqui. Tome estes comprimidos três vezes ao dia, sr. Hall, e ficará bom.

Quatro dias depois, a febre ainda era de quarenta graus. Eu estava deitado no futon, Walnut enroscada ao meu lado.

— Merda, eu estou realmente doente, Walnut — falei.

Walnut apenas olhou para mim, como se dissesse: "Eu sei. Sinto muito. O que posso fazer?"

— Você já está fazendo muito, Walnut. Obrigado.

Adormeci no futon, o ventilador soprando ar quente na minha pele. Fui despertado pelo toque do telefone.

— Alô? — resmunguei.

— Oi, Moby, é o Barry. Como está se sentindo?

— Estou mal de verdade.

— Sinto muito. Não queria incomodá-lo, mas estou ligando porque o engenheiro-chefe de masterização da Western-Young pode masterizar o seu disco amanhã. Ele teve um cancelamento e pôde encaixá-lo no lugar.

O engenheiro-chefe de masterização da Western-Young era um dos profissionais de maior sucesso em Nova York, e tinham me dito que ele estava sem tempo livre pelos próximos meses.

— Certo, ótimo, estarei lá — falei. Então desliguei e desmaiei no futon.

Mais uma vez fui despertado pelo telefone tocando.

— Oi, Mobe. — Era Sarah. — Vou sair para jantar depois do trabalho... Você pode passear com a Walnut?

— Sarah, eu estou muito doente — retruquei.

Ela expirou, irritada.

— Tudo que você tem para fazer é levá-la para passear.

— Tudo bem — respondi, minhas pálpebras ardendo em febre. — Tchau.

Ela desligou sem se despedir. Sarah não gostava de gente doente. Quando começamos a namorar, eu pegara uma gripe e ela agira como uma Leni Riefenstahl: fria, clínica e decepcionada com minha exibição de fragilidade humana.

Não houve mais telefonemas, e dormi o dia inteiro. Ao anoitecer, passeei com Walnut por cinco minutos e, então, caí de volta no futon.

No dia seguinte, acordei com o calor e Sarah já havia saído para trabalhar. Eu nem me lembrava de vê-la chegando em casa na noite anterior. Eu desmaiara por causa daquela doença que estava me matando.

"Oi, Walnut", falei ao entrar na cozinha. Walnut estava deitada no chão da cozinha. "Walnut, você está bem?" Ela olhou para mim e abanou o rabo, mas continuou deitada. Eu lhe trouxe seu brinquedo favorito, uma lula verde de pelúcia. Ela a ignorou e fechou os olhos. "Certo, Walnut, preciso me vestir e sair. Logo estarei de volta."

Fiquei debaixo do chuveiro. A água quente parecia quente demais contra minha pele febril, e a água fria me queimava. Encostei-me na parede do boxe e fechei os olhos. Mas havia um raio de esperança: eu estava prestes a masterizar meu disco com o engenheiro-chefe da Western-Young. Ele pegaria meu disco mal mixado e o tornaria incrível. Eu tinha certeza disso. Ele salvaria o meu disco e a mim. Talvez até me desse a coragem de que precisava para terminar aquele relacionamento sem amor. Eu me enxuguei, me vesti e me sentei no futon, tentando reunir forças. "Walnut, você está bem?", chamei.

Ela caminhou lentamente em direção ao futon e olhou para mim. Eu a ergui até onde estava sentado e ela fechou os olhos. "Voltarei em algumas horas, Walnut."

Entrei em um táxi, olhei pela janela enquanto nos dirigíamos para o norte e quase vomitei. O mundo estava se movendo rápido demais; estava muito calor; eu estava muito doente. Agosto é o mês mais cruel em Nova York, com seu bafo de ar pesado e fétido.

Quando cheguei ao estúdio de masterização, em Midtown, a recepcionista disse:

— Pode entrar, o engenheiro chegará em breve.

Sentei-me nos fundos do estúdio de masterização em um grande sofá de couro preto, olhando para os discos de platina nas paredes.

— Ei! Oi! Você é o Moby?

Abri os olhos. Um sujeito baixo, magro, de olhos arregalados e cabelo comprido e oleoso estava em pé à minha frente, sorrindo como um maníaco.

— Oi, você é o engenheiro? — perguntei.

— Sim! Ei, você quer café? Chá? Cerveja? Quer alguma coisa? Posso lhe trazer o que você quiser, Moby! Você trouxe as fitas? Vou mandar ver! Seu disco vai bombar!

Eu me perguntava por que ele estava falando tanto, tão alto e tão rápido.

— Talvez um pouco de água? — respondi.

Ele se levantou e saiu correndo da sala.

— Vou buscar um pouco de água!

Levou cinco minutos para voltar.

— Aqui está sua água! — disse ele, limpando o nariz.

Ah, agora eu entendia: ele estava trincado de cocaína. Eu era careta e ingênuo, mas sabia que, quando alguém falava a mil por hora, desaparecia por cinco minutos e voltava limpando o nariz, a pessoa estava cheirando cocaína.

Ele se sentou diante do equipamento e rodou na cadeira.

— Certo, vamos nessa! Vou fazer isso aqui bombar!

— Bem, algumas das faixas são de dance music — falei humildemente, sentado no sofá de couro. — Mas há um monte de músicas tranquilas, também.

Ele não estava me ouvindo. Em vez disso, preparava o equipamento e cantarolava para si mesmo.

— Moby, você quer cheirar? — perguntou.

— Não, obrigado, sou careta.

Ele me ignorou e voltou a se concentrar no equipamento.

— Por onde começamos? Vamos mandar ver! Estou muito animado, Moby, você está animado? — gritou.

Senti como se estivesse afundando mais e mais no sofá.

— Estou animado — murmurei. — Obrigado por ter arranjado tempo para masterizar meu disco.

— Rá! — exclamou. — Quer mais água? Vou buscar água!

Ele saiu correndo da sala. Fechei os olhos. Estava ficando mais quente. Pensei em Walnut desmaiada em meu velho futon, assim como eu, querendo desmaiar naquela droga de sofá de couro preto. Pobre Walnut. Pobre de mim.

Cinco minutos se passaram e o engenheiro voltou.

— Aqui está sua água! — gritou ele, entregando-me uma garrafa de Poland Spring que coloquei ao lado da outra garrafa cheia de Poland Spring.

— Primeira faixa! “Feeling So Real”! Gostei disso! Bom nome!

O engenheiro apertou “play”, e eu nunca tinha ouvido música tão alto. Ele acrescentou graves e agudos. Então acrescentou mais agudos. Ele parou,

Londres, 1995.

Turnê solo europeia, verão de 1995.

Europa, outono de 1995, turnê com o Red Hot Chili Peppers. Na foto, Chad Smith.

ACIMA Garrison, Nova York, setembro de 1995.

À DIREITA Tenth Street, verão de 1996. Uma peruca.

ABAIXO Cidade de Nova York, 1996, numa caixa de amplificador com Damian.

Reading Festival, 1996.

Bubba, turnê de *Animal Rights*, outono de 1996.

NO ALTO, À ESQUERDA Autorretrato, 1996, em turnê com The Prodigy no Leste Europeu. NO ALTO, À DIREITA Tenth Street, Nova York, verão de 1997. NO MEIO, À ESQUERDA Nova York, 1997, bêbado. NO MEIO, À DIREITA Nova York, 1997, mijando. EMBAIXO Nova York, 1997, minha mãe e eu (com a peruca que ela usou por conta da quimioterapia).

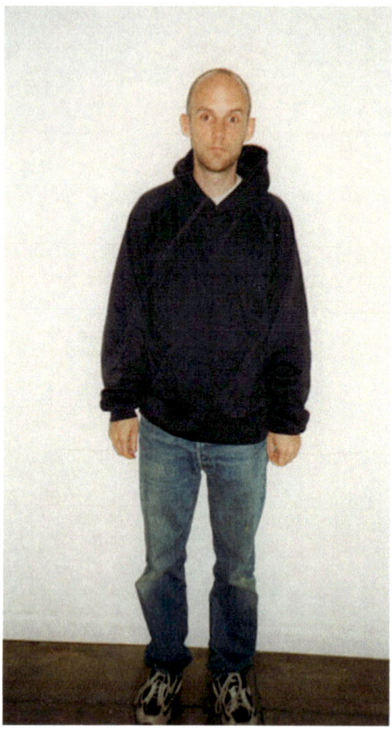

NO ALTO, À ESQUERDA De smoking indo para o Windows on the World, 1997. NO ALTO, À DIREITA Saindo, 1997. NO MEIO, À ESQUERDA Um dia qualquer, primavera, 1998. NO MEIO, À DIREITA, NO ALTO Nova York, 1998, saindo de terno. NO MEIO, À DIREITA, EMBAIXO De peruca feia e boina, com minha cerveja preferida, 1998. À ESQUERDA Nas gravações de *Play*, 1998.

ACIMA, À ESQUERDA Gravando *Play*, home studio, Mott Street, 1998.

ACIMA, À DIREITA Pilha de equipamentos, 1998.

À ESQUERDA Fotos de uma cabine em Nova York, verão de 1998.

ABAIXO Descansando na calçada, de manhã cedo, 1998.

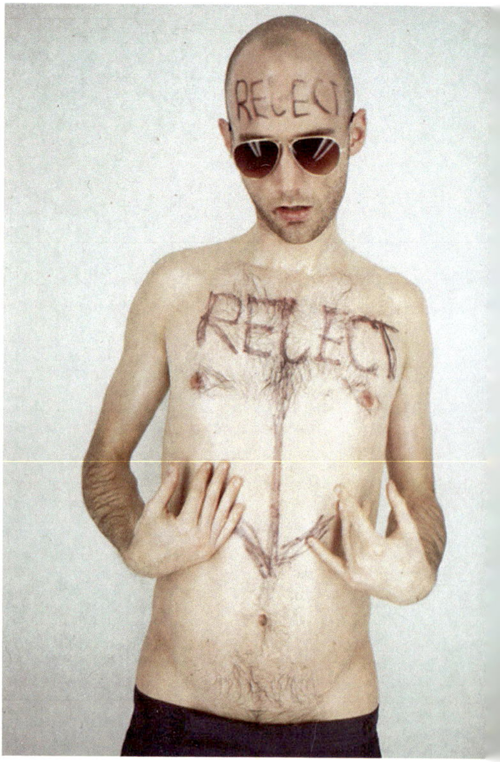

NO ALTO, À ESQUERDA 1999.

NO ALTO, À DIREITA Sessão de fotos para *I Like to Score*, de peruca.

ACIMA, À ESQUERDA *I Like to Score*.

À DIREITA Sessão de fotos para *Animal Rights*.

rebobinou a fita e a tocou novamente, de algum modo tornando aquilo ainda mais alto. Então acrescentou mais graves e mais agudos.

Até que gritou:

— Conseguimos! Está bombando, certo? Você gostou?

Ele se virou na cadeira, olhando para mim com olhos selvagens.

— Parece bom — respondi, cauteloso, incerto se estava soando bem, mal, melhor ou pior. Eu só sabia que estava barulhento.

— Certo! Vamos imprimir!

Bebi minha água e pisquei o olho, minhas pálpebras quentes, observando a sala oscilar à minha frente.

Aquilo se repetiu com cada faixa do disco. Ele as ouvia em níveis de rachar o tímpano, adicionava graves, adicionava agudos, saía correndo da sala para cheirar mais cocaína, voltava, adicionava graves, adicionava agudos e gritava para mim dizendo que a música estava "bombando!", mesmo nas músicas tranquilas, sem bateria, como "When It's Cold I'd Like To Die". Três horas depois, o disco estava masterizado.

— Terminamos! Moby, nós terminamos! — gritou ele, pulando da cadeira. — Foi ótimo trabalhar com você, Moby! Grande dia! Esta merda está bombando! — disse ele, agarrando minha mão e agitando-a com vigor.

— Obrigado mais uma vez — falei. — Estou ansioso para ouvir em casa.

— Vamos lhe enviar um CD hoje mesmo! Depois me diga o que achou! Eu acho que está bombando! Bombando total!

— Certo, falo com você em breve — murmurei, tropeçando porta afora e voltando para o saguão.

Eu estava confuso. Nunca tinha masterizado um disco antes. Era assim que acontecia? Teria o engenheiro de masterização realizado a sua mágica? Ou será que apenas soaria como música barulhenta masterizada por um cara doidão de cocaína?

Quando saí do prédio, o calor me atingiu como um punho gigantesco. Tive vontade de deitar na calçada e morrer. Mas Walnut estava em casa e eu precisava cuidar dela. Peguei um táxi até minha casa, entrei no saguão e fui atingido por um cheiro que era uma mistura de água de esgoto com um balde de frutos do mar apodrecidos. Subi, e o fedor ficou ainda mais forte.

Ah, não.

Fui até a porta de casa: o mau cheiro vinha lá de dentro.

Ah, não, não, não pode ser, ah, não.

Abri a porta e engasguei.

Walnut tinha vomitado e estava com diarreia. Havia sujeira por toda parte. O piso estava coberto de vômito e diarreia amarelos cozinhando sob um calor de 38 graus.

— Walnut? Walnut? — chamei.

Entrei, inevitavelmente pisando no vômito e na diarreia onipresentes.

Encontrei Walnut no banheiro, deitada nos azulejos, tentando se refrescar. Ela olhou para além de mim com olhos desfocados.

Eu tinha duas opções. A opção número um era sair dali, fechar a porta e nunca mais voltar. Abandonar meu terrível relacionamento e aquele apartamento sem ar-condicionado repleto de vômito e diarreia de cachorro. Era tentador, mas Walnut estava lá, eu a amava, e ela estava doente.

Assim, escolhi a opção número dois: cuidar de Walnut. Eu a levei no colo até a rua, onde chamei um táxi.

— Posso levar minha cadela? — perguntei.

— Nada de cães no táxi — disse o motorista.

— Eu lhe darei 50 dólares — falei.

O motorista ponderou a oferta.

— Certo. Mas sem sujeira!

Subimos a 1st Avenue em direção ao hospital veterinário na 19th Street, e corri com Walnut para a emergência.

— Minha cadela está mal. Ela vomitou e fez cocô por toda parte — falei para a recepcionista atrás de uma janela de acrílico.

— Sente-se — disse ela.

Sentei-me no sofá de vinil marrom com Walnut no colo, repetindo palavras de conforto, como "vai ficar tudo bem", para ela e para mim mesmo. Uma veterinária afro-americana saiu de uma sala, olhou para Walnut e disse:

— Qual é o nome?

— Walnut — respondi.

— Ela foi vacinada contra parvovirose? — perguntou.

— O que é isso?

Ela balançou a cabeça.

— Certo, então ela está com parvovirose. Para a sua informação, senhor, ela pode morrer.

— O que é parvovirose?

— É uma doença que os cães pegam de outros cães. Tem uma taxa de mortalidade de 50%. Deixe-me levá-la.

Ela pegou Walnut e a levou por portas duplas de metal, deixando-me com uma prancheta e alguns formulários.

Deixei Walnut aos cuidados do hospital veterinário e peguei um táxi de volta para casa. O cheiro tinha piorado. Peguei esponjas embaixo da pia e passei duas horas limpando vômito e diarreia. Estavam por toda parte, debaixo da geladeira e em cima do futon. Chegaram a entrar até nas fendas das tábuas corridas do assoalho.

Enquanto eu lavava uma esponja encharcada de diarreia na pia do banheiro, o telefone tocou e a secretária eletrônica atendeu: "Ei, Mobe, é Sarah. Estou saindo do trabalho. Você pode sair para passear com a Walnut outra vez?"

Tive vontade de pegar o telefone e dizer calmamente: "Não posso passear com a Walnut porque ela está morrendo em Uptown. Há vômito e diarreia por toda parte. Estou com uma febre de quarenta graus e passei o dia com um viciado em cocaína que provavelmente arruinou meu disco."

No entanto, fiquei na pia com a esponja na mão e ouvi a voz de Sarah até um caminhão de bombeiros passar e o som da sirene preencher o apartamento. Às vezes, quando os caminhões de bombeiros passavam, Walnut uivava com as sirenes. Às vezes, tentava perseguir as luzes de emergência que iluminavam as paredes e o teto do apartamento.

Sentei-me na ponta do futon em que Walnut não vomitara. Meu corpo estava queimando de febre e o ar estava quente, cheirando a vômito de cachorro. Pensei em Walnut, doente, sozinha e aterrorizada. Nada estava dando certo. Estava tudo errado.

34

PARTÍCULAS DE POEIRA

Sarah e eu terminamos e voltamos, terminamos e voltamos. Então terminamos. E depois, é claro, voltamos.

Experimentamos um relacionamento aberto, o que só levou ao ciúme e ao desespero, sobretudo de minha parte. Em teoria, a ideia de ela sair com outras pessoas me parecia normal. Nós comíamos em vários restaurantes, assistíamos a vários programas de TV, então por que não sair com várias pessoas? Mas a primeira noite que ela passou no apartamento de outro homem me fez querer arrancar meu rosto fora. Fiquei sozinho em nosso apartamento a noite inteira com o ciúme sentado ao meu lado, um diabo velho com a pele amarelo-cera me olhando de soslaio.

À meia-noite, percebi que Sarah não voltaria para casa. Tentei dormir, compor ou assistir TV, mas o ciúme continuava sussurrando: "Você acha que eles estão transando agora? Ou talvez já tenham acabado e o sêmen dele esteja secando nos seios dela? Tenho certeza de que ela está rindo e falando para ele como é bom finalmente transar com um homem de verdade." Tentei afastar o ciúme, mas ele sorriu, a pele pálida esticada ao redor de seus dentes compridos. "Você quer que eu vá embora? Essa é boa! Foi você quem me chamou, idiota."

Então o ciúme e eu ficamos sentados e bem despertos até as sete horas da manhã, quando Sarah chegou, cheirando a sexo e a lençóis de outra pessoa. Eu chorei, nós gritamos e decidimos voltar ao relacionamento exclusivo, para ver se de algum modo conseguiríamos fazer as coisas darem certo. Ela prometeu se comunicar mais e eu prometi ficar mais tranquilo. O que, para nós dois, era semelhante ao escorpião de Esopo prometendo não ser um escorpião.

As coisas não melhoraram, e eu passava o máximo de tempo possível no estúdio. Era um lugar pequeno, seguro e calmo, enquanto que em casa eu me sentia como se estivesse em uma claustrofóbica e horripilante caixa de Skinner.

Eu tinha voltado a começar todas as nossas conversas com a palavra "então": "Então... como foi o trabalho?" "Então... vai querer espaguete hoje à noite?" "Então... você poderia me fazer um favor e me matar durante o sono para que eu possa ser poupado da dor de despertar neste terrível relacionamento?"

Depois de ouvir a masterização do meu disco, percebi que, por mais que eu quisesse, aquele álbum ainda não estava terminado. Algumas músicas precisavam ser mais trabalhadas, e eu precisava compor algumas faixas novas. Aquele seria o meu primeiro álbum de verdade, e eu queria que fosse um apanhado de tudo o que eu sempre quisera incluir em um disco. Queria que fosse uma rave alegre, que também fosse uma noite em uma boate punk rock e que terminasse com beleza e delicadeza, levando o ouvinte às lágrimas sob um céu repleto de estrelas.

Assim, dia após dia e noite após noite, eu trabalhava em meu pequeno estúdio na Mott Street, evitando Sarah e tentando terminar um álbum que eu fosse capaz de amar. Passei muito tempo no estúdio sentado junto à janela, olhando para o terreno baldio do outro lado da rua. Aquele terreno estava vazio havia anos, e era uma peça acidental de land art, algo que Michael Heizer ou Robert Smithson poderiam ter criado. Isolado por uma cerca de arame, o terreno imperturbável estava repleto de árvores nativas, ervas daninhas, ratos e lixo. Por ser um lugar abandonado, era um dos únicos pontos entrópicos e sazonais da Lower Manhattan. No verão, havia uma eclosão de alfarrobeiras e ervas daninhas. Em dezembro, as árvores já haviam estoicamente se livrado de suas folhas e as paredes de tijolo dos cortiços em ambos os lados do terreno ficavam marrom-escuro devido aos meses de chuva.

O sol estava se pondo em meio às nuvens de inverno, os últimos raios de luz oblíqua projetando longas sombras e transformando meu estúdio em um Stonehenge do Lower East Side. Eu estava trabalhando em uma faixa de música clássica tranquila, sem saber se seria incluída no disco. Empoleirado com cuidado na cadeira — que guinchava como um saco de ratos assustados caso eu me mexesse muito —, eu estava trabalhando num teclado Yamaha barato montado sobre uma mesa de compensado junto a um monitor de computador.

Toquei um simples arpejo de piano em lá menor, gravei-o e coloquei-o em loop. Então ouvi suas três notas simples várias vezes, imaginando o que eu poderia ou deveria adicionar.

Sobrepus uma segunda parte de piano em dó maior, acrescentando um esperançoso contraponto ao triste arpejo em lá menor. Passei a ter dois loops delicados de piano que se chocavam um contra o outro. Eu me perguntava: *Será que isto poderia se tornar uma faixa de dance music? Devo adicionar um bumbo, uma linha de baixo, contratempo, e transformá-lo em algo que um DJ poderia tocar às três da manhã?* Mas a forma como a tristeza do arpejo em lá menor se chocava contra o otimismo do arpejo em dó maior me levou a manter a simplicidade. Adicionar bateria naquilo seria quase uma heresia.

Liguei um sintetizador de cordas antigo e compus um trecho de violoncelo longo e lento sob o arpejo. Em seguida, adicionei algumas sétimas e terças na parte do violoncelo. Meu cérebro começou a formigar me dizendo: *Isso é bom, Moby, continue assim.* Eu queria inserir algumas seções de cordas agudas, quase uma filigrana, então liguei outro sintetizador de cordas, peguei o arpejo em dó maior e o toquei com os violinos agudos, criando algo delicado, embora insistente. Eu não queria antropomorfizar as partes que eu já compusera, mas parecia que eu tinha duas partes de piano que eram como duas pessoas animadas, as partes polifônicas do violoncelo, que eram como terra ou água se movendo lentamente, e os violinos filigranados, que eram anjos ingênuos observando todo o resto. A luz oblíqua através da janela parecia mais lenta do que meia hora antes. Eu via os grãos de poeira que flutuavam à luz do sol poente, cada partícula parecendo um mundo tranquilo.

Adicionei alguns longos acordes orquestrais, seguindo vagamente as partes de violoncelo. Depois acrescentei mais acordes orquestrais, preenchendo as áreas que pareciam vazias. Ainda precisava de bateria, mas não uma batida de dance music. Tive certeza de que não queria que aquilo se tornasse uma música de boate. Eu queria que fosse orquestral. Peguei um bumbo, um surdo e dois pratos, e os toquei em tom orquestral no início de cada compasso. Soava bombástico e estridente. Inseri reverberação para suavizar os tambores e torná-los mais sutis.

Então arranjei a faixa. Deixei a peça começar delicada, sem elementos, com apenas o arpejo de piano. Acrescentei os elementos orquestrais, deixando a faixa crescer lentamente. No meio, removi tais elementos um a um até que houvesse apenas um delicado, melancólico e austero arpejo de viola. Depois, tudo voltava ao mesmo tempo.

Enquanto ouvia esse arranjo pensei em Deus se movendo sobre a face das águas, quando o planeta era novo, antes que houvesse terra ou qualquer coisa viva. O espírito de Deus, repleto de presciência e onisciência, vendo o vazio e a amplidão do novo mundo, consciente de tudo o que lá estava e de tudo o que aconteceria a seguir. Da vida que viria e da morte que terminaria cada vida. Os trilhões de criaturas que sairiam daquele oceano, todos querendo viver mais e o melhor possível, resistindo à morte até o fim. Toda a vida, a morte, a saudade, todo o desgosto e toda a esperança.

Ouvi a música, baixei a cabeça sobre a mesa de compensado e chorei. Então deitei no chão e me aninhei embaixo da mesa, ouvindo o som de Deus movendo-se sobre os oceanos inabitados, seguido de um sol que nunca deixa de nascer e de se pôr. Eu não conseguia pensar em nada que pudesse tornar aquela faixa melhor e decidi gravá-la como estava. Não queria estragar tudo complicando as coisas. Levantei-me, encontrei uma fita e escrevi "Deus se movendo sobre a face das águas" na etiqueta, coloquei-a no gravador e pressionei "record", ouvindo e chorando com a cabeça sobre o compensado.

35

COBRAS EM GAIOLAS

Alguns amigos ravers de Nova York mudaram-se para São Francisco, descobriram o álcool e se tornaram alcoólatras. Na véspera de ano-novo, toquei numa rave em Los Angeles; era o primeiro dia de 1995, e eu voara até São Francisco para visitá-los.

Destruídos pela festa de réveillon, meus amigos foram até um bar para espantar a ressaca com mais bebida. Embora estivesse sóbrio havia oito anos, eu me sentia feliz por estar sentado em um banco estofado de vinil encardido em um pé-sujo, ouvindo Iggy Pop no jukebox e assistindo aos meus amigos bebendo cerveja e uísque baratos.

Meu amigo Joey era o líder. Em 1993, ele e o namorado se mudaram de Nova York para São Francisco a fim de montarem uma confecção, e um grupo de amigos ravers os seguiu. Em Nova York, eles eram ravers felizes; em São Francisco eram alcoólatras felizes.

Eu julgava meus amigos. Alegava não ser crítico a respeito de bebidas e drogas, porém eu era. Eu me sentia evoluído e sóbrio. Eu me sentava em bares e ria com eles, mas me sentia secretamente complacente e os criticava por serem bêbados desleixados. De modo seletivo, me esquecia dos milhares de vezes, durante os tempos de pré-sobriedade, em que eu fora o bêbado triste no canto do bar, ouvindo Hank Williams e deixando lágrimas escorrerem para dentro da caneca de cerveja.

Antes de ficar sóbrio, eu adorava pés-sujos. Adorava o cheiro, os ex-presidiários e ex-policiais que os frequentavam, as conversas inúteis e redundantes de boteco e, acima de tudo, a bebida barata servida em silêncio e sem críticas. Eu adorava me sentar em um banco de bar, feliz e derrotado, e entregar cérebro, corpo e alma para um barman desinteressado e para os deuses quentes do álcool.

Naquela noite, estávamos em um pé-sujo sem janelas no bairro de Mission, com uma densa fumaça de cigarro no ar e um alfabeto de hepatites nos banheiros. As paredes do bar, salpicadas com antigos letreiros de néon anunciando cervejas, poderiam ter sido marrons algum dia, mas agora estavam pretas. Às nove da noite, meus amigos estavam na terceira dose, falando sobre o que tinham feito no ano-novo. Quantos comprimidos de ecstasy tomaram, quem acabou indo para casa com quem, quem vomitou em quem, quais DJs ouviram, a que horas foram ou não foram dormir. Eu me levantei para ir ao banheiro e procurar um telefone público. Como era ano-novo, decidi ligar para Sarah.

Enfim tínhamos nos separado oficialmente e ela estava morando em outro lugar, mas eu queria ser um bom ex-namorado e desejar-lhe feliz ano-novo. Levantei-me do assento pegajoso de vinil e encontrei um telefone público em uma parede perto dos banheiros. Digitei as informações do meu cartão telefônico e liguei para o novo apartamento de Sarah. Era meia-noite em Nova York, mas eu sabia que ela estaria acordada. Após três toques, um homem atendeu o telefone e disse "Alô?".

Era tudo o que eu precisava ouvir. Seu "alô" me informou que ele e Sarah estavam fazendo sexo repetidas vezes nas últimas 24 horas; que, naquele momento, ela estava nua na cama; que andaram ridicularizando meu cabelo ralo e a mim, e que aquele novo cara a fizera perceber que eu era o pior parceiro sexual que ela já tivera. Fosse ou não verdade, o fato é que eu estava sozinho e ela, não.

Eu não disse nada e desliguei o telefone. Então fui até o bar e pedi calmamente:

— Uma caneca de Anchor Steam, por favor.

Levei minha caneca de cerveja até a mesa, onde meus amigos conversavam em alto e bom som. Sentei-me em silêncio, segurando a caneca e olhando para a espuma bege à superfície da cerveja marrom. A caneca estava fria e úmida e se encaixava em minha mão como um velho e confortável pino de boliche.

Levei a caneca à boca, inalando a cerveja a apenas uns três centímetros de distância, e bebi. Minha primeira bebida após oito anos de sobriedade crítica.

Meus amigos pararam de falar e olharam para mim. Houve um momento de silêncio atônito, e então eles começaram a gritar:

— O que você está fazendo?

— Você é careta!

— Não, Moby!

— Você não bebe!

Ergui a mão para que se calassem, levei a caneca à boca outra vez e terminei a cerveja. Baixei a caneca com força sobre a mesa, expirei e disse:

— Delicioso!

Eles riram e aplaudiram.

O namorado de Joey ficou assombrado, como se estivesse testemunhando um pequeno milagre da maleficência.

— Moby está bebendo! — exclamou.

Minha amiga Mary perguntou:

— Por que você está bebendo?

— Eu liguei para Sarah — respondi. — Um cara com quem ela está trepando atendeu o telefone. Então estou bebendo. Além disso, eu adoro cerveja.

Ela sorriu.

— É um ótimo motivo. Ou motivos.

Joey foi até o bar e me trouxe outra cerveja. Em um instante, tudo mudou. A música soou melhor e o pé-sujo nojento se tornou o lugar mais interessante do mundo. Após um único drinque, meu constrangimento eterno diminuiu, e me senti como meu verdadeiro eu. A sobriedade era complicada, difícil e triste. Beber oferecia salvação e segurança. Quando eu bebia, o mundo parecia acolhedor e simples, e eu me sentia feliz.

Pedi uma terceira Anchor Steam, depois uma quarta. A cerveja era muito bonita ao sair da chopeira, elegante como madeira polida no vidro da caneca, carregada de promessas quando eu voltava para a mesa com ela e sublime quando preenchia meu estômago e abria caminho pelo meu corpo, curando minhas sinapses danificadas.

Por volta da meia-noite, eu já tinha tomado sete cervejas. Estava enrolando a língua e flertando com uma dominatrix coberta de tatuagens sentada ao meu lado na mesa. Ela estava de mau humor porque o cara com quem saía frustrara os seus planos para o réveillon e não tinha ligado nas últimas 48 horas. Ela lhe deixara uma mensagem antes de se encontrar no bar com os amigos, e ele deveria ir até lá encontrá-la, mas estava ficando tarde e ele ainda não tinha aparecido.

Enquanto Mazzy Star tocava no jukebox, falei, com oportunismo e uma simpatia alcoolizada:

— Certo, ele é um babaca. Se ele não aparecer, vamos para casa juntos. Acabei de ligar para a minha ex-namorada e o cara com quem ela está dormindo atendeu o telefone. Você e eu estamos sozinhos e nossos ex estão transando com outras pessoas. Precisamos um do outro.

Ela sorriu e me beijou. Fui até o bar e comprei mais bebidas. Enquanto eu estava no balcão, observando o barman encher cuidadosamente nossas canecas de cerveja, olhei para cima e imaginei o teto se abrindo e um céu repleto de anjos celtas sorridentes me dando as boas-vindas de volta ao redil da embriaguez. "Talvez você seja um alcoólatra", imaginava esses anjos me dizendo, "e isso vai acabar mal para você, mas, por enquanto, apenas fique bêbado e feliz."

Levei nossas cervejas de volta à mesa e "Oh! Sweet Nuthin'" começou a tocar no jukebox. Olhei para minha dominatrix bêbada e para meus amigos ravers bêbados, todos cantando alegremente junto com o Velvet Underground. Abri um sorriso largo e me juntei a eles.

Às três da manhã, a música parou e as luzes do bar se acenderam. A noite terminou. Fomos desmamados das torneiras de cerveja e jogados na rua. Peguei um táxi com Joey, seu namorado e a dominatrix, e voltamos para a casa deles. Joey e o parceiro moravam numa casinha perto de Mission e criavam cobras: grandes, pequenas, inofensivas, venenosas. Eles tinham uma cozinha engordurada cheia de cobras, uma sala de estar cheia de cobras, um quarto cheio de cobras. Cobras em gaiolas de vidro por toda parte.

— Quando vocês começaram a colecionar cobras? — perguntei para Joey, sentado em seu sofá verde de brechó. Ele respondeu, mas eu estava bêbado demais para prestar atenção.

Colocamos para tocar um CD do Suicide, e, em seguida, Joey e o namorado pegaram uma garrafa de vinho e desapareceram em direção ao quarto deles. A dominatrix e eu pegamos duas Miller Lites da geladeira e nos sentamos no chão enquanto Alan Vega cantava "Cheree".

— Lamento muito que seu namorado não tenha aparecido — falei, pegando a mão dela. — Mas estou feliz que você esteja aqui comigo.

— Você é um amor — disse ela. — Sinto muito que sua namorada esteja com um cara no apartamento dela.

Larguei minha cerveja e comecei a beijá-la. Nós nos deitamos no tapete fino e, embriagados, tiramos a roupa devagar. Empurrei a mesa de centro da Joey Pier 1 para o lado e tive meu primeiro sexo casual desastrado e bêbado nos últimos oito anos. Depois, desmaiamos no chão, mas acordei por volta das seis da manhã porque o aquecimento estava desligado e o apartamento estava congelando. Encontrei um cobertor fino no sofá e nos enrolamos nele.

— Ainda está frio — disse ela, seu hálito cheirando a cigarros e a cerveja.

— Espere — falei. Peguei todas as almofadas do sofá e as empilhei em cima de nós.

— Está melhor? — perguntei.

— Acho que sim — disse ela antes de voltar a dormir.

Fiquei deitado ao lado dela, bêbado e com frio. A luz do amanhecer adentrou por entre as cortinas e ouvi uma solitária sirene de ambulância em algum lugar ao longe. Na parede, entre as gaiolas de cobras, havia um antigo anúncio de absinto emoldurado. A propaganda exibia uma fada verde diabólica, que olhava para mim com um sorriso verde desbotado. Olhei para as cobras nas gaiolas e para a dominatrix roncando ao meu lado. Sorri para a fada verde diabólica do absinto e sussurrei: "Eu voltei."

PARTE QUATRO

ENTUSIASTA DO ÁLCOOL, 1995-1997

MILHARES DE JAQUETAS DE COURO

Cheguei em casa bêbado às quatro da manhã de um sábado. Para me lembrar que Sarah e eu estávamos 100% separados, coloquei para tocar *Damaged*, do Black Flag, peguei um marcador preto e comecei a escrever "NÃO LIGUE PARA ELA" na face interna da porta de entrada. Os primeiros "NÃO LIGUE PARA ELA" saíram em grandes letras de forma no meio da porta, mas lá pelo trigésimo "NÃO LIGUE PARA ELA", as letras ficaram menores. Acabei deitado no chão, escrevendo no pé da porta para me certificar de que estava completamente coberta.

Ao terminar, me levantei e olhei para o meu trabalho. Todos os meus dedos estavam sujos de tinta preta e a porta estava coberta de cima a baixo com mais de cem "NÃO LIGUE PARA ELA". Agora que Sarah e eu estávamos separados, ela estava saindo com Matt, um garoto bonito e descolado de 21 anos que trabalhava na loja de alimentos naturais onde comprávamos lentilha. E eu estava com ciúmes.

Matt era tudo o que eu não era: alto, jovem, tinha um belo cabelo louro de surfista e chegava a parecer sexy usando o avental verde da "Commodities Natural Market". Eu o vi quando fui comprar leite de soja na loja e meu estômago implodiu. Eu não queria ficar com Sarah, mas também não queria que ela namorasse outra pessoa. Ou, pelo menos, eu não queria saber se ela estava namorando alguém, especialmente se esse alguém fosse alto e tivesse uma cabeleira saudável.

Eu poderia tomar a atitude mais racional e começar a frequentar a na loja de produtos naturais concorrente, a três quadras dali. Também poderia me lembrar de que fora eu quem terminara com Sarah, e que eu era um músico de 29 anos contratado por uma grande gravadora, enquanto Matt era um garoto indolente de 21 anos que trabalhava em uma loja de alimentos naturais. Em vez disso, porém, eu me convenci de que Sarah tinha me rejeitado e que eu era um inútil fracassado.

Desde que nos separamos, não houve mais cafés da manhã dolorosamente constrangedores à velha mesa de costura preta da minha mãe. O fato de meus debilitantes ataques de pânico terem sido substituídos por debilitantes espasmos de ciúmes não poderia ser considerado uma melhoria?

Então eu saía, frequentava bares no East Village e flertava com turistas. Nas raras ocasiões em que eu conseguia alguma companhia para esquecer meu desespero vergonhoso e voltar para casa comigo, ela via minha porta repleta de lunáticos "NÃO LIGUE PARA ELA" e ia embora na hora. Assim, ao fim de cada noite, eu rastejava sozinho e bêbado até a cama no mezanino que Sarah e eu compartilháramos. Ela estava do outro lado da cidade, fazendo sexo com seu jovem e louro Adonis, enquanto eu estava na cama com uma colcha velha que minha mãe tinha costurado na década de 1970.

Mas eu não era incapaz. Concluí que poderia competir com Matt, o deus louro. Meu cabelo estava rareando, mas eu podia pintar de louro o que restava. Eu poderia me livrar do meu jeans Wrangler da Kmart e comprar as enormes calças e camisetas de raver que Matt e seus amigos descolados usavam. Liguei para minha amiga Jenna e pedi que ela me ajudasse a me transformar em Matt.

"Você quer clarear o cabelo, comprar roupas de rave descoladas e precisa da minha ajuda?" perguntou ela. "Tenho direito a almoço?"

Jenna morava no Lower East Side e trabalhava como recepcionista na *Rolling Stone*. Era bonita, tinha o cabelo louro na altura dos ombros e tatuagens florais ao redor dos pulsos. Ela foi até a minha casa e me levou para o salão de cabeleireiro de um amigo. Chovia e fazia frio quando descemos a 9th Street, e toda a neve estava amontoada em montanhas marrons e cinza junto à calçada.

Eu não aceitava o fato de estar ficando careca. Achava que tinha uma testa alta que, por algum motivo, estava ficando cada vez maior. A certa altura, aquilo pararia de subir. Tinha que parar. Outras pessoas ficavam carecas como uma forma de punição cármica. Eu era uma pessoa boa, embora confusa. Portanto, não ficaria careca. Ou assim pensava.

O amigo de Jenna se chamava Abi, e seu salão era minúsculo, com paredes pintadas de preto e dourado e quatro cadeiras, cada uma diante de uma pia. Tocava house music no aparelho de som e havia uma mulher entediada sentada num canto, fumando cigarro e lendo uma revista de moda europeia. Abi era esbelto, tinha ascendência persa e era gay. Seus dedos cheiravam a tabaco. Sentei-me na cadeira e ele colocou o babador ao redor do meu pescoço.

— Você quer clarear o cabelo? — perguntou, correndo os dedos pelo meu cabelo escasso. — Tem certeza? Seu cabelo é, hum, ralo.

— Sim, vamos clarear o meu cabelo — declarei.

Ele me inclinou para trás na pia e passou a hora seguinte descolorindo e lavando meu cabelo fino e efêmero.

Certa vez, no ensino médio, eu tentara pintar o cabelo, provocando lesões infelizes e manchas alaranjadas em meu couro cabeludo que duraram uma semana. Por isso, daquela vez eu estava procurando um profissional: eu não queria um couro cabeludo coberto de lesões e manchas alaranjadas.

Após o clareamento, a lavagem, e depois de acertar o pé, Abi girou a cadeira e olhei para mim mesmo. Eu era um ser estranho, louro e pálido.

— O que você achou? — perguntou Abi.

— Estou com o cabelo louro — respondi.

— Você gostou?

— Sim, não acredito que estou louro.

Abi ajeitou meu novo cabelo louro e senti que estava sendo bem cuidado. Eu sabia que ele tinha me ajudado a me tornar mais atraente e cativante.

— Quanto eu lhe devo? — perguntei.

— Ah, nada, querido, apenas continue fazendo seus discos — disse ele, magnânimo. (Não é de surpreender que seu salão viesse a falir seis meses depois.)

Dei-lhe 40 dólares de gorjeta e saí com Jenna para a chuva fria. Descemos a 2nd Avenue até o St. Mark's Place e, então, descemos a escadaria da Trash and Vaudeville.

Durante o ensino médio, o St. Mark's Place era o meu paraíso. Naquele quarteirão imundo e depauperado, havia lojas de discos, lojas de roupas, livrarias, punks sem-teto, verdadeiros membros de bandas new wave e punk rock, traficantes, comida barata e belas garotas new wave. St. Mark's foi o lugar onde o Velvet Underground alcançou o estrelato, por intermédio das festas de Andy Warhol no lado norte da rua. Era um lugar fedorento, caótico e ameaçador, e era o centro de Nova York para mim e meus amigos entre 1980 e 1988.

Depois disso, seguimos em frente, percebendo que talvez o St. Mark's Place não fosse o epicentro new wave e punk rock que tínhamos imaginado, e que, na verdade, o lugar existia sobretudo para vender camisetas irônicas e cachimbos de haxixe para os turistas.

A Trash and Vaudeville era onde os punks suburbanos compravam seus cintos de couro com rebites, camisetas do New York Dolls e do Misfits, calças bondage e calças jeans pretas muito justas. Todos na Trash and Vaudeville pareciam à beira do vício, mas Jenna me disse que, surpreendentemente, eles também tinham roupas raver. Não importam o ano, minha idade ou meu status social: entrar na Trash and Vaudeville sempre me fez sentir como um estudante sem graça. A mulher de 23 anos atrás do balcão com cabelo negro e uma camiseta preta da banda Bauhaus provavelmente morava com a tia no Queens, mas ainda assim eu precisava de sua aprovação. Queria ir até ela e dizer: "Posso não parecer descolado, mas cresci tocando em bandas de punk rock e tenho todos os discos do Bauhaus, então, por favor, você poderia me achar descolado? Eu realmente adoraria o seu reconhecimento."

A loja estava igual ao que era em 1981: salas com pé-direito baixo tomadas por uma infinidade de prateleiras de calças bondage, jeans pretos apertados, camisetas de punk rock, ternos velhos de rockabilly e milhares de casacos de couro. O cheiro da Trash and Vaudeville era para mim como a madeleine de Proust: o aroma de casacos de couro, laquê de cabelo e amianto de porão me enviava diretamente a 1981, quando eu tinha 5 dólares, uma passagem de trem do Metro-North no bolso e um vinil de segunda mão do Public Image em um saco de discos marrom da loja ao lado.

Mas estávamos em 1995, e eu tinha ido até ali para comprar roupas de rave descoladas. Como integrante da cena rave desde fins dos anos 1980, eu deveria ter um armário repleto de roupas de rave descoladas. Eu sabia onde comprar discos e aparelhos eletrônicos, mas nunca descobrira onde comprar roupas. Além disso, os jeans da Kmart eram baratos, e eu achava que ter um jeans de 20 dólares era mais virtuoso do que possuir um de 80. De vez em quando, alguém me dava algumas roupas descoladas, de modo que eu tinha uma calça rave razoavelmente boa, duas camisetas da Liquid Sky e uma velha camiseta da Fresh Jive. E era só. O restante do meu guarda-roupa se resumia a jeans e camisetas da Kmart, fazendo-me parecer um roadie de uma banda indie de terceira categoria do Meio-Oeste.

No entanto, aquilo estava prestes a mudar. Eu compraria roupas descoladas e as usaria com meu novo cabelo louro e não seria relegado ao rebotalho da falta de encanto. Eu mostraria para Sarah que podia ser tão atraente quanto seu semideus, Matt, e que terminar comigo fora um erro, mesmo tendo sido eu o agente do término. Jenna e eu pegamos algumas calças de rave enormes e algumas camisas da moda. Eu não as experimentei, pois concluí que eram perfeitas. Queria impressionar a bela mulher no caixa, por isso adicionei uma camiseta do Agnostic Front em minha pilha de roupas rave.

Minha banda de punk rock no ensino médio, o Vatican Commandos, só teve um momento de fama: em 1982, abrimos um dos primeiríssimos shows do Agnostic Front em Bridgeport, Connecticut. Os membros do Agnostic Front acabaram se tornando superastros do punk rock de Nova York. O Vatican Commandos se desfez em meados dos anos 1980, quando todos entramos na faculdade. Um de seus membros acabou abrindo uma empresa de mídia e outro se tornou neurocirurgião (de verdade).

Eu queria que a caixa notasse a camiseta e se apaixonasse por mim, mas ela simplesmente registrou minha compra, guardou-a em duas sacolas e me despachou. Ficou claro que não era minha alma gêmea. O amor tinha parado à sua frente, de coração aberto, careca e bem-intencionado, e ela o ignorou, preferindo olhar para um cartaz dos Cro-Mags pendurado na parede.

Jenna e eu caminhamos na chuva até o Angelica Kitchen, meu restaurante vegano favorito. Quando fui pela primeira vez ao Angelica, em 1985, eu não sabia a pronúncia da palavra "vegano". Meu amigo Eddie, que morava em Nova York e era descolado, dizia que era "vegano". Eu, que morava em Connecticut e não era descolado, acreditava ser "vejano". Minha lógica era que seguiria a pronúncia de "vegetal" e "vegetariano".

Descobri que Eddie estava certo dois anos mais tarde, em um outro restaurante, quando perguntei se ali servia comida "vejana". O garçom debochou e disse:

— Não, este restaurante é vegano, e não vejano.

A chuva escorria pelas amplas janelas do Angelica. Entramos, passando por prateleiras de revistas new age e anúncios do método Reiki. Pedimos suco de cenoura com gengibre e comemos tempeh com purê de batata.

— Obrigado por me ajudar a ficar descolado — falei, enquanto terminávamos a comida.

— Sabia que você já é bem descolado? — observou Jenna. — Você faz discos e sai em turnês. Isso é ser descolado. Matt tem um trabalho de meio período em uma loja de produtos naturais.

— Bem, então obrigado por me fazer ficar ainda mais descolado?

— O prazer foi todo meu. Obrigada pelo tempeh. — Ela hesitou. — Sabe, Moby, muita gente acha você atraente.

— Bem, eu acho que não. Mas obrigado — falei, meio sem jeito.

Ela olhou para mim e balançou a cabeça, desanimada.

Depois do almoço, me despedi de Jenna e corri pela 2nd Avenue com meu cabelo louro e minhas sacolas de compras cor-de-rosa e pretas repletas de roupas de raver novas. Saltei sobre grandes poças marrons de neve derretida, acenei para o simpático casal de lésbicas na loja de móveis usados ao lado do meu prédio e subi correndo a velha escadaria de mármore até o meu apartamento. Fui direto para o espelho e percebi que, com meu novo cabelo louro, eu estava parecendo um elfo albino e nervoso. Talvez com a luz certa e no bar certo eu parecesse um elfo albino e nervoso descolado. Eu não tinha certeza se meu novo cabelo e minhas roupas representavam uma melhoria, mas ao menos eram uma mudança.

Para comemorar, coloquei um disco do Iggy Pop e pulei pela casa ao som de "The Passenger" e "Lust for Life".

Naquela noite, me encontrei com Damian e nos embebedamos em Tribeca. A chuva tinha parado e eu podia sentir o vento frio pelo meu cabelo louro, acariciando meu couro cabeludo. Na esquina da Broadway com Houston, a caminho do bar onde Damian me esperava, fechei os olhos e sorri, ouvindo o som da cidade. Havia dez milhões de pessoas ao meu redor, e, mesmo com a chuva de inverno, tudo parecia limpo e repleto de um novo potencial.

37

UM MULLET DO TAMANHO DE UM POODLE

Eu estava nu no banco de trás do carro do meu amigo Johnny Paisan. Seguíamos de Boston para Nova York; Johnny e Paul estavam no banco da frente, ouvindo a Steve Miller Band no rádio.

— Então, Paul, você soube que eu voltei a beber? — perguntei. — Paul estava olhando pela janela. Ele não respondeu. — Paul, eu voltei a beber — repeti.

Paul continuou olhando pela janela.

— E aí, Moby — disse Johnny, casualmente, no banco do motorista. — Ouvi dizer que você voltou a beber.

Johnny tinha a voz profunda de um antigo locutor de rádio, e tudo o que ele falava era dito com uma formalidade irônica.

— Bem, sim, Johnny, voltei. Obrigado por perguntar.

— E aí, Moby? — perguntou, com sua voz retumbante.

— Sim, Johnny?

— Por que você está pelado no banco de trás do meu carro?

Meu primeiro disco de verdade, *Everything Is Wrong*, saiu em maio de 1995 e recebeu atenção suficiente para me garantir uma vaga no segundo palco do Lollapalooza daquele verão. À princípio, ser relegado ao segundo palco me deu a sensação de ser um suplente da música techno — os músicos de verdade se apresentariam no palco principal enquanto eu tocaria no gueto do segundo palco. Então, em Cincinnati, fui ver Beck tocar seu set das três da tarde no santificado palco principal. Eu adorava Beck, mas ele obviamente estava sofrendo, tocando para mil pessoas espalhadas por um anfiteatro com capacidade para cerca de vinte mil. Ele estava fazendo o melhor que podia, dançando e balançando seu pandeiro, mas a maioria do público do Lollapalooza só chegaria após as seis ou sete da noite, e se apresentar num local com apenas 5% da lotação preenchida era algo deprimente e cruel.

Eu me senti mal por ele, pelo Pavement e pelas outras bandas diurnas do palco principal, todas se apresentando para públicos escassos e apáticos. Mas eu estava secreta e vergonhosamente exultante. Embora os grupos que tocavam no palco principal do Lollapalooza durante o dia se apresentassem para multidões apáticas, o segundo palco, onde tocavam Built to Spill, Coolio e eu, estava recebendo milhares de jovens que dançavam freneticamente, se jogavam do palco e, de modo geral, ficavam enlouquecidos. Houve rumores de que Beck tinha chegado a pedir para mudar para o segundo palco — mas não, ele fora contratado para o palco principal, e lá ficaria. Então me regozijei um pouco. Em silêncio.

Era verão, eu estava em turnê e já estava contratado para fazer uma bateria de shows com o Flaming Lips e os Red Hot Chili Peppers no outono; as pessoas gostaram de *Everything Is Wrong*, e eu estava bebendo quase todas as noites. A vida brilhava.

— Por que estou nu no banco de trás do seu carro? — repeti.

— Se você não se importar em responder — disse Johnny, formal.

— Nem um pouco — respondi, igualmente formal. — Estou nu no banco de trás do seu carro porque todas as minhas roupas estavam imundas e suadas, então joguei tudo fora no posto de gasolina perto de New London.

Johnny pensou naquela resposta.

— É uma razão perfeitamente legítima — julgou.

— Obrigado. Eu achei que fosse.

O dia do show do Lollapalooza nos arredores de Boston estava quente. O verão na Nova Inglaterra estava escaldante, o ar, pesado e pantanoso. Eu estava usando a mesma cueca e a mesma camisa havia quatro dias, e estava fedendo.

Quando saí do palco, pingando e fedido, Gene, o motorista do nosso ônibus, me cumprimentou:

— Irmão Chiqueirinho!

Todos da banda e da equipe riram. E eu ganhei um apelido.

— Ei, Irmão Chiqueirinho! — disse Tim, o encarregado do monitor. Ele era do Arkansas e tinha um cabelo louro com um mullet do tamanho de um poodle.

— Sério, Mo, você precisa trocar de roupa. Você está fedendo — disse Ali.

Ali fora baixista do Stiff Little Fingers e era meu baixista e diretor de turnê nos últimos anos. Ele crescera em Belfast e ainda não tinha me dito se era protestante ou católico.

— Mas eu sou o Irmão Chiqueirinho — argumentei.

Tim riu.

— Irmão Chiqueirinho, o astro da música mais fedorento do mundo.

Por causa de meus anos vivendo em fábricas sem chuveiros, eu me sentia muito confortável estando sujo. Naquele verão, eu estava levando aquilo longe demais — eu realmente voltara a feder como um morador de rua. Minha ideia no início da turnê era simples: eu sairia para a estrada com uma cueca, uma calça jeans, as camisetas de cortesia do Lollapalooza e pularia em uma ou outra piscina de vez em quando. E, naquele momento, eu estava nojento.

— Daí que agora as minhas roupas estão numa lixeira perto de New London — falei para Johnny enquanto atravessávamos Bridgeport.

— Hoje você estava com um cheiro muito pungente, Mo — disse Johnny. — Sem ofensa.

— Ah, nenhuma ofensa — respondi. — A propósito, você poderia dizer para Paul que voltei a beber?

— Acho que ele deve ter ouvido você — disse Johnny quando parou em um posto de gasolina próximo a Fairfield, Connecticut.

— Ei, quem quer café?

— Será que vão me deixar entrar pelado?

— Provavelmente não.

— Certo, vou usar uma toalha.

Então entramos no McDonald's, Johnny e Paul vestidos, eu enrolado em uma toalha que roubara do meu trailer no Lollapalooza. Johnny pediu um Big Mac e um café. Paul ficou com batatas fritas e um café. Eu pedi um café.

— Você acha que há carne no café? — perguntei para Johnny.

— Não, acho que não — respondeu ele.

— Certo, melhor assim — falei, bebericando meu café do McDonald's enquanto retornávamos para o carro de Johnny.

Voltamos à autoestrada I-95 e comecei a falar com Paul, que estava no banco do carona.

— Paul, eu sei que você não quer ouvir isso, mas voltei a beber. Acho que não sou mais *straight edge*. Eu sei, eu disse que seria *straight edge* para sempre, então acho que menti, e peço desculpas. Mas eu gosto de beber. Não vou beber na sua frente e você não vai me ver bêbado. Espero que entenda.

Houve um silêncio. Paul nunca tinha bebido ou usado uma droga sequer na vida, e, durante os últimos oito anos, ele e eu tínhamos sido melhores amigos *straight edge*. Ele definia a si mesmo por meio de sua sobriedade, e, até poucos meses antes, eu era seu único amigo *straight edge*. Eu estava com medo de que voltar a beber acabasse com a nossa amizade.

Paul suspirou.

— Eu só preciso de um tempo para processar essa informação — disse ele.

— Tudo bem — falei. — Você ouviu, Johnny? Paul sabe que eu estou bebendo.

— É o que parece — retrucou Johnny.

— Para onde o Lollapalooza vai em seguida?

— Randall's Island, amanhã — respondi. — Depois vai para Trenton.

— E que tal o Sonic Youth?

— Eles são ótimos, mas é desolador. Estão se apresentando por último, após o Hole, e, enquanto fazem o show, metade da plateia já está a caminho do estacionamento.

— Mas eles são lendários.

— Para nós. Não para os fãs de dezesseis anos do Cypress Hill.

— Você viu a Courtney Love?

— Há poucos dias ela saiu do banco de trás de uma limusine com seu bebê. Ela estava cercada por seguranças e ninguém podia chegar perto dela.

— Então ela é a estrela do rock.

— Todos os outros meio que são farinha do mesmo saco — falei.

Nós ficamos sentados em silêncio enquanto atravessávamos Norwalk e Darien.

— Ei, Paul — falei. — Essa é a sua saída.

— E foi aí que Pat Campbell matou os pais — respondeu Paul.

— Como é que é? — perguntou Johnny.

Paul explicou:

— Pat costumava bater em mim no ensino fundamental e, um dia, desapareceu. Certa vez ele apareceu na casa dos pais para pedir dinheiro emprestado, mas eles não lhe deram. Pat então matou os dois com um machado e queimou seus corpos no quintal. Na boa e velha Darien.

O dia seguinte estava ensolarado e sem nuvens. Cinquenta mil pessoas foram ao Lollapalooza em Randall's Island, nos arredores de Manhattan. Patti Smith fez uma apresentação-surpresa no segundo palco, e eu fiquei momentaneamente irritado, porque aquilo reduzia o tempo do meu set. Então lembrei que ela era Patti Smith. Fiquei na lateral do palco com Perry Farrell e Jeff Buckley enquanto ela se apresentava. Jeff estava usando uma camiseta rosa apertada da Kylie Minogue e um chapéu alto e de abas largas. Perry estava com olhos vidrados e sorria para todos.

Patti terminou o show e abraçou Perry. Os auxiliares de palco retiraram o equipamento dela e instalaram o meu.

— Ei, Moby — disse Jeff enquanto eu me dirigia para o palco. — Patti Smith acabou de abrir o seu show!

— É mesmo, isso foi engraçado — falei, saltitando pronto para a apresentação.

— Ah, você tem falado com Janet ultimamente? — perguntou.

— Já faz um tempo que não falo com ela — respondi.

— Bem, diga oi para ela e tenha um bom show!

Ele deu um tapinha nas minhas costas enquanto eu caminhava para o palco.

Entramos às seis da tarde, começamos com "Ah Ah" e, em seguida, durante uma hora, tocamos músicas rave e punk rock. Na música final, "Feeling So Real", mergulhei de cabeça no meio da multidão. O público me amparou e me carregou enquanto eu gritava ao microfone. Subi de volta ao palco e pulei em cima do teclado, sem camisa, imundo e gritando. Então saí do palco e Tim me entregou uma cerveja.

Eu sorri e disse, sem ironia:

— Rock and roll.

Eu nunca realmente dissera "rock and roll" para expressar entusiasmo, mas ao receber uma cerveja de um roadie com um mullet a frase me pareceu apropriada.

— Rock and roll! — concordou Tim.

Ficamos na lateral do palco bebendo nossas Bud Ligths enquanto o sol se punha sobre Manhattan.

Havia uma festa pós-show do Lollapalooza no Don Hill, um clube de rock degenerado na Spring Street. Por volta da uma da manhã, eu já tinha bebido umas sete ou oito cervejas e estava dançando ao som da banda de glam rock de Miss Guy, os Toilet Boys. Miss Guy era a drag queen mais bonita de Nova York, o que era uma grande façanha, uma vez que a cidade estava repleta de belas drags. Eu tinha uma lata de Schaeffer nas mãos e estava cercado por uma centena de bêbados suados, todos dançando ao som de um cover do Damned, quando senti alguém beijar minha nuca.

Eu me virei e vi uma mulher bonita com o cabelo castanho curto, trajando um vestido de verão azul-claro e sorrindo maliciosamente para mim.

— Você beijou o meu pescoço! — gritei em meio à música.

— Eu sei!

— Posso beijar o seu?

Ela me lançou um sorriso enigmático e inclinou a cabeça, expondo o pescoço suado. Beijei seu pescoço e, em seguida, sua boca. Os Toilet Boys começaram a tocar um cover do New York Dolls enquanto nos beijávamos na pista de dança.

— Vamos — disse ela.

A bebida tinha matado meu pai, a mãe de Paul e inúmeras pessoas que eu conhecia. Beber era tóxico, causava brigas, mortes, infidelidades e acidentes de carro. Mas o álcool também me levara até ali e era o responsável por eu estar beijando uma bela estranha, sendo conduzido pela porta dos fundos do Don Hill, saindo na Spring Street e entrando num táxi. Beber nos levou até o meu prédio, onde fomos até o terraço, nos beijamos, conversamos e transamos enquanto o sol nascia sobre Manhattan.

Eu era solteiro e estava apaixonado. Apaixonado pelo amanhecer, pela bebida, por Nova York, pelo Lollapalooza, por Jeff Buckley e sua camiseta da Kylie Minogue, por Perry Farrell com seu sorriso de gato de Cheshire, pelas drag queens tocando covers do Damned, pelo sexo no terraço ao amanhecer com belas estranhas. Por que eu escolheria a sobriedade radical em vez de sexo no terraço ao amanhecer com uma bela mulher trajando um vestido azul-claro?

O sol se erguia sobre o East Village, e o mundo brilhava.

38

CASACO VERDE-NÉON DE MUPPET MONSTRO

— Vou à casa da Nina Hagen, em Laurel Canyon — disse Ali, meu gerente de turnê. — Você quer vir?

Nina Hagen era uma lendária sacerdotisa do punk, então é claro que eu queria ir à casa dela, mesmo confuso com a ideia de sua casa ficar no bucólico Laurel Canyon.

— Certo. A Angela pode ir? — perguntei.

— A garota que você conheceu ontem à noite? — questionou Ali.

— Aham.

Ele fez uma pausa.

— Hum, claro.

Na noite anterior, o Lollapalooza fora realizado em Irvine Meadows, ao sul de Los Angeles. O segundo palco onde eu estava tocando era banhado pela luz dourada de fim de verão da Califórnia e era cercado por carvalhos e jovens usando camisetas do Soundgarden. Após o show, conheci Angela nos bastidores. Ela estava usando um vestido no estilo de Joni Mitchell com estampa floral da década de 1960 e tinha cabelo castanho-claro na altura dos ombros.

— Posso pagar uma cerveja para você? — perguntou ela.

— Tudo bem, mas a cerveja aqui é grátis — falei.

— Melhor ainda — disse ela, sorrindo.

Ela pegou duas cervejas e nos sentamos às mesas de piquenique perto dos trailers dos artistas. Conversamos sobre Los Angeles: ela havia se mudado de Minnesota havia três anos e agora trabalhava numa grande agência de talentos.

— Em 1991, quando cheguei a Los Angeles, achei que odiaria o lugar, mas adorei — comentei, bebendo de uma lata de Pabst.

— Eu também — disse ela. — Pensei que só veria cirurgiões plásticos e agentes de talentos, mas na verdade é um lugar de coiotes e mercados de agricultores. — Ela tomou um gole da cerveja. — Você acha que seria capaz de viver aqui?

— Não sei. Eu adoro Los Angeles, mas nasci em Nova York e tenho certeza de que morarei lá para sempre.

Enquanto o sol se punha atrás dos carvalhos, ela me ofereceu uma carona de volta ao Roosevelt, que na época era um hotel decrépito em Hollywood onde eu estava hospedado com a minha banda.

— Você quer tomar um drinque à beira da piscina? — perguntei quando ela entrou no estacionamento.

— Boa ideia — disse ela, estacionando a picape.

O restante da banda e da equipe já estava à beira da piscina, todos sentados sob bananeiras e aves-do-paraíso, se embebedando com três turistas alemãs e duas australianas que se apresentaram como aspirantes a estrelas pornô. As turistas alemãs sorriam ingenuamente e ninavam suas cervejas; as australianas contavam histórias sobre como ingressar no universo pornô.

— Mo! — exclamou meu baterista, Scott. — Você chegou!

Scott era um prodígio musical de vinte anos oriundo de uma cidade metalúrgica na Pensilvânia que eu tinha contratado para aquela turnê.

— Vocês pensaram que eu ia sequestrá-lo? — brincou Angela.

— Não sequestre o trem da alegria! — gritou Scott, já bêbado. Ele se levantou. — Quem quer nadar? Eu quero nadar! Vamos, estamos em Los Angeles, vamos nadar!

Ele pulou na piscina sozinho.

— Ele parece feliz — disse uma das aspirantes a estrela pornô.

— É a primeira turnê dele — expliquei. — Scott está muito animado.

Vi que Angela olhava para a piscina.

— Você sabia que David Hockney pintou o fundo dessa piscina? — perguntei.

— Quem é David Hockney? — perguntou a outra aspirante a estrela pornô.

— Ele é o pintor de Los Angeles por excelência — falei. — Mesmo sendo inglês.

Scott saiu da piscina.

— Por que ninguém quer mergulhar? Estamos em Los Angeles! Vocês deviam estar nadando — reclamou com petulância.

— Certo, acalme-se, Scooter — disse Ali.

— Preciso de uma toalha — anunciou Scott. — Por que vocês não vão comigo até o meu quarto e me ajudam a me enxugar? — perguntou para ele as aspirantes a estrelas pornô.

— Não — disse uma delas. — Estamos bem aqui.

Scott pegou uma cerveja e ficou amuado.

— Como são os quartos aqui? — perguntou Angela.

— Você quer ver? — respondi.

Eu a levei até o meu quarto. A diária custava 65 dólares e o lugar parecia uma decadente cápsula do tempo de 1970. A escrivaninha bege estava lascada e farelenta, e o colchão era como uma canoa frágil e estreita. Assim que entramos no quarto, começamos a nos beijar.

— Acabamos de nos conhecer, mas eu realmente quero ficar nua com você — disse ela, sorrindo. — Tudo bem?

— Eu acho que sim — respondi.

Transamos na cama-canoa arqueada e Angela era muito escandalosa. Eu não sabia que alguém seria capaz de fazer tanto barulho. Transamos na cadeira bamba e, depois, no banheiro, com Angela sentada na bancada ao lado da minha pasta de dente Tom's of Maine. E ela fez ainda mais barulho.

Após trinta minutos, caímos na cama, suados.

— Eu acho que você me quebrou — falei.

Ela riu. Ficamos ali deitados, de mãos dadas sobre o colchão-canoa molengo.

— Ainda é cedo — disse ela. — Você quer sair para passear?

Sentei-me.

— Eu adoraria. Onde?

— Vamos até Mulholland.

Ela se vestiu e eu coloquei um jeans e uma camiseta do Black Flag.

— Black Flag? — perguntou ela.

— Quando tinha dezesseis ou dezessete anos, eu era obcecado pelo Black Flag — falei. — Vi o show deles umas vinte vezes no início dos anos 1980. Tenho até três cicatrizes por causa das apresentações do Black Flag.

— Você é tão durão — disse ela, beijando meu nariz.

Voltamos para a piscina e todos começaram a aplaudir.

— Isso foi *incrível* — disse uma das aspirantes a estrela pornô.

— Você é tão escandalosa! — disse Scott, com a voz pastosa. — Posso transar com você?

— Sai fora, Scooter — falei, abraçando Angela. — Ela é minha.

— Mo, você poderia fechar a porta de vidro da próxima vez? — perguntou Ali.

— Vocês ouviram? — perguntei.

— Puta que pariu — disse Ali. — Ouvimos tudo. O hotel inteiro ouviu tudo. Todo mundo em Los Angeles ouviu tudo.

— Bem, fico feliz que a gente tenha divertido vocês — disse Angela, sorridente e coquete. — Agora vamos transar no meu carro em Mulholland Drive.

Ela pegou minha mão e nos afastamos. Entramos em sua picape, uma Dodge azul 1972 desbotada, e saímos do estacionamento do Roosevelt.

Ela desceu a Hollywood Boulevard, passando por clubes de strippers e vitrines fechadas com tábuas. Afora os mendigos dormindo nas calçadas, Hollywood estava deserta. Todos os comércios decentes tinham fechado; sobraram apenas os clubes de strip e as lojas que vendiam sapatos para as strippers.

— Quando Hollywood se tornou tão pós-apocalíptica? — perguntei.

— Não sei — disse ela. — É assim desde que moro aqui.

Fomos até Outpost Drive, e a desolada Hollywood foi substituída por mansões em estilo espanhol e árvores altas.

— É como se estivéssemos no campo, mas fica pertinho dos viciados em crack — observei.

— Além disso, David Lynch mora aqui — disse ela.

— Sério? — perguntei, subitamente animado. David Lynch era o meu herói. — Onde? Podemos ir até a casa dele?

— Não sei exatamente onde ele mora, fica em algum lugar perto de Mulholland.

Olhei através da janela de sua picape, tentando imaginar David Lynch saindo para caminhar tarde da noite debaixo dos eucaliptos.

— Ainda estamos na cidade? — perguntei.

— Na verdade, estamos no meio da cidade.

Chegamos a uma placa de "pare" na Mulholland Drive. Vi alguns animais correndo no meio do mato.

— São cães de rua? — perguntei.

— Não, são coiotes.

— Coiotes? Na cidade?

— Eles estão por toda parte.

Angela dirigiu para oeste na Mulholland e a cidade se estendeu até o horizonte abaixo de nós, como um lençol negro cravejado por milhões de pontos de luz. Ela pegou uma fita cassete de uma caixa no assento.

— O que é isso? — perguntei.

— Led Zeppelin — disse ela. — Pode ser?

— É perfeito.

Saímos da estrada e entramos num estacionamento de terra batida. Angela desligou o motor.

— Veja — disse ela, puxando um engradado de trás do assento. — Eu trouxe cerveja!

— O caminho para o coração de um homem é pelo seu fígado — falei.

— Bem, não anatomicamente.

Ela deixou a fita do Led Zeppelin tocando no carro. Caminhamos até um banco de piquenique, nos sentamos e olhamos para as luzes infinitas de Los Angeles. Abri uma cerveja para ela e outra para mim. Passei o braço ao redor de seus ombros e olhamos para as luzes.

— Adoro isso aqui — falei.

Ela inspirou.

— Isso pode soar estranho, já que acabamos de nos conhecer, mas eu quero lhe dizer algo.

— Você tem namorado?

— Não, não é isso. — Ela tomou um gole de cerveja. — Quando comecei a trabalhar em Los Angeles, conheci uma mulher que me perguntou se eu queria ganhar dinheiro saindo para jantar com caras mais velhos. Ela disse que eu poderia ganhar 1.000 dólares por noite, apenas saindo para jantar com eles.

— Mil dólares por noite? — perguntei, atordoado.

— Sim. Fiz isso algumas vezes. Eu me arrumava, ia até o Beverly Hills Hotel ou ao Four Seasons, me encontrava com caras ricos e jantava com eles. Tudo o que eu precisava fazer era comparecer, estar apresentável e ser boa de papo. Após fazer isso algumas vezes, minha amiga na agência me disse: "Tem um cara de que talvez você goste. Serão 1.000 dólares para jantar, mas se você topar transar com ele ganhará 5 mil dólares."

— Cinco mil dólares para transar?

— Bem, na verdade ela não falou em sexo, especificamente, apenas que eu ganharia 5 mil dólares se fosse para o quarto com ele. Foi algo vago. Ela disse: "Se quiser transar, você pode, mas não é obrigada." Então eu fui e realmente gostei do cara. Ele tinha uns sessenta anos e era dono de uma empresa na Europa. Após o jantar, voltamos para o quarto e transamos. No dia seguinte, minha amiga na agência me deu 1.000 dólares em dinheiro vivo.

Eu não tinha ideia do que responder. Alguns anos antes, eu era careta e ministrava estudos bíblicos. Agora estava bebendo cerveja pós-coito em Los Angeles com uma mulher que me dizia ser prostituta de luxo. Eu nunca tinha conhecido uma prostituta e não sabia o que pensar. Eu estava curioso e, para ser honesto, até um pouco excitado. E também estava confuso a respeito do motivo que a tinha levado a me dizer aquilo, uma vez que tínhamos nos conhecido havia apenas cinco horas. Parecia que ela estava se vangloriando e se confessando ao mesmo tempo.

— Você ainda faz isso? — perguntei.

— Não, parei há um tempo. Quer dizer, eu realmente gostava daquilo, mas a coisa começou a ficar muito estranha e era difícil ter um namoro normal.

— Do que você gostava?

— Aqueles caras eram muito bem-sucedidos e inteligentes, e ficavam me dizendo quão bonita e inteligente eu era. Ganhar 5 mil dólares por noite para transar com um bilionário encantador em sua suíte no Beverly Hills Hotel é muito bom. Eu teria transado com alguns daqueles caras mesmo que não estivesse sendo paga.

— Quem arranjou isso?

— Heidi Fleiss, uma amiga. O engraçado é que a maioria daqueles caras não queria mulheres fúteis com seios falsos enormes. Eles gostavam de mim porque eu tinha estudado em Harvard e podia me sustentar.

Ficamos sentados em silêncio por um instante, bebendo nossas cervejas.

— Isso assusta você? — perguntou Angela. — Eu sei que acabamos de nos conhecer, mas eu queria ser honesta com você.

— Sim, isso me assusta, mas não de uma maneira ruim — falei. — Talvez me faça sentir um pouco deslocado. Eu não sou um bilionário com uma suíte no Beverly Hills Hotel. Eu sou um músico com um quarto barato no Roosevelt.

Ela apertou minha mão.

— Eu adoro o fato de você ser um músico com um quarto barato no Roosevelt.

Eu sorri. Dava para ouvir "Tangerine" tocando na caminhonete. Olhei fixamente para as luzes brilhantes do vale.

— Não há nenhuma perturbação atmosférica — observei.

— Você é um tremendo nerd — disse ela.

— Você também. Uma nerd de Harvard que fazia sexo por dinheiro.

Ela riu e bebeu a cerveja.

Acordamos no dia seguinte sob uma chuva forte, que formou um pequeno lago no pátio de concreto em frente às portas corrediças de vidro do meu quarto. Ali tinha alugado um carro e nos levou até Laurel Canyon para conhecermos Nina Hagen. "Come as You Are", do Nirvana, estava tocando na estação KROQ enquanto atravessávamos as estradas sinuosas.

— Ali, como você conheceu Nina Hagen? — perguntou Angela.

— Ela é amiga da minha ex-mulher — respondeu Ali. Ele fez uma curva e parou o carro. — Chegamos!

A chuva caía pelos eucaliptos perfumados e havia riachos enlameados escorrendo nos dois lados da rua. Caminhamos até uma longa e frágil escada de madeira que levava a um antigo chalé escondido por carvalhos e bougainvílleas. A porta se abriu, e lá estava Nina Hagen. Ela tinha cabelo rosa brilhante e estava vestindo um quimono laranja e preto.

— Ali! E este é o Moby? — disse ela, com um rouco sotaque alemão.

— Olá — falei. — Eu sou Moby, e esta é Angela.

— Entrem! Vocês querem chá?

Ela preparou chá e todos nos sentamos junto à mesa de madeira da cozinha sob uma claraboia coberta de pingos de chuva: Nina Hagen de cabelos rosa, Ali, meu gerente de turnê norte-irlandês, Angela, ex-prostituta de luxo, e eu, um ex-cristão e ex-careta.

— Estávamos precisando muito de chuva — disse Nina. — Isto vem de Deus.

Então ela se lembrou de algo e gritou:

— Ah! Vou buscar uma coisa para você!

Nina se levantou e correu até um dos quartos, o quimono ondulando atrás dela.

— Moby, acho que você precisa disso! — disse ela, no fim do corredor. E saiu do quarto carregando um enorme monstrengo verde. — Aqui! — disse ela. — É seu!

Eu peguei. Era um casaco de pelúcia verde-néon.

— Sério? — falei. — Você tem certeza?

— Pode levar! Eu nunca o usei e você deveria ficar com ele!

Levantei-me e vesti o casaco.

— Uau — disse Angela.

— Ficou perfeito! — disse Nina. — Agora você é um astro do rock consagrado!

Fui até um espelho e me olhei. O casaco tinha mais de vinte centímetros de espessura e era feito todo de pelúcia verde-néon como a de um Muppet monstro.

— Tem certeza? — perguntei outra vez.

— É seu! Você precisa ficar com ele!

Sentei-me com meu gigantesco casaco verde e bebi mais chá.

— Você poderia ir ao nosso show hoje à noite? — perguntei para Nina.

— Ah, querido, não — disse ela. — Eu nunca saio de casa.

— Como Greta Garbo?

— Como Nina Hagen! — retrucou ela, rindo, embora falasse sério.

A chuva começou a cair com mais força sobre o telhado de madeira.

— Mo, temos que ir. Precisamos fazer a passagem de som — lembrou Ali.

Tocaríamos na Perry Farrell's Enit Fest em um teatro em Hollywood. Era o contraponto eletrônico underground ao gigante que o vocalista do Jane's Addiction criara com o Lollapalooza, e cuja passagem de som seria dali a três horas.

— Foi um prazer conhecê-la, Nina — falei. — E adorei o meu casaco.

— Adorei vê-lo em você! Seu primeiro casaco de astro do rock!

Voltamos para Hollywood na chuva. Após a passagem de som, encontrei-me com Angela na casa dela, que ficava numa rua lateral perto do teatro. O apartamento tinha paredes brancas e simples, piso de madeira escura e mobiliário escandinavo de segunda mão. Eu imaginava que prostitutas bem remuneradas morassem em apartamentos mais, digamos, prostituídos, mas sua residência era incrivelmente normal. A cozinha tinha um liquidificador e uma prateleira de temperos completa, o que por algum motivo me pareceu surpreendente.

Enquanto Angela estava se vestindo e se maquiando, localizei sua estante de livros.

— Posso ver seus livros? — perguntei.

— Sim, mas não julgue — disse ela.

Examinei os autores: Sylvia Plath, Albert Camus, Charles Bukowski, C. S. Lewis.

— Por que eu julgaria? — perguntei. — Eu tenho todos esses livros também.

— Estou quase pronta — disse ela. — Então poderemos conversar sobre livros.

Passei para a coleção de CDs: Mazzy Star, Miles Davis, Nick Drake.

— Gosto de seus discos — falei.

— Eu também.

— Embora muitos desses escritores e músicos tenham se suicidado — observei. — Você está deprimida?

Ela riu.

— No momento, não!

Sentei-me no sofá.

— Eu gosto muito de transar com você — falei. Ela se sentou à beira da cama, concentrada em calçar um par de meias de nylon. — Também gosto muito de transar com você, Moby — falei com uma falsa voz aguda. Ela riu. — Você é o melhor homem que eu já tive — prossegui com a voz falsa. — Muito melhor do que aqueles bilionários.

Ela emergiu do quarto trajando uma saia preta curta, uma camisa branca de botões e uma jaqueta jeans velha. Saímos de seu apartamento normal, entramos em sua picape e dirigimos por Hollywood na chuva.

O teatro estava quente e lotado quando chegamos. Keoki estava tocando; fazia uns dois anos que eu não o via, então fui até sua cabine para dar um oi. Eu o conhecia desde 1990 — eu sempre tinha sido mais amigo de seu namorado, Michael Alig, mas gostava de Keoki.

— Como está o Michael? — perguntei.

Uma sombra passou pelo rosto de Keoki.

— Tem muita coisa acontecendo — disse ele. — Falo com você mais tarde.

Angela e eu descemos a escada até o meu camarim.

— Se quiser passear por aí, fique à vontade — falei para ela. — Eu vou me vestir e me preparar para o show.

Ela me beijou.

— Certo, vejo você depois.

Vesti jeans e uma camiseta preta. Pulei no camarim e bati no sofá com um par de baquetas. Saí de lá e corri de um lado para o outro no corredor, passando pelo camarim de Traci Lords, que se apresentaria mais tarde. Ela estava numa conversa séria com alguns homens de camisas sociais pretas. Pareciam produtores de boate ou cineastas de pornografia da Europa Oriental. Traci e eu não nos conhecíamos pessoalmente, mas acenei para ela. Ela acenou de volta, um tanto confusa.

Cinco minutos depois, eu estava correndo até o palco, baquetas em mãos. Tocamos um set rave, mas antes de "Feeling So Real" peguei minha guitarra e tocamos "Paranoid", do Black Sabbath. Quando começamos "Feeling So Real", olhei para a lateral do palco: Traci Lords e Perry Farrell estavam ali com Charlie Sheen, dançando. Os milhares de pessoas no teatro estavam banhados por luzes estroboscópicas e lasers verdes. Parecia um apocalipse alienígena.

Quando deixamos o palco, a plateia gritava o meu nome, e Tim me entregou uma cerveja.

— Eu poderia me acostumar com isso! — gritei para Scott e Ali. Eles sorriram.

Para o bis, eu geralmente tocava "Thousand" sozinho, em cima do teclado. Mas eu queria que naquela noite fosse diferente, então tirei a roupa toda.

— Mo, o que você está fazendo? — perguntou Ali.

— Ficando pelado — falei.

— Hum, seus agentes vão me matar — disse ele.

Eu ri e saí correndo de volta ao palco, nu. "Thousand" começou a tocar e subi no teclado. Quando o pulsar do estroboscópio ficou mais rápido, levantei-me e abri os braços como se tentasse abençoar os ravers. Todos na multidão estavam com as mãos para cima, como se estivessem agarrando punhados de luz.

A música terminou e saí do palco, nu. Perry Farrell veio até mim, me abraçou e, em seguida, segurou meu pênis flácido.

— Você está pelado! — gritou.

— Rá! Eu sei! — gritei de volta.

— Ótimo show! — disse Charlie Sheen. — Vá se vestir!

Traci Lords começou a tocar. Assisti à apresentação na lateral do palco e uma ironia me ocorreu. O nerd techno estava nu, e a estrela pornô, vestida. Desci a escada e me vesti. Angela foi até o camarim.

— Aquilo foi incrível! — disse ela. — Todo mundo amou.

— Podemos ir até a sua casa para ouvir discos? — perguntei.

— Você não quer sair? — perguntou ela.

— Não, só quero voltar para a sua casa e ouvir John Coltrane enquanto chove lá fora.

— Certo, eu também.

Ela me ajudou a vestir o meu casaco de Muppet monstro com pelúcia verde-néon e seguimos até a porta dos fundos.

Quando estávamos saindo, eu ri.

— O que é tão engraçado? — perguntou ela.

— Acabei de me dar conta de que agora nós dois tiramos a roupa para trabalhar.

— Então você também é prostituto?

— Rá, acho que sim — falei ao sairmos em uma Los Angeles chuvosa.

FORMIGAS E UNHA DE POLEGARES

Eu estava agachado na calçada, na esquina da Bleecker com a Lafayette, quando um mensageiro em uma bicicleta parou ao meu lado.

— Ei, o que você está fazendo? — perguntou, olhando para mim na calçada.

— Observando formigas — respondi.

Ele balançou a cabeça.

— Maluco — exclamou, afastando-se pela Bleecker Street.

Eram duas horas de uma tarde de quarta-feira. Eu estava parado na esquina esperando o sinal abrir e subitamente percebi as formigas na calçada: invisíveis para o restante de nós, ocupadas seja lá com qual trabalho importante estivessem fazendo, caminhando pelas frestas entre os quadrados de concreto da calçada. Era um dia normal de outono — pessoas andando com sacolas de compras, metrôs rugindo debaixo dos meus pés —, de modo que me agachei na calçada porque não conseguia parar de olhar para aquelas formigas.

Dava para ver milhares delas, e aquele era apenas um pequeno pedaço de calçada no meio de uma cidade enorme. Eu não seria capaz de calcular o número de formigas em todo o quarteirão, e cada uma delas era composta de milhões e milhões de células. Cada formiga tinha um cérebro minúsculo, e cada cérebro era feito de incontáveis células. Elas tinham vidas, vontades e preferências. Sentiam medo. Tinham olhos. E havia trilhões delas no planeta, cavando túneis e comendo pedaços de comida deixados nas calçadas.

Eu não sabia nada a respeito delas. Uma única célula no olho de uma única formiga era algo mais complexo do que qualquer coisa que eu sequer pudesse começar a compreender. Então, se eu não sabia de nada, quem era eu para dizer quem ou o que era Deus? Eu não entendia sequer uma única célula de uma única formiga e, no entanto, durante anos alegara saber qual era o Deus certo e qual era o Deus errado, e que todos deveríamos venerar e nos comportarmos de acordo com o certo. Eu alegava saber quem criara o universo e por quê, como e quando Deus o fizera.

Mas, na verdade, eu não sabia de nada. Desviei o olhar das formigas e olhei para meus dedos. No polegar havia uma unha nodosa e roída. Eu não sabia nada a respeito daquela unha afora sua aparência e alguns fatos científicos sobre células. Lembrei que cada célula da unha de meu polegar possuía um núcleo e algumas mitocôndrias. Eu sabia algo vago sobre organelas, que lera num livro de biologia no nono ano. Mas, na verdade, eu não sabia de nada.

E, se nada sabia sobre essas coisas básicas que estavam bem à minha frente, como formigas e unha de polegares, então como eu poderia fazer grandes pronunciamentos sobre o arquiteto do universo? Como poderia dizer "Eu sou cristão" e acreditar estar certo? Eu adorava os ensinamentos de Cristo. Adorava sua ênfase no perdão e no servir. Mas não tinha certeza se ainda acreditava que o cristianismo era a única maneira verdadeira de descrever e adorar a um Deus que eu não era capaz de começar a compreender.

Eu abraçara o cristianismo quando tinha treze anos e começara a me masturbar. Supunha que se masturbar era errado, de modo que, toda vez que me masturbava, eu rezava e pedia desculpas a Deus. Após um ano repleto de masturbação adolescente, entrei para um grupo jovem cristão como uma forma de apaziguar Deus e evitar que ele deixasse cair uma bigorna sobre minha cabeça. Finalmente, a masturbação começou a me parecer normal, de modo que deixei o grupo jovem e continuei me masturbando.

Eu tinha sido criado em um lar espiritualmente esquizofrênico, embora imparcial. Minha mãe tivera uma criação cristã, mas se tornava uma panteísta espiritual de mente aberta nos anos 1960. Ela deixara para trás seu cristianismo tradicional de Connecticut e se tornara adepta do I Ching. Tinha uma foto de Krishnamurti ao lado da cama; frequentava tarólogos e fazia ocasionais desjejuns com panquecas no domingo de Páscoa. Ela nunca me pressionou a acreditar em nada, e acho que ficou decepcionada quando, aos treze anos, me tornei um cristão temente.

Depois de sair do grupo jovem e descobrir o punk rock, eu me proclamei agnóstico porque aquilo parecia enigmático e descolado. Meus heróis da literatura do século XX, tais como Sartre e Camus, eram ateus ou agnósticos, e eu queria moldar o meu sistema de crenças de acordo com o deles. Na faculdade, eu me formara em filosofia e lera sobre budismo, ceticismo, ateísmo, gnosticismo e inúmeros outros ismos, tudo projetado para codificar nosso lugar no universo. Então, no momento em que saí da faculdade e fui morar com minha mãe panteísta praticante de I Ching, eu havia me tornado um agnóstico/taoista/existencialista/panteísta suburbano, confuso e cético.

Até que, em 1987, um amigo me fez ler o Novo Testamento. Sentado no sofá na sala de estar da minha mãe, li o Evangelho de Lucas e de imediato me tornei cristão. Troquei meu agnosticismo pela fé, e passei o fim dos anos 1980 indo à igreja e a retiros cristãos, proclamando com alegria Cristo como o Deus de todo o universo. Encontrei heróis novos e ostensivamente cristãos em Kierkegaard, Walker Percy e Flannery O'Connor.

Então, oito anos depois, naquela calçada, contemplando aquelas formigas e unhas incrivelmente complexas, como eu poderia dizer que Cristo era Deus? Diante daquele universo vasto e indescritivelmente complexo, como eu poderia ser tão presunçoso a ponto de alegar qualquer conhecimento objetivo? Honestamente, admiti não saber de nada. O que foi libertador. E aterrorizante.

Após sair da faculdade, eu tomara a rota cartesiana para a teosofia a fim de estabelecer minha fé cristã. Eu tinha lido os existencialistas e entendido o que postulavam. Eles alegavam que o universo era um enigma e que, como seres humanos, estávamos inerentemente desconectados de qualquer conhecimento objetivo a respeito de qualquer coisa. De acordo com os existencialistas, o máximo que poderíamos esperar era ter uma insinuação vaga e subjetiva de que havia algo a ser compreendido vaga e subjetivamente.

Descartes chegara à mesma conclusão séculos antes. Ele duvidava de tudo, mas não podia duvidar de que estava duvidando. Então disse: "*Cogito ergo sum.*" Ou seja: *Penso, logo existo*. Ou, no caso dele, *duvido, logo existo*. Ele percebeu que o universo era incompreensível e que sabia que não sabia e, a partir daí, construiu o seu universo centrado em Deus, assim como eu fiz. Após a faculdade, concluí que, se eu duvidava, deveria haver um "eu" que estava duvidando. Assim, Descartes e eu tínhamos concluído que o mundo como nós o percebíamos deveria ser muito parecido com o que objetivamente era, porque, é claro, Deus era um sujeito benignamente antropomorfizado que não nos enganaria. Até mesmo Einstein parecia ter essa mesma visão de Deus e do universo, assumindo que, de modo geral, o universo tal qual o percebemos era como o universo realmente era.

Agora, na presença de formigas na calçada e células na unha, meu cristianismo tradicional com seu conhecimento absoluto caía por terra. Eu estava vendo o mais claramente possível, mas, de repente, a complexidade do mundo me pareceu vasta e insondável. Olhei para as formigas. Eram todas pequenas demais quando vistas com meus olhos nus. Eram feitas de células menores do que eu era capaz de imaginar, e, dentro dessas células, havia organelas ainda menores. E, naquelas organelas, havia coisas ainda menores, e então coisas ainda menores, levando a um nível ontológico de pequenez que estava além da compreensão humana. Mas era em tal nível de pequenez onde residiam os blocos de construção do universo. Se eu não conseguia, nem por um segundo, compreender os blocos básicos de construção do universo, como poderia alegar uma verdadeira compreensão de seu criador?

Minhas pernas estavam ficando cansadas, então me levantei. Eu sentia como se o universo tivesse mudado, embora eu estivesse banhado pelo mesmo sol de dez minutos antes. Eu estava usando o mesmo jeans e a mesma camiseta do Bad Brains, mas será que alguma coisa ainda era a mesma?

Eu ficava lembrando da citação de Rimbaud que tinha escrito no espelho quando me mudara para Manhattan: "Eu é um outro."

Pensar na enormidade e na complexidade de uma única célula me fez ter vontade de evaporar. Uma célula, em sua indizível complexidade, mereceria a adoração e a reverência de todo o universo. E as células estavam por toda parte, seu caráter milagroso diminuído apenas por sua onipresença. Voltei para casa descendo a Mulberry Street em direção à Houston Street. Lá estavam o mesmo salão de bilhar, os mesmos bares, o mesmo restaurante italiano. Tudo era o mesmo e nada era o mesmo, ao menos para mim. Eu tivera uma visão de mundo, o cristianismo, e passei a sentir a imponderabilidade e a liberdade de minha ignorância recém-aceita. Minhas alegações de fé cristã eram essencialmente meu assobio na escuridão da caverna platônica, laboriosamente dizendo que as sombras eram reais porque eu e os outros cristãos queríamos que assim o fossem.

Desde que tinha começado a beber e me lançado com alegria ao mundo da degeneração e da promiscuidade, eu já havia flertado com a ideia de que algumas éticas cristãs pareciam arbitrárias. Eu entendia a aplicação de critérios éticos a ações que afetavam outras criaturas, motivo pelo qual eu era vegano, mas não entendia a aplicação da ética ao sexo e a outras ações que fossem consensuais ou autodirecionadas. Se eu ficasse bêbado e transasse num banheiro com uma stripper, estaria transgredindo algum código ético universal? Parecia emocionante considerar que a maioria dos códigos de ética judaico-cristãos com os quais eu crescera era arbitrária. Mas, mesmo quando estava transando bêbado em banheiros e transgredindo a ética cristã, eu ainda pensava em mim como um cristão. E agora eu não sabia se ainda era.

Voltei à Mott Street e olhei para a igreja do outro lado da rua. "Eu ainda o amo, Deus, mesmo não tendo ideia de quem ou o que você é", rezei. "E você também, Jesus. Não sei de nada, mas eu o amo."

Eu estava olhando para o vazio, mas nem mesmo tinha certeza se havia um vazio, porque não podia ter certeza de nada. Quando submetido a um exame, por menor que fosse, o universo parecia revelar-se mais complexo do que qualquer coisa que nós como seres humanos jamais poderíamos compreender. E lá estava o pensamento recorrente: eu não sabia de nada.

Não. Logo percebi que aquilo não era verdade. Eu sabia que queria comer panquecas, sem dúvida.

Peguei o elevador até o quinto andar, atravessei o corredor de concreto e abri a porta. Minha casa estava tomada por uma perfeita luz de meio da tarde, e as paredes brancas brilhavam. Olhei para cima, pela claraboia, e vi uma nuvem solitária deslizando em meio ao céu azul. Peguei minha velha tigela de metal e tirei farinha de trigo integral e leite de soja sabor baunilha da geladeira. Liguei o fogão e peguei um saco de mirtilos orgânicos no congelador.

Talvez este fosse o sentido da vida: viver na escuridão da caverna de Platão e olhar para o vazio sem fim, mas também fazer panquecas, assistir a filmes de Woody Allen e observar o sol pelas claraboias. São os alentos de não ter um conhecimento verdadeiro sobre o mundo, mas de fazer parte dele e ser surpreendido por ele.

Preparei as panquecas e levei-as até o terraço, onde comi sob uma vasta abóbada azul-celeste. A uns dois quilômetros dali, erguiam-se a prefeitura e as Torres Gêmeas. Algumas nuvens atravessavam o céu, lançando sombras nas torres. Eu não podia professar minha fé inabalável. Eu não podia dizer a ninguém no que acreditar. Mas eu podia me sentar sob o belo céu de Manhattan com um prato de panquecas.

COLLANT DE PVC

Ela era Jillian, professora de ginástica aeróbica durante o dia, e senhora Dominika, a dominatrix, à noite. Na Crunch Fitness, ela amarrava o cabelo louro num rabo de cavalo e malhava no StairMaster vestindo um collant azul-petróleo. A portas fechadas, vestia vinil preto e abusava verbalmente de executivos enquanto batia neles com um chicote de equitação.

Nós tínhamos nos conhecido havia alguns meses na festa com karaokê de um amigo. Eu estava bêbado tentando cantar "Rhinestone Cowboy". Quando terminei, ela me comprou uma Bud Light em um copo de plástico e me levou até sua casa, na 5th Street, onde transamos em uma rede no terraço. Ela também adorava cães, então, após o sexo, nos deitamos na rede e falei para ela sobre Walnut.

Walnut sobrevivera ao parvovírus, mas nunca recuperou sua personalidade efusiva. No fim, minha pit bull devastada pela doença foi viver no norte do estado com alguns amigos meus, e parecia mais feliz do que na cidade.

Jillian e eu nunca discutimos se éramos ou não um casal, mas nos encontrávamos a cada duas semanas para beber cerveja, fazer sexo e falar sobre cães.

Um dia Jillian me enviou um fax. Dizia: "Ligue para mim. Quero que você seja um dominatrix."

Eu liguei.

— Tenho um cliente que quer se vestir de vendedor de perucas — disse ela. — Ele estará na minha casa fingindo me vender uma peruca. Então, ele vai vestir uma peruca e meu namorado chegará em casa, ficará furioso e me dirá para espancar o vendedor. Você seria o namorado. Topa?

— Você me pagaria 1 dólar?

— Rá, claro. Por que 1 dólar?

— Porque assim vou poder dizer que fui um dominatrix profissional.

— Certo, eu pago 1 dólar. Ah, qual é o seu nome de dominatrix?

Pensei e sugeri:

— Mestre Bobby?

— Perfeito, Mestre Bobby. Vejo você às oito da noite.

Às sete, abri meu armário para ver o que Mestre Bobby deveria vestir. Como ele precisava ser durão, vesti uma camiseta sem manga, óculos de sol espelhado e uma velha jaqueta jeans com um emblema do Def Leppard costurado às costas. Olhei-me no espelho: Mestre Bobby deveria parecer ameaçador, só que eu parecia mais com John Malkovich saindo para comer bolinhos após uma noite difícil. Talvez, se eu fizesse cara feia para o empresário, pareceria durão. Ou um John Malkovich carrancudo.

Atravessei a pé o East Village até o edifício de Jillian, na 5th Street. Subi e inspirei profundamente. Eu queria respeitar o cliente dela e levar o assunto a sério. Eu receberia 1 dólar por aquilo. Eu queria ser profissional. Abri a porta.

Jillian estava transformada em senhora Dominika. De pé, atrás de sua mesa de café da Pottery Barn, ela trajava um collant de PVC. Segurava um chicote e parecia diminuta. Ao lado dela estava um executivo com obesidade mórbida vestindo lingerie fúcsia e uma peruca magenta. Uma fita das Andrews Sisters tocava no aparelho de som e ele dançava em círculos sobre o tapete de sisal. Senhora Dominika olhou para mim. O empresário obeso com peruca magenta olhou para mim.

— Que porra é essa?! — gritei ameaçadoramente, seguindo o roteiro. — O que esse cara está fazendo na minha casa?

— Ele veio até aqui para vender perucas e agora não quer ir embora! — respondeu Dominika.

— Foda-se! — gritei, entrando no personagem. — Você devia dar umas porradas nesse cara!

— Você acha? — perguntou ela, enquanto o executivo de peruca magenta continuava a dançar ao som das Andrews Sisters.

— Claro, porra! Bate nele!

— Venha aqui! — gritou Dominika para o executivo.

Ele parou de dançar e se encolheu ao lado do sofá como uma atriz de pantomima do século XIX.

— Venha já! — gritou ela outra vez.

O sujeito se aproximou e ela bateu no braço dele com o chicote.

— Incline-se naquela cadeira — disse ela, em voz baixa, apontando para sua poltrona de escritório da IKEA. Ele se inclinou e ela começou a açoitar sua bunda enorme com o chicote.

— Você gosta disso? — gritou Dominika.

O sujeito apenas assentiu.

— Você acha que ele tem que apanhar mais? — perguntou ela, olhando para mim.

— Sim, acabe com ele! — falei, já sem saber direito o roteiro.

Ela pegou o longo salto de sua bota preta e começou a espetar a bunda enorme e molenga coberta de lingerie do executivo.

— Sim, é isso o que ele merece! — falei, esforçando-me ao máximo para não rir, uma vez que eu realmente desejava respeitar os desejos do executivo obeso.

Após um minuto fincando o salto naquela bunda gigantesca, ela disse:

— Agora saia da minha frente! Vá para o banheiro!

— Sim, senhora Dominika — disse ele, timidamente, e entrou no minúsculo banheiro daquele cortiço no East Village.

Depois que ele fechou a porta, murmurei:

— Eu me saí bem?

— Você se saiu muito bem, Mestre Bobby — disse ela, sorrindo.

— Quando recebo o meu dólar?

— Ssshh, depois que ele for embora.

A porta se abriu, e o executivo saiu vestindo um terno cinza risca de giz e sapatos pretos, carregando uma pasta e usando um Rolex.

— Obrigado, senhora Dominika — Então se voltou para mim e apertou minha mão. — E obrigado, senhor.

— O prazer foi todo meu.

— Tenha uma boa viagem de volta a Jersey — disse Dominika. — Nós nos vemos na semana que vem.

Ele saiu, fechando a porta do apartamento. Ela atravessou a sala e tirou a música das Andrews Sisters. No momento, eu não tinha certeza se pensava nela como Jillian ou Dominika.

— Quer um drinque? — perguntou Jillian/Dominika.

— Claro. Sabe, eu me esforcei muito para não rir.

— Bem, tenho certeza de que ele gostou disso. Ah! — Ela enfiou a mão na bolsa. — Aqui está o seu dólar.

— Eu sou um dominatrix profissional! — cantarolei.

— Você é um dominatrix profissional, Mestre Bobby — concordou ela, tirando as botas de salto alto e calçando os tênis.

41

LUZES COR-DE-ROSA

Damian e eu estávamos bebendo numa festa após o show do Nine Inch Nails quando uma publicitária encharcada de perfume trajando um macacão de couro se aproximou e me perguntou:

— Você gostaria de conhecer o David Bowie?

— Claro — respondi calmamente.

Mas eu não estava calmo. Por dentro, eu estava dando cambalhotas. Eu iria conhecer o meu ídolo David Bowie.

Em 1978, aos doze anos, trabalhei como carregador de tacos de golfe no Wee Burn Golf Course, em Darien, apenas para poder economizar dinheiro suficiente e comprar *"Heroes"*. Eu era pequeno e mal conseguia carregar um saco repleto de tacos de golfe, mas precisava de *"Heroes"*. Passei a maior parte do tempo jogando cartas na cabana dos carregadores enquanto esperava para levar os tacos de golfe de idosos, mas após dois fins de semana consegui ganhar os 8 dólares necessários para comprar a fita. Montei em minha Schwinn de dez marchas, fui até a Johnny's Records junto à estação de trem de Darien, comprei a fita e passei o restante do verão em meu sufocante quarto suburbano debruçado sobre *"Heroes"* até aquilo fazer sentido para mim. Decorei as letras. Decorei o encarte. Decorei a arte da capa. Porque eu adorava David Bowie.

E, até aquela noite, eu acreditava que ele jamais poderia fazer algo errado. Ele e o Nine Inch Nails haviam se apresentado no início da noite na Meadowlands Arena. Eu tinha ido até lá com meu amigo Mark Pellington, o maior diretor de videoclipe do mundo, discutindo o julgamento de O. J. Simpson no carro a caminho de Nova Jersey.

O Nine Inch Nails se apresentou primeiro, e eles foram maravilhosos. Seu som era incrível e intenso, seus visuais eram sinistros e poderosos, e o vocalista Trent Reznor vagava pelo palco gritando furiosamente como um demônio feroz. O público no estádio era todo dele: jovens, suburbanos e raivosos. Eles sabiam todas as letras de todas as músicas e o receberam como se fosse um membro da realeza.

Então David Bowie e sua banda subiram ao palco. Ele abriu o show com "Scary Monsters", e foi impressionante. Ele parecia majestoso e sinistro. Mas, em seguida, começou a tocar músicas de seu álbum mais recente, e a energia esvaeceu visivelmente. Os ansiosos jovens de dezenove anos que ficaram em pé durante todo o show do Nine Inch Nails se esparramavam em suas poltronas ou começaram a ir embora. Na quinta música de Bowie, o estádio estava com dois terços da lotação, com um fluxo constante de góticos com camisetas do NIN se dirigindo para as saídas. Aquilo era uma heresia para mim. Claro, o show estava chato, mas aquele era David Bowie.

Ele começou a tocar "The Man Who Sold the World", e o adolescente ao meu lado exclamou:

— Legal, ele está tocando uma música do Nirvana.

Eu não disse nada. Apenas fiquei ali enquanto o público ia embora do estádio.

Após o show, acabei em uma van de volta para Nova York com Trent Reznor, sua namorada e algumas pessoas de sua gravadora. Eu não conhecia Trent muito bem e estava nervoso, então convidei o casal para uma visita à cabana de dois quartos e sem aquecimento que eu tinha acabado de comprar no norte do estado.

— Acabei de comprar uma cabana em um lago — disse para ele. — Se estiverem livres, serão bem-vindos para fazermos umas caminhadas.

— Obrigado, mas acho que estaremos em turnê por um longo tempo — disse ele, educadamente, enquanto atravessávamos o Lincoln Tunnel.

— Certo. É um lugar bem agradável. Eu até compartilho canoas com alguns de meus vizinhos.

Alguém da agência de Trent voltou a falar sobre o julgamento de O. J. Simpson e a conversa sobre minha pequena cabana foi esquecida. Chegamos ao restaurante onde estava acontecendo a festa após o show, e Trent entrou na mesma hora. Eu combinara de me encontrar ali com Damian, e agora estava em pé na fila, esperando para conhecer David Bowie.

Durante toda a minha vida eu sonhara com aquele momento. O que eu diria? Será que ficaria ali, boquiaberto, repetindo "Você é David Bowie", até que seus seguranças gentilmente me escoltassem para longe dali?

Ele e Trent estavam sentados num palanque elevado, sutilmente escondido por uma tela floral, e eu era o próximo da fila. Eu queria que David Bowie me amasse. Eu queria que ele dissesse com sua sinistra voz de lagarto: "Conversar com você foi uma revelação, Moby. Estou impressionado por sua inteligência e criatividade. Vamos ser amigos."

Bebi o restinho da minha vodca com gelo derretido e pus o copo numa mesa.

— Tudo bem, vá em frente — disse a agente de publicidade perfumada, dando-me um pequeno empurrão nas costas. Subi no palanque.

— Oi, Moby — disse Trent.

Eu estava com inveja de Trent. De certa forma, eu sentia como se fôssemos gêmeos fraternos. Ambos éramos punks suburbanos que se apaixonaram pela música eletrônica na década de 1980. Ele ficara com o gótico industrial e eu abraçara o house music e o techno. Ele se apegara a uma mesma coisa, ao passo que eu, ao longo do tempo, seguira em mil direções musicais diferentes. Meus discos vendiam aos milhares e eu fazia shows para centenas de pessoas. Trent tinha álbuns em primeiro lugar nas paradas que vendiam milhões de cópias e fazia shows para dezenas de milhares de pessoas. E ele era um símbolo sexual. Queria ser um símbolo sexual — ou, ao menos, alguém cobiçado pelas mulheres. Queria o que Trent tinha, apesar de me parecer arbitrário e limitante o fato de se apegar a um único gênero musical. Mas Trent estava no palanque, e eu tanto gostava dele quanto morria de inveja.

— Ah, Moby — disse Trent. — Você conhece o David?

Eu me virei para David Bowie.

— Moby — disse ele. — Prazer em conhecê-lo.

David Bowie estava sentado sob luzes cor-de-rosa e vestia um terno azul-escuro com lapelas estreitas. Seu cabelo era loiro e prateado, estava partido para o lado, e ele acabara de falar comigo com aquela voz que soava como a de Michael Caine misturada à de um velociraptor tranquilo. Eu sabia que as regras de etiqueta envolviam uma resposta de minha parte, mas eu só queria gritar, abraçá-lo e fugir.

— O prazer é todo meu — falei. — Como vai você?

A primeira coisa que eu disse ao conhecer meu músico favorito de todos os tempos: "Como vai você?" Eu me perguntei se estaria transpondo algum limite, como um plebeu fazendo pose e fingindo intimidade com a realeza.

Bowie riu.

— Vou muito bem, Moby. E você?

— Ah, eu estou meio bêbado — respondi. — Mas estou bem.

Ele sorriu, esperando que eu continuasse. Eu não conseguia pensar em nada para dizer.

— Onde você está morando atualmente? — perguntei, hesitante.

— Na Suíça — disse ele. — Mas estou pensando em me mudar para Nova York por causa da cena artística da cidade.

— Sério? Para onde?

— Provavelmente em algum lugar no SoHo. Onde você mora?

— Eu moro em Little Italy — respondi. — Fica a leste do SoHo.

— Em um estúdio? — perguntou ele.

— Sim, estou reformando um estúdio agora.

Eu estava conversando sobre imóveis com David Bowie? Talvez na próxima vez discutíssemos nossos planos de aposentadoria e nossas contas na lavanderia. Eu me sentia como se estivesse desperdiçando minha audiência com o rei, mas Bowie parecia calmo e educado. Ele não estava aplaudindo meu caráter e minha erudição, mas estávamos conversando e ele sorria com cordialidade.

— Isso é interessante — disse ele. — Eu me lembro de quando tinha um pequeno apartamento em Nova York. As coisas eram muito mais simples. Agora, tenho todas essas casas por toda parte. Você deve aproveitar esta época, Moby, quando as coisas são simples.

Eu não conseguia pensar em nada para dizer e me sentia ansioso. Eu queria sair e beber mais.

— Posso lhe trazer algo para beber? — perguntei.

— Não, eu não bebo. Mas você deveria ir se divertir.

Levantei-me e estendi a mão.

— Foi um grande prazer conhecê-lo, David.

Ele sorriu e apertou minha mão.

— Também foi um grande prazer conhecê-lo, Moby.

Eu me despedi de Trent e desci do palanque, de volta à companhia de meus amigos plebeus. A sala estava girando e eu me sentia exausto e delirante. Voltei ao bar, onde Damian bebia um gim-tônica. O DJ tocava "China Girl".

— Tudo bem? — perguntou Damian.

— Bem — falei.

— O que aconteceu?

— Conversamos sobre imóveis. Preciso de uma bebida.

Pedi uma vodca com soda e uma fatia de limão. Havia uma longa fila de pessoas esperando para ter uma audiência com David Bowie. Eu não sabia se conhecer astros do rock em cima de palanques em boates era uma prática comum — nunca tinha ouvido falar naquilo. Mas parecia apropriado: ele era David Bowie, em sua cadeira, escondido por uma tela, tomado por luzes suaves.

— Você falou com o Trent? — perguntou Damian.

— Eu disse oi, mas vim de Meadowlands com ele. Eu o convidei para ir à minha cabana no norte do estado.

— Sério? O que ele disse?

— Ele agradeceu, mas falou que estavam em turnê.

— Bem que Trent poderia ir ao norte do estado, se sentar em uma canoa e beber uma cerveja com você.

— Ou eu poderia apresentá-lo aos meus vizinhos e ele faria um sexo casual com uma professora aposentada de 85 anos.

Damian e eu ficamos de costas para o bar, olhando para a fila de pessoas que esperavam para subir no palanque de David Bowie.

— Eu conheci David Bowie — declarei.

42

SUÉTER MOLHADO

Eu estava pulverizando Keith Flint, o cantor do Prodigy que tem chifres, com um extintor de incêndio. Tínhamos feito uma turnê pela Alemanha nas duas semanas anteriores e nosso último show fora naquela noite. Ele ria, mas estava irritado.

— Vá se foder, cara! Vá se foder! — gritava Keith enquanto eu corria atrás dele, acionando o extintor. — Isso nem é água, porra!

Eu o persegui até o quarto de hotel onde o Prodigy e sua equipe de turnê estavam bebendo. Apontei o extintor de incêndio para as pessoas no lugar e todas gritaram e recuaram, algumas se escondendo atrás da cama.

— Vocês estão com sorte hoje? — gritei.

— Não. Vá se foder! — gritaram, correndo para longe de mim e do extintor de incêndio.

Ali, que estava passando pelo corredor, enfiou a cabeça no vão da porta.

— Tudo bem por aí? — perguntou.

Virei o extintor de incêndio para ele e puxei o gatilho.

— Porra, não! — gritou Ali, fugindo.

— Todos vocês vão morrer! — gritei enquanto o perseguia, citando falas de filmes aleatórios que eu tinha visto no ônibus da turnê nas últimas duas semanas.

Persegui Ali até o banheiro dos homens, pulverizando-o com fosse lá qual material colocavam nos extintores de incêndio alemães.

— Pare com isso, Mo!

— Tudo bem. Desculpe, Ali, mas é a última noite.

Ele fez uma careta para mim e disparou pelo corredor.

Uma sérvia que estava saindo com Keith passou por mim e entrou no banheiro feminino, então eu a segui. Ela entrou numa cabine, ergueu o vestido amarelo e começou a fazer xixi com a porta aberta. Parei diante da cabine.

— Tudo bem? — perguntei.

Eu tinha bebido uma garrafa de Jack Daniel's após o show, algumas cervejas na van de volta para o hotel e estava cambaleando.

— Estou bem — disse ela, sorrindo e fazendo xixi. — E você?

— Ah, eu estou bem. Acho que não deveria ter atacado o pessoal com um extintor de incêndio.

Ela riu.

— Aquilo foi engraçado. Você quer entrar aqui?

— Claro que sim — respondi, entrando no boxe.

— Então, Moby, você não tem namorada?

— Não — respondi, pensando seriamente a respeito. — Acho que não.

— E a garota de Berlim? Todo mundo disse que ela é a sua namorada — lembrou, continuando a fazer xixi.

— Acho que ainda estamos nos conhecendo — respondi. — Mas não sei o que vai acontecer. Você tem namorado?

— Bem, eu estou saindo com o Keith. Mas sei que ele tem um monte de namoradas. Nada especial.

Ela parou de fazer xixi, mas permaneceu sentada no vaso sanitário com o vestido amarelo erguido e a calcinha na altura dos tornozelos.

— Posso beijá-la? — perguntei.

— Aqui?

— Sim.

E eu me sentei no colo dela e a beijei. Então ouvi a porta do banheiro se abrir.

— Olá? — Era Keith.

Eu me levantei.

— Merda — disse ela, puxando a calcinha para cima e o vestido para baixo. Keith olhou dentro da cabine.

— Que merda você está fazendo? — gritou ele, antes de dar meia-volta e ir embora intempestivamente.

Ela passou por mim.

— Keith, espera! Keith!

Ela o perseguiu pelo corredor. Pude ouvi-lo gritar:

— O que diabos você estava fazendo? Com o Moby! Porra!

— Não, não vá! — gritou ela, sua voz se perdendo no corredor.

Atravessei o corredor, passei pelo quarto do Prodigy e entrei no quarto onde meu baterista, Scott, e nossa equipe estavam bebendo, fumando maconha e esticando carreiras de cocaína alemã.

— Preciso de uma bebida — falei.

Scott estava sentado à escrivaninha de laminado preto do hotel arranjando carreiras de cocaína. Tinha à frente uma garrafa de vinho e outra de Jack Daniel's. Meu técnico de som, J. P., e nosso iluminador inglês, Tim, estavam sentados na cama, fumando maconha.

— Oi, Mo, o que você quer? — perguntou J. P.

— Cerveja, por favor — falei, tirando uma garrafa de um cooler ao pé da cama.

— Você quer cheirar? — perguntou Scott, limpando o nariz.

Eu nunca tinha cheirado pó. Comecei a beber e a usar drogas quando tinha dez anos, mas a cocaína sempre me pareceu aquela droga que destrói a vida de pessoas interessantes. Eu acreditava que o álcool era uma força para o bem, mas a cocaína me assustava.

— Não, só cerveja — respondi.

— Você quer ouvir esse solo de bateria do Neil Peart? — perguntou Scott.

— Ah, não, por favor, não — falei, agarrando minha cerveja e fugindo do quarto.

Tropecei corredor afora, evitando passar pelo quarto do pessoal do Prodigy. Realmente não me importava que eles estivessem furiosos comigo, mas eu não queria levar um soco na cara. Subitamente, tive uma boa ideia de bêbado. Eu desceria até o saguão pela escadaria do hotel. Aquilo me parecia muito mais emocionante do que pegar o elevador. Abri a porta da escadaria.

— Cheira a coisa nova! — anunciei bebadamente para ninguém, minha voz ecoando pelas paredes.

Cheguei ao térreo e caí porta afora. Levantei-me, dobrei a esquina e lá estava o bar. Decidi caminhar até o bar como um distinto cavalheiro para que o barman não soubesse que eu estava completamente embriagado. Os dois motoristas de ônibus e o gerente de turnê do Prodigy estavam lá. Sentada com eles estava a namorada de Keith, com o mesmo vestido amarelo, mal-humorada e bebendo uma vodca com água tônica.

— Oi, pessoal — falei, com a voz pastosa. — Estão se divertindo esta noite?

Eles murmuraram educadamente.

Cambaleei até a namorada de Keith.

— Está tudo bem com o Keith? — perguntei.

— Err, ele está furioso comigo — disse ela. — Qual é o problema dele? Ele está em turnê e transa com todo mundo. Eu não me importo — disse ela, estoica, embora pouco convincente.

— Posso lhe pagar uma bebida? — perguntei, terminando a cerveja que trouxera do quarto de Scott. Ela sorriu.

— Não, mas eu posso lhe pagar outra bebida. — Ela pediu uma cerveja para mim. — Para onde você vai em seguida?

— Volto para Nova York amanhã — respondi, bebendo cerveja e olhando fixamente para as garrafas bem iluminadas nos fundos do bar. — Você não acha as garrafas lindas? — perguntei.

Ela olhou para o bar.

— São legais.

— Elas são tão bonitas — disse eu. — São como belos foguetes luminosos, cheios da água de deus.

Ela ficou confusa.

— Água de deus?

— Ou cheias da água do amor. Você entende o que quero dizer?

— Você está bem, Moby? — perguntou o motorista do meu ônibus.

— Estou ótimo! — exclamei. — Estou bêbado, estou com vocês e estou ótimo.

Terminei a cerveja e disse para a agora ex-namorada de Keith:

— Vamos lá fora.

— Para quê?

— Para olhar o céu. Está de noite.

— Eu sei que está de noite. Por que você quer sair?

— Vamos lá! Vai ser lindo!

Ela se levantou do tamborete do bar.

— Certo, mas só por um minuto.

Lá fora, o ar estava frio e limpo. Passava da meia-noite em uma quarta-feira em Dortmund, a Cleveland da Alemanha, e tudo estava silencioso. Abri os braços e murmurei:

— Olhe para o céu! Dá para ver estrelas!

Ela olhou para cima.

— Não são surpreendentes? — prossegui. — Você sabia que estamos olhando para luzes mortas? A maioria das estrelas já se extinguiu há milhares de anos. Estamos olhando apenas para sua luz morta, viajando através do espaço.

— Sério? — Ela riu. — Você é sempre tão adorável quando está bêbado?

Eu a agarrei.

— Vamos dançar aqui — falei.

Comecei a cantar "Wild Is the Wind", de David Bowie, e nós dançamos juntinhos diante do hotel.

— Eu não fazia ideia de que você era tão romântico — disse ela.

— "Our love is like the wind" [Nosso amor é como o vento] — cantei. — "And wild is the wind" [E o vento é selvagem].

Terminei a música. Ficamos ali, o silêncio da cidade vazia pesando sobre nós.

— Vamos pegar outra bebida — disse ela. — Estou com frio.

Voltamos para o bar. Os motoristas e o gerente de turnê tinham ido embora e o barman estava fechando.

— *Ein vodca tonic bier und ein, bitte* — disse ela.

O barman balançou a cabeça.

— Não, fechado.

— Por favor, eu sou hóspede do hotel — falei. — Será que podemos comprar duas bebidas?

Ele pareceu exasperado.

— Não, fechado.

Procurei nos bolsos.

— Tenho 50 marcos. Podemos, por favor, comprar duas bebidas?

Ele cruzou os braços.

— Não, fechado.

Ela pegou minha mão e me levou até o elevador.

— Vamos — disse ela. — Vamos beber no meu quarto.

Ficamos de mãos dadas no elevador.

— Você não está hospedada com o Keith? — perguntei quando ela abriu a porta.

— Não. Sempre fico com um quarto só para mim. O que você quer beber?

Sentei-me na cama e me concentrei para não enrolar a língua.

— Uma cerveja, por favor.

O quarto dela era idêntico ao meu: colcha de poliéster marrom e uma cadeira alemã vermelho-claro em um canto.

— Você quer se apaixonar? — perguntei para ela.

— Claro — disse ela. — E quem não quer?

— Eu quero me apaixonar — falei. — Agora, aqui e para sempre. — Então perguntei: — Você tem alguma música?

— A que horas você vai embora amanhã? — perguntou ela.

— Você quer dizer hoje — respondi, pensando a respeito. — Vamos pegar o ônibus para o aeroporto às sete da manhã.

Ela acendeu um cigarro.

— Eu queria conversar mais com você, Moby, mas não desse jeito — disse ela. — Acho que eu deveria ir procurar Keith.

Olhei nos olhos dela.

— Tudo bem — falei. — Espero que a gente possa dançar juntos outra vez. Eu gosto de dançar junto com você na frente de hotéis.

Ela sorriu com a boca, mas não com os olhos, e apagou o cigarro.

— Também espero que sim. — Ela se inclinou sobre a cama e me beijou com doçura. — Moby, você tem uma alma boa.

Tropecei em direção à porta, segurando minha cerveja.

— Você vai encontrar o Keith e eu vou para o meu quarto. Se Keith tratar você mal, me procure. Estou no 419.

Desci o corredor e sentei-me na escadaria, bebendo a cerveja.

— Aah! — exclamei, minha voz ecoando pela escadaria vazia.

Eu deveria gravar aqui, pensei. *Farei um grande disco nesta escadaria.* Subi os degraus, dizendo "Ooh!" e "Ahh!", batendo palmas e ouvindo os ecos. Quando cheguei ao quarto me senti enjoado e terminei logo a cerveja. Então cambaleei até o banheiro e vomitei na banheira. O piso do banheiro era tão limpo, pensei, que até mesmo o rejunte era livre de germes. E comecei a rir. *Que nome engraçado para um país livre de germes. Alemanha. Germânia.* Aí vomitei na banheira outra vez.

Olhei-me no espelho. Meus olhos estavam opacos e vermelhos. Falei "Aah!" outra vez, mas a acústica da escada era muito melhor. Hora de dormir. Deitei-me na cama e imediatamente senti vontade de vomitar de novo. Nem mesmo me levantei. Apenas me inclinei, vomitando em mim, na cama e no chão. Meu belo suéter ficou molhado de vômito. Susann, de Berlim, me dera aquele suéter. Eu a conhecera havia duas semanas e sentia falta dela. Por que eu andava beijando outras garotas em cabines de banheiros? Eu queria que Susann fosse o meu amor. Eu queria dançar junto com ela e não com a namorada de Keith. Sentei-me e vomitei outra vez.

O ônibus sairia em uma hora, então decidi dormir no ônibus da turnê. O veículo estava estacionado do lado de fora, e, caso eu dormisse ali, não teria de acordar uma hora depois para embarcar. Vaguei pelo quarto, vomitei na cama outra vez e fiz a mala. Depois, levei-a até o corredor, esperando não ter esquecido nada.

O saguão estava escuro e vazio. Fui até o ônibus, mas não consegui encontrar a chave nos bolsos. Deixei a mala na calçada e sentei-me no chão. Estava frio, mas eu tinha o suéter e o casaco, de modo que poderia dormir ali mesmo. Minhas calças e meu suéter estavam encharcados de vômito, mas eu ficaria bem.

Quando me deitei, vomitei outra vez. Vomitei na calçada. Vomitei em minha bagagem. E vomitei no casaco. Finalmente, pareceu que eu havia terminado de vomitar. Minha boca tinha um gosto amargo e minha garganta ardia. Eu estava com lágrimas nos olhos por ter vomitado tanto. Então, desmaiei na calçada.

— Mo! — Ouvi a voz de Ali. — Mo! Acorde!

Abri os olhos. Ali estava de pé ao meu lado.

— Você está bem?

Olhei em volta. Era uma sombria manhã na Alemanha e eu estava molhado e com frio. Por que eu estava molhado? Ah, vômito. Meu vômito.

— Você está bem? — perguntou Ali novamente.

Sentei-me e fiquei enjoado.

— Estou bem — consegui dizer. — Posso entrar no ônibus?

— Tudo bem — disse ele, irritado. — Vou colocar a sua mala no bagageiro.

Eu precisava de água. Ou suco de toranja. Ou de qualquer líquido. Meu cérebro parecia uma bola de futebol murcha e dolorida, e minha boca tinha gosto de lixeira. *Por favor, por favor, que haja água no ônibus.*

Havia. Bebi uma garrafa de água e depois outra, e caminhei pelo corredor escuro do ônibus até o meu leito. Tirei minhas roupas impregnadas de vômito e me deitei. O leito estava fresco e escuro e me senti como em um ataúde seguro. Tudo o que eu precisava era ficar ali — para sempre, se possível. Senti o ônibus ser ligado, o profundo ronco do motor a diesel debaixo do colchão do meu leito. *Por favor, deixem-me ficar aqui, por favor.*

O itinerário do dia incluía duas horas de espera no aeroporto de Dortmund e, depois, oito horas e meia em um assento de classe econômica em um voo de volta para Nova York. Eu só queria ficar no ônibus para sempre. Começamos a nos mover, o ônibus sacolejando sobre paralelepípedos irregulares. Fechei os olhos e sonhei com o ônibus atravessando o oceano até Nova York, comigo desmaiado em meu leito-ataúde ao longo de todo o trajeto.

CANAVIAIS

Parecia uma ideia perfeita. Primeiro eu terminaria a turnê de *Everything Is Wrong* e voltaria para Nova York a fim de finalizar meu próximo álbum, uma obra de rock movida a guitarra. Então faria uma pausa e iria a Barbados com alguns amigos antes de começar a divulgação e as turnês, da mesma forma que os músicos normais fazem quando lançam discos. *Bono e Trent Reznor não fazem assim?*, perguntei a mim mesmo. *Eles gravam um disco, vão descansar em Barbados, divulgam o disco, saem em turnê e são elogiados e amados.*

No entanto, havia alguns problemas. As músicas foram compostas, mas, por algum motivo, tudo o que eu tinha gravado até então parecia ruim e era impossível de utilizar. Como já tinha comprado a passagem de avião e reservado o hotel, eu iria para Barbados, mas não estava nem perto de terminar meu disco, ao qual eu já dera o nome de *Animal Rights*. E eu estava bebendo quase todas as noites e sofrendo constantes ataques de pânico.

Tive ataques de pânico pela primeira vez em 1984, quando estudava filosofia na UConn. Os ataques eram debilitantes, e acabei largando os estudos e voltando para casa. Aos dezenove anos eu havia abandonado a faculdade, estava desempregado e dormia no sofá da sala de estar da minha mãe, lutando contra o pânico constante. Eu bebia e o pânico persistia. Tomava Valium e o pânico persistia. Andava de ciclomotor por Darien ouvindo fitas do Echo and the Bunnymen e o pânico persistia. Com o tempo, consegui reduzir os ataques de pânico vivendo uma vida estável, embora triste. E, afora algumas pequenas crises, estava livre dos ataques havia quase dez anos.

Até que, alguns meses antes, os ataques voltaram. Eu estava no cinema, assistindo a *Um maluco no golfe* com alguns amigos, quando o pânico reapareceu. Eu esperava que fosse uma crise menor, mas, enquanto trabalhava em *Animal Rights* percebi que ninguém com quem eu estava lidando profissionalmente parecia gostar daquilo, e que eu não tinha ideia de como terminar aquele disco. Foi então que o pânico se tornou uma presença constante. E eu esperava que alguns dias num paraíso tropical me ajudassem a esquecer meu álbum inacabado e sem amor, dissipando meu pânico.

No aeroporto de Barbados, peguei um táxi para me levar até o hotel. Baixei o vidro da janela. O ar estava quente e cheirava a insetos.

— Você é surfista? — perguntou o motorista.

— Não — respondi, inalando o mais profundamente possível.

— Perdão, senhor, mas então por que vai se hospedar naquele hotel?

— Como assim?

— Aquilo é uma praia de surfistas. Apenas surfistas a frequentam. O lugar só serve para surfar.

Meu amigo Ashley reservara o hotel, e ele e os amigos eram todos surfistas. Eu conhecia Ashley desde meados dos anos 1980, quando ministramos estudos bíblicos juntos. Ele cresceu louro e bronzeado em Virginia Beach, ao lado de Jerry Falwell, e tornou-se um cristão renascido e surfista. Após a faculdade, ele se mudou para Nova York e renunciou ao cristianismo, mas continuou fazendo viagens para surfar com seus amigos renascidos. Eles iam surfar e os amigos tentavam convencê-lo a rejeitar seu ateísmo recém-descoberto.

Ashley estava no saguão do hotel, usando shorts, chinelos de dedo e bebendo uma Corona.

— Moby! — gritou ele. — Bem-vindo a Barbados!

— Ashley, o motorista me disse que esta é uma praia de surfistas.

— Sim! É incrível!

— Então o que tem para fazer neste lugar se você não for surfista?

— Ah, sei lá, ficar de bobeira por aí? — respondeu, confuso por nem todo mundo ser surfista. — Aqui é incrível.

Fiquei preocupado.

— Não se preocupe, Moby. Estamos em Barbados. O lugar é lindo, relaxa!

Atravessei o saguão e peguei a chave do meu quarto. Abri a porta e já havia alguém lá dentro, sentado na cadeira junto à janela aberta e bebendo uma Red Stripe.

— Hum, posso ajudá-lo? — perguntei.

— Oi, eu sou o Kit! — disse ele, com sotaque sul-africano. Usava uma sunga e uma camisa da Billabong.

— Posso ajudá-lo? — repeti.

— Não, eu estou bem. Você é amigo do Ashley?

— Sim. O que você está fazendo aqui?

— Em Barbados? Surfando, parceiro.

— Não, aqui, neste quarto.

— Ah, este é o nosso quarto.

— Nosso quarto? — perguntei, perplexo.

— Sim, vamos economizar dividindo quartos.

Larguei minha bagagem e voltei à recepção.

— Hum, pensei que eu fosse ficar em um quarto particular...

— Não, você o compartilhará com o sr. Kit Walton — disse o recepcionista.

— Vocês têm quartos particulares?

— Deixe-me ver.

O recepcionista ficou ali, clicando no computador.

— Não, senhor, não há quartos particulares disponíveis. Lamento.

Minhas mãos começaram a suar, minha respiração tornou-se ofegante, e meus olhos vasculharam o saguão à procura de alguma maneira de fugir daquele hotel. Aquelas eram as minhas férias e eu tinha uma cama de solteiro em um quatro pequeno com um surfista sul-africano desconhecido e de sunga. Estaria tudo bem caso eu já não estivesse lutando contra os ataques de pânico. Mas o pânico é como um incêndio florestal. Começa com a uma centelha irrisória e, em seguida, parece se alimentar de tudo o que encontra. Compartilhar o quarto com um estranho era uma chatice, mas, visto de forma racional, não era uma tragédia. Só que o pânico não vê as coisas racionalmente. Ele descarta a lente da razão e a substitui por uma lupa distorcida de terror atávico.

Voltei para o quarto. Como estava escuro, liguei a luz.

— Ah, você se importa de apagar a luz? — perguntou Kit, alegremente. — Vamos surfar às cinco da manhã, e eu vou dormir agora.

Desliguei a luz. Eram 21h15.

Saí do quarto de novo, fui até o lado de fora do hotel e tentei me acalmar dizendo para mim mesmo: "Certo, então você não pode ficar no quarto a menos que deseje ouvir Kit roncando no escuro. Mas amanhã será um belo dia de sol. Você está em Barbados." Voltei para o quarto, escovei os dentes em silêncio para não despertar Kit, me acomodei na minha cama de solteiro com cheiro de mofo e tentei dormir apesar do pânico.

Pela manhã, esperei o sol nascer, mas o céu apenas se iluminou em tons mais claros de cinza. Levantei-me e olhei lá para fora. Chovia, e o mar estava liso e monocromático. Dava para ver os surfistas ao longe, balançando no mar sem ondas.

Fui até o restaurante e cutuquei o prosciutto e a carne de caranguejo do bufê, em busca de algo vegano para comer.

— Você é o Moby? — perguntou uma mulher. — Sou Janine, esposa do Mark, amigo de Ashley.

Ela tinha cabelo louro na altura dos ombros e usava uma saia branca da Laura Ashley e uma camiseta azul-petróleo.

— Prazer em conhecê-la — disse eu.

— Você não vai surfar? — perguntou.

— Não, não sei surfar.

— Então quais são seus planos para hoje?

— Não sei, estava pensando em ir à praia.

Ela riu.

— Esta praia? Aqui só tem pedras. Só serve para surfar. Não dá nem para nadar.

— Você não pode nadar em uma praia?

— Não, aqui só há pedra e corais. Nenhuma areia. Mas eu e algumas outras esposas levaremos as crianças até o outro lado da ilha, até uma praia mais apropriada para crianças. Se você quiser se juntar a nós...

Fiz uma pausa antes de responder:

— Certo, obrigado.

Peguei um pouco de suco de laranja e algumas frutas no bufê, vesti meu calção de banho mesmo que estivesse chovendo e fazendo dezoito graus, e me encontrei com as esposas e com as crianças em frente ao hotel. Elas tinham alugado uma minivan e estavam embarcando com toalhas e brinquedos.

Quando entramos na minivan, as mulheres e as crianças baixaram a cabeça e rezaram:

— Deus, por favor, proteja-nos em nossa viagem de hoje. Cuide de nós e de nossas famílias. Em seu nome, amém.

Uma mulher de cabelo castanho curto que estava sentada no banco de trás da minivan se inclinou para a frente e disse:

— Oi, meu nome é Annie. Você é cristão, Moby?

— Hum, sim, sou cristão — falei, omitindo a parte sobre meus casos regados a álcool com strippers e dominatrixes e meu questionamento quanto à legitimidade de um sistema de crenças que presunçosamente pretendia descrever de modo abrangente o arquiteto do universo.

— Ah, bom. Você é renascido?

— Renascido? — perguntei de volta.

— Você aceitou Cristo como seu Senhor e Salvador? Você nasceu de novo?

Olhei pelo vidro salpicado de chuva da minivan. Estávamos atravessando canaviais enlameados. O céu estava ainda mais escuro do que pela manhã, e as crianças estavam cantando músicas cristãs. Eu estava no inferno.

— Sim — respondi, para encerrar a conversa. — Eu nasci de novo.

— Ah, que bom!

Será que eu passaria minhas férias em uma minivan com cristãos renascidos? Tive vontade de chorar. Atravessamos canaviais infinitos, às vezes passando por homens sem camisa empunhando facões.

— Quanto tempo falta? — perguntei após 45 minutos de trajeto.

Janine, a motorista, respondeu:

— O mapa diz que já deveríamos ter chegado.

As crianças haviam parado de cantar e começaram a brigar na traseira da minivan.

— Será que Jesus gosta quando vocês brigam? — perguntou Annie para as crianças, que imediatamente calaram a boca, como batistas robóticos do sul.

Peguei emprestado o mapa e tentei descobrir onde estávamos. À direita havia canaviais. À esquerda havia canaviais. À frente havia um canavial. Estávamos perdidos.

— E se dobrarmos à esquerda? — disse Annie, no banco de trás.

— Cale a boca, Annie — disse Janine.

Annie ofegou.

— Só estou tentando ajudar!

Seguimos por mais trinta minutos e chegamos a uma loja.

— Estamos salvos! — exclamei.

— Por meio de Jesus — acrescentou Annie.

Entramos na loja. Havia prateleiras de metal repletas de detergente, óleo de palma e algumas coisas marrons que pareciam cocos. Peguei um dos não cocos e me perguntei se aquilo seria para comer. Obviamente era vegano, mas talvez fosse preciso uma serra ou um laser do James Bond para abri-lo.

Fomos até o balcão e pedimos informações: havíamos desistido da praia infantil e só queríamos voltar ao hotel. O homem atrás do balcão olhou para o nosso mapa.

— Como vocês vieram parar aqui? — perguntou. — Seu hotel fica a quilômetros daqui.

Annie começou a chorar.

— Não se preocupem. Eu ensino o caminho de volta. É fácil: apenas sigam essas estradas. — Ele desenhou linhas claras no mapa, mostrando a nossa rota. Seguimos o trajeto e, 45 minutos depois, estávamos de volta ao hotel. Ainda chovia. O pânico triturava minhas sinapses, transformando-as numa gosma indistinta.

De volta ao quarto, vi que Kit deixara seu traje impermeável sujo de areia ao lado da minha cama e estava tomando banho com a porta aberta.

— É você, Moby? — gritou, no chuveiro.

— Sim! Vou sair para uma caminhada — falei, odiando Kit, nosso quarto de merda e tudo em relação a Barbados.

Caminhei ao longo da costa. Eu estava em um inferno tropical chuvoso com surfistas cristãos renascidos. Estava dividindo um quarto com um estranho e tudo o que podia comer eram frutas e coisas marrons estranhas que pareciam cocos, mas obviamente não eram. Andei uns trinta minutos ao longo da costa pedregosa e cheguei a um pequeno restaurante com um telefone público. Uma ideia me ocorreu: eu poderia ir embora. Eu poderia abandonar os não cocos marrons, a não praia rochosa, os cristãos renascidos e a minivan deles. Eu poderia ligar para meus agentes e pedir que me reservassem um voo de volta para casa. Peguei o telefone. Ouvi um sinal de discagem. Peguei meu cartão telefônico da AT&T e digitei os números para fazer uma ligação de Barbados para Nova York.

— Alô? — atendeu a recepcionista da minha agência.

— Paula? É o Moby. Preciso falar com a Marci. É urgente.

— Certo, Moby, ela vai atendê-lo agora.

Marci pegou o telefone.

— Moby? Pensei que você estivesse de férias.

— E estou. Eu odeio isso aqui. Preciso voltar. Você poderia reservar um voo para casa para mim? Eu não me importo com o valor.

— Tem certeza? Achei que você estivesse de férias.

— Marci, eu tenho certeza. Por favor, apenas me reserve um voo. Vou esperar enquanto você liga para o agente de viagens.

— Certo, espere.

Ela me colocou em espera, e eu fiquei ali de pé na garoa. Poucos minutos depois, ela voltou à linha.

— Tem um voo às sete da noite — explicou. — Mas eles só têm lugar na primeira classe. Mil e quinhentos dólares.

Afora meu upgrade gratuito para a classe executiva em meu voo para São Francisco alguns anos antes, eu nunca tinha voado na classe executiva ou na primeira classe; sendo pequeno, eu facilmente me encaixava nos assentos da classe econômica. Eu também acabara de comprar uma cabana em Garrison, Nova York, por 75 mil dólares, e um apartamento na Mott Street por 120 mil. Eu tinha alguns milhares de dólares no banco, mas não o bastante para gastar 1.500 dólares de uma hora para a outra em um voo de Barbados até Nova York. Mas o pânico estava me enlouquecendo com a necessidade de fugir, e 1.500 dólares me parecia um pequeno preço a pagar para sair daquele lugar chuvoso e repugnante.

— Certo, reserve, por favor, reserve. Por favor.

Ela me colocou em espera outra vez e eu aguardei, desesperado.

— Certo, está reservado. Você precisa estar no aeroporto por volta das quatro da tarde. É na American.

— Amo você, Marci. Você me salvou. Obrigado, obrigado, obrigado! — falei.

Desliguei e corri de volta para o hotel. Eu estava livre. Meu pânico diminuiu e subitamente o mundo me pareceu claro e repleto de possibilidades. Eu voaria de volta para Nova York e encontraria uma maneira de terminar meu disco. Eu beberia em bares, transaria com strippers e nunca mais sairia de férias.

De volta ao quarto de hotel, olhei para o relógio: eram 14h30 e eu não tinha desfeito minha bagagem, de modo que joguei escova e pasta de dente na mochila e corri até o saguão. Kit estava no corredor, voltando para o nosso quarto.

— Kit, você pode ficar com o quarto. Vou voltar para Nova York — falei, passando correndo por ele.

— Mas espere! O quê?

— O quarto é seu agora! — gritei, dobrando o corredor rumo ao saguão.

Peguei um táxi e cheguei ao aeroporto exatamente às quatro da tarde. Eu estava atordoado. Estava voltando para Nova York. Partira havia menos de um dia, mas estava voltando para casa. Meu calvário de 21 horas estava chegando ao fim. Dei um beijo na passagem quando a peguei no guichê.

— Animado para voltar para casa? — perguntou o atendente.

— Ah, sim.

Após a decolagem, o avião rompeu a camada de nuvens e vi o sol se pondo no horizonte atrás de nuvens rosadas e altaneiras. Pousamos no aeroporto JFK, peguei um táxi para a Mott Street, deixei as malas no estúdio e corri de volta à porta da frente. Era inverno, fazia muito frio, mas, após Barbados, o frio da cidade de Nova York me parecia um abraço de Deus. Corri pelo SoHo e cheguei ao Void, um bar decadente de dois salões na esquina da Howard com a Greene. O DJ tocava “I Wanna Be Your Dog”, e meu amigo Fancy estava sentado numa banqueta, bebendo um gimlet.

Fancy era um músico com cabelos ruivos de Boston que originalmente se chamava Keith. Ele se mudara para Nova York havia alguns anos, tingira o cabelo de preto e deixara crescer um bigode *à la* John Waters. Ele apelidara a si mesmo de “Fancy” por causa do ratinho de estimação de um companheiro de quarto. Abracei Fancy, sem largá-lo.

— Moby? Você está de volta?

— Nunca mais vou sair de Nova York — falei.

— Rá! Quem precisa de férias quando se tem a doce senhora do álcool?

Sentei-me e pedi uma vodca com soda. Fancy fez um truque de mágica que envolvia uma moeda de 25 centavos saindo de uma garrafa de cerveja, e beijei minha amiga Jen enquanto o DJ tocava “Immigrant Song”.

— Nunca mais vou sair de Nova York — repeti para Fancy.

— Claro que não — disse ele, bebericando seu gimlet.

ESPUMA ACÚSTICA

— Certo, já entendi — disse minha irritada encarregada de Artistas e Repertório, Nancy Jeffries.

Ela estava sentada em um engradado de leite em meu estúdio improvisado empunhando sua agenda.

Desliguei a versão rudimentar de "Come On Baby" que eu estava mostrando para ela.

— Posso tocar a próxima música? — perguntei, humildemente.

— Não, eu já entendi — disse ela, levantando-se e saindo porta afora sem se despedir de mim ou de Alan Moulder, o engenheiro que estava me ajudando a terminar o álbum. De repente o estúdio ficou muito silencioso.

— Você acha que ela gostou? — perguntei para Alan.

— Você não percebeu? — respondeu Alan. — Ela adorou.

— Ah, bom, foi o que pensei. Eu não tinha certeza. Mas ela foi embora sem se despedir, aí tive certeza de que ela adorou.

— Ela é a sua maior fã, estou certo disso — respondeu Alan, sentado em seu próprio engradado de leite.

Eu começara a trabalhar em *Animal Rights* seis meses antes. No verão de 1995, eu estivera em um festival na Dinamarca, tocando no palco de dance music com Saint Etienne, Young American Primitive, Black Dog e Orbital. A plateia na tenda de dance music era educada, mas nenhum dos dinamarqueses estava dançando. Os outros músicos tocavam músicas lindas, mas eram tímidos e ficavam parados de pé atrás de seus teclados. Saí da tenda rave e atravessei um campo enlameado até o palco principal, onde o Biohazard estava se apresentando. A banda era cheia de energia, o público estava enlouquecendo, e havia um fluxo constante de pessoas pulando do palco. Era caótico e emocionante, e aquilo se parecia mais com uma rave do que a própria tenda rave.

Depois da turnê, voltei para casa, peguei a guitarra Ibanez com a qual eu tocava com o Vatican Commandos no ensino médio e compus vinte músicas punk. Soavam pobres, cruas e urgentes. Eu me apaixonei por elas e as toquei para meus agentes: Barry, Eric e Marci.

— Mas você é um músico eletrônico — disse Barry, confuso.

— Por que você quer fazer um disco de rock? — perguntou Eric, alarmado.

— Não sei. Apenas sinto que é a coisa certa a fazer — respondi.

Eles não disseram nada, mas claramente estavam pensando no Prodigy, no Chemical Brothers, no Fatboy Slim e em todos os meus colegas músicos eletrônicos que estavam vendendo milhões de discos e encabeçando festivais. Eles estavam vendo meu sucesso evaporar diante de seus olhos. Imaginei seu monólogo interior: *Estamos trabalhando com um músico techno num momento em que a música techno está começando a ganhar aceitação do grande público. Contudo, em vez de fazer um disco de dance music que poderia vender milhões de cópias, ele quer fazer um disco de punk rock sinistro, quase inaudível. Por que ele está nos punindo?* Quanto mais meus agentes me incentivavam a fazer um álbum de música eletrônica, mais petulante e intransigente eu me tornava, determinado a fazer um disco de rock barulhento, mesmo que ninguém além de mim gostasse daquela música.

Reservei sessões em um estúdio com Scott Litt, que trabalhara com o R.E.M. e com o Nirvana, e chamei Earl, do Bad Brains, para tocar bateria no álbum. Passamos uma semana gravando e fazendo mixagens brutas e acabei com nada além de uma gripe e debilitantes ataques de pânico.

Earl voou para a Alemanha para visitar a namorada e Scott foi fazer discos com artistas de sucesso. Voltei para casa, na Mott Street, para segurar a minha onda e o meu pânico, sem nenhuma ideia de como terminar aquele disco. Após ir para Barbados por 21 horas, eu ligara para Daniel Miller, chefe da Mute Records, esperando que ele me desse alguns bons conselhos. Ele disse:

"Alan Moulder é um ótimo engenheiro e está disponível. Quem sabe ele não poderia ajudá-lo a fazer o disco?"

Alan Moulder trabalhara com o U2, o Depeche Mode e P. J. Harvey. Ele era gentil, bem-sucedido e estava disposto a trabalhar comigo. Alan apareceu no meu estúdio em abril de 1996 vestindo um casaco de veludo e parecendo o irmão perdido de Nick Drake.

Ele viu meu estúdio e ficou confuso: eu tinha me mudado para um espaço ainda menor no edifício da Mott Street enquanto reformava o estúdio que eu comprara no quinto andar. Minha velha mesa de mixagem de plástico estava instalada sobre uma pilha de engradados marrons de leite que eu resgatara de uma lixeira. Ao lado da mesa de mixagem, sobre seus próprios engradados de leite, repousavam alguns gravadores ADAT e alguns processadores de efeitos. Havia também uma cadeira, uma guitarra, algumas caixas de som, um sintetizador Roland Jupiter-6 — e só.

Alan passara anos trabalhando em estúdios top de linha com chefs de cozinha exclusivos e massagistas em tempo integral. Agora ele estava em um pequeno loft com luzes fluorescentes e alguns equipamentos baratos sobre engradados de leite. Ele entrou na sala e disse:

— Uau, que punk.

— Você sabe gravar guitarras? — perguntei.

— Hum, sim. Você não?

— Bem, eu na verdade nunca gravei guitarras — confessei. — Eu só ligo a guitarra na mesa de mixagem e aumento o ganho até distorcer.

Alan assentiu.

— Bem, pode haver outras formas de gravar guitarras — disse ele, com tato. — Embora essa abordagem seja inédita.

No dia seguinte, pegamos o metrô até a Manny's Musical na 48th Street para comprar um pequeno amplificador de guitarra Mesa Boogie. Então fomos até a loja de ferragens na esquina da Broome com Thompson e compramos compensado, mantas protetoras e espuma acústica. De volta ao meu estúdio, pegamos martelo e furadeira e construímos uma caixa com tábuas de compensado para o meu amplificador. Dessa forma, poderíamos isolar o som e gravá-lo de modo mais profissional. Quando a caixa ficou pronta, nós a forramos com mantas e espuma e colocamos meu amplificador confortavelmente em seu novo lar. Adaptamos um microfone contra o alto-falante e ligamos o amplificador.

— Uau, isso soa como uma guitarra de verdade — falei, espantado.

Alan riu.

— Sim, essa é a intenção. Agora, e quanto à bateria?

Eu gravava todas as minhas demos com uma bateria eletrônica barata da Yamaha, mas decidira que, se estava fazendo um legítimo disco de rock, tinha de trabalhar com um baterista de verdade. Reservamos um estúdio profissional na Times Square e convidei meu amigo Alexis, do Girls Against Boys, para tocar bateria. Ele tocara em meu cover de "That's When I Reach for My Revolver", do Mission of Burma's, e se saíra muito bem.

Depois que Alexis foi embora, Alan fez uma mixagem bruta. Ficou muito boa, mas a bateria ao vivo soava muito convencional. Eu queria fazer um disco de rock que soasse enérgico e desesperado, mas que também parecesse um estranho apocalipse. A bateria de Alexis o fazia soar como um disco de rock profissional bem-feito. Depois que Alan terminou a mixagem bruta, fomos almoçar em uma loja de alimentos naturais na Broadway com a Spring Street. Nós nos sentamos com nossos homus e sucos de cenoura em uma mesa de piquenique de plástico nos fundos do estabelecimento.

— Alexis foi ótimo — falei. — Mas talvez a gente deva usar uma bateria eletrônica.

— Concordo plenamente — disse Alan. — Este álbum precisa parecer um tanto desajustado, e a bateria ao vivo o faz parecer muito certinho.

Nós concordamos. Desde que eu começara a trabalhar em *Animal Rights*, aquela tinha sido a primeira vez que alguém concordava comigo. Eu queria abraçar Alan e começar a chorar. Mas eu era adulto e não sabia quão bem Alan lidaria com um vegano careca chorando em uma loja de alimentos naturais.

— Fazemos os vocais hoje? — perguntou.

— Tudo bem — respondi.

Nova York estava passando por uma onda de calor primaveril e meu estúdio não tinha ar-condicionado. Estava fazendo 27ºC do lado de fora, e, com o equipamento ligado e sem ventilação, fazia 32ºC no estúdio. Abrimos a janela dos fundos, colocamos fones de ouvido, ligamos o microfone diretamente na mesa de mixagem e gritei os vocais de "Someone to Love".

Quando terminei minha tomada vocal, suado e rouco, uma senhora italiana no edifício em frente inclinou-se para fora da janela e gritou:

— Calem a boca!

Alan riu.

— Talvez seja melhor fechar a janela na próxima tomada?

Trabalhamos dezoito horas por dia gravando guitarras, baixo e vocais, e, após cinco dias, as músicas estavam quase prontas. Tínhamos mixagens brutas que soavam erradas e distópicas, e eu as amava. Então, Nancy Jeffries, minha encarregada de Artistas e Repertório na Elektra, foi até o meu estúdio para se sentar em um engradado de leite e ouvir o que estávamos fazendo. Depois ela foi embora.

— Precisamos regravar alguma coisa? — perguntei para Alan após termos absorvido a situação.

Alan ajustou o corpo magro sobre o caixote de leite e pensou.

— Não — concluiu. — É um disco difícil, Moby, e terá uma vida difícil quando for lançado. Mas eu acho que é sinistro e especial.

Era o que eu precisava ouvir. Não precisávamos gravar guitarras limpas, baterias convencionais ou vocais mais palatáveis. Aquilo era o que era: um disco de punk rock falho e desesperado. Ouviu-se uma batida à porta: era Damian.

— Vocês parecem deprimidos — disse ele.

— Nancy Jeffries esteve aqui — falei.

— Ah, sua encarregada de Artistas e Repertório da gravadora? O que ela achou?

Não dissemos nada.

— Ela adorou? — perguntou.

— Ela adorou tanto que nem mesmo ficou para ouvir — disse Alan.

Nenhuma das pessoas cujas opiniões eu valorizava e nas quais confiava tinha achado que era boa ideia eu fazer um disco de rock. Meus agentes rangiam os dentes e faziam uma careta quando eu tocava as novas músicas. Meus amigos ouviam as demos com paciência e tolerância. A responsável por Artistas e Repertório odiou tanto que saiu correndo do estúdio. E Daniel Miller fora educado quanto ao projeto, mas ele trabalhava com músicos que produziam ruídos satânicos. Logo, estava acostumado a ter artistas fazendo discos inaudíveis.

No entanto, por algum motivo, fazer um disco de rock parecia correto para mim. Não de modo objetivo ou comercial, mas subjetivamente correto. E havia uma chance de que todos ao meu redor estivessem errados. Talvez eu terminasse *Animal Rights* e o disco fosse amado e bem recebido pela crítica e pelo público.

— Acho que precisamos de cerveja — falei para Alan.

— Eu acho que você está certo — disse ele.

CHEETOS NO CHÃO DO CASSINO

— Eu roubei o carro da Cheryl — disse Vanessa.

— Você está me dizendo que pegou emprestado o carro dela sem que ela soubesse? — perguntei.

— Sim, eu roubei o carro dela — repetiu Vanessa, como se estivesse explicando algo a uma criança burra. — Então, aonde devemos ir?

— Atlantic City? — sugeri.

Um mês antes, eu conhecera Vanessa no Baby Doll Lounge, em Tribeca, onde ela trabalhava como stripper. Damian e eu estávamos passando pelo Baby Doll em uma noite úmida de quarta-feira, e percebi que nenhum de nós jamais estivera uma boate de strip.

— Devemos entrar? — perguntei para Damian.

— Não sei... Podemos? — respondeu ele.

O porteiro entediado que estava sentado em um banco ao lado da porta verificou nossa identidade e nós entramos. O Baby Doll Lounge era uma boate de strip pequena e decrépita, que tinha um bar à esquerda e dois pequenos palcos à direita. Quando entramos, um DJ estava tocando um disco de Alex Chilton, enquanto duas louras dançavam nos palcos fazendo topless. Damian e eu sentamos no bar e pedimos cervejas, tentando parecer indiferentes, fingindo que aquela não era a primeira vez que entrávamos em um clube de strip.

As mulheres desceram dos palcos, vestiram camisetas finas e se sentaram a alguns metros de nós. Damian e eu criamos coragem e lhes pagamos algumas bebidas. Logo admitimos que nunca tínhamos ido a uma boate de strip. Elas nos acharam mais legais do que os viciados em metadona e os sem-teto que normalmente frequentavam o Baby Doll, e agora nós estávamos namorando as duas.

Vanessa se mudara de Indiana para Nova York em 1991 para frequentar uma escola de moda. Acabou morando em um quarto sem janelas em Bowery e usando drogas recreativas em excesso. Ela tinha cabelo grosso e pintado de louro. Quando não estava trabalhando, tentava se vestir de forma conservadora e encobrir suas tatuagens.

— Você já esteve em Atlantic City? — perguntei.

— Trabalhei lá há alguns anos. É uma merda. Vamos nessa.

— O que você quer fazer por lá? — perguntei enquanto ela dirigia pela Canal Street em direção ao Holland Tunnel e Nova Jersey.

— Arranjar um quarto de hotel, transar, ficar bêbada, ir a uma boate de strip, transar de novo — disse ela.

— Claro — concordei, girando o dial do rádio.

Entramos na I-95 e na Garden State Parkway, passando pela saída de Westfield, Nova Jersey, onde minha avó paterna tinha morado. Enquanto eu cursava a pré-escola e o ensino fundamental, um dos destaques da minha vida era a viagem anual para Nova Jersey para passar alguns dias no asilo da minha avó. Minha mãe e eu íamos até Nova Jersey no Chevy Vega que meu avô comprara para ela, cantando junto com os Eagles, Donna Summer e os Bee Gees no rádio do carro, enquanto minha mãe fumava cigarros Winston com as janelas abertas.

O prédio de tijolos do asilo da minha avó fora construído nos anos 1960. O lugar tinha ar-condicionado, e os internos compartilhavam uma piscina. Eu adorava minha avó, mas faria a viagem até Nova Jersey apenas para dormir com ar-condicionado e nadar numa piscina, duas coisas que não tínhamos em casa. Meu pai fora filho único, e eu era o único neto. Ela me amava e me mimava quando a visitávamos, dando-me toda a comida que minha mãe e eu não podíamos nos dar ao luxo de ter em casa. Durante o dia, eu ficava na piscina comunitária, desde que abria, às oito da manhã, até fechar, às seis da tarde, parando apenas para beber Coca-Cola e tomar picolés e comer biscoitos caros que minha avó comprava para mim. A maioria das pessoas naquele asilo era velha demais para nadar, de modo que, durante dez horas por dia, eu ficava sozinho na piscina.

Minha avó morreu quando eu tinha 22 anos. Com o pouco dinheiro que ela me deixou, comprei os samplers e teclados que usei para fazer meus primeiros discos. Ela também frequentava a igreja da ciência cristã e nunca tinha bebido nem usado drogas.

— Ainda estou de ressaca — disse Vanessa, com um sotaque de Indiana.

"Enter Sandman" começou a tocar no rádio, então passamos pela saída que levava ao antigo asilo da minha avó cantando junto com o Metallica.

Chegamos à Atlantic City Expressway e li os cartazes à medida que passávamos por eles, perguntando-me se seria capaz de encontrar algum show.

— Crystal Gayle! — gritei. — Com Eddie Rabbitt!

— Dezesseis de setembro — observou Vanessa.

— Que dia é hoje? — perguntei.

— Algum dia de agosto, eu acho.

— Lionel Richie! REO Speedwagon! — gritei.

— Neil Diamond! — berramos juntos.

— Eu adoro Neil Diamond — falei. — Quando ele vai tocar?

— Em vinte de setembro — disse ela.

— Merda.

Finalmente, os outdoors de Atlantic City se transformaram na própria Atlantic City.

— Você estava certa — falei, ao passarmos por uma casa de penhores ao lado de um terreno baldio. — Este lugar é uma merda.

— Onde vamos ficar? — perguntou Vanessa.

— Eu não me importo.

— Há um Days Inn. Que tal lá?

Estacionamos, trancamos o carro roubado e entramos no saguão.

— Vocês têm algo disponível? — perguntei à senhora na recepção.

— Sim. Vocês querem um quarto?

— Sim, por favor — respondi.

— Ele é tão educado — disse Vanessa para a recepcionista. — Ele é cristão.

A recepcionista balançou a cabeça com desdém e nos entregou a chave do quarto.

— O elevador fica do outro lado do saguão — disse ela. — Tenham uma boa noite.

O saguão era bege com alguns sofás de estampa xadrez. Ao lado do elevador havia um estande de metal repleto de panfletos de cassinos e casas de penhores locais.

— Eu queria que houvesse lutas de jacaré — disse Vanessa.

— Não estamos na Flórida — lembrei.

Encontramos o elevador e subimos até o quarto andar.

— É como estar numa turnê? — perguntou Vanessa enquanto caminhávamos pelo corredor de carpete marrom.

— Tirando a presença do gerente de turnê e dos hotéis mais agradáveis, sim — respondi.

Chegando no quarto, ligamos o ar-condicionado, tiramos a roupa e transamos em cima da colcha verde e áspera.

— Com certeza pegaremos hepatite desta colcha — disse Vanessa quando acabamos.

— O que devemos fazer agora? — perguntei. — Ainda é meia-noite.

— Vamos encher a cara em um cassino.

Saímos do hotel e passamos por estacionamentos vazios com grama brotando por entre as rachaduras no piso, clubes de strip com hip-hop e música country escapando nas alturas pelas portas abertas, novos hotéis Trump, casas de penhores fechadas, terminando no Merv Griffin's Resorts International Hotel and Casino.

O bar era azul e prateado, e estava vazio. Um barman idoso estava sentado junto a uma caixa registradora lendo o *New York Post*. Ele preparou uma Stoli com soda e uma fatia de limão para mim e um martíni com duas azeitonas para Vanessa.

Nós nos sentamos à mesa e terminamos nossas bebidas em um minuto.

— Vou buscar mais — disse Vanessa.

Ela voltou e pôs quatro drinques na mesa.

— Trouxe dois drinques para cada um, assim não teremos que lutar contra a multidão — disse Vanessa, apontando para o salão azul e prateado completamente vazio.

Bebi minha segunda vodca com soda, depois a terceira, e olhei ao redor. Aquilo tudo era uma experiência nova para mim, ou assim pensei. Eu era um ex-professor de estudos bíblicos se embriagando com a namorada stripper em um cassino à uma da manhã de uma segunda-feira. Disse para mim mesmo que eu era um antropólogo bêbado, não um alcoólatra amedrontado com transtorno emocional.

— Preciso fazer xixi — falei.

— Volte para cá — pediu Vanessa.

Atravessei o salão vazio e parei na entrada lateral do cassino. Havia duas crianças entre quatro e seis anos pegando Cheetos caídos no chão e comendo--os. De cócoras ao lado delas estava o pai obeso, vestindo uma camiseta dos Dallas Cowboys, bermuda jeans e sandálias. Ele sorriu e piscou para mim, como se dissesse: "Crianças, certo?"

Pensei: *Deus veio e levou Seu povo escolhido há muito tempo, e foi isso o que restou. Antes de ir para o céu com Seus poucos escolhidos, Deus olhou para a Terra e para os milhões que sobraram, pensando:* Bem, eu poderia exterminar o restante, mas e se eu os deixar por conta própria por algum tempo para ver no que dá? *Agora os escolhidos estão no céu jogando croquet nas nuvens enquanto nós ficamos aqui para assistir a crianças comendo Cheetos recolhidos do chão de um cassino após a meia-noite em dia de escola.*

Fui até o banheiro. No mictório, estudei meu reflexo distorcido no encanamento de cromo polido. Quando voltei à mesa, Vanessa perguntou:

— Onde você estava?

— Parei para ver o apocalipse — respondi.

Falei para ela sobre o pai grandalhão e seus filhos pequenos, e como eles eram arautos do apocalipse. Talvez figurassem no fim do desfile do apocalipse, logo atrás do cavalo e do cavaleiro descorado. O último cavalo do apocalipse era laranja brilhante, como um biscoito Cheetos gigantesco, e era montado por um sujeito gorducho usando uma camiseta dos Cowboys.

— Vamos pegar outra bebida — disse Vanessa.

Sorri para ela.

— Eu adoro isso aqui — falei. — Vamos nos mudar para o hotel e cassino Merv Griffin. Aqui podemos ver o apocalipse, ficar bêbados, e assistir ao show do Neil Diamond.

— Primeiro preciso devolver o carro para Cheryl — disse ela.

— Nunca mais ficaremos sóbrios — falei, e beijei sua mão enquanto uma canção de John Denver tocava no aparelho de som.

CASACO LARANJA

Antes mesmo de ser lançado, *Animal Rights* já era um fracasso.

No pré-lançamento, o disco recebeu uma leva absurda de críticas negativas e ofensivas, e minha gravadora americana, Elektra, tinha parado de retornar os telefonemas dos meus agentes. Ainda assim, programamos uma festa na semana em que o álbum fosse lançado. Antes de sair de casa, coloquei para tocar o disco *Roots*, do Sepultura, peguei minha máquina de cortar cabelo e tentei fazer um moicano. Desisti na metade do processo, percebendo que minha testa grande de fato se tornara uma testa grande. Raspei os últimos tufos de cabelo que ainda estavam agarrados à minha cabeça e fui até o Don Hill, o bar que alugáramos para a festa, com a chuva fria caindo em minha cabeça recém-careca.

Na festa, fiquei bêbado e toquei ao vivo um set curto, conseguindo a indiferença dos membros do Blur, que por algum motivo estavam na plateia, bem como os poucos funcionários da Elektra que tinham comparecido. Na manhã seguinte, acordei de ressaca e fui de avião para Nova Orleans para tocar num pequeno bar para um grupo de programadores de rádio em uma convenção nacional. Trent Reznor compareceu ao show e, antes que tocássemos, foi até o depósito de cerveja que estávamos usando como camarim para dar um oi. Ele acabara de encerrar outra turnê com lotação esgotada e estaria em casa, em Nova Orleans, durante algumas semanas. Ele ficou na porta do depósito por alguns minutos, falou algumas coisas legais sobre

Animal Rights e foi se sentar em uma mesa com seu guarda-costas e alguns amigos.

Mais cedo naquele dia eu recebera uma mensagem de voz de Axl Rose, que dissera ter adorado *Animal Rights* e que estava escutando a música "Alone" diversas vezes enquanto dirigia por Los Angeles às três da manhã. Ele chegou a dizer que estaria interessado em trabalharmos juntos. Então, Trent Reznor e Axl Rose gostaram de *Animal Rights*. Se ao menos eles fossem as pessoas que escreviam as resenhas da *Spin* ou da *NME*.

Durante o show, os programadores de rádio se concentraram na bebida gratuita e na presença de Trent Reznor, e a maioria estava de costas para o palco enquanto eu tocava.

No dia seguinte, voei para Londres. O Soundgarden me convidara para tocar na abertura dos shows deles durante a turnê europeia. Tentei ignorar a terrível recepção que *Animal Rights* estava tendo nos Estados Unidos e joguei todas as minhas fichas na turnê com o Soundgarden. A turnê começou e o pessoal do Soundgarden foi gentil e compreensivo comigo o tempo todo, mesmo que o público não estivesse interessado em mim nem na música que eu tocava.

Eu estava tocando um set de punk rock e heavy metal muito alto e muito rápido, mas, aos olhos da maioria dos europeus, eu era um músico techno, mesmo quando não estava tocando techno. Noite após noite eu tocava para os fãs europeus do Soundgarden, que ficavam sentados ou de pé, indiferentes e entediados. Eles estavam ali para ver os últimos deuses do rock de Seattle, não um cara techno recém-careca que decidira fazer um disco de lo-fi punk rock com uma bateria eletrônica.

Às vezes, durante o meu show, Chris Cornell, Kim Thayil ou Ben, o baixista, ficavam na lateral do palco, assistindo e meneando a cabeça, tentando ser solidários. O público aplaudia e, por um segundo, eu achava que eles enfim estavam respondendo ao que eu fazia. Mas então percebia que o público estava aplaudindo os verdadeiros astros do rock no canto do palco.

Meu plano original era simples: terminar *Animal Rights*, sair de férias para Barbados, lançar *Animal Rights*, desfrutar de algumas boas críticas, ser acolhido por rádios de modern rock e pela MTV, sair em turnê com o Soundgarden, ser recebido com amor pelo público e fazer uma turnê vitoriosa para consolidar o sucesso do álbum. Infelizmente nada disso funcionou como planejado, e *Animal Rights* foi visto como um fracasso abjeto.

A turnê com o Soundgarden terminou e minha turnê solo começou. Meus agentes e eu optamos por pequenas boates europeias, imaginando que ficariam lotadas, barulhentas e cheias de caos e energia punk rock. Na maioria das noites, porém, tivemos dificuldade para vender 20% dos ingressos naqueles lugares, que já eram pequenos. Em Paris, tocamos em um clube de punk rock lendário, o L'Arapaho. The Damned tocara ali. The Clash tocara ali. E então eu também toquei ali. A lotação era de duzentas pessoas e nós vendemos noventa ingressos. Até o fim do show, mais da metade das noventa pessoas tinha ido embora e havia apenas quarenta espectadores no local.

O penúltimo show da turnê, na Grécia, foi uma exceção, e vendemos quase 60% dos ingressos. Para comemorar a primeira boa noite em três meses de fracassos, vesti minha camiseta favorita do Pantera e fiquei muito bêbado após o show, cambaleando por Atenas com Bubba, meu guitarrista. Acabamos em uma casa nos subúrbios de Atenas às cinco horas da manhã, onde vomitei no jardim de alguém enquanto tentava convencer Bubba a iniciar uma nova banda comigo.

No dia seguinte, faríamos o último show da turnê, num país do Leste Europeu onde eu nunca tinha estado. No avião, segurei a cabeça com as mãos e me lamentei com Ali:

— Estou com uma tremenda ressaca.

— Bem feito, *iidjota!* — disse ele, com um exagerado sotaque da Irlanda do Norte, à moda de Ian Paisley.

Enquanto sobrevoávamos o mar Egeu, minha ressaca só piorou, e, quando pousamos, percebi que não estava apenas de ressaca, mas também estava gripado. Fomos até o InterContinental Hotel, caí na cama, febril, delirante e suado, e imediatamente adormeci.

Cinco minutos depois, o telefone tocou.

— Alô? — resmunguei.

— Mo, é o Ali. O produtor do evento está no hotel e quer falar com você.

— Ali, eu estou realmente doente. Só preciso dormir.

— Eu sei. Ele está preocupado com o show. Ele está no saguão e insiste em falar com você.

— Tudo bem.

Eu me sentei. O ar estava frio e queimava minha pele febril. Levantei-me, trêmulo, e vesti a camiseta do Pantera e a calça jeans preta da noite anterior.

Eu me olhei no espelho no interior da porta do armário. Queria me sentir glamoroso, um astro do rock em fim de turnê, vagamente devasso em um hotel do século XIX. Mas eu parecia doente e careca. Não parecia devasso e, sim, retorcido como uma velha toalha de bar.

Quando saí do elevador, vi quatro sujeitos corpulentos trajando ternos ao lado de Ali junto à mesa da recepção. Um deles se aproximou e me estendeu a mão.

— Moby, prazer em conhecê-lo. Sou Constantin, seu produtor.

Apertei a mão dele e disse "Oi".

Constantin era alto, estava bem-vestido e tinha cabelo preto penteado para trás sobre as orelhas tocando ligeiramente a gola de sua camisa perfeitamente passada. Postados estoicamente atrás dele havia outros três homens altos e bem-vestidos, também com cabelos pretos penteados para trás sobre as orelhas. Notei que todos tinham armas sob os casacos. Eu nunca tinha visto volumes de armas sob casacos na vida real, mas sabia como eram por tê-los visto na TV.

— Então, sente-se. — Constantin apontou para um sofá. — Ali dizer que você não está bem.

Eu queria lhe contar todos os meus problemas: o disco fracassado, a turnê fracassada, minhas lutas contra ataques de pânico, ter perdido todo o meu cabelo. Mas simplesmente respondi:

— Sim, estou com uma gripe.

— Lamento. Mas ter bom show para esta noite, certo? — perguntou.

Eu estava com uns quarenta graus de febre. Mal conseguia ficar de pé ou pensar. Mas meu produtor claramente era da máfia da Europa Oriental, e até mesmo meu cérebro febril sabia que eu não poderia cancelar o show e esperar sair dali com todos os dedos.

— Estou muito doente, mas espero poder fazer o show — respondi fracamente.

— Ah, bom. Você vai faz show, bom — disse ele, dando tapinhas nas pernas. — E também você faz promoção para álbum? — perguntou ele, quase sem graça.

— Que tipo de promoção? — perguntei.

— Eu tenho gravadora — disse ele. — Você jogar fitas cassete para público no palco?

Eu ri.

— Você quer que eu jogue fitas cassete para o público?

— Sim, para promoção — disse ele, seus olhos negros e sérios. — E a MTV filmar o show.

— Certo.

Olhei para Ali, que estava em pé e em silêncio, ao longe.

— Ei, Ali, tudo bem quanto a isso?

— Está bem, sem problema — respondeu Constantin no lugar de Ali.

Ele se levantou e seus guarda-costas olharam em volta, verificando as janelas e os cantos da sala.

— Prazer em conhecer, Moby — disse ele, dando-me tapinhas no ombro.

Ele se afastou pelo saguão do hotel com os guarda-costas.

Ali e eu o observamos se afastar.

— Você ainda quer cancelar o show? — perguntou Ali.

— Prefiro não morrer aqui — respondi. — Vou voltar para a cama.

— Chamada ao saguão em noventa minutos — disse Ali, se divertindo às minhas custas.

— Boa noite — falei, voltando para o quarto e para uma hora de sono diurno e febril.

Fui acordado por um telefone tocando.

— Alô? — resmunguei outra vez.

— Acorde, acorde, Mo, hora de jogar fitas cassete para a multidão — disse Ali.

— Estou morrendo — reclamei.

— Bem, você vai morrer se não fizer o show — disse ele, rindo.

Vesti minhas roupas de palco, que eram basicamente idênticas às minhas roupas de fora do palco: jeans, camiseta e um casaco quente e laranja que achei parecido com algo que Flea usaria. Voltei a me olhar no espelho. Não, eu não estava parecendo com Flea. Eu parecia um homem doente, careca e com um ridículo casaco laranja.

Ali e a banda estavam no saguão.

— Como você está se sentindo, Moby? — perguntou Bubba.

— Quero ir para casa — respondi.

— Amanhã, às nove — disse Ali.

Uma minivan nos levou até o local do show, que acabou se revelando uma arena de hóquei no gelo.

— Vamos tocar sobre o gelo? — perguntou Bubba.

— Não, eles cobrem o gelo com placas de compensado — disse Ali.

O local estava frio e o chão estava coberto de madeira úmida. Fui até os bastidores, me enrolei em meu extravagante casaco laranja, deitei-me em um banco no vestiário dos jogadores de hóquei e adormeci.

Fui acordado por Ali.

— Mo, Constantin está aqui.

Sentei-me.

— Oi, Moby! Como se sentir? — perguntou Constantin, quando entrou no vestiário.

— Ainda doente — respondi.

— Rá! Você ficar bom. Aqui estão fitas promoção.

Ele me entregou uma caixa. Eu a abri.

— São cassetes single de "Feeling So Real" — falei.

— Sim, é música que pessoas conhecem — disse Constantin.

Eu estava muito cansado e com medo de protestar. Aquela era a última noite de uma terrível turnê e eu estava sendo convidado pelo chefe da máfia local a jogar cassetes single na multidão. Cassetes single de uma música do meu álbum anterior.

— Certo, jogo as fitas durante "Feeling So Real" no bis — falei, em um inglês subitamente rudimentar, à semelhança de Constantin.

— Ótimo! — exclamou, e seus seguranças meio que sorriram. — Ah, este estádio meu. Você gosta?

— É ótimo.

— Além disso, tenho MTV daqui, então bom show para eles — instruiu. — E esta minha namorada — disse ele, apontando para uma modelo absurdamente alta e entediada. — Ela quer ser Miss Bulgária. Ela não conhecer música sua, mas hoje vai.

Constantin, a aspirante a Miss Bulgária e seus guarda-costas deixaram o vestiário. Deitei-me no banco e desmaiei. Às nove da noite, Ali voltou a me acordar.

— Prepare seu braço de arremesso — disse ele. — A garotada quer seus cassetes single de brinde.

Entrei no palco com os olhos ardendo de febre. Quase metade do estádio estava ocupado, e o público parecia animado. Tocaríamos principalmente músicas dance mais antigas, uma vez que o público claramente não queria ouvir nada de *Animal Rights*. Durante a primeira música, senti minha gripe abrandar um pouco. Na terceira, eu estava batucando no Octapad e gritando ao microfone. Seria aquela a cura para a gripe? Ser obrigado por chefes da máfia a tocar antigos sucessos rave?

Quando o show estava terminando, Ali levou a caixa de cassetes single de "Feeling So Real" para o palco. Ele fingiu atirar uma para a multidão e disse com seu melhor sotaque do Leste Europeu:

— É promocional.

Comecei a rir.

— Obrigado por esta grande noite! — gritei, e a multidão chegou a gritar de volta. — A próxima música é "Feeling So Real".

As três mil pessoas na arena gritaram ainda mais, já que "Feeling So Real" tinha sido um grande sucesso em toda a Europa Oriental. Quando a música começou, peguei um punhado de cassetes e as joguei para a multidão. As pessoas na plateia se apressaram para pegá-las como se eu estivesse jogando provisões alimentícias em um campo de refugiados da ONU.

Olhei para a lateral do palco. Constantin tinha tirado o casaco. Ele, seus guarda-costas e a namorada estavam sorrindo e dançando como crianças pequenas. E eu sorri, feliz por voltar a Nova York com todos os dedos.

47

CONDENSAÇÃO EM VIDRO GELADO

Um homem mais velho vestindo um terno branco gritava em um elevador de carga:

— Foda-se! Vou embora! Foda-se! Não serei tratado assim!

Damian, eu e todos os outros no elevador a caminho de uma festa da Diesel olhávamos para o chão. Quem era aquele homem e por que ele estava gritando?

— Eles já pediram desculpas pelo carro — disse uma mulher que estava ao lado do homem que gritava. — Era para ser uma limusine. Eles estão pedindo mil desculpas.

— Foda-se! Diga a eles que não vou de jeito nenhum, porra! Foda-se essa merda!

Ele continuou gritando, parecendo mais um galo furioso do que um ser humano.

Era um velho elevador industrial com paredes cobertas de lâminas metálicas, levando-nos até uma festa num sótão perto da Penn Station. Eu tinha terminado a turnê de *Animal Rights* havia um mês e voltado para Nova York. O álbum fora um fracasso. A turnê fora um fracasso. Meu relacionamento com Vanessa fora um fracasso. E, assim, por autoria e associação, eu era um fracasso. Tudo o que eu queria fazer era sair, beber vodca e curar minhas feridas.

Quando chegamos mais perto do topo, um *tum-ti-tum-ti* de bateria de disco music preencheu o poço do elevador. Todos desejávamos silenciosamente que o elevador fosse mais rápido, para não termos que passar mais tempo em uma caixa de metal com aquela pessoa gritando como louca por não ter conseguido uma limusine.

— Pare o elevador! Vou voltar para o hotel! Foda-se! Vou embora! *Aaaah*!

Ele estava ficando feroz. Seu último grito nem mesmo era uma palavra.

Finalmente as portas se abriram. Todos fugimos daquela caixa de metal claustrofóbica para a segurança e a sanidade de um sótão repleto de pessoas drogadas.

— Quem era aquele cara? — perguntou Damian, abalado.

— Não faço ideia — respondi. — Um cantor?

— Uau — disse Damian.

Não foi um "uau, quem era aquele maluco?", e sim um "uau, olhe só para isso". Nós tínhamos entrado em um sótão enorme iluminado por luzes suaves vermelhas e rosa, mulheres bonitas, vodca sendo derramada em esculturas de gelo, disco music latejante e ampla vista panorâmica do rio Hudson e de Lower Manhattan. Damian virou-se para mim e sorriu.

— Isso é incrível — disse ele.

— Preciso de uma bebida — falei.

Passamos por centenas de homens e mulheres belíssimos e chegamos ao bar.

— Duas Stolis com soda e uma fatia de limão, por favor — pedi.

O barman serviu os drinques enquanto contemplávamos a festa em toda sua majestade e seu potencial.

— Você sabe que não vamos conversar com ninguém por aqui — disse Damian.

Ambos tínhamos namorado mulheres bonitas, mas, no fundo, Damian e eu ainda éramos nerds de Connecticut, tímidos demais para falar com alguém que não estivesse vestindo uma camiseta de *Jornada nas Estrelas* ou um chapéu do Devo.

— Olha, lá está a Chloë — falei para Damian. — Ela vai falar conosco.

Pegamos as bebidas e fomos até ela.

— Chloë! — chamei.

— Oi, Moby — disse ela. — Oi, Damian. — Ela fez uma pausa. — Ah, este é o meu namorado, Harmony.

— Oi, Harmony. Eu costumava vê-lo na NASA, certo?

Harmony e eu relembramos os dias de glória da cultura rave e da NASA.

— Você não era abstêmio naquela época? — perguntou.

— Era — respondi, olhando para baixo e percebendo que a minha bebida terminara. — Vou buscar outra bebida. Você quer?

— Não, obrigado.

Atravessei a multidão de belas mulheres e fui até o bar, tentando chamar a atenção do barman. A mulher que estava ao meu lado também tentava chamá-lo.

— Se ele me escolher, faço o seu pedido, se ele a escolher, você faz o meu — sugeri.

— Tudo bem — disse ela. — O que você está bebendo?

— Stoli com soda e uma fatia de limão. E você?

— Stoli cosmo.

— Qual é o seu nome?

— Anna. Qual é o seu?

— Moby.

Os olhos dela se iluminaram.

— Ah, Moby!

Dei um sorriso.

— Ele mesmo.

— Eu costumava ver você tocar em Rochester — disse ela.

— Então você é uma velha raver?

Ela fez uma pausa, incerta se deveria se sentir ofendida.

— Bem, eu não sou velha, mas, sim, eu era raver.

O barman se dirigiu a ela primeiro, e Anna pediu as bebidas.

— Então o que você faz agora? — perguntei.

— Estou terminando meu mestrado na Parsons.

Nossas bebidas chegaram. A minha estava perfeita e forte.

— Eu sempre achei que você não bebia — disse ela.

— Bem, eu não bebia no tempo das raves.

— Bem, prazer em conhecê-lo, Moby. Talvez a gente se esbarre mais tarde — disse Anna, e se afastou.

— Prazer em conhecê-la também. Obrigado pela vodca!

Voltei até onde Damian estava, ainda bebericando seu primeiro drinque.

— Damian, por que você ainda não terminou a sua bebida? — perguntei.

— Ao contrário de você, eu não sou alcoólatra — disse ele.

— Eu não sou alcoólatra, sou um entusiasta do álcool — respondi. Eu vinha dizendo aquilo com maior frequência ultimamente.

— Chloë e Harmony foram embora — disse ele. — Eu não sou descolado o bastante para conversar com eles.

Enquanto bebíamos, Damian apontou para uma garota na qual ele estava de olho: uma bela modelo de pé com os amigos junto à pista de dança.

— Ela é magra demais — falei.

— Você é maluco — disse ele.

— Não, sou um caçador de gorduchas.

Ele riu.

A modelo que ele estava olhando se aproximou.

— Oi — disse ela para Damian.

— Oi — respondeu ele, atônito.

— Meu nome é Petra. E o seu? — perguntou ela, em um inglês com forte sotaque.

— Meu nome é Damian. Quer beber alguma coisa?

— Quero! — exclamou ela, pegando a mão dele e dirigindo-se para o bar.

Ele olhou de volta para mim, olhos arregalados, cheios de terror e alegria. Eu ri e notei que minha bebida tinha terminado. Eu precisava de outra vodca, mas também queria dar uma volta pelo lugar. Estava no paraíso e tinha que ver tudo. Passei por belas mulheres tomando doses de vodca junto às esculturas de gelo. Atravessei um corredor e cheguei a outro salão, ainda maior do que o primeiro. O sujeito que gritava como um louco no elevador estava no palco, cantando um sucesso de disco music do início dos anos 1980. Vestia um terno branco e estava suado e sorridente. Naquele momento, parecia a pessoa mais feliz da festa.

Encontrei outro bar e pedi mais uma Stoli com soda e uma fatia de limão. Não estava tão forte quanto o drinque anterior, o que provavelmente foi melhor, já que eu queria que aquela noite durasse para sempre. Eu queria encontrar o ponto perfeito de embriaguez e ficar ali por horas. Ou, num mundo ideal, durante anos.

Fui até a janela e tomei minha vodca enquanto admirava a vista de Nova York à noite. O rio Hudson e Lower Manhattan se esparramavam à minha frente; o ar estava claro, e todas as luzes piscavam. Coloquei a mão no vidro da janela. Era uma noite fria, e deixei pequenas marcas de condensação no vidro gelado. Olhei para o céu e pensei no câncer.

No início do dia eu tinha falado com minha mãe por telefone. Ela me dissera que consultara médicos, que a tinham diagnosticado com câncer no pulmão.

— É tratável? — perguntei.

— Começo a primeira fase da quimioterapia na semana que vem — contou ela.

— E o que os médicos acham?

— Eles estão otimistas — disse ela, cautelosa.

— Como você está se sentindo? — perguntei.

— Estou me sentindo bem, Mobes, não se preocupe. Tenho certeza de que vou ficar bem.

Percebi que era eu quem a deveria estar tranquilizando, e não o contrário.

— Estamos em 1996 e eles curam câncer o tempo todo — falei para ela.

— Você está certo. Não se preocupe.

— Eu não estou preocupado — falei. — Você está?

— Um pouco — disse ela, com a voz embargada. — Certo, eu amo você.

— Eu também amo você, mamãe.

Desligamos. Minha mãe tinha fumado durante a maior parte da vida. E agora estava com câncer de pulmão. Ela começara a fumar em 1958, aos quinze anos, e fumara dois ou três maços de cigarros por dia até alguns anos antes, quando o médico finalmente a convenceu a parar. Quando ela era jovem, fumar era algo normal. Empresas de cigarro anunciavam os benefícios do tabagismo para a saúde em revistas e na TV. Minha mãe chegou a me dizer que, quando estava grávida de mim e se sentiu ansiosa, seu médico a aconselhou a fumar mais para combater a ansiedade. E agora ela estava com câncer de pulmão.

Terminei meu drink e toquei novamente na janela gelada. Eu não me preocuparia. Estávamos no século XX. Ninguém mais morria de câncer.

— Moby?

Anna estava de pé ao meu lado na janela, com alguns amigos. Ela nos apresentou: Kendra, que trabalhava na Marc Jacobs, e Elanna, que estava acompanhada de um modelo alto que era seu namorado. Fomos até o bar quando o DJ começou a tocar "More, More, More" de Andrea True Connection.

— Preciso encontrar uma alma gêmea! — gritei para o namorado de Elanna enquanto a disco music com temática pornô estourava em nossos ouvidos. — E quanto a Anna?

— Namorado! — gritou ele de volta.

Ah.

Vi Michael Musto de óculos escuros encostado numa pilastra. Ele fora cronista da vida noturna do *Village Voice* durante décadas e estava no topo do panteão da noite nova-iorquina.

— Oi, Michael! — gritei. — Você parece ótimo!

— Oi, Moby — disse ele, calmamente. — Você está bêbado.

— Estou tão feliz — exclamei, apontando para o palco. — Veja, Lady Bunny está ali!

Ele apenas sorriu. Damian e Petra se aproximaram.

— Mo, queremos ir embora. Para onde vamos?

— Vamos voltar para a sua casa!

Encontrei Anna e seus amigos.

— Anna! — gritei. — Vamos todos para a casa de Damian! Vamos!

— Bem, vou perguntar para os meus amigos — disse ela.

— Pode deixar que eu mesmo pergunto. Amigos! Estamos todos indo para a casa de Damian! Vamos!

Conduzi Damian, Petra, Anna e seus amigos pela pista de dança, sentindo-me como o Flautista da Vodcalândia, em vez de Hamelin. Entramos no elevador com alguns outros bêbados e algumas modelos varapaus.

— Estamos indo para a casa do Damian! — anunciei a todos no elevador. — Vocês também podem vir!

As portas se abriram e saímos à rua. Era uma noite fria.

— Vejam, posso ver a minha respiração! — gritei. — Estou fumando!

Entrei no banco de trás de um táxi com Kendra e Petra enquanto Damian sentou-se no banco da frente.

— Broadway, 124, próximo à Trinity Church — falei para o motorista.

Olhei para Kendra enquanto seguíamos rumo ao sul. Ela tinha longos cabelos escuros, usava uma camisa velha do Billy Idol e uma calça jeans branca e apertada.

— Você está maravilhosa — falei para ela quando o táxi diminuiu a velocidade em Lower Broadway.

Ela riu.

— Já chegamos?

Paramos diante do prédio de Damian. Saí do táxi e caí na calçada. Kendra se debruçou sobre mim.

— Você está bem? — perguntou.

— Me beije! — falei.

Ela se inclinou e me beijou. Eu a agarrei, ela perdeu o equilíbrio e caiu em cima de mim, rindo.

— Me beije! — gritei.

Damian e Petra estavam de pé ao nosso lado, constrangidos, enquanto Kendra e eu nos beijávamos na calçada fria.

— Vamos, Moby — disse Damian. — Vamos entrar.

Quando nos levantamos, nos juntamos a Anna, Elanna, o namorado de Elanna e a outras três pessoas que não conhecíamos. Todos nos esprememos no elevador e subimos até o loft de Damian no décimo andar.

— Damian! — falei, como uma criança bêbada e entusiasmada. — Estamos na sua casa!

Ele revirou os olhos.

— Sim, Mo, estamos.

— Ele sempre fica bêbado assim? — perguntou Petra, com seu adorável sotaque.

A casa de Damian era um loft pequeno e velho ao fim de um longo corredor verde. A vizinhança era de pequenas empresas ou artistas, e ninguém exceto Damian ficava ali após o anoitecer.

— Ligue o som! — gritei. — Ponha Mötley Crüe!

A faixa de abertura do álbum *Shout at the Devil* começou a tocar, todos pegamos bebidas e nos sentamos nos futons de Damian. Peguei a mão de Kendra e uma garrafa de vodca.

— Quero lhe mostrar as pinturas do Damian — falei.

Fomos até o estúdio de pintura e nos sentamos no chão. Comecei a beijar Kendra. Ela levou as mãos ao meu colo e desabotoou minha calça jeans. Sua amiga Elanna apareceu subitamente.

— Kendra, onde você... — Então ela nos viu apalpando um ao outro. — Ah, desculpe! — disse Elanna, antes de se afastar.

Coloquei a mão na parte de trás de sua camiseta vintage do Billy Idol e desabotoei o sutiã.

— Acabei de fazer uma cirurgia de redução de mama — disse ela. — Você quer ver as cicatrizes?

— Claro — falei. — Adoro cicatrizes.

Kendra tirou a camisa. Ela tinha os seios mais bonitos que eu já tinha visto, e havia uma perfeita cicatriz em forma de T maiúsculo de cabeça para baixo sob cada mama.

— Seus seios são lindos — falei. — E você é linda.

— Obrigada — disse ela, e então fez uma pausa. — Eu preciso lhe dizer alguma coisa. — Ela fez outra pausa. — Eu ainda moro com o meu namorado, mas estamos prestes a terminar.

— Compreendo — falei, tomando um gole da garrafa de vodca. — Então, não posso dormir com você.

— Tudo bem.

— Mas eu posso fazer isso. — Ela se abaixou e me tomou em sua boca.

— Ah — exclamei. — Ah.

Elanna apareceu outra vez.

— Kendra, eu já vou indo! — disse ela. Então viu os movimentos repetitivos de Kendra e acrescentou: — Tudo bem!

E deu meia-volta.

Terminamos quando "Too Young to Fall in Love" começou a tocar no aparelho de som.

— Venha aqui — falei, puxando-a em minha direção e lhe entregando a garrafa de vodca. Ela bebeu um gole e devolveu a garrafa.

— Isso foi incrível — falei, beijando-a. — Que noite perfeita.

— Uma noite perfeita — concordou ela.

— Posso vê-la quando você terminar com o seu namorado? — perguntei. — Posso chamá-la para sair?

— Vamos ver. Espero que sim.

Alguém na outra sala tirou o CD do Mötley Crüe e colocou outro, dos Pixies.

— Eu adoro Pixies! — disse Kendra, cantarolando "Debaser", a música que estava tocando.

Tomei outro gole da garrafa de vodca e olhei para a pintura que Damian acabara de terminar. Era a imagem de uma terrorista diante de uma floresta em chamas. A terrorista parecia bela e desafiadora. As chamas estavam destruindo a floresta e alcançavam o céu. A terrorista estava de costas para a destruição que havia causado.

— Kendra! — chamou Elanna. — Vocês já terminaram?

Kendra riu.

— Terminamos!

— Vamos embora! — disse Elanna.

— Moby, preciso ir — disse Kendra. — Obrigada pela noite incrível.

Ela vestiu as roupas, me beijou docemente, e se foi. Fechei o zíper da calça e saí do estúdio de pintura. Damian estava sentado sozinho em um futon.

— Você transou? — perguntou Damian.

— Não, ela tem namorado. Só me pagou um boquete.

— Essa parte eu vi.

— Ah. Onde está a Petra?

— Foi embora.

— Você vai vê-la outra vez?

— Não, ela tem namorado.

— Todo mundo tem namorado — falei. — Odeio namorados.

— É a palavra mais feia da língua inglesa — disse ele.

— Ah, seu quadro novo é incrível, Damian — disse eu. — Fiquei admirando a obra enquanto Kendra estava me chupando.

Ele riu.

— Não, de verdade. É incrível. Quero esse quadro para mim.

— Bem, faça uma oferta.

Tomei outro gole de vodca. Ouvi uma sirene passando pela Broadway.

— Então, minha mãe está com câncer de pulmão — falei.

— O quê?

— Minha mãe está com câncer de pulmão.

— Espera, o quê? Por que você não me disse isso antes? — perguntou ele.

— Não sei — respondi. — Não sei.

ÁGUA ESCURA

Eu estava em Connecticut, atravessando a mesma ponte de concreto aonde costumava ir durante o ensino médio para ouvir Joy Division e pensar em suicídio. Eu ficava na ponte ouvindo *Closer* e observando os carros lá embaixo, na autoestrada I-95. Eu me imaginava saltando, mas, em vez disso, sempre voltava para casa. Fazia alguns meses que minha mãe fora diagnosticada com câncer, e ela havia me ligado na véspera para dizer que recebera os resultados dos exames após a rodada final de quimioterapia. Ela não queria falar sobre aquilo por telefone e me pediu para pegar o trem até Darien, assim poderíamos caminhar na praia e conversar pessoalmente. Ela também me advertiu que, devido à quimioterapia, tinha perdido todo o cabelo.

Atravessei a I-95, descendo a colina do outro lado, e passei pela Walmsley Road, onde minha mãe havia morado quando criança. Durante toda a infância, eu ouvira minha mãe, minhas tias e minha avó falando sobre a vez que minha mãe, com cinco anos de idade, viu um pouco de carne em cima da bancada da cozinha e a comeu, para depois descobrir que era comida de cachorro. Ou quando ela tinha seis anos e puxou as pernas de uma aranha e as comeu, pensando que eram doces.

Isso aconteceu com ela durante a vida toda: achar que uma coisa ruim era algo bom. Como pensar que o membro sociopata do Hells Angels que trabalhava no posto de gasolina era um bom partido e seria um namorado carinhoso. Pensar que aquele que tocava guitarra havaiana e roubara o seu carro e o seu dinheiro era um bom rapaz. Pensar que o filho fracassado ainda era um músico de sucesso. Todos os seus erros tinham sido alimentados por esperanças ingênuas. Se ao menos o mundo fosse gentil e lhe desse um hambúrguer em vez de comida para cachorro, ou um filho bem-sucedido em vez de um bêbado fracassado...

Cheguei à casa da minha mãe e me recompus na porta da frente. Eu não a vira desde que ela perdera o cabelo e não queria parecer perturbado por ela estar careca.

— Olá! — exclamei ao abrir a porta.

— Estamos na cozinha — disse Richard, seu marido.

Voltei. Minha mãe e Richard estavam sentados à mesa da cozinha com panfletos envernizados à frente deles. Dei um beijo nela e um abraço desajeitado em Richard. Minha mãe estava vestindo calça de moletom cinza, uma camiseta azul-marinho e usava um gorro de lã roxa feito em casa.

— Vamos ver — falei, apontando para o gorro.

Ela tirou o gorro e o largou na mesa da cozinha.

— Você está careca! — falei. — Nós somos gêmeos!

Ela riu.

— Eu me sinto como Sinéad O'Connor — disse ela, acariciando com delicadeza o couro cabeludo.

— Eu acho que você está ótima — falei.

— Seu narcisista — disse ela.

Preparei uma xícara de chá e me sentei à mesa da cozinha com os dois. Os panfletos que eles estavam olhando eram de funerárias.

— Você tem certeza de que quer caminhar na praia? — perguntei.

— Eu não saí de casa o dia inteiro — disse minha mãe. — Vamos até a praia de Pear Tree Point.

Eu passara os verões na praia de Pear Tree Point, comendo cachorros-quentes cheios de areia e evitando a água, que era salobra e cheirava a óleo de motor.

— Com uma condição — acrescentou ela quando terminou o café. — Eu dirijo.

Olhei para Richard, que revirou os olhos.

— Estou com câncer, mas ainda consigo dirigir — disse minha mãe, insistente. Nós nos levantamos e pegamos nossos casacos.

— Richard, você não vem? — perguntei.

— Não, você e sua mãe precisam passar um tempo juntos — disse ele.

— Eu vejo o Richard o tempo inteiro — disse minha mãe, apontando para o marido. — Estamos fartos um do outro.

Richard riu.

No verão, o estacionamento da Pear Tree Point ficaria lotado, mas estava vazio naquele dia frio de início da primavera. Minha mãe estacionou seu Saturn sob uma árvore sem folhas na parte de trás da praia e caminhamos pelo litoral. A parte de trás da praia era mais interessante do que a da frente: era onde todas as coisas mortas eram levadas pelas marés. Quando eu estava nos primeiros anos da escola, vagava por ali o tempo todo, encontrando caranguejos mortos, linguados em decomposição e, certa vez, um pequeno tubarão morto.

— Você sabia que foi aqui que você entrou na água pela primeira vez? — perguntou minha mãe, afastando a fina garoa de sua cabeça calva.

— Não — respondi. — Onde?

— Bem aqui — disse ela, apontando para a água escura.

— Eu mergulhei aqui? Quantos anos eu tinha?

— Mais ou menos um ano. Seu avô trouxe o barco e nós estávamos embarcando coisas. Alguém o entregou para a sua avó e ela o deixou cair na água. Você estava usando um colete salva-vidas. Nós todos gritamos, tentando tirá-lo da água, mas você estava boiando e feliz.

Comecei a rir. Ficamos parados junto à água escura, olhando para uma pequena mancha de óleo que brilhava na superfície.

— Então, recebi os resultados da minha última sessão de quimioterapia — disse ela.

Engoli em seco.

— E?

— E o câncer se espalhou. No início, era apenas câncer de pulmão, mas agora está espalhado por quase toda parte.

— O que eles podem fazer?

— Eles poderiam tentar mais radiação e quimioterapia, mas Richard e eu conversamos a respeito e decidi que não quero fazer mais nenhum tratamento.

— O que isso significa?

— Significa que, quando o câncer piorar, entrarei nos cuidados paliativos. Eles não tentarão me manter viva, só tentarão fazer com que eu fique confortável.

Olhei para os veleiros ancorados, flutuando na água marrom e cobertos por causa do inverno.

— Então você vai morrer? — perguntei.

— Todos vamos morrer, Mobes — disse ela. — Só que talvez eu morra mais cedo do que vocês.

— Existe alguma chance de você melhorar? — perguntei, tentando manter a voz firme.

— Há uma chance. O médico disse que algumas pessoas realmente se recuperam quando param de fazer quimioterapia. Em um mês ou dois eles saberão se o câncer ainda está se espalhando ou não. Mas, muito provavelmente, serei internada daqui a alguns meses.

— Sinto muito, mãe — falei, e a abracei.

O sol se pôs atrás das nuvens e o ar ficou mais frio. Eu achava que um de nós começaria a chorar, mas apenas nos abraçamos e ficamos ali parados.

— Há outra coisa que preciso lhe contar — disse ela.

— Mais coisa? Além de você morrer?

— Quando eu estava no ensino médio, eu engravidei e acabei dando o bebê para adoção — revelou ela.

Esperei.

— Então, eu queria que você soubesse que tem um irmão.

— Um irmão?

Ela assentiu.

— Você tem um irmão.

— Hum, você sabe algo a respeito dele? — perguntei.

— Não. Assim que eu o ofereci para adoção, parei de pensar a respeito. Para mim, você é meu único filho.

Minha mãe estava morrendo, eu tinha um irmão e não sabia o que sentir. Por que eu não estava chorando? Ou com raiva, ou empolgado por, aos 32 anos, descobrir que tinha um irmão? Eu estava entorpecido e confuso. E eu me sentia mal por minha mãe. Minha mãe, aos dezoito anos, em 1961, grávida, amedrontada e obrigada a abrir mão do filho. E minha mãe agora, com o câncer se espalhando, sem ter outra escolha a não ser morrer. Eu não estava me sentindo mal por minha causa; nem sabia se isso era permitido.

— Como está se sentindo? — perguntei.

— Com frio — disse ela. — Vamos voltar para o carro.

Ela estava desaparecendo diante dos meus olhos: caminhando mais lentamente, pescoço curvado, a cabeça careca pendendo para a frente.

— Você já quis encontrar seu outro filho alguma vez? — perguntei.

— Não. Eu só queria ter outro. E tive. Você.

Quando chegamos ao carro, ela me entregou as chaves.

— Você poderia dirigir?

— Da última vez que dirigi o seu carro, eu o destruí num estacionamento.

— Eu me lembro — disse ela, sorrindo. — Só quero fechar os olhos um pouquinho.

Dirigi de volta para casa. Ela era pequena e, sentada no banco do passageiro com os olhos fechados e a cabeça careca, parecia um filhote de passarinho. Quando entrei na garagem, ela abriu os olhos.

— Vai ser difícil, Mobes — murmurou. — Mas, lembre-se, eu amo você.

— Também amo você, mamãe.

— Você pode ficar para jantar?

— Sim, desde que a gente coma um bife de vitela.

— Tudo bem, comeremos vitela com uma porção extra de bacon — disse ela. — E talvez uns salgadinhos fritos de queijo na sobremesa.

Eu ri e me perguntei quando a doença acabaria com seu senso de humor. Nós entramos em casa. O sol se punha atrás das nuvens, destacando a silhueta das casas suburbanas no outro lado da rua e as árvores adormecidas no inverno, que pareciam mãos cansadas.

Richard preparou arroz integral e legumes para mim e frango para eles. Antes de comer, tiramos os panfletos de agências funerárias da mesa.

Após o jantar, Richard se ofereceu para me levar até o trem.

— Não, obrigado, eu gosto de andar — respondi. — Faz com que eu me sinta de volta à escola.

— Com a diferença de que você não está vestindo um macacão preto e botas douradas — disse minha mãe.

— O quê? — perguntou Richard.

— Era o que ele vestia para ir à escola — disse ela. — Parecia um pirata esquisito.

Fomos até a porta. Abracei Richard.

— Adeus, Richard. Obrigado.

Abracei minha mãe.

— Tchau, carequinha. Amo você.

— Tchau, Moby. Também amo você.

Minha mãe sorria, mas seus olhos estavam marejados. Eu não queria chorar ali. Se começasse, não sabia se conseguiria parar.

— Preciso ir — falei, e caminhei até a estação.

Fiquei parado na plataforma, esperando o trem que me levaria para longe de Darien e da morte lenta.

Encontrei um telefone público e liguei para Damian.

— Você está em Connecticut? — perguntou. — Como está tudo?

— Interessante — falei. — Descobri que tenho um irmão que não conheço e, além disso, que minha mãe decidiu morrer.

Ele não disse nada.

— Mas, mudando de assunto, preciso sair hoje à noite — falei.

— Tem certeza?

— Em toda a minha vida, nunca tive tanta certeza de alguma coisa. Quero me embebedar e acordar morto.

49

MEIO METRO DE LAMA

Eu estava olhando um mar de lama pela janela do ônibus.

— Diga-me outra vez o que você está fazendo agora — pedi à minha amiga Julie, que estava a quase dez mil quilômetros de distância, em Detroit.

— Estamos pegando sol e tomando uns drinques — disse ela. — Está fazendo 33ºC e não há uma nuvem no céu.

Julie dirigira dois dos clipes de *Everything Is Wrong*. O clipe da música "Feeling So Real" fora gravado ao lado de um abrigo para os sem-teto em Los Angeles e era memorável por causa das hordas de adolescentes sem-teto que roubaram o equipamento da equipe enquanto filmávamos. O clipe de "Everytime You Touch Me" era para ser sensual e envolvia pessoas comendo coisas em cima do corpo das outras. Para tanto, usamos pudim de chocolate vegano em um monte de cenas e mais tarde percebemos que, no clipe, pudim de chocolate vegano parecia cocô. Então tivemos que refazer as tomadas com alimentos veganos que não parecessem que eu estava lambendo cocô da barriga das modelos.

Agora Julie estava à beira da piscina da casa de seus pais com seus amigos, preparando-se para o seu casamento, enquanto eu estava em Glastonbury, encolhido contra as intempéries no ônibus da turnê. Supostamente, Glastonbury era o maior e mais famoso festival da Europa, mas, agora, a chuva caía torrencialmente e havia meio metro de lama lá fora. Embora estivéssemos em julho, fazia 11ºC.

— Pena que você não está aqui! — disse Julie do ensolarado Michigan.

O chão do ônibus da turnê estava molhado e enlameado. Meus agentes e colegas da banda usavam capas de chuva e tinham sacos de lixo encrostados de lama cobrindo os sapatos. A chuva sobre o teto do ônibus parecia um milhão de insetos metálicos.

— Você está certa — falei. — É uma pena eu não estar aí.

— Vamos entrar agora — disse Julie. — Está muito quente aqui fora na piscina.

Ali me interrompeu.

— Moby, você tem uma entrevista agora na tenda da imprensa.

— Tudo bem. Julie, preciso ir. Tenha um bom casamento!

Desligamos e caminhei até a porta do ônibus da turnê. Vesti minha capa de chuva e amarrei sacos de lixo em volta dos pés. Sair do ônibus era como ir ao convés de uma torre de petróleo no mar do Norte. O vento soprava a chuva contra o meu rosto e meus pés afundavam em uma camada de meio metro de lama.

— Ali! — gritei.

— Sim, Mo?

— Isso é uma merda!

— Sim, Mo.

Chegamos a uma pequena elevação e olhamos para um camping inundado. Glastonbury ficava às margens de um rio que transbordara. Naquele momento, tudo o que se via era o topo das barracas despontando para fora da água marrom. Ali apontou para algo à nossa esquerda: alguém tinha se despido e estava nadando até uma tenda, talvez na esperança de recuperar seus pertences. Seus amigos estavam às margens da água marrom, estimulando-o.

— Stu! Stu! Stu! — gritavam.

— Merda! Merda! Merda! — gritava na água o supracitado Stu.

Ali e eu continuamos andando, a lama sugando os nossos pés com uma força monumental. Finalmente, chegamos ao trailer da imprensa e entramos.

— Oi, Moby! — disse o assessor de imprensa. — Você conseguiu!

— Glastonbury é sempre assim? — perguntei, tirando o casaco e os sacos de lixo.

— Rá! Essa é a vibe de Glastonbury! — disse o assessor.

— A vibe? — perguntei.

— Rá! Sim, a lama! É a vibe de Glasto! — Ele verificou a prancheta. — Ah, certo, você estava agendado para uma entrevista com a *NME* às seis da tarde, mas o jornalista não está aqui.

— Você sabe quando ele vai voltar? — perguntou Ali.

— Não, desculpe. Vocês têm um celular? Eu poderia ligar avisando.

Ele pegou o número do celular de Ali.

— Há outros jornalistas aqui? — perguntei, tristemente.

— Estamos com a *BBC* e com a *Q*, mas eles estão entrevistando o Blur. — Ele voltou a verificar a prancheta, não encontrou nada, e lançou-me um largo sorriso. — Mas eu o chamarei se alguém aparecer. Lamento que tenha se dado o trabalho de vir até aqui!

— Sem problemas — falei.

Vesti novamente minha capa verde e saímos de volta à chuva. Ali foi inspecionar o palco onde tocaríamos e eu voltei para o ônibus.

— Como foi a entrevista? — perguntou Marci, minha agente, quando tirei novamente a capa de chuva enlameada.

— O jornalista não estava lá — respondi.

— Ah.

Glastonbury era o festival mais importante do mundo, e, dado o fracasso de *Animal Rights*, foi surpreendente eu ter sido convidado para tocar lá, de modo que meus agentes — Eric, Barry e Marci — estavam todos comigo. Ficamos sentados no ônibus sem dizer nada, ouvindo o martelar da chuva no teto. Comi um biscoito.

Ali voltou.

— Eu tenho uma boa e uma má notícia — disse ele, e fez uma pausa dramática. Nós esperamos. — A tenda onde iríamos tocar está alagada, então eles trouxeram um caminhão de esgoto para sugar a lama e a água — disse ele afinal. — Só que o gênio que operava o caminhão apertou o botão errado. Em vez de sugar a lama que estava em frente ao palco, expeliu todo o esgoto bruto que estava armazenado no caminhão. Portanto, há agora um enorme lago de esgoto bruto em frente ao palco. O departamento de saúde lacrou a tenda e há barreiras nas entradas e guardas garantindo que ninguém entre ali.

— Há um gigantesco lago de merda diante do palco? — perguntou Marci.

— Há um gigantesco lago de merda diante do palco — confirmou Ali.

— Essa é a boa ou a má notícia? — perguntei.

— Essa é a má notícia. A boa notícia é que eles nos mudaram para um palco maior numa tenda maior. Mas agora vamos entrar às sete da noite.

— Às sete? — exclamou Marci. — Isso é daqui a uma hora.

— Sim — concordou Ali. — Vou começar a arrumar o equipamento agora.

Ele voltou para a chuva.

— Um palco maior! — cantarolou Marci. — Isso é ótimo!

— Melhor do que tocar no meio da merda — observou Eric.

— Ah, já que estamos todos aqui, eu queria dizer que tenho uma ideia para meu próximo disco — falei. — Eu realmente quero fazer um álbum de heavy metal lento e sinistro.

Meus agentes olharam para mim, tentando descobrir se eu estava brincando. Após o abjeto fracasso de *Animal Rights*, eles imaginaram que eu desistira de fazer álbuns com guitarras que ninguém apreciava nem queria ouvir. Quando percebeu que eu estava falando sério, Barry disse com cautela:

— Sabe, seus discos de rock são bons e algumas pessoas gostam desse som. Mas o que as pessoas realmente adoram é a sua música eletrônica. Aquilo as faz feliz.

Barry tinha dito coisas semelhantes antes, mas, por algum motivo, daquela vez eu o ouvi. Eu gostava de tocar punk rock e speed metal, adorava gritar a plenos pulmões. Mas percebi que ele estava certo: a dance music eletrônica que eu tinha feito no passado deixava as pessoas felizes. E, se eu tinha a capacidade de fazer música que levasse um pouco de felicidade às pessoas, então era isso o que eu deveria fazer. Eu ainda poderia tocar punk rock e speed metal, mas talvez apenas em meu tempo livre, ou bêbado em pés-sujos com amigos. Mas meus discos deveriam ser melódicos e emocionais, e eu tinha que fazer o melhor possível para produzir música que levasse felicidade às pessoas, ou, ao menos, uma bela tristeza que oferecesse consolo.

Se Barry tivesse dito "Nós achamos que você deveria fazer dance music porque vende bem", eu teria resistido com arrogância. Se ele dissesse que minha dance music rendia um monte de dinheiro, eu teria trincado os dentes e feito um álbum de réquiens de death metal com guitarras desafinadas com vinte minutos de duração. Mas ele disse que minha música eletrônica fazia as pessoas felizes.

— Você está certo, Barry — falei. — Deixe-me pensar a respeito.

Todos nós nos reunimos à porta do ônibus, envolvemos os pés com sacos de lixo e vestimos as capas de chuva. Quando abrimos a porta, uma forte rajada de vento e chuva invadiu o ônibus.

— Merda! — gritei.

— Sim, merda — concordou Barry.

Nós quatro nos arrastamos em meio à lama, ao vento e à chuva, passamos pelo acampamento, que se tornara um lago, pela tenda de dance music cheia de esgoto, até chegarmos ao nosso novo palco, coberto por uma tenda de circo azul e amarela. Também havia um lago em frente ao palco, embora fosse um pequeno lago de barro, e não de excrementos humanos. Alguns ravers estavam em pé às margens do lamaçal, corajosamente tentando dançar enquanto um DJ holandês tocava um set de minimal techno. A tenda, que tinha capacidade para dez mil pessoas, estava com um terço da lotação. Muitos daqueles ravers estavam tão exaustos, tão derrotados pelo clima, que eram incapazes de fazer qualquer coisa além de olhar vagamente para o DJ.

Ali se aproximou.

— Entraremos em quinze minutos.

— Temos algum trailer ou camarim? — perguntei.

Ele deu um sorriso triste e balançou a cabeça. Fui até os bastidores e encontrei minha banda sentada num enorme baú preto de transporte. Scott estava de ressaca e não dizia nada. Bubba estava de ressaca e não dizia nada. Pela primeira vez eu não estava de ressaca, mas me sentei ao lado deles sem dizer nada. O *tum-ti-tum-ti* do techno do DJ holandês soava molhado, como elefantes batendo os pés na lama metodicamente.

— Deveríamos tocar um set de punk rock — disse Scott.

Bubba e eu olhamos para ele.

— Quer dizer, estamos em uma tenda congelante de dance music em Glastonbury. Está frio e úmido, quem se importa com o que vamos fazer? Deveríamos tocar apenas covers do Black Sabbath.

— Não sei — falei. — Se eu fosse a um festival na lama, acho que eu gostaria de ouvir música techno alegre.

Scott pareceu decepcionado.

— Talvez um cover do Sabbath? — sugeriu Bubba.

— Ok, só um — falei.

E entramos no palco.

50

ÁGUA VERDE ESTAGNADA

Eu estava olhando para uma piscina meio vazia pela janela do quarto do hotel onde fiquei hospedado. A água era verde-escura, estagnada no fundo da piscina, sem ser perturbada por nadadores, pelo vento ou pela atenção de alguém. Era início de setembro de 1997. Eu estava em Portland, Oregon, na última noite de uma turnê que a gravadora Elektra me pedira para fazer. Eles haviam lançado uma compilação de músicas minhas que fizeram parte de trilhas sonoras de filmes, *I Like to Score*, e pediram que eu saísse em turnê pelos Estados Unidos a fim de divulgá-lo. Então, quando a turnê começou, eles me disseram que provavelmente me tirariam da gravadora.

A turnê tinha sido especialmente difícil. A maioria dos shows tivera pouca bilheteria. Em algumas noites vendíamos cerca de 20% dos ingressos e tocávamos em locais pequenos quase vazios. Em Cleveland, tocamos ao ar livre e vendemos menos de 5% dos ingressos, inadvertidamente repetindo a cena do filme *Isto é Spinal Tap*, quando eles tocam em um parque de diversões na abertura de um show de marionetes. Mas aquela noite em Portland poderia ser melhor, pois tínhamos vendido quase metade dos ingressos antecipadamente.

Eu estava sentado ao lado da janela do meu quarto de hotel porque estava ao telefone, falando com meu padrasto, Richard. Eu havia ligado para falar com minha mãe, mas ela estava doente demais para ir até o telefone.

— Seria bom você voltar para casa amanhã — disse Richard, com a voz embargada. — Sua mãe não está nada bem.

Falei sobre minha logística de viagem para evitar discutir o fato de que minha mãe provavelmente morreria nos próximos dias:

— Bem, chego em casa amanhã à noite e provavelmente poderei estar em Darien ao meio-dia de terça-feira.

— Muito bem. Volte correndo para casa, Moby.

— Certo, Richard, nos vemos em breve.

Desliguei o pesado telefone bege do hotel e pensei na piscina. Estávamos no fim do verão: por que eles não limparam a piscina e a encheram de água? Será que os hotéis, mesmo os hotéis decrépitos para músicos decadentes, não eram capazes de manter uma piscina com água limpa? À luz do fim de tarde, o tom da água estagnada era bonito, da mesma cor de jade envelhecido.

Peguei a chave de plástico e saí do quarto. Passei pela máquina de gelo, pela máquina de refrigerante e desci as escadas em direção à piscina, que era rodeada por uma grade de arame que alguém tinha trancado. Então pulei a grade e me sentei em uma cadeira de piscina branca e mofada. Eu ainda não conseguia acreditar que minha mãe estava morrendo. Quando ela fora diagnosticada, dez meses antes, eu esperava que aquilo fosse algo de que riríamos no Natal, exatamente como daquela vez que vovô afundou no gelo em Tilley Pond: uma adversidade que se tornara uma piada para contar nas festas em família. O que Richard quisera dizer quando me contou que ela não estava nada bem? Que ela estava cansada? Que estava se sentindo enjoada? Não. Ele queria dizer algo mais ameaçador. "Ela não está nada bem" significava que ela deixara de ser uma pessoa saudável lutando contra uma doença para se tornar uma pessoa doente prestes a morrer. Ela tinha perdido a batalha.

Sentei-me ao sol na cadeira mofada. A piscina e o estacionamento estavam tranquilos, e enormes nuvens brancas vagavam lentamente acima do motel. O som da rodovia era como um zumbido distante, mais tranquilo do que o verdadeiro silêncio. Aquilo me fez pensar nos geradores de ruído branco usados em consultórios de terapeutas. O ruído branco mascara o som que as pessoas fazem ao chorar, lamentar e tentar reconciliar os fatos decepcionantes de viver com as suposições que sempre fizeram a respeito de suas vidas.

Ali estava atravessando o estacionamento em direção ao ônibus. Eu o chamei:

— Ali! A que horas partimos?

— Oi, Mo! Em quinze minutos! — Ele olhou para a piscina vazia com a água verde no fundo. — Vai dar um mergulho?

Voltei para o quarto e vesti minhas roupas de palco de rock and roll: calça jeans suja e uma camiseta. Voltei a olhar para a água verde pela janela. Estava repleta de vida. A piscina havia sido tomada por organismos que nos eram nocivos, e se tornara um mundo em si mesma, silenciosa e hostil. A vida prevalecera, mesmo que não fosse a vida que queríamos e da qual precisávamos.

Entrei no ônibus e me sentei numa saleta nos fundos com Steve, meu novo roadie, e Scott. Eles estavam assistindo a *Um Palhaço Suspeito*, de Bobcat Goldthwait, pela quadringentésima vez.

— Ei — falei. — *Um Palhaço Suspeito* de novo?

— Sim — disse Steve. — Um filme que nunca envelhece.

Após a passagem de som, fui até uma loja vegana ali perto e comprei um sanduíche de frango falso e um refrigerante de cereja. Voltei, sentei-me em meu pequeno camarim e jantei enquanto lia as várias camadas de pichações. As paredes amarelas estavam cobertas por inscrições em tinta preta: "O pau de Lee Ving é destruidor", "Se esforcem mais, vagabundas", "The Wallflowers", "Cerveja grátis amanhã". Depois do jantar, li o jornal alternativo local para saber se tinham falado de mim ou do show daquela noite.

Na seção de vida noturna, havia uma pequena nota: "Moby, o Grande Lamento Branco". Dizia: "Enquanto o Chemical Brothers, o Fatboy Slim e o Prodigy foram arrebatados ao status de astros do rock, Moby tornou-se seu enteado techno, abandonado para tocar em barzinhos enquanto seus colegas lotam estádios." Eu não podia reclamar, era verdade.

Às oito da noite, as portas foram abertas e o público começou a entrar. Lembrei-me das vezes que abri os shows do Red Hot Chili Peppers e do Flaming Lips na Europa, em 1995, quando as multidões irrompiam naqueles grandes espaços, correndo para garantir lugares à frente do palco. As poucas centenas de pessoas que foram naquela noite para o show em Portland entraram timidamente, evitando a área perto do palco, preferindo ficar de pé no bar, comprando bebidas.

Eu estava no camarim, bebendo meu refrigerante de cereja e lendo uma matéria sobre as livrarias de Portland, quando Steve chegou com duas garotas e disse:

— Moby, estas são Lorena e Michelle.

— Oi, como vocês se conheceram? — perguntei.

— Ah, o Steve estava em Portland com Tommy Lee e nos conhecemos no Lady Lusty — disse Lorena.

Então elas eram strippers. Na maioria das cidades, as strippers se apresentavam com um leve ar de vergonha e derrotismo, mas, em Portland, elas eram orgulhosas. Algumas chegavam a ser sindicalizadas e abriam suas próprias boates. Aquelas strippers eram orgulhosas, e eu as adorava por causa disso.

Olhei para Lorena, e ela olhou para mim. O demorado olhar entre uma stripper e um músico nos bastidores.

— Quando você vai entrar? — perguntou Lorena.

— Que horas são? — perguntei, olhando para o relógio. — Ah, em quinze minutos.

— Tudo bem — disse ela. — Vejo você no palco.

E foi embora com a amiga.

Aquele era o fim de outra turnê fracassada, tocando para algumas centenas de pessoas em um clube de rock decrépito. Pela manhã eu iria para a casa de minha mãe moribunda. Mas, naquele momento, após trocar aquele olhar com Lorena, me senti vivo outra vez.

O show começou: gritei, batuquei no Octapad, toquei guitarra e corri pelo palco. Eu queria ser um astro do rock. Eu queria que o som estivesse perfeito e que as luzes me iluminassem do jeito certo, para que Lorena gostasse de mim e ficasse comigo no meu quarto de hotel antes de voltar para Connecticut. Após cada música, o público aplaudia, reservado e educado. Aquilo supostamente era para ser um bacanal. Por que as pessoas não estavam transando na pista de dança nem destruindo tudo? A coisa estava morna, então gritei e me agitei ainda mais. Eu me sacudi o máximo que podia, tocando hinos rave e canções de punk rock.

"Por favor, façam isso dar certo", tive vontade de pedir para a plateia. "Por favor, me amem. Por favor, evitem que minha mãe morra. Por favor, façam Lorena, a stripper, achar que sou atraente. Por favor."

O público aqueceu perto do fim do set e, durante "Feeling So Real", estava quase animado. Tocamos a última música e saí do palco, suado e sem camisa. Steve me encontrou na lateral do palco e me entregou um velho chapéu de caubói, preto e sujo.

— Encontrei isso na rua — disse ele. — Achei que você fosse gostar.

— Você está certo. Gostei.

Coloquei o imundo chapéu de caubói na cabeça, peguei uma garrafa de Jack Daniel's e fui até o camarim. Alguns minutos depois, Michelle e Lorena entraram.

— Vocês gostaram do show? — perguntei.

— Ah, sim! — disse Lorena. — Adoramos.

Dei cervejas para as duas e servi doses de Jack Daniel's em copinhos de papel para cada um de nós.

— Saúde! — disse Michelle, e entornamos nossas doses.

— Vamos encontrar Steve e ver se ele já terminou o trabalho — falei.

Saí do camarim ainda sem camisa, com o chapéu de caubói, uma garrafa de Jack Daniel's e duas strippers orgulhosas à tiracolo. Minha mãe poderia morrer no dia seguinte, mas ali havia um grande amálgama de promessas etílicas. Enquanto caminhávamos para a lateral do palco, escutei uma vozinha às minhas costas.

— Moby?

Eu me virei. Havia um jovem adolescente de pé junto à porta dos bastidores. Tinha cabelos castanhos e era mais baixo do que eu. Vestia calça jeans amarrotada e uma camiseta do U2.

— Moby? — falou. — Eu sei que você é cristão. Você poderia autografar minha Bíblia?

Ah, meu Deus. Entreguei a garrafa de Jack Daniel's para Lorena e peguei a Bíblia e a caneta do garoto.

— Você sabe que não fui eu quem escreveu esse livro, certo? — brinquei.

Ele não riu.

— Qual é o seu nome? — perguntei.

— Greg. Eu só queria que você autografasse minha Bíblia — disse ele, sério.

De repente, tudo ficou muito silencioso. Em pé, sem camisa e usando um chapéu de caubói, eu me senti um idiota diante daquele menino. O que deveria escrever? Peguei a caneta, que pairava com a minha indecisão sobre a primeira página da Bíblia. Ele, Lorena e Michelle estavam olhando para mim, com expectativa. Tudo o que eu queria era desaparecer com Lorena em um quarto de hotel barato e com álcool suficiente para ter certeza de que não viveria por muito tempo.

Escrevi: "caro Greg. deus ama você. não tenho certeza se ele me ama, mas ele ama você. obrigado, moby." Então, desenhei um alienígena numa lua solitária.

Greg pegou a Bíblia.

— Obrigado, Moby.

— Não, Greg — falei, olhando para ele e tentando parecer um cristão sincero em vez de um bêbado amante de strippers. — Eu que agradeço.

Ele olhou para mim e por um segundo pareceu como se estivesse prestes a fazer outra pergunta, mas acabou indo embora. Peguei a garrafa de Jack Daniel's de Lorena.

— Isso acontece com muita frequência? — perguntou Michelle.

— O quê, dar autógrafos? — perguntei alegremente.

— Não, autografar Bíblias.

Suspirei, envergonhado.

— Já autografei camisetas, seios, baterias eletrônicas, cadeiras de rodas e bundas. Mas, não, nunca havia autografado uma Bíblia.

Lorena perguntou:

— Você é cristão?

— Bem, isso é complicado. Você quer falar sobre isso mais tarde?

— Claro — disse ela. — Eu era cristã. Fui criada na igreja.

Então Steve apareceu e me salvou de uma discussão improvisada sobre teologia e hermenêutica com uma stripper de Portland nos bastidores de um show.

— Alguém sabe que horas são? — gritou Steve.

— Onze da noite? — adivinhou Michelle.

— Não! — gritou ele, abrindo uma Budweiser. — É hora da cerveja!

— Isso aí! — exclamei. — Precisamos de cerveja!

Voltamos para o camarim, onde Scott e Ali já bebiam em silêncio.

— *Ali, seu idjótaa!* — gritei com meu terrível sotaque falso norte-irlandês que me fazia soar como um duende jamaicano. — Precisamos de cerveja!

Abrimos cervejas, tomamos doses de Jack Daniel's, e, em seguida, tomamos mais algumas. Após beber por uma hora, sugeri:

— Vamos pegar o ônibus e beber no motel!

Pegamos toda a cerveja, a vodca e o Jack Daniel's do camarim e embarcamos no ônibus com Michelle e Lorena. Coloquei o CD *Shout at the Devil* para tocar e sentei-me ao lado de Lorena, uma mão sobre a sua coxa e a outra segurando uma cerveja. Eu ainda estava sem camisa e ainda usava aquele imundo chapéu de caubói. Mas agora eu estava bêbado.

Steve e Michelle começaram a se beijar. Scott perguntou para Lorena:

— Você tem alguma amiga que pudéssemos chamar?

Lorena riu e segurou a minha mão. Estava quente e eu estava bêbado de paixão. Não apenas por Lorena, a stripper orgulhosa, mas por aquele ônibus, por minha banda, por nosso motorista com obesidade mórbida. Eu estava apaixonado pelo Mötley Crüe no aparelho de som e pela garrafa de Jack Daniel's no chão. Eu estava apaixonado pela perspectiva de não ficar sozinho no meu quarto de motel, preparando-me pela manhã para entrar em um avião que me levaria até Connecticut e minha mãe à beira da morte.

Então, lembrei que tinha autografado uma Bíblia. O que Deus pensaria de mim? Será que eu estivera longe por tempo demais, o filho pródigo que nunca voltaria para casa? Eu queria transar com Lorena na cadeira branca e mofada da piscina e, em seguida, obrigá-la a pegar uma faca e amorosamente me esfaquear até a morte. Eu queria que ela empurrasse meu corpo na piscina e me deixasse afundar naquela água verde e doentia. Deixar que a água devorasse meu corpo da mesma forma que o câncer devorava minha mãe. Me deixar morrer. Me deixar morrer.

Lorena abriu outra cerveja e perguntou:

— O hotel tem piscina? Podemos mergulhar?

PARTE CINCO

O PROGRESSO DAS RAVES, 1997-1999

51

CARVALHOS

Voltei de Oregon e cheguei ao quarto de hospital da minha mãe dois dias antes de sua morte. Na maior parte do tempo, ela esteve sob efeito de remédios, dormindo sob seu cobertor favorito, mas houve um momento em que ela acordou e eu segurei sua mão. O restante da família tinha saído para almoçar, de modo que eu e ela estávamos sozinhos no quarto. O sol atravessava as persianas na janela e tocava sua pele delicada. Ela olhou para mim e sorriu. Minha mãe não conseguia falar, mas segurei a mão dela e nós nos olhamos. Ficamos assim por alguns minutos. Sorri para ela e disse:

— Está tudo bem, está tudo bem.

Então o sol iluminou sua pele pálida, ela fechou os olhos e morreu.

Agora eram 7h30, na manhã em que seria realizado o funeral, e meu telefone estava tocando. Outra vez. *Vou dormir mais uns trinta minutos*, pensei, *então vou me levantar e ver quem está ligando*. Voltei a dormir, mas o telefone tocou de novo. Saí da cama e atendi, irritado com quem quer que estivesse me ligando às 7h30 no dia do funeral de minha mãe.

— Moby! Onde você está? — perguntou Paul.

— Estou em casa — respondi. Obviamente, já que ele havia ligado para o telefone de casa.

— Por que você não está aqui?

— Aqui onde?

— No funeral da sua mãe.

— São 7h30. O funeral só começa às onze. Ainda tenho três horas e meia. Por que você está me ligando tão cedo?

— São 10h30, seu idiota! O funeral vai começar em meia hora!

— O quê? Não, são 7h30 — falei, mas já olhando para o relógio do andar de baixo. O relógio no quarto indicava 7h30, mas o do andar de baixo mostrava claramente 10h30. Então fiquei confuso.

— São 10h30! — gritou Paul.

— Merda. Porra. Meu despertador está quebrado. Estou correndo para aí. Vejo você assim que puder.

— Você sabe que vai perder o funeral da sua mãe?

— Sim, eu sei. Vejo você mais tarde.

— Certo. Venha logo.

Verifiquei o despertador do meu quarto mais uma vez: marcava 7h35, apesar de já serem 10h35. Eu não entendia por que estava três horas atrasado. O relógio não estava quebrado. Eu não tinha deixado o horário da Costa Oeste. O aparelho não estava desligado. A única possível e bizarra explicação era que meu subconsciente me acordara no meio da noite para alterar o horário. Ele não queria que eu fosse ao funeral, então a única coisa que pôde fazer foi adiantar meu relógio em 21 horas.

É de se esperar que os filhos compareçam aos funerais de seus pais, ainda mais os filhos únicos de pais solteiros. Eu morava a 65 quilômetros da igreja onde aconteceria o funeral, e não tinha emprego fixo, então não tinha outra desculpa para faltar ao funeral da minha mãe afora um subconsciente superprotetor.

Corri até o armário, peguei um terno preto e me vesti. Dei o nó na gravata, calcei os sapatos e peguei a carteira e as chaves. Coloquei a carteira no bolso interno do paletó, mas já havia algo ali dentro: uma caixa de fósforos do Harmony Burlesque Theater. Abri e li: "CRYSTAL XXX", escrito acima de um número de telefone. O terno que eu estava usando para ir ao funeral da minha mãe tinha sido usado pela última vez quando eu fora ao Harmony Burlesque, em Tribeca, a boate de strip mais suja e pervertida de Nova York. Provavelmente ainda havia perfume e glitter na virilha. Eu era uma pessoa simplesmente terrível. Saí de casa correndo e chamei um táxi.

— Você pode me levar a Norwalk, Connecticut? — perguntei ao motorista.

— Isso vai dar uns 200 dólares — disse ele.

— Certo, vamos.

Descemos a Houston e subimos a FDR em direção à I-95 e a Connecticut. Olhei para o relógio. Eram 11h05. Imaginei que o funeral acabara de começar. Ao me manter longe do funeral, meu subconsciente podia fingir que aquilo não estava acontecendo. E podia fingir que o relacionamento com minha mãe tinha sido simples e muito bom.

Eu amava minha mãe. Ela era uma das pessoas mais inteligentes, engraçadas e interessantes que eu já tinha conhecido. Mas crescer ao lado dela nunca foi algo normal. Minha lembrança mais remota é a de estar voando com ela para São Francisco em 1968. Meu pai morrera, eu tinha quase três anos e minha mãe acabara de virar hippie. Era o Verão do Amor e ela deixara seu cabelo louro comportado, outrora na altura dos ombros, ficar longo e selvagem. Ela queria visitar amigos na Califórnia, tomar LSD e se perder em Haight-Ashbury.

Pousamos em San Francisco e os amigos da minha mãe nos receberam no aeroporto. Ela crescera com aquelas pessoas em Darien. Alguns anos antes, todos eram estudantes universitários engomadinhos bebendo gim-tônica nos veleiros de seus pais em Long Island Sound. Agora, tinham cabelos e barbas compridos e jaquetas jeans à lá David Crosby com bolsos cheios de drogas. Eles me colocaram no banco de trás de seu fusca e foram até o apartamento onde moravam, em Haight. O carro estava tomado por fumaça de maconha, por risadas e pelo som do Jefferson Airplane que tocava no rádio. Tentei me sentar para poder olhar pela janela. Eu sabia que não devia reclamar — se o fizesse, provavelmente gritariam comigo.

Quando criança, eu nunca sabia o que sairia dali: minha mãe inteligente-e-engraçada ou minha mãe mal-humorada-e-violenta. Quando ela estava com raiva, eu me sentava em silêncio e esperava que minha mãe afetuosa retornasse, perguntando-me o tempo todo o que eu tinha feito para deixá-la tão furiosa. Sentado no banco de trás daquele carro, descobri que eu tinha outra mãe: uma mãe ausente de 24 anos aspirante a hippie, envolvida com drogas, homens e a contracultura de 1968. Fiquei sentado no banco de trás do fusca dos amigos dela, fumando maconha passivamente.

Naquela noite, depois do jantar, ela e os amigos tomaram LSD e me levaram a um filme com classificação indicativa para maiores de dezoito anos chamado *Andy Warhol's Flesh*. Como eu tinha menos de três anos, me esconderam sob um casaco e entramos no cinema.

Eu estivera em São Francisco durante o Verão do Amor e assistira a um filme para maiores de dezoito dois anos antes de ingressar no jardim de infância. Talvez por isso não fosse surpreendente o fato de eu ter no bolso uma caixa de fósforos onde se lia "CRYSTAL XXX" e o número de telefone da garota.

Agora eu tinha 33 anos e estava preso no trânsito em algum lugar de Westchester County. Eu sabia que deveria estar triste. Afinal, eu perdera minha única mãe. Mas eu só me sentia distante, confuso e culpado. Onde estava minha manifestação de pesar? Durante toda a vida eu tivera uma mãe e, então, fiquei órfão. Senti-me solto, menos atrelado a Connecticut, à infância, a Darien e à pequena casa onde morávamos, perto da estação de trem. A mulher que me dera à luz, me criara, me levara ao dentista, me alimentara e me amara estava, naquele momento, simplesmente morta. A mulher que pagara minhas aulas de violão e nos ouvira enquanto minhas bandas de punk rock ensaiavam no porão de sua casa havia desaparecido. Ela estava morta, mas "morta" se referia apenas ao corpo. "Desaparecida" se referia à pessoa.

O trânsito na I-95 melhorou e voltamos a nos mover. Passamos por Stamford e, em seguida, Darien, pegando a saída que levava à casa onde cresci. Olhei para o taxímetro: 180 dólares. Aquele dinheiro poderia ser usado na compra de cerveja, no pagamento de strippers e de analgésicos, como também poderia ser gasto numa viagem de táxi para almoçar na casa de minha avó após perder o funeral de minha mãe.

— Esta é a saída — falei para o motorista.

Ele resmungou, acionou o pisca-alerta e pegou a pista de saída.

Chegamos à casa da minha avó e eu paguei o taxista. Agora, precisava explicar para minha avó, meus tios, minhas tias e meus amigos por que dormira durante o único funeral de minha única mãe. Atravessei o gramado, parei subitamente e comecei a rir. Paul estava me esperando à porta da frente, ao lado de Lee.

Paul e Lee adoravam minha mãe e teria sido estranho eles perderem o funeral dela. Não tão estranho quanto eu faltar ao funeral, mas ainda assim teria sido estranho. Nos últimos anos, Paul vinha raspando a metade da frente da cabeça e deixando crescer a metade de trás, garantindo-lhe uma nuvem de cabelo de palhaço na parte de trás da cabeça. Geralmente ele usava camisetas de punk rock e tingia o cabelo remanescente de laranja. Mas, para o funeral, ele pegara emprestado um terno azul-marinho que era uns quatro números maior do que ele e estava usando uma peruca preta que devia ter sido roubada de um manequim do Leste Europeu em 1975.

— Você está incrível! — falei, rindo histericamente.

— Eu queria parecer respeitável — disse Paul, um tanto magoado.

— Você parece muito respeitável — falei, ainda rindo. — Eles deixaram você entrar na igreja?

Lee disse:

— Moby, está todo mundo lá dentro. Você acabou de perder o enterro da sua mãe. Deveria parar de rir.

— Você tem razão — concordei, parando de rir. Olhei para Paul e comecei a rir outra vez.

— Hahaha! Você parece um palhaço!

— Eu sou um palhaço — admitiu Paul, quase rindo.

Contive o riso.

— Certo, vai ficar sério — falei antes de entrar.

Minha família estava reunida na sala de estar, comendo sanduíches e em luto silencioso. Quando me viram, todos se levantaram e começaram a me fazer perguntas. Eu meio que me expliquei, dizendo:

— Meu despertador quebrou. Só acordei quando Paul me ligou da igreja. — Omiti a parte em que meu subconsciente alterou o relógio, garantindo que eu perdesse o funeral.

— Seu despertador quebrou? Justo hoje? Eu sinto muito — disse meu tio Dave.

Meu subconsciente felicitou a si mesmo. *Viu?*, disse ele. *Eles não estão com raiva, não vão gritar com você. Eles só estão tristes porque você perdeu o funeral!* Mas eu me sentia vil e culpado. Eu amava minha família e, ao perder o funeral da minha mãe, tinha causado um terrível e desnecessário estresse para todos. Ela era minha mãe, mas também era filha, irmã e tia deles.

— Como foi o funeral? — perguntei. Então, timidamente, me corrigi: — E isso lá é coisa que se pergunte?

Eles me disseram que tinha sido adorável: o sol entrando pelas janelas da mesma igreja presbiteriana em Darien onde minha mãe se casara, onde meu avô lecionara na escola dominical, onde minha avó servira como voluntária, onde eu fora batizado e onde todos passávamos as Páscoas e vésperas de Natal.

— Tinha música? — perguntei.

— Sua mãe queria que tocassem "Morning Has Broken", do Cat Stevens, e foi o que fizemos — disse Richard. Sua voz ficou embargada, então lhe dei um abraço.

Fomos até o quintal e ali ficamos, comendo sanduíche e tomando cerveja. Olhei para Paul com sua peruca e comecei a rir outra vez.

— De onde você tirou essa peruca? — perguntou minha tia Anne, tentando conter o riso.

— Você parece um pistoleiro russo — disse meu tio Joseph. E logo estávamos todos rindo, até mesmo minha avó.

— Paul, nós sabemos como é o seu cabelo de verdade — disse ela. — Você não precisa usar essa peruca.

Paul tirou a peruca preta de manequim.

— Seu cabelo está rosa! — espantou-se Noah, meu primo de oito anos.

— Pintei ontem à noite — disse Paul.

Estávamos rindo no quintal, segurando cervejas e sanduíches, de pé sob o sol de outono. Olhei para minhas tias, meus tios, minha avó e meus primos e percebi quanto eu amava aquela família inteligente, divertida e gentil. Imaginei minha mãe nos observando sob as árvores, rindo do cabelo ridículo de Paul. Talvez ela estivesse ali, incorpórea, entre os carvalhos, observando sua família, seu marido, seu filho, sua mãe, seus amigos, todos rindo e, ao menos por um instante, felizes. E depois ela talvez tenha dito adeus, retornando através das folhas e do céu em direção a Deus.

FESTA DE CASAMENTO

Minha mãe morrera havia uma semana e eu precisava sair.

Era quarta-feira à noite, e às quartas-feiras eu ia ao Windows on the World, no topo do World Trade Center. O Windows on the World era um bar e restaurante e que parecia uma cápsula do tempo da década de 1980, com mobiliário pós-disco e tapetes laranja e marrons de parede a parede. O lugar fora projetado para impressionar turistas, então, quando minha avó vinha me visitar em Nova York, eu a levava até lá, no topo das Torres Gêmeas, para almoçar. Ela pedia salada com frango e chá gelado e íamos até a janela para olhar o Woolworth Building, onde meu avô, seu marido, trabalhara por décadas. As janelas desciam até o chão, de modo que era possível ficar a centímetros de distância do vidro e flutuar quatrocentos metros acima do mundo, com toda a cidade de Nova York e Nova Jersey espalhando-se à frente.

Um ano antes, um produtor convencera o proprietário do Windows on the World a deixá-lo promover festas nas noites de quarta-feira. Os DJs tocavam Herb Alpert, Nancy Sinatra e Fatboy Slim. As pessoas bebiam, dançavam e admiravam Nova York e todos os seus rios e pontes.

Às nove da noite, eu estava em casa me preparando para sair. Coloquei para tocar um disco do The Clash, preparei uma vodca com soda e decidi qual terno de poliéster vestiria. Nos últimos anos eu me habituara a ir à Goodwill, na Prince Street, para comprar ternos de poliéster de segunda mão.

Sempre que eu usava um terno velho recebia elogios, o que me levou a continuar comprando e vestindo ternos velhos de 20 dólares. A escolha número um era um terno bege de poliéster de três peças. Eu estava ficando gordinho de tanto beber, por isso o terno ficava muito apertado e me fazia parecer — e me sentir — um corretor de seguros do Sul que produz pornografia amadora nos fins de semana. A segunda escolha era um terno de poliéster azul-claro de três peças. Ele fazia eu me sentir um porteiro bêbado de um bar de solteiros de Palm Beach em 1975. A escolha número três era um terno branco de três peças. Eu já tinha usado aquele terno tantas vezes que os punhos e os fundilhos estavam com manchas marrons. A escolha final era um velho smoking preto. Eu achava que esse smoking me fazia parecer um gerente de serviço de bufê em horário de folga, mas recebera mais elogios do que os demais, o que determinou sua escolha entre meus ternos de poliéster.

O CD do The Clash acabou. Coloquei um álbum do Roxy Music e preparei outro drinque. Improvisei um lenço com um pouco de papel higiênico dobrado — algo que comecei a fazer porque não tinha nenhum lenço de verdade —, terminei o segundo drinque e saí de casa. Tinha chovido mais cedo, mas naquele momento o vento soprava. As nuvens estavam se dispersando em direção ao mar. As ruas estavam molhadas e vazias.

Andei pelo SoHo pensando em como aquele bairro estava mudando. As galerias de arte estavam fechando, os estúdios de gravação estavam fechando, os artistas estavam indo embora. As mudanças em Nova York eram emocionantes, mesmo quando horríveis. Até mesmo a música estava mudando: o hip-hop estava deixando de ser uma voz de protesto para se tornar uma celebração das bebidas e dos relógios caros. Cidades mudam, carreiras terminam, pais morrem.

Cheguei ao rio Hudson. Alguns anos antes, suas margens tinham sido abandonadas e ocupadas por transexuais e adolescentes sem-teto tentando vender sexo para comprar drogas. Agora, era um amplo canteiro de obras, com passeios, parques infantis e áreas de piquenique sendo construídos junto à água imunda. Passei pelos prédios de escritórios de Lower Manhattan, todos iluminados, ocupados pelas equipes de limpeza ou por negociantes de commodities movidos a Ritalina. Finalmente, cheguei às Torres Gêmeas: aquelas sentinelas, ancorando Manhattan estoicamente, como a ponta de um compasso. A melhor e mais sutil das características das Torres Gêmeas era que dava para ver as sombras das nuvens na face dos dois prédios. As torres eram sempre mais altas do que eu esperava. Cheguei à base da torre sul e olhei para cima. Eu já tinha feito aquilo umas cem vezes, e, em todas as ocasiões, sentia como se a gravidade tivesse sido invertida e eu estivesse caindo para cima.

O saguão da torre sul estava repleto de bêbados descolados, esperando o elevador para transportá-los por 106 andares até o Windows on the World. Meu amigo Marcus estava lá, conversando com o produtor. Eu conhecia Marcus havia alguns anos, e nos tornáramos amigos de copo, saindo juntos cinco noites por semana. Em seu velho terno preto, Marcus parecia um gigolô magrelo da década de 1950, e ele sempre carregava uma velha pasta de couro com um frasco de bebida alcoólica escondido ali dentro. Ao me ver, ele acenou e nós dois entramos no elevador.

Saltamos no 106º andar e avistamos o bar longo e brilhante à esquerda, as mesas e cabines à direita, a pista de dança bem à frente. O DJ estava tocando um mix de Chemical Brothers com Velvet Underground. Marcus e eu fomos até o bar para pegar umas bebidas.

Pedimos quatro drinques, dois para cada um, e olhamos para as mulheres que se reuniam em torno do bar. Eu era um músico careca no ostracismo e Marcus parecia um David Lynch baixinho e sem-teto, mas de algum modo continuávamos saindo com belas mulheres. Usávamos ternos velhos que tinham cheiro de Exército da Salvação. Ficávamos bêbados e dançávamos mal. Contávamos piadas horrorosas, mas, ao fim da noite, geralmente encontrávamos mulheres bêbadas que ficavam temporariamente encantadas por nós.

Levamos nossas bebidas até a pista de dança e cumprimentamos o DJ, que tocava então um mix de cítara com breakbeat. Nós nos sentamos em uma cabine ao lado de nossas amigas Florence e Beth. Florence era uma escritora escocesa com cabelo castanho-escuro, que usava vestidos do tempo de Eisenhower e óculos com armação de casco de tartaruga. Beth era uma bela editora de livros irlandesa com um longo cabelo ruivo que morava com seu "marido *green card*" em um pequeno estúdio em Tribeca.

Marcus botou o copo na mesa e disse:

— Florence, vamos dar uns amassos no banheiro!

Eles já tinham saído esporadicamente durante alguns meses, e ela respondeu:

— Vamos!

E se foram.

Fiquei sentado, bebendo, observando as pessoas dançando, bebendo e flertando. De dia, lutávamos contra a condição humana e íamos a terapeutas para lamentar sobre relacionamentos fracassados e pais falecidos. Mas, ali, as pessoas estavam felizes e bêbadas, iluminadas por luzes suaves e remixes de Ravi Shankar. As consequências de se beber seis noites por semana ainda não tinham chegado ao 106º andar do World Trade Center.

Terminei meu segundo drinque e pedi outro. Marcus voltou com Florence e os dois se sentaram, suados e envergonhados.

— O que aconteceu? — perguntei.

— Hum, nós transamos no banheiro — disse Marcus.

Florence sorriu e se levantou para ir até o bar.

— Vocês transaram? Só isso? — perguntei.

Marcus admitiu:

— E fizemos sexo anal.

— No banheiro? Agora?

Olhei para Florence, que estava de pé em frente ao bar. Ela olhou para mim, riu e me deu as costas. Beth pôs a bebida na mesa.

— Certo — anunciou ela. — Moby e eu também vamos fazer sexo anal no banheiro.

— Vamos? — perguntei.

Beth e eu tínhamos saído algumas vezes e transando na minha varanda tarde da noite, a tempo de ela voltar para a casa onde morava com o "marido-*green card*", mas aquilo era território inexplorado.

— Sim, vamos.

Havia filas nos banheiros, já que todo mundo estava bêbado e precisava fazer xixi ou cheirar cocaína na privacidade de suas próprias cabines.

— Espere — falei, apontando para um corredor que se estendia para além do Windows on the World. — Há banheiros ali.

Atravessamos o corredor até um espaço para eventos particulares que fora alugado para uma festa de casamento. Um marido judeu e uma noiva coreana, com suas respectivas famílias e amigos, todos dançando ao som do ABBA, admirando Manhattan e desfrutando de sua pequena fatia de futuro.

Beth e eu entramos sorrateiramente no banheiro feminino do espaço para eventos, encontramos uma cabine, entramos e trancamos a porta. Nós nos beijamos e ela tirou o vestido e a calcinha. Abaixei a calça do meu smoking e a cueca, e começamos a transar. Beth era barulhenta, mas estávamos bêbados, a quatrocentos metros acima da cidade de Nova York, então nenhum de nós se importou. Podíamos ouvir as mulheres entrando e saindo do banheiro e alguém dizendo: "Tem gente transando aí?"

Sussurrei para Beth:

— Será que devemos fazer sexo anal?

— É claro que sim — disse ela.

Alguém começou a bater à porta.

— Acabem logo com isso!

— Já vamos terminar! — gritou Beth, e eu comecei a rir.

Terminamos com Beth imprensada contra a parede lateral da cabine, eu debruçado sobre ela. Nós nos vestimos e tentamos sair da cabine como se nada tivesse acontecido, caminhando sob as fortes luzes do banheiro e os olhares furiosos das mulheres que esperavam na fila.

Uma mulher mais velha que fumava um cigarro e retocava a maquiagem olhou para mim e comentou:

— Você esqueceu uma coisa.

Olhei para baixo e vi que havia sêmen na frente da calça do meu smoking do Exército da Salvação.

Quando voltamos à nossa mesa, Marcus e Florence estavam ali sentados com alguns amigos. Todos se viraram para nós, silenciosos e cheios de expectativa.

— Ok, ok, nós acabamos de fazer sexo anal no banheiro — disse Beth.

Todos gritaram "Viva!" como se ela tivesse acabado de ser promovida no emprego. Parei uma garçonete.

— Uma Stoli com soda e uma fatia de limão para mim, e um gimlet de vodca para minha amiga, por favor.

Ela sorriu.

— Boas escolhas.

O DJ tocou "I Feel Love", e nossas bebidas chegaram. Eu não queria ficar sentado, porque adorava aquela música, mas queria beber. Então tentei fazer as duas coisas, movendo-me pela pista de dança com meu drinque enquanto Donna Summer cantava para mim. O mundo era um enigma vazio, adernando entre a ordem e o caos, e respondíamos àquilo com sexo no banheiro, vodca russa e antiga disco music.

Peguei meu drinque e fui até as janelas, onde apoiei a cabeça contra o vidro. Bebi a vodca olhando para baixo. As nuvens de chuva ainda se dispersavam, e estávamos acima delas. Dava para ver as delicadas luzes da ponte do Brooklyn brilhando através das nuvens como uma suave pista de pouso. Vi a Estátua da Liberdade no porto. E, ao longe, o oceano, negro e frio. Aquilo era de uma beleza insondável.

Com a testa encostada no vidro, percebi que estava chorando. Culpei a vodca e a beleza de Nova York vista do alto das Torres Gêmeas. O DJ tocou "Downtown", de Petula Clark. Terminei meu drinque e virei de costas para o mundo.

CHUVA NAS CLARABOIAS

Em uma noite fria e chuvosa de domingo, todo mundo que eu conhecia estava em casa curando a ressaca e assistindo a programas ruins na TV. Eu queria sair para beber. Queria ser convidado para a melhor festa da minha vida e encontrar minha alma gêmea inquestionável. Mas verifiquei o e-mail, a secretária eletrônica, e depois verifiquei mais uma vez. Era uma noite de domingo fria e chuvosa; não havia nada acontecendo.

Então, decidi pedir comida chinesa e trabalhar com música. Peguei o telefone e liguei para meu restaurante chinês vegano favorito, o Tsien Garden, na Allen Street, e pedi o de sempre: seitan com cenoura e batata, suco de cenoura, arroz integral e uma salada pequena. Eu sabia que, quando o entregador chegasse, eu seria tomado pela culpa. Eu o encontraria no elevador, quente, seco e calçando um chinelo felpudo, enquanto ele estaria com frio, molhado e vestindo um poncho, tentando não tremer ao me entregar minha sacola molhada de comida chinesa.

Apesar da culpa iminente, eu me sentia confortável. A chuva que caía nas claraboias e o vento assobiando, tentando abrir caminho pelas laterais das janelas, eram dois dos meus sons favoritos. Fingi que estava em uma solitária torre de castelo, observando montanhas típicas dos mapas de Tolkien, em vez de estar em um prédio de apartamentos no Lower East Side que outrora tinha sido um matadouro.

Enquanto esperava a comida chegar, calcei meus chinelos, atravessei o corredor até o estúdio e liguei o equipamento. Primeiro a extensão e, em seguida, os sintetizadores e samplers. Então, carreguei os discos em meus samplers Akai, ouvindo-os zumbir e clicar tranquilamente, enquanto liam os discos e carregavam os códigos em seus cérebros sampleadores japoneses. Depois me inclinei debaixo de uma mesa e liguei a mesa de mixagem Soundcraft de 24 canais e, finalmente, liguei o amplificador e as caixas de som. Meu estúdio estava pronto, emitindo o rumor calmo que é o tranquilo ruído de fundo de um estúdio, algo como um tráfego distante ou uma praia à noite.

Eu não sabia no que trabalhar, então carreguei alguns samples gospel antigos que estavam comigo havia anos, embora nunca tivesse descoberto uma boa maneira de usá-los. Anos antes eu compusera uma rápida faixa euro chamada "Why Does My Heart?", que usava aqueles samples. Felizmente eu nunca tinha lançado aquilo, porque era muito ruim. Mas sempre adorei aqueles vocais e queria compor algo que lhes fizesse justiça. Eu colecionava discos gospel da Vanity de 1940 e 1950 havia anos, e aqueles samples vieram de um desses vinis nacionais velhos e empoeirados. Programei uma batida lenta que parecia mais de acordo com a qualidade daqueles belos samples antigos do que um padrão de bateria techno de 130 batidas por minuto. Eram vozes plangentes e sinceras e não precisavam se encaixar em uma faixa techno genérica. Os samples se encaixavam bem com aquele novo padrão de bateria lenta. Então, a campainha tocou.

Eu estava com fome e queria meu seitan com batatas, mas estava entrando naquele fluxo de trabalho hipnótico e obsessivo que era melhor do que álcool, drogas, sexo ou livros de ficção científica. Calcei de novo meus chinelos felpudos, peguei a carteira e abri a portaria do prédio para o entregador. As portas do elevador se abriram e foi exatamente como eu temia. O entregador estava ali, com seu 1,65 metro de altura, vestindo um poncho encharcado, e chegava a ter sacolas plásticas amarradas ao redor dos pés. Ele me entregou o saco de papel pardo, que também estava encharcado. *Sou a pior pessoa do mundo*, pensei, *pedindo que este pobre homem venha de bicicleta até a minha casa para que eu possa ficar sentado aqui dentro, quente e seco, centrado em mim mesmo e bem alimentado.*

— Quanto? — perguntei.

Ele me lançou um sorriso enorme sob o capuz de seu poncho encharcado.

— Catorze dólares, senhor!

Dei-lhe uma nota de 20 dólares, mas me senti mal e então lhe entreguei mais 5 dólares, em um total de 25 dólares.

— Ah, obrigado, senhor! Boa noite!

Abri o saco, retirei o seitan com cenouras e batatas e coloquei a comida em um prato de verdade para não me sentir muito parecido com um triste vegano solteiro e solitário em uma noite chuvosa de domingo. Sentei-me diante da minha mesa de aço inoxidável com o prato de comida, a caixa de salada, meu copo de suco de cenoura, e li *O único e eterno rei*. Eu adorava aquele livro, e o tinha lido diversas vezes desde os doze anos. Aquilo nunca envelhecia e o final sempre me fazia chorar, embora eu já soubesse o que estava por vir. Em *O único e eterno rei*, o rei Arthur é inocente, desafortunado e incapaz de sentir culpa ou ressentimento. Há uma cena em que ele está sentado sozinho, remendando com tranquilidade as próprias meias. Este foi o meu herói literário quando eu era criança: um rei ingênuo que remendava as próprias meias.

Acabei de jantar e coloquei o prato e o copo na pia. Quando reformei o apartamento, achei a maior parte do que precisava em lojas de sucata ou no lixo. A pia descartada viera do lixo na Bond Street. Comprei o escorredor de pratos de metal por 5 dólares na Bowery Street. E encontrei as luminárias de 10 dólares em uma loja de produtos usados em Chinatown. Assim era minha pequena cozinha: simples e funcional. E aquilo me fazia feliz.

Após lavar o prato e o copo e colocá-los no escorredor, voltei para o estúdio. O equipamento ainda estava ligado, delicadamente sorvendo eletricidade. O trabalho estava pausado exatamente onde eu tinha parado, esperando com toda a paciência o meu retorno. Sentei-me diante da tela do computador, cliquei em "play" e ouvi a música como eu a deixara. A bateria era rudimentar, mas soava bem com os samples vocais.

Editei os samples vocais, que quase passaram a soar como um verso:

Why does my heart
Feel so bad?
Why does my soul
Feel so bad?

[Por que meu coração
se sente tão mal?
Por que minha alma
Se sente tão mal?]

Os vocais eram em dó maior, mas eu queria que a faixa tivesse um início triste, então comecei com um acorde em lá menor no piano. O triste lá menor soou tão bem com o primeiro sample vocal que acrescentei um acorde em mi menor ainda mais sombrio e triste no segundo sample. Então, adicionei um sol maior à terceira linha vocal, evocando esperança ou otimismo dissonante. Terminei o verso com um acorde em ré maior, terminando com uma nota suave. Enquanto a chuva batina nas claraboias, diminuí as luzes da sala e sentei em minha poltrona, ouvindo a bateria e os vocais repetidas vezes.

Liguei um antigo sintetizador digital do fim dos anos 1980 que tinha uma bela combinação de piano e cordas e toquei uma melodia descendente sobre os acordes e os vocais. Parecia bom, mas precisava de um refrão. O último acorde dos versos era em ré maior, então desci um tom inteiro para o refrão, começando com dó maior. Embora óbvio, parecia um bom começo. Então voltei do dó maior até um lá menor que soasse melancólico, embora esperançoso, sobre o vocal "He's opened doors" [Ele abriu portas]. Então, fui de lá menor até fá maior, e o refrão soou como uma celebração. Depois disso, de volta ao dó maior, a solução esperada, ancorando a esperança e a alegria do refrão.

Sentei-me e senti aquela empolgação que eu só tinha quando compunha algo que talvez fosse bom: uma sensação de espaço e amplitude dentro e ao redor da cabeça, como se o tempo tivesse se tornando mais lento e mais rico. Eu precisava adicionar cordas orquestrais, talvez apenas no refrão. Compus alguns arranjos simples de cordas para o refrão que funcionaram muito bem com as mudanças de acordes. O refrão começou a subir, então inseri uma segunda seção de cordas de notas tônicas, quintas e sétimas.

Eu me perguntava do que mais a música precisava. Adicionei alguns pratos sutis aos refrões e delicados pratos de apoio aos versos. Após duas horas, a música estava pronta. Espere, será que precisava de uma linha de baixo? Os versos pareciam bem resignados, e os refrões, bastante expansivos e esperançosos. Eu me perguntei se uma linha de baixo tornaria a música melhor ou se a afundaria, tornando-a muito convencional e pesada. Tentei uma seção de *basso ostinato* sobre os versos e aquilo soou terrível: pesado e duro.

Então pensei: *Talvez a música precise mais de um som de baixo do que de uma seção de baixo.* Liguei o sintetizador Roland Juno-106 e criei um som de baixo muito simples e discreto. Todo grave, nenhum ataque, nenhum agudo. Apenas um baixo simples ao fundo. Joguei-o sobre os acordes e funcionou.

A maioria das pessoas nem mesmo perceberia o som do baixo; aquilo apenas ficava ali, subjacente à música, consolidando-a.

Eu dera à canção uma estrutura simples, passando da introdução ao verso, dali para o refrão, de volta ao verso e, então, ao encerramento minimalista. Estava pronta, de fato. Eu não sabia se aquilo era bom. Eu não sabia se mais alguém gostaria. Mas, enclausurado em meu pequeno estúdio, abrigado da chuva fria, achei aquilo belo e completo.

QUARTO SEM JANELAS

Damian e eu entramos no Spy Bar, no SoHo, e vimos Vanessa com Heidi, sua amiga e estrela pornô. Tentando parecer normal, Vanessa usava uma saia curta e um blazer executivo cinza que quase cobria suas tatuagens.

— Ah, merda — disse ela, colocando o drinque na mesa. — Vocês dois.

Eu não via Vanessa desde que nos separamos, cerca de um ano antes. Quando terminamos, ela jogou no lixo o gigantesco casaco verde de Muppet que Nina Hagen tinha me dado e tentou me queimar com uma vela.

— Oi, Vanessa — disse Damian.

— Oi, Damian — disse Vanessa.

— Oi, Vanessa — falei. — Minha mãe morreu.

Ela fez uma pausa e sua raiva diminuiu.

— Certo, você quer beber alguma coisa?

— Eu já tomei cinco drinques, mas, sim, quero.

— Ah, esta é minha amiga Heidi — disse Vanessa, embora já tivesse me apresentado para Heidi uma vez, quando ainda estávamos juntos. Heidi tinha um ninho de cabelo tingido de louro e gigantescos seios falsos sob uma camiseta minúscula e um colete de couro.

Heidi olhou para mim, evidentemente sem se lembrar de já ter me conhecido.

— Então foi você quem partiu o coração da Vanessa — disse ela.

— Bem — respondi. — Prefiro pensar que partimos o coração um do outro.

Ela riu e olhou para Damian.

— Uau — disse ela. — Que gatinho. Eu com certeza foderia com você.

Damian ficou ali parado, parecendo nervoso.

Fui até o bar e pedi oito shots de tequila, para que cada um ficasse com dois.

— Vamos lá — falei, e tomamos todos a primeira dose.

— De novo — falei, e tomei minha segunda dose. Mas ninguém me acompanhou.

— Vamos lá — exclamei. — Não sejam fracotes. Bebam a tequila.

Heidi e Vanessa tomaram o segundo shot. Vanessa parecia querer vomitar. Peguei a segunda dose de Damian e a tomei também.

Vanessa tinha começado a pergunta "Então, o que aconteceu com a sua..." quando Heidi desferiu um soco na boca de um corretor da bolsa.

— Ele passou a mão na minha bunda! — gritou ela. — Filho da puta!

Seguranças vestidos de preto pegaram todos nós, inclusive o corretor bolinador, e nos atiraram na rua.

— O que aconteceu? — perguntei, na calçada.

— Aquele filho da puta passou a mão na minha bunda e eu dei um soco na porra da boca dele! — respondeu Heidi, empurrando o segurança que a detinha.

— Sua puta! — gritou o corretor da bolsa com o lábio sangrando.

— Ei, seu babaca, cale a boca — disse um dos seguranças.

— Ela me deu um soco, porra! Vocês têm que prender essa mulher! — exigiu.

Os seguranças riram.

— Todos vocês vão embora e não voltem mais — disse o primeiro segurança, como um severo professor do ensino fundamental.

O corretor ensanguentado já seguia para o norte, em direção à Prince Street, gritando "Puta desgraçada!" diversas vezes. O segurança apontou para o sul e disse:

— Vão por ali.

Então, voltou para o SpyBar. Vanessa, Heidi, Damian e eu começamos a andar para o sul na Mercer Street.

— Vocês querem ir à Noite das Mil Stevies? — perguntou Vanessa.

A Noite das Mil Stevies era uma festa promovida por Johnny Dynell e Chi Chi Valenti, onde drag queens trajavam sua encarnação favorita de Stevie Nicks. Algumas se vestiam com roupas de Stevie Nicks nos tempos do Fleetwood Mac. Outras se vestiam como Stevie Nicks de meados dos anos 1980.

E as drag queens mais gordas se vestiam como a Stevie Nicks de meados dos anos 1990.

Pegamos um táxi no SoHo e subimos a West Street até o Meatpacking District. Minha mãe tinha morrido, mas quem se importava? Eu não me importava. Ou não queria me importar. Por que eu me importaria com outra coisa que não fosse estar bêbado naquele táxi a caminho de uma festa cheia de drag queens vestidas de Stevie Nicks? O mundo exterior, com pais falecidos e carreiras fracassadas, era triste e confuso. O álcool não entorpecia a dor, mas a transformava em um lugar interessante, repleto de espelhos distorcidos. Eu queria escolher o que sentir e não perder tempo com o que meus sentimentos exigiam de mim. O mundo do lado de fora de Lower Manhattan era repugnante e precisava ser exorcizado.

Chegamos à boate na 14th Street com a West Side Highway.

— Damian! — gritei quando saímos do táxi. — Vamos para a Mars!

— O que é Mars? — perguntou Heidi.

Damian explicou:

— Mars era uma boate aqui perto onde Moby tocava como DJ quando era careta. Agora é um terreno baldio.

Entramos na boate. O DJ estava tocando "Edge of Seventeen" e as drag queens cantavam junto sob uma floresta de globos espelhados.

— Isso é incrível! — gritei. — Eu quero ser a Stevie!

Fui até o bar e pedi mais oito doses de tequila, duas para cada um. Tomei minha primeira dose e depois a segunda. Damian ainda segurava a sua primeira. A segunda estava intocada. Peguei o copo dele e bebi.

— Moby, você precisa ir mais devagar — disse ele.

— E você precisa beber mais! — falei.

Vanessa e Heidi deram as suas doses para um transexual comprido vagamente caracterizado como Mick Fleetwood.

— Vamos dançar! — disse Heidi, e fomos até para a pista.

Em toda parte havia homens bonitos vestidos de Stevie Nicks. Após alguns minutos dançando, voltei para o bar e pedi mais tequila para mim. Tomei mais duas doses sob um globo de discoteca, abracei Johnny Dynell e disse a ele que eu o amava, e voltei para a pista de dança.

O DJ tocou "Rhiannon", e Vanessa e eu começamos a nos beijar. Coloquei a mão entre as pernas dela.

— Ah, cara — disse ela. — Vem aqui.

Ela me levou até um canto escuro e tirou a calcinha. Abriu os botões da minha calça e baixou o zíper. O DJ começou a tocar "Go Your Own Way" enquanto Vanessa me colocava dentro dela.

Uma drag queen chamada Stevie nos viu e disse:

— Ah, meu Deus, os héteros estão transando!

A amiga dela disse:

— Eca, que coisa nojenta!

O DJ tocou uma música de Stevie Nicks que eu não conhecia enquanto mais Stevies se reuniam para me ver transando com Vanessa num canto da pista de dança.

— Uau! — gritavam. — Vão, meninas, vão!

Senti-me sob os cuidados de Vanessa e das belas travestis vestidas de Stevie. Aquela degeneração enclausurada se assemelhava à bondade, um tampão entre mim e todas as coisas desagradáveis que eu odiava. Todos vivíamos em um lugar onde as coisas não funcionavam. Nossa vida não estava dando certo, nossos pais estavam morrendo, nossas carreiras estavam desmoronando, a cidade mal funcionava. Mas, naquele momento, Vanessa e eu estávamos fazendo sexo bêbado na pista de dança cercados por drag queens vestidas como Stevie Nicks, e simplesmente optamos por não nos importarmos.

O DJ começou a tocar "Edge of Seventeen" outra vez. Retirei o pênis e gozei na pista de dança. Encostei-me em Vanessa, bêbado e suado, abraçando-a. As Stevies aplaudiram e voltaram a dançar.

— Cadê minha calcinha? — perguntou Vanessa.

Olhei em torno. A pista de dança estava repleta de Stevies dançarinas.

— Acho que já era — falei.

— Vou encontrar a Heidi — disse ela.

Fiquei ali, cambaleando e dançando sobre meu próprio sêmen, cercado por centenas de encarnações de Stevie Nicks. Tentei não trombar nelas elas, mas não era possível. Eu precisava daquilo, de estar cercado e apoiado por todas aquelas belas Stevies. Fechei os olhos e dancei, sentindo os corpos ao meu redor, ouvindo outra música do Fleetwood Mac enquanto as Stevies transexuais cantavam junto.

Minha mãe estava morta, mas, naquele momento, aquilo me parecia remoto e universal, como um cometa com nome estranho passando longe da Terra. Vanessa me encontrou e dançamos mais um pouco. Comprei mais tequila e, depois de ouvir "Edge of Seventeen" pela quarta vez, saímos e pegamos um táxi até a casa dela. Enquanto descíamos a 5th Avenue, ela se inclinou sobre o assento e começou a me chupar.

O motorista de táxi reclamou:

— Ei! No meu táxi, não!

Vanessa parou por um segundo, disse "Ah, relaxa" e continuou a me chupar. Acabei rindo. O taxista ficou murmurando:

— Malditos americanos, eu odeio este país.

Vanessa parou de novo e disse:

— Então vá embora daqui. — E voltou a me chupar.

O motorista ficou ainda mais irritado, gritando em árabe ao volante e para o pinheirinho com aroma de coco pendurado em seu espelho retrovisor. Ele parou diante da porta de Vanessa, na Bowery Street, e pisou no freio. Eu lhe dei 20 dólares e saí do carro.

— Sinto muito, senhor — falei com a voz engrolada. — Ela é racista. — E fechei a porta.

No apartamento, o companheiro de quarto de Vanessa estava acordado, cheirando cocaína na mesa da cozinha.

— Moby? O que você está fazendo aqui? — perguntou.

— Cale a boca, Jeremy — disse Vanessa. — Nós não voltamos. A mãe dele morreu e estamos transando.

— Tudo bem — disse ele. — Oi, Moby, que bom ver você.

— Oi, Jeremy — falei. — Boa noite.

Fomos até o quarto de Vanessa e caímos na cama. Ela murmurou:

— Eu realmente sinto muito pela sua mãe, Moby.

Dei um beijo na testa dela.

— Obrigado, Vanessa.

Ela caiu no sono, roncando baixinho no meu ombro. Seu quarto minúsculo naquele apartamento na Bowery Street era como um útero: sem janelas, escuro como o breu e silencioso. Eu estava bêbado e a cama rodava. Connecticut ficava a apenas 65 quilômetros de distância, mas eu sabia que ele não poderia me encontrar em Nova York, dentro daquele cubículo de fundos sem janela em um apartamento com pé-direito baixo.

A porta estava fechada, e Vanessa e Jeremy eram meus degenerados guardiões, mesmo que Vanessa estivesse desmaiada e Jeremy estivesse no meio de uma maratona de cocaína de dois dias. O minúsculo quarto sem janelas de Vanessa era à prova de som, e tudo o que eu conseguia ouvir era ela roncando ao meu lado. Pela manhã, o mundo procuraria por mim, mas, naquele momento, eu estava protegido.

55

CADEIRA COM MARCAS DE CIGARRO

Eram três da manhã na Suíça e eu estava com insônia. Eu tinha ido para Zurique tocar "Feeling So Real" e algumas outras músicas mais antigas em um show de uma rádio local e voltaria para Nova York pela manhã. Às três da manhã, a maioria das cidades europeias é tão tranquila quanto um teatro vazio, mas, como um típico nova-iorquino, a ideia de uma cidade adormecida era desconcertante para mim. Mesmo às cinco da manhã, Nova York estava viva, com bêbados cambaleantes, caminhões de lixo e loucos gritando com hidrantes.

Eu terminara meu set de quinze minutos de canções antigas para a estação de rádio às nove da noite e voltara para meu quarto de hotel barato. Era um aposento pequeno com uma cama de solteiro e lençóis ásperos, uma cadeira com almofadas de espuma vermelha e uma mesinha preta diante de uma janela voltada para um edifício de escritórios semi-iluminado. Sentei-me na cama e comi uma tigela de muesli com leite de soja, tentando assistir a *Bonanza* em alemão.

À meia-noite, desliguei a TV, vesti meu casaco de exército, coloquei um CD do Joy Division no meu CD player e saí do hotel para passear por uma Zurique vazia e silenciosa. O ar que vinha das montanhas, do outro lado do lago, estava frio; as únicas lojas abertas eram uma mercearia árabe e um bordel chamado Sex EUA. Eu já estivera em mercearias árabes, mas, mesmo tendo saído com profissionais do sexo, nunca tinha ido a um bordel.

A cidade estava tão vazia que eu estava disposto a pagar 100 dólares para passar um tempo com uma prostituta só para me certificar de que havia outras pessoas acordadas e vivas. Fiquei do lado de fora por um minuto com a música "Insight" tocando em meus fones de ouvido antes de reconhecer que eu estava com medo demais de entrar num bordel. Parei na mercearia árabe, comprei uma garrafa de água com gás e caminhei até a estação de trem, onde viciados dormiam nas calçadas enrolados em cobertores e casacos de couro. Depois de ter certeza de que estavam respirando, caminhei de volta ao hotel.

Voltei para o quarto às duas da manhã. Passei alguns minutos lendo um livro de bolso de Nelson DeMille que comprara no aeroporto, mas acabei sentando na cadeira com marcas de cigarro nas almofadas vermelhas e olhando para o prédio de escritórios vazio do outro lado da rua. Fazia dois meses que minha mãe morrera, e eu ainda não tinha vivido o luto esperado, do modo que eu achava que um filho deveria viver após a morte da mãe. Imediatamente depois que minha mãe morreu, fui até o banheiro de seu quarto de hospital e chorei no escuro durante cinco minutos. Mas, afora algumas choradinhas bêbadas, eu não tinha chorado de verdade desde então.

Tantas pessoas já tinham morrido na minha vida — talvez a morte fosse apenas uma parte normal de se estar vivo. Meus avós morreram, meu pai morrera, a mãe de meu pai morrera, três amigos do ensino médio morreram, e eu não me lembrava do número de pessoas que conheci em boates de Nova York que haviam morrido em decorrência da aids ou de assassinatos. Agora, minha mãe integrava aquela lista de pessoas que eu conhecera e que, a certa altura, estiveram vivas.

Eu deveria me entristecer, mas luto tinha a ver com sentir falta de alguém e lamentar o fim abrupto de sua vida. Eu sentia falta de conversar com minha mãe e de visitá-la. Mas não poderia dizer que sua vida fora interrompida ou que terminara de repente. Ela parara de fumar três anos antes de morrer, mas era difícil brandir meu punho para Deus e amaldiçoar a crueldade e a injustiça da morte de uma ex-fumante de quase sessenta anos que morrera de câncer de pulmão após ficar doente por vários meses.

Era difícil aceitar que a mulher que eu conhecia desde que eu era um zigoto de duas células já não existia mais. Às vezes eu pegava o telefone para ligar para ela e percebia que não podia fazê-lo, ela tinha ido embora. Eu não lamentava quando isso acontecia, mas sentia falta dela e pensava no vazio deixado quando alguém morre, como se aquela pessoa tivesse sido simplesmente removida do mundo. Suas roupas ainda estavam penduradas em cabides nos armários. Seu xampu ainda repousava numa prateleira do boxe. As coisas que marcaram sua presença no mundo ainda estavam ali, mas a pessoa tinha ido embora.

Peguei uma folha de papel timbrado do hotel e me sentei à mesa arranhada para escrever sobre minha falta de pesar e sobre quão confuso era tudo aquilo. Segurei a caneta de plástico sobre o papel e pensei na vida da minha mãe. Todas as suas ambições. Todas as suas decepções. Toda a sua tristeza. Lembrei-me de quando eu era criança e ela ficava na varanda à noite, fumando e chorando.

Ao pensar nela sob uma lâmpada de 25 watts chorando por uma vida que não tinha, baixei a caneta e comecei a chorar. Deitei-me na cama, enterrei meu rosto no travesseiro barato de espuma de borracha e chorei. Eu não estava lamentando a minha perda, estava lamentando as perdas dela.

Ela era tão inteligente, tão criativa, tão engraçada, mas acabou levando uma vida que a tinha decepcionado. Ela tinha amigos e familiares queridos, mas eu sabia que, no fundo de seu coração, ela tinha decepcionado a si mesma. Ela queria morar em uma grande cidade, pintar, fazer música e viver cercada de outros artistas. Queria fazer exposições de arte e frequentar galerias, mas sua timidez a impediu de mostrar suas pinturas extraordinárias para os outros. Então, ela acabou no subúrbio onde fora criada — um lugar que odiava, mas que lhe era seguro e familiar.

Quanto mais eu pensava em na tristeza e na decepção dela, mais eu chorava no travesseiro. Essa era a injustiça. Não que ela tivesse morrido relativamente jovem de câncer de pulmão. E sim que ela se culpasse amargamente por não ter sido capaz de ter a vida que desejava. Esta era a verdadeira tragédia: minha mãe ter deixado que o medo e a precaução a impedissem de ter a vida que queria viver. Os cigarros e a junk food ajudaram o câncer a se desenvolver, mas no fundo eu sabia que tinham sido a frustração e a tristeza que a mataram.

Chorei por uma hora com a cara na fronha áspera, não de luto por sua morte, mas por sua vida comprometida. Chorei porque sentia falta de suas sacadas, de sua inteligência e do som de sua voz. Mas, principalmente, chorei pela vida que ela queria ter vivido, mas não viveu.

56

POÇAS DE NEVE DERRETIDA

Fevereiro e março, em Nova York são como gêmeos valentões. Um nos derruba na lama, e o outro chuta nossa barriga enquanto estamos caídos. De vez em quando eles nos dão um fiapo de esperança, acenando que o inverno não durará para sempre — mas, então, pegam a nossa esperança e a cobrem com montes de neve suja.

Era fim de fevereiro de 1999, e eu estava de ressaca. Desde que eu voltara a beber, desenvolvera um estranho amor pelas ressacas. Pareciam tábuas de salvação nauseadas entre mim e meus heróis literários bêbados. Quando me via andando de ressaca pela Houston Street sob a chuva gelada, eu me perguntava: *Será que Dylan Thomas alguma vez caminhou de ressaca na chuva pela Houston?* Se gênios como Thomas, Faulkner e Bukowski haviam optado por uma vida de embriaguez, então é claro que eu estava certo ao seguir seus passos degenerados.

A noite anterior começara às dez da noite em um antigo bar da máfia na Mulberry Street, depois se transferiu para uma festa na Crosby Street e para outro bar na Broome Street, terminando com cerveja, vodca e suruba com Marcus, Jillian e a amiga de Jillian, Dahlia, em meu apartamento, às cinco da manhã.

Agora eram duas da tarde e eu estava de ressaca, sentado em um banco de parque molhado, no sul da Houston Street, entre a Chrystie e a Forsyth. Meu advogado me enviara um fax naquela manhã para me informar que ele acabara de receber o acordo de rescisão: eu estava oficialmente fora da Elektra Records. Eu esperava que meu contrato com a Elektra resistisse ao fracasso de *Animal Rights*, mas não foi o que aconteceu. Eu esperava aquele acordo rescisório havia quase um ano, desde que meu agente, Barry, conversou por telefone com o presidente da gravadora.

— Então, como vão as coisas com o Moby? — perguntou Barry.

— Bem, estamos passando por um momento difícil com todas as nossas bandas britânicas — disse o presidente.

Barry fez uma pausa educada.

— Bem, você sabe que o Moby não é nem britânico nem uma banda, certo?

Por isso, não foi surpresa eu ter sido descartado. Eu ainda estava comprometido com meu selo europeu, a Mute Records, porque eles nunca descartavam ninguém. Fiquei grato por ainda ter um selo europeu, mas era difícil se sentir incrivelmente especial quando se não é banido por um selo que nunca baniu um artista.

Faltavam algumas ripas no banco em que eu estava sentado. Eu usava um casaco cinza do Exército de Salvação e ouvia algumas de minhas músicas novas em um leitor de MiniDisc.

Uma música em particular, "Porcelain", não fazia sentido para mim. Eu estava trabalhando nela havia um mês e não conseguia terminá-la. Eu gostava de alguns elementos, mas a mixagem soava fraca e piegas, e a música não tinha refrão. Parecia mais um lado B do que uma faixa de álbum. Claro, isso supondo que alguém me deixasse lançar outro álbum.

Embora eu não tivesse sido demitido da Mute, não havia garantia alguma de que eles gostariam o suficiente do meu novo material para lançá-lo. Meus agentes já sabiam havia meses que eu seria demitido da Elektra, então se reuniram com vários selos nos Estados Unidos em busca de um novo contrato com uma gravadora americana. Chris Blackwell, que fundara a Island Records, tinha manifestado algum educado interesse. Além dele, nenhum outro selo que tivesse ouvido a minha nova música falara alguma coisa.

Alguns gerentes de Artistas e Repertório foram gentis, retornando telefonemas dos meus agentes para dizer que não me consideravam adequado aos seus selos. Outros ARs foram hostis, ligando apenas para dizer quanto não gostavam de mim como pessoa, como músico ou ambos. E alguns ARs simplesmente nunca retornaram as ligações dos meus agentes.

Desliguei o leitor de MiniDisc e admiti para mim mesmo que talvez minha carreira como músico estivesse no fim. Meu último disco fracassara, e as músicas em que eu vinha trabalhando eram inadequadas e mal mixadas. Deixei os fones nos ouvidos só para mantê-los aquecidos. Triste e derrotado, admiti que, se realmente fosse lançado, aquele álbum desapareceria na obscuridade. Talvez eu estivesse no último dos estágios de luto de Elisabeth Kübler-Ross: a aceitação. Eu aceitava que meus dez anos como músico profissional tivessem chegado a um fim vergonhoso. Eu aceitava que minha mãe estava morta.

Do banco onde estava, observei moradores de rua na fila do sopão na Forsyth Street. Em um parque infantil ali perto, crianças de quatro anos e seus pais tentavam se divertir na lama do inverno urbano. Os ônibus e táxis estavam presos em um engarrafamento e buzinavam em vão.

Meu coração disparou quanto vi dois ratos saindo dos banheiros públicos e sumindo em meio aos arbustos. Para ser claro, meu coração disparou de alegria, porque eu adorava ratos. Quando eu era bebê, no Harlem, meus pais tinham uma coleção de bichos, que contava com um cão, dois gatos e três ratos de laboratório em nosso apartamento de subsolo. Minha primeira fotografia quando criança me retratava na banheirinha de bebê, enquanto cão, gatos e ratos me observavam. Meus pais brigavam constantemente naquele apartamento de subsolo antes de o meu pai morrer, quando eu tinha dois anos. Não me lembro de nada antes dos dois anos e meio de vida, mas, como meus pais estavam sempre gritando um com o outro, suponho que as únicas coisas calmas e tranquilizadoras em nosso apartamento de subsolo no Harlem fossem o cão, os gatos e os ratos. Agora, ao ver ratos na rua, meu sistema límbico despertou e me informou que eu tinha visto alguns amigos.

Pensei em ouvir "Porcelain" outra vez para ver se conseguia pensar em algo para ajeitá-la. Mas eu tinha ouvido aquela música uma centena de vezes sem qualquer resultado, então comecei a pensar em outras profissões que eu poderia exercer. Eu tinha estudado filosofia; talvez pudesse lecionar a disciplina em alguma faculdade comunitária em algum lugar na Nova Inglaterra. Eu adorava arquitetura; talvez pudesse voltar para a faculdade e me tornar arquiteto.

Observei mais alguns ratos saindo em disparada dos banheiros públicos e pensei que talvez eu estivesse errado. Talvez "Porcelain" e o restante das minhas novas músicas não fossem tão medíocres quanto eu imaginava. Liguei meu leitor de MiniDisc e ouvi "Porcelain" outra vez, com ouvidos frescos. Não. A música realmente era tão inadequada, mal produzida e mal mixada quanto eu pensava. Eu sabia que aquela mesma música poderia de fato ficar boa nas mãos de um engenheiro de som melhor, de um mixador melhor ou de um compositor melhor.

Minha amiga Ysabel era designer gráfica e, em um rompante de otimismo, me ajudou a elaborar umas artes para o caso de a Mute me deixar lançar outro disco. Eu já tinha até mesmo um nome para o álbum: *Play*. Havia um playground na esquina da Mulberry com a Spring, e, em certa manhã de ressaca, fui até lá e vi a palavra PLAY! pintada na parede da quadra de basquete em letras gigantescas. Pareceu-me uma boa ideia para o nome de um disco, e talvez um lembrete de que eu não deveria ser tão pessimista.

Agora, porém, eu achava que as músicas, o título e as artes seriam guardados em alguma prateleira, talvez para serem espanados de dez em dez anos e olhados com melancolia quando eu estivesse de volta a Connecticut, morando em um estúdio perto de algum 7-Eleven. Com sorte, mesmo ensinando filosofia em alguma faculdade comunitária ou virando arquiteto, eu ainda conseguiria trabalhar com música em meu tempo livre. E pensei que eu deveria ser grato por isso.

Tudo o que eu desejava dez anos antes era ser capaz de viver em Nova York, conseguir alguns trabalhos de DJ e, talvez, lançar alguns singles de dance music. Tudo isso e muito mais acontecera, e eu *estava* agradecido. Eu tinha viajado pelo mundo, lançado discos e me apresentado em palcos diante de milhares de pessoas. Carreiras terminam, disse a mim mesmo. Assim eram as coisas. Se aquele fosse o fim da minha carreira, estava tudo bem. Eu tivera uma trajetória marcante e inesperada. Peguei meu leitor de MiniDisc, levantei-me do banco frio e quebrado e voltei para casa em meio a poças de neve derretida.

CAMRY BEGE

Meu amigo Gregor e eu precisávamos ir até Boston para ajudar Paul com seu filme de faculdade sobre uma sex shop invadida por extraterrestres. Gregor era um russo de bom coração que morava em Brighton Beach; éramos amigos desde o início dos anos 1990, quando ele estudava cinema na Universidade de Nova York e morava no meu bairro. Depois da faculdade de cinema, ele se mudou para Los Angeles para produzir filmes independentes obscuros, mas acabou ganhando a vida produzindo pornografia hard-core no Vale de San Fernando.

A ironia de Gregor ser produtor pornô era ele ser um cristão careta que só saía ou namorava com outras cristãs. Certa vez, uma atriz de um de seus filmes o convidou para sair depois de terminar de gravar uma cena. A atriz estava diante dele, nua e coberta de sêmen, e lhe perguntou se ele queria sair para tomar um café.

— Não, obrigado — disse ele. — Não gosto de misturar trabalho com prazer.

— Bem, isso é irônico — retrucou ela, saindo em seguida para limpar o sêmen do corpo.

Gregor estava sem condições de dirigir: ele não conseguia manter os olhos abertos porque tinha trabalhado sem parar em Los Angeles e não dormia havia dois dias. Ele me pediu para dirigir seu carro. Concordei, com duas ressalvas. A primeira era que eu não tinha carteira de motorista. A segunda era que, enquanto dirigisse, eu queria ouvir uma fita com o material em que estava trabalhando para meu próximo álbum. Gregor aceitou ambas as condições: ele só queria se aninhar no banco traseiro de seu Toyota Camry 1990 bege e dormir algumas horas.

Liguei o carro e tentei me lembrar como se dirigia. Minha carteira tinha expirado em 1993 e eu não pegava num volante havia quase cinco anos. No ensino médio, eu dirigia sem qualquer preocupação o Chevy Chevette vermelho de minha mãe pela I-95, comendo Cheetos e ouvindo fitas do Bad Brains. "*I'm a member of the right brigade*", gritava com a boca cheia de salgadinhos, ignorando os carros ao redor e esperando secretamente colidir com um caminhão, morrendo incinerado em uma romântica bola de fogo suburbana. Agora, dirigindo na Houston Street às onze horas de uma fria noite de domingo, eu tentava ser o melhor e mais discreto motorista do planeta, para não ser parado e preso.

"Gregor, avise se a música estiver muito alta", falei. "Gregor?" Olhei para o banco de trás. Gregor colocara uma camiseta cinza sobre o rosto e já estava dormindo, morto para o mundo. Embora estivesse feliz por passar dois dias em uma sex shop para ajudar Paul a fazer seu filme sobre invasões alienígenas, eu também estava contente por ter a oportunidade de ouvir como as músicas de meu novo álbum soavam dentro de um carro.

Daniel Miller, da Mute, ouvira algumas músicas em que eu vinha trabalhando e concordara educadamente em lançá-las em seu selo. Eu ainda achava que minha carreira de músico estava acabada, mas talvez *Play* fosse meu obscuro canto do cisne antes de eu desaparecer nas entranhas da Nova Inglaterra para dar aulas em faculdades comunitárias e morrer em um futon.

Entrei na FDR Drive, dirigi rumo ao norte e pressionei "play" no toca-fitas. Dei um sorriso, percebendo que sempre que alguém pressionasse "play" em um toca-fitas ou em um aparelho de CD, eu ganharia um décimo de segundo de publicidade gratuita. A primeira música da fita, "Honey", soava bem, em grande parte porque não fora mixada por mim, e sim por Mario Caldato Jr., que também mixara a maioria dos álbuns dos Beastie Boys e era muito bom.

Saí da FDR para pegar o caminho secreto sem pagar pedágio na saída de Manhattan que meu avô tinha me ensinado: entrar na ponte da 3rd Avenue, atravessar o South Bronx, o Hunts Point, passando pelo clube de strip Golden Lady e pelos mercados de peixe, até a rampa de entrada para a 278 e a I-95. Esse era o trajeto que meu avô sempre fazia para sairmos da cidade, e me senti conectado a ele ao seguir aquela rota. Quando eu era garotinho, ele me deixava sentar no banco da frente de seu Toronado, o carro mais extravagante em que já entrei, quando saíamos da cidade após visitar seu escritório, no Woolworth Building, e voltávamos para Connecticut. O carro dele cheirava a cigarros e loção pós-barba, e ele sempre ouvia as notícias 1010 WINS no rádio.

Em 1972, aos sete anos, atravessando o Harlem e o South Bronx, eu observava pela janela do carro os terrenos baldios e os edifícios degradados, então olhava para meu avô trajando seu terno perfeito e com um cabelo grisalho cuidadosamente aparado. Ele irradiava estabilidade, como um super-herói veterano de guerra. O mundo do lado de fora das janelas do carro era horrível. O mundo que eu tinha em casa com minha mãe e seu namorado do Hells Angels era caótico. Mas ali, naquele carro, eu me sentia envolto num casulo de loção pós-barba e competência de ex-fuzileiro naval de meu avô. Se ele dissesse com sua voz grave "Então, Moby, que tal dirigirmos nos próximos dez anos, parando apenas quando chegar a hora de você ir para a faculdade?", eu teria dito, desesperado e alegre: "Sim, por favor."

Em 1998, no entanto, eu estava dirigindo ilegalmente um velho Camry pelo Bronx com um pornógrafo desmaiado no banco de trás. Parei no semáforo do Hunts Point Market. Mesmo pelos critérios rigorosos de Nova York, o Hunts Point Produce Market era um lugar indescritivelmente horroroso. Era onde prostitutas doentes ou viciadas em crack pagavam boquetes por 10 dólares para caminhoneiros e psicopatas. Enquanto esperávamos o sinal abrir, vi prostitutas macilentas calçando sapatos com saltos de quinze centímetros nos recessos de uma passagem subterrânea. Aquele era um lugar sem vida, o concreto manchado de preto por décadas de fumaça de caminhões e automóveis.

Dirigi até a rampa de entrada da rota 687 enquanto começava a tocar a música seguinte, uma peça instrumental sem título. Pelo retrovisor dava para ver as torres pontiagudas de Manhattan. Os pianos e cordas entraram. À minha direita, havia armazéns abandonados e chamas altas escapando dos tanques de armazenamento de gás natural. Contrastando com aquela maldita praga urbana povoada por prostitutas moribundas, a música soava triste e esperançosa.

Na I-95, "Bodyrock" começou a tocar. Não era tão boa quanto uma música bem mixada do Chemical Brothers ou do Prodigy, mas as guitarras quebradiças tinham um ar agradável de punk rock. Quando acabou, avancei a fita pulando algumas faixas techno genéricas que eu compusera. Não eram ruins, mas também não eram muito especiais e tampouco faziam sentido naquele álbum de músicas majoritariamente lentas.

Quando chegamos a Port Chester, começava "Natural Blues". O contraste entre os vocais melancólicos, as cordas digitais e a bateria eletrônica ficava com uma qualidade surpreendente naquela hora da noite.

Na década de 1980, eu atravessara aquele trecho vazio de estrada alguns milhares de vezes. Após abandonar a Universidade de Connecticut, em 1984, eu tinha ido morar na casa da minha mãe em Darien e conseguira um emprego como DJ em um barzinho decrépito em Port Chester, o Beat. Comportava 45 pessoas, era escuro e sujo, mas era o único ponto de encontro da contracultura da região, e eu estava empolgado por receber 25 dólares por noite para trabalhar das dez da noite às cinco da manhã. Eu tinha dezenove anos e minha namorada cursava o ensino médio. Ela morava com a mãe bilionária em uma mansão de doze quartos de frente para o mar em Greenwich, que, por sua vez, ficava a poucos quilômetros de onde eu trabalhava em Port Chester. Eu pegava emprestado o carro de minha mãe, tentava transar com minha namorada no quarto do terceiro andar da mansão da mãe dela e depois ia para o Beat beber vodca e tocar discos do New Order e de Johnny Cash para artistas desempregados e viciados em metadona durante sete horas. Às seis da manhã, eu dirigia de volta para a casa da minha mãe e dormia até as duas da tarde nos mesmos lençóis e na mesma cama de solteiro em que eu dormia desde o ensino fundamental.

"Natural Blues" terminou, e atravessávamos Greenwich quando "South Side" começou a tocar. Eu tinha mixado a maioria das músicas de *Play* no meu quarto, mas alugara um estúdio de gravação de verdade para mixar "South Side", e aquilo soou quase profissional. Meus vocais estavam fracos nos refrões, e considerei procurar uma cantora que cantasse a música comigo, quase como um dueto. Em relação às outras músicas do disco, "South Side" talvez fosse careta e convencional demais. Mas, no fim das contas, ninguém ouviria aquele álbum, então para que me preocupar?

Umas dez pessoas ouviriam aquilo, meu último álbum, e então eu me mudaria para um condomínio de beira de estrada em Connecticut. Quando voltasse para Connecticut, eu provavelmente acabaria sentado no futon, bebendo cerveja e assistindo a *Roda da Fortuna* até morrer de alguma doença que fosse misericordiosa o bastante para me matar.

Atravessei Darien, onde eu tinha morado por décadas. Durante vinte anos eu andara de bicicleta, ciclomotor ou algum carro emprestado pelas ruas de Darien. Durante vinte anos eu desejara cada patricinha inatingível daquele lugar. Eu começara minhas primeiras bandas de punk rock e new wave ali, perdera a virgindade ali — e, enquanto morei naquela bela cidadezinha, silenciosamente aprendi a ter medo de tudo e de todos.

"Run On" começou com um trecho de piano *ostinato*, e passei pela saída para o Holiday Inn, onde Robert Downey Jr. e sua família moraram quando estavam se mudando de Darien. Robert Downey Jr. tinha sido o meu melhor amigo no quarto ano. Tínhamos uma ligação porque, aos oito anos, éramos crianças neuróticas. Além disso, os pais dele e minha mãe eram os únicos adultos em Darien que fumavam maconha. No outono de 1973, Robert, sua irmã e eu fizemos um curta-metragem com a câmera Super 8 de seu pai, o sr. Robert Downey. Nós reencenamos uma cena da série de TV *Ironside*, com Robert fazendo o papel de um policial ferido, e sua irmã e eu no papel de sua esposa e parceiro enlutados, respectivamente. A mãe de Robert revelou o filme, e nós nos sentamos na cozinha dos Downey, na Mansfield Avenue, para assistir ao nosso curta de três minutos projetado na porta do porão.

Então, em um triste dia de 1974, os pais de Robert decidiram se mudar para Essex, a uma hora de Connecticut pelo litoral. Robert, sua mãe e sua irmã se hospedaram no Holiday Inn antes de irem definitivamente para Essex; eu os visitei com minha mãe para me despedir e nadar na piscina do hotel. Quando descemos do elevador, Robert e sua irmã saíram correndo descalços de seu quarto para nos encontrar e pisaram numa pilha de vidro quebrado diante da máquina de gelo. A viagem para visitar meu melhor amigo acabou com todos nós no banheiro, tirando cacos de vidro e limpando o sangue dos pés de Robert Downey Jr. e da irmã, enquanto a mãe deles fumava maconha com a minha.

Em 1993, o Holiday Inn também foi palco da reunião de dez anos da minha turma de ensino médio. Havia uma foto minha em uma mesa junto à entrada com um cartaz que dizia: CLASSE DHS DE 1983 NO NOTICIÁRIO! Os organizadores da reunião tinham encontrado uma nota da revista *People* a meu respeito, ampliaram e colocaram num estande ao lado de fotos de alguns outros alunos de 1983. Fiquei rondando perto da foto, na esperança de que alguma das garotas por quem eu tinha uma queda na escola se dignasse a me notar agora que estávamos mais velhos e eu era quase famoso. Eu esperava que, nos dez anos desde que nos formáramos, seus padrões tivessem caído a ponto de não ser tão inconcebível o fato de se apaixonarem por um músico careca. Contudo, por volta das dez da noite, eu ainda pairava sem sucesso perto da foto. Então fui embora daquela reunião e peguei um táxi de volta para a casa da minha mãe e dormi no sofá.

Atravessei Westport exatamente no limite de velocidade e avancei a fita para passar algumas novas músicas de punk rock que eu sabia que não entrariam no álbum. Entramos em Bridgeport quando começou a tocar uma música instrumental chamada provisoriamente de "Inside". Bridgeport era uma cidade de armazéns vazios, antros de drogas e fábricas gigantescas enferrujando devido à chuva. À uma da manhã, "Inside" conferia uma aura bela e estoica à imundície. Tudo do lado de fora do carro estava mais lento e mais vazio. As luzes da estrada passavam como estroboscópios, e as fileiras de luzes industriais ao redor da usina pareciam delicadas, como uma véspera de Natal ao luar.

Depois de Bridgeport veio Stratford. Em meados dos anos 1970, minha mãe e eu tínhamos morado em Stratford durante dois anos, quando éramos muito, muito pobres. Tínhamos sido pobres desde sempre, mas quando moramos em Stratford descemos a níveis inéditos de pobreza. Minha mãe estava desempregada, então nos virávamos com a previdência social, cupons de alimentação e dinheiro emprestado de seus amigos e dos pais dela. Certa vez, em 1974, minha mãe me deu 20 dólares em cupons para comprar mantimentos no supermercado perto da casa onde alugávamos dois quartos. Após empacotar os mantimentos, o senhor que trabalhava no caixa balançou a cabeça e disse: "Guarde os seus cupons, filho. Isso é por minha conta." Eu peguei o pequeno saco de mantimentos. Ele sorriu com tristeza e disse: "Boa sorte, garoto."

Tive medo durante os dois anos que passei em Stratford. Medo de ser pobre, medo das gangues que matavam o tempo perto da minha escola, medo de qualquer criança maior do que eu. Apenas tinha medo.

Passei pelo posto de gasolina em Stratford onde acabei me perdendo quando tinha nove anos. Eu voltava para casa, vindo do conjunto habitacional onde morava um amigo, e acabei parando naquele posto de gasolina após vagar durante duas horas por ruas vazias e outros conjuntos habitacionais. Comecei a chorar: "Eu me perdi, vocês poderiam ligar para a minha mãe?" Eles encontraram o número dela na lista telefônica, ligaram e disseram: "Há um garotinho perdido por aqui, minha senhora." Ela foi me buscar de carro e me levou de volta para casa. Fiquei sentado no banco da frente de seu Chevy Vega e não conseguia parar de chorar.

Com Gregor roncando no banco de trás, passei pela saída que levava à loja de artigos esportivos de Stratford. Quando eu tinha dez anos, economizei 5 dólares dos bicos que fazia para nosso vizinho e fui até lá para comprar um troféu com o meu nome gravado. Eu não era muito bom em esportes, mas queria muito um troféu com o meu nome. O homem atrás do balcão já me conhecia: eu ia até lá uma vez por semana e olhava para os troféus sem nome. Tirei cinco notas amassadas de 1 dólar do bolso do meu casaco azul e perguntei se eu podia adquirir um pequeno troféu dourado. "Sinto muito", disse ele. "Só podemos vender troféus para escolas e equipes esportivas." Então, ele tentou me encorajar: "Um dia você será um grande atleta e terá um monte de troféus." Voltei para casa com meus 5 dólares para assistir a *Jornada nas Estrelas* em nossa TV em preto e branco com um cabide de roupas servindo de antena.

Quando saímos de Stratford e cruzamos o rio Housatonic, "Down Slow" começou a tocar. Olhei para o banco traseiro. Gregor ainda estava dormindo. Ou desmaiado. Ou morto. Avancei algumas músicas e chegou a vez de "My Weakness". Gregor acordou e se sentou.

— Onde estamos? — perguntou.

— New Haven — respondi. — Você dormiu por um bom tempo.

— Ah. Que música é essa?

— Algo em que estou trabalhando.

— Hum. Gostei.

Então, deitou-se e voltou a dormir. Ao menos eu tinha descoberto que ele não estava morto.

As cordas em "My Weakness" se avolumaram em um crescendo enquanto deixávamos New Haven. No início dos anos 1970, minha mãe e eu passávamos os fins de semana visitando comunas perto de New Haven ou hippies que ela conhecia em Old Saybrook ou Old Lyme.

Quando visitávamos comunas eu me perguntava se teria que compartilhar uma cama com hippies ou se teria meu próprio saco de dormir. Ou se, pela manhã, eu precisaria encontrar alguém que não estivesse desmaiado para me ajudar a preparar o café da manhã. Nunca perguntava para minha mãe aonde estávamos indo. Eu sabia que não era o meu lugar. Mas eu podia perguntar sobre as músicas que tocavam no rádio.

Aos oito anos, perguntei para a minha mãe:

— Esta música é sobre uma mulher careca?

— Esta música? — perguntou ela, exalando fumaça de cigarro.

— Sim, o refrão, "*bald-headed woman*"? — perguntei.

Ela começou a rir, então comecei a rir também. Daí ela começou a cantar junto com os Bee Gees: "*bald-headed woman to me!*" E eu cantei junto com ela.

— O que eles estão dizendo na verdade? — perguntei durante a travessia da ponte.

Ela riu mais um pouco.

— Na verdade, é "*More than a woman*" [Mais do que uma mulher] — explicou ela. — Mas "*bald-headed woman*" é melhor.

"My Weakness" terminou, dando lugar a "Guitar Flute and String", enquanto eu acelerava rumo a leste por Connecticut, a caminho de Boston. A estrada se tornou ainda mais escura e vazia. "The Sky Is Broken" começou a tocar. Eu gostava daquela música. Eu conseguia compor músicas românticas, mas não podia lutar contra meus ataques de pânico por tempo suficiente para manter relacionamentos. "The Sky Is Broken" era sobre um relacionamento que eu nunca tivera, com vulnerabilidade, proximidade e confiança. Meus relacionamentos eram desesperados e alimentados pelo pânico. Antes de nos separarmos, Sarah tinha me dito que eu era como um cão amedrontado e maltratado que vivia sob um alpendre. E eu concordei com ela. Eu queria enfim sair de baixo do alpendre e viver à luz do dia, mas não conseguia.

Sob o alpendre era solitário e escuro. Mas era familiar, e ali nada poderia me machucar. Se saísse e me expusesse à luz, eu seria visto como realmente era: um menino de oito anos deslocado com cupons de alimentação no bolso. Se desfrutasse da vida ou me abrisse para alguém, eu seria magoado e ridicularizado. Então eu voltava para baixo do alpendre, reclamando comigo mesmo por ter saído. Era melhor ficar em segurança sob o alpendre do que sair e se machucar.

Eu era solteiro, solitário e queria acabar com aquele ciclo de ceder ao pânico e fugir do amor. Em algum momento em breve eu precisaria encontrar uma mulher que me amasse como eu sou e me dissesse que eu era legal. Não queria passar a vida tendo transas bêbadas de uma noite. Eu queria dormir ao lado de alguém e me sentir seguro. "*Speak to me in the middle of the night*" ["Fale comigo no meio da noite"], disse minha voz na fita enquanto eu dirigia em meio à escuridão. Eu trocaria todas as festas, as vodcas, as trepadas a três, a quatro, a sete por um momento de segurança e conforto, conversando aos sussurros no meio da noite com alguém que eu amasse.

"The Sky Is Broken" terminou. Desliguei a fita e dirigi em silêncio pela rodovia.

POSFÁCIO

Quando conversei pela primeira vez com um agente literário sobre escrever um livro de memórias, mencionei que seria muito divertido contratar um escritor e fazê-lo escrever o livro para mim. Muitas pessoas contratam outras pessoas para escrever seus livros, às vezes com ótimos resultados. *The Dirt*, do Mötley Crüe, por exemplo. O pessoal da banda contou as suas histórias incríveis para Neil Strauss, que as narrou em um livro incrível. Então, eu me perguntava, por que eu não poderia fazer algo semelhante?

Parecia muito sedutor e atraente passar algumas horas por semana contando minhas histórias para um escritor profissional e deixá-lo criar algo maravilhoso pelo qual eu pudesse levar a maior parte do crédito. Então, meu agente literário disse: "Você é descendente de Herman Melville. Você precisa ao menos tentar escrever o livro por conta própria."

Com relutância, concordei. Ser descendente de Herman Melville e nem mesmo tentar escrever meu próprio livro de memórias pareceria um tipo de afronta hereditária. Após aceitar que ninguém escreveria o meu livro de memórias para mim, abri o laptop e comecei a escrever.

E, felizmente, descobri que adoro escrever. Sentar e passar horas e, finalmente, meses revivendo o passado e escrevendo sore ele é como o paraíso para mim. É uma viagem no tempo narcisista.

Um autor escrever o próprio livro não deveria parecer algo surpreendente ou algo pelo qual ele merecesse um tapinha nas costas. É parecido com a vez em que vi Alicia Keys tocando piano em uma premiação da MTV. Então, depois de sua apresentação, as pessoas ao meu redor ficaram espantadas. "Ela toca piano!", comentavam. O que me fez pensar quão surpreendente se tornou um músico saber tocar um instrumento. Ou um escritor escrever o próprio livro.

Se meu livro for ruim, é ruim por minha causa. Não posso culpar ninguém. Mas, se for bom, é claro que darei justo crédito para Daniel Greenberg, Scott Moyers e Gavin Edwards, que me ajudaram a passar minha vida pelo pente-fino da edição e da reescrita.

Obrigado.

MOBY

P.S. Mudei alguns nomes e características marcantes por respeito a outras pessoas e modifiquei algumas sequências e detalhes de eventos, mas todas as histórias deste livro de fato aconteceram.

CRÉDITOS DAS IMAGENS

Primeiro caderno:

Imagem da página 1 e imagem do canto superior esquerdo da página 11: acervo pessoal do autor.

As três imagens na parte superior da página 2: Joseph Kugielsky.

Imagem na parte inferior da página 2: Julie Hermelin.

Imagens das páginas 3 a 10; imagens do canto superior direito e na parte inferior da página 11; imagens da página 12; imagens na parte superior e inferior da página 14; imagem das páginas 15 e 16: acervo pessoal do autor. Os fotógrafos não foram identificados.

Imagem da página 13: Jurgen Ostarhild.

Imagem no centro da página 14: *Moby (lying)*, 1993, Wolfgang Tillmans.

Segundo caderno:

Imagens das páginas 1, 2 e 3; imagem na parte inferior da página 4; imagens no canto superior direito, no meio e na parte inferior da página 5; imagem na página 6; imagens na parte superior e inferior da página 7; imagem na página 8: acervo pessoal do autor. Os fotógrafos não foram identificados.

Imagem na parte superior da página 4: Scott Frassetto.

Imagem no canto superior esquerdo da página 5; imagem na lateral esquerda da página 7: acervo pessoal do autor.

1ª edição ABRIL DE 2016
impressão LIS GRÁFICA
papel de miolo PÓLEN SOFT 70G/M²
papel de capa CARTÃO SUPREMO ALTA ALVURA 250G/M²
tipografia ADOBE GARAMOND PRO